小林正史〔編〕

モノと技術の古代史 陶芸編

吉川弘文館

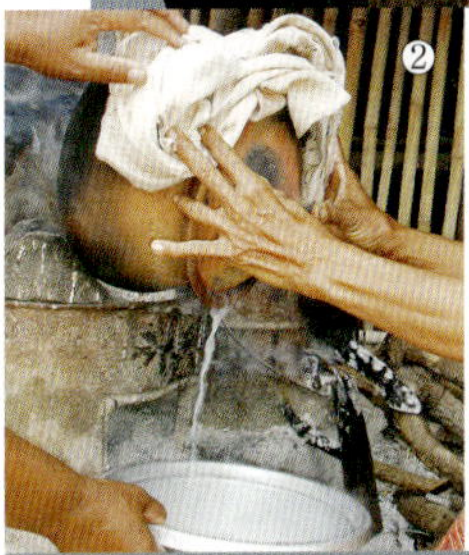

斜め白色吹きこぼれ痕　吹きこぼれが始まった直後に鍋を傾けて湯取りを行ったことを示す（①上東遺跡の井戸Ｐト 327，3.4ℓ，庄内式期，岡山県教育委員会蔵）。東南アジアの炊飯民族誌では，湯取りは「蒸らし時の側面加熱」と強く結びついている（②タイ・コラート県，2005 年）。

弥生深鍋の側面加熱痕　胴中部の外面（写真④の円形スス酸化の連続）と内面（写真⑤の帯状コゲ）が高い頻度で付くことから，胴下部にコゲ（写真⑤胴下部の，円形コゲが連続した帯状コゲ）が付いた後，蒸らしに移行し，オキ火上転がし（写真③の実験土器）により側面加熱を行った。④・⑤は大阪府山賀遺跡の弥生前期深鍋 150（5.8ℓ）（大阪府文化財センター保管，小林正史撮影）。

口絵１　弥生・古墳時代の「側面加熱蒸らしを伴う湯取り法」炊飯（一章）

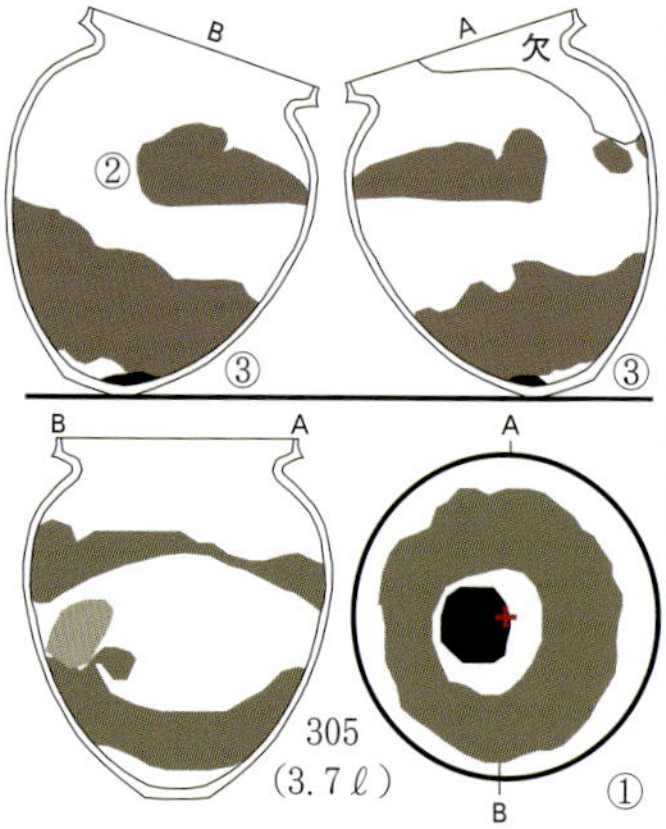

自立しない小平底（直置き）の上東遺跡井戸Pトの庄内式期深鍋 305（3.7ℓ） 底部直上に鍋が傾いた状態で小円形オキ火載せコゲが付き（③），内面上半では同じ傾きで喫水線直上コゲが２側面に付く（②）。胴下部コゲ形成後，炎から降ろした鍋を，傾けた状態でオキ火に載せ，横方向から炎側面加熱を行ったことを示す。喫水線コゲが傾いていることから，飯が軟らかい状態で蒸らしに移行したことがわかる（岡山県教育委員会蔵）。

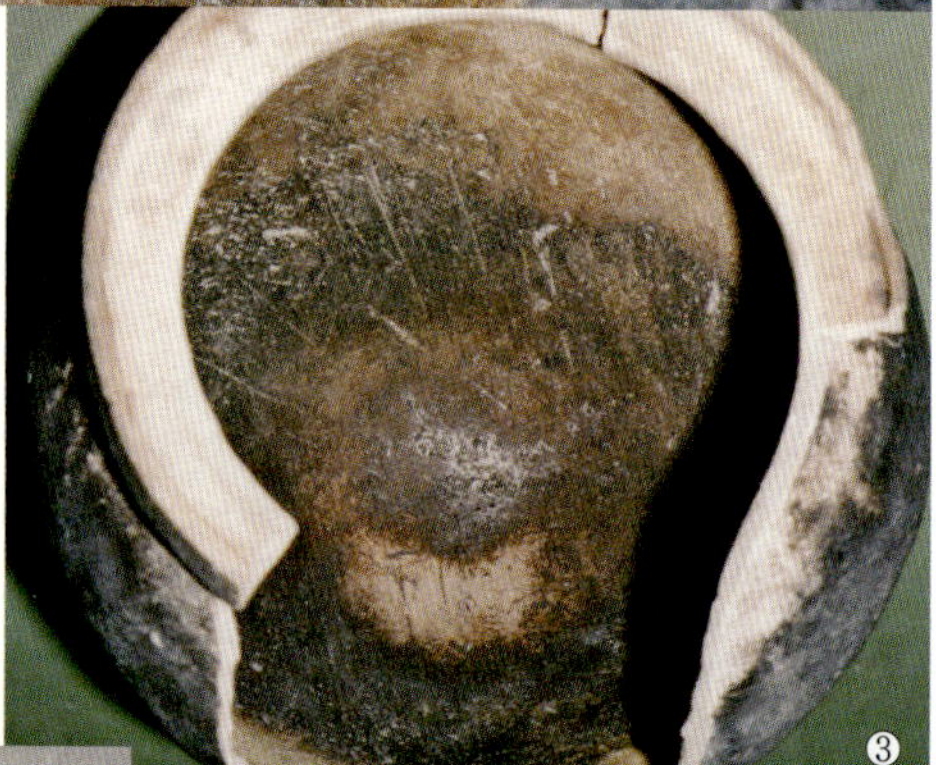

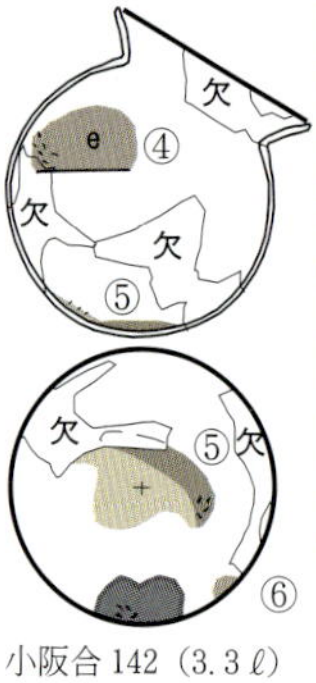

小阪合 142（3.3ℓ）

丸底・浮き置き加熱の大阪府小阪合遺跡落ち込み７の庄内形深鍋 142 浮き置き加熱だが底面に明瞭な炎加熱コゲがなく，底部直上と上半部に傾けた状態での炎加熱コゲ④とオキ火載せコゲ⑤が付く。コゲが付く前に三石から降ろした鍋を，傾けた状態でオキ火に載せ，横方向から炎側面加熱を行った（実験土器⑦）ことを示す。

口絵２　弥生時代から古墳前期への湯取り法炊飯の変化（一章）

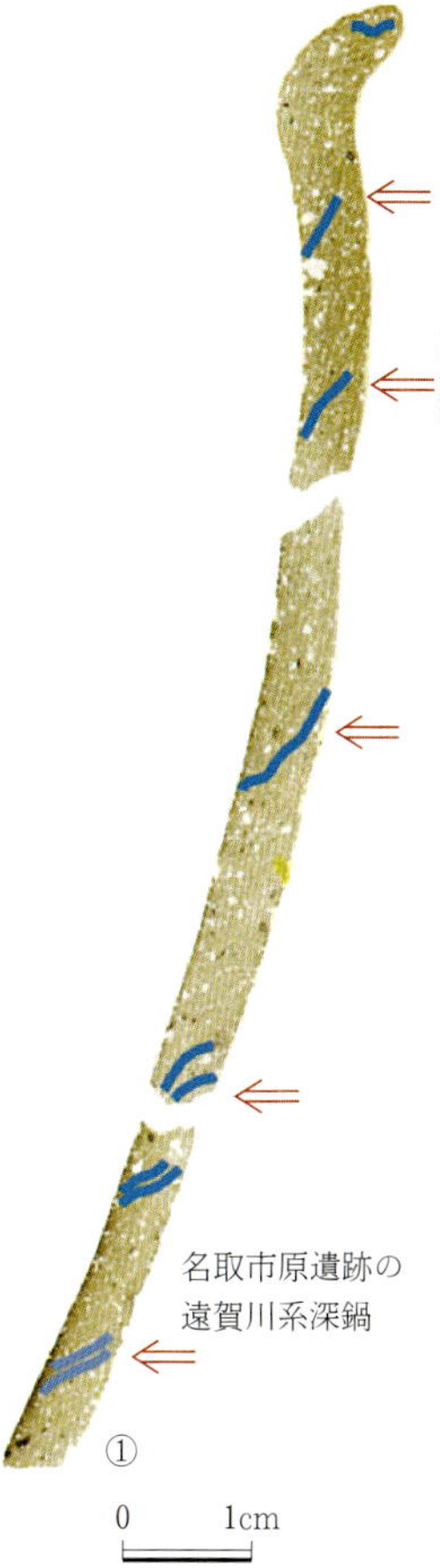

名取市原遺跡の遠賀川系深鍋

下方ポーラーだけ

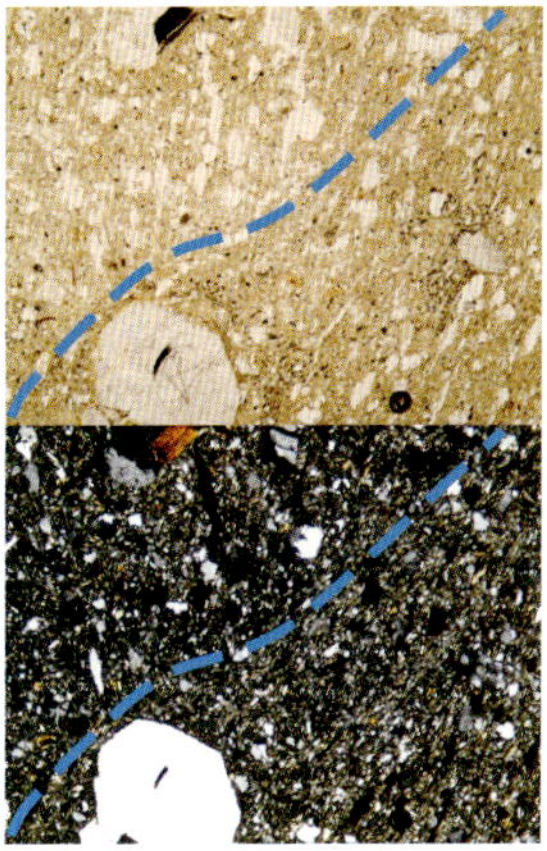

直交ポーラー ③

小群市力武前畑遺跡の板付Ⅱa 式深鍋 No.6
①〜③は河西学氏作成

断面薄片の粘土粒子配向の顕微鏡観察　粘土粒子の配向のずれから，粘土紐の継目を認定できる。北部九州の弥生前期深鍋（②③小郡市力武前畑遺跡）は粘土帯の外傾接合なのに対し，仙台平野の遠賀川系深鍋（①名取市原遺跡）は細い粘土紐の内傾接合。ともに頸部の屈曲部に継目がないことから，円筒形に紐積みした一次原型を「折り曲げ→口頸部横ナデ」技法により堅牢な括れを作り出している。

2種類の粘土を練り込んだ素地にみられる流文構造　断面の粒子配向を肉眼で観察できる。底部円板に粘土紐を1本貼りつけて挽き上げたことを示す。④実験土器，⑤石川県大菅波D遺跡の須恵器杯H身部。

口絵3　土器断面の粘土粒子配向からみた紐積み方法（四・五章）

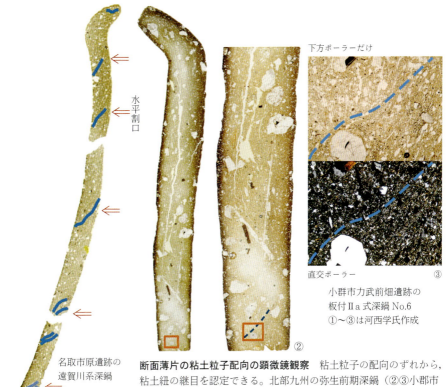

①②雲南省タイ族自治区曼乍村の低密閉型の覆い型野焼き

③板付遺跡の弥生早期深鍋の上向き側にみられる顕著な火色

④深鍋の内面地面側の薪接触棒状黒斑

⑤上東遺跡の庄内式期の大型壺の肩部～口唇部の火色

火色は，イネ科草燃料の珪酸分が素地の鉄分と反応してできたオレンジ色のシミである。火色は，温度が高く，かつ，酸素が多い状態ほど範囲と発色が顕著になることから，覆いの密閉度の判別特徴となる。弥生早期深鍋は，最も顕著（広範囲かつ濃いオレンジ色）に火色が付くことから，覆いの密閉度が低い野焼きだった（③④福岡県板付遺跡，6.7 ℓ，福岡県歴史博物館蔵）。このような火色の特徴は，雲南省タイ族農村部や東北タイ・ラオスに特徴的な「灰・泥・生草などの被覆材を掛けない（覆いに穴が開きそうになると稲ワラを追加して塞ぐ）低密閉型」と類似する（①②雲南省曼乍村）。また，板付例では覆い型野焼きとしてはきわめて例外的に，内面に薪を差し入れている（④）。弥生中期では火色が最も減少するが，弥生・古墳移行期では再び火色が顕著になる（⑤上東遺跡井戸Ｐトの大型壺 299，7.2 ℓ，岡山県教育委員会蔵）。

口絵４　火色からみた西日本の覆い型野焼きの変化（四章）

はじめに

天平時代の技術の粋を味わうことができる正倉院展には毎回二〇万人以上の人々が押し寄せるといいます。それらのすばらしい保存状態もさることながら、当時のデザインや工芸技術の高さが人々の心を捉えて離しません。正倉院の宝物が、現代の技術で再現できるのだろうかと素直に疑問をもつ人もいるでしょう。人間国宝や無形文化財が古代の技術に挑むといったテレビ番組が高い視聴率を得ることなども、いにしえの技術に対する現代人の高い関心を読み取ることができます。

石、土、木、草、革、骨、角、貝など自然界で得られるあらゆる材質に手を加えて、人間は暮らしを続けてきました。衣食住を満たすところから始まり、しだいに自ら作り出したものに精神を込め、心をも満たすようにもなりました。石から金属を抽出する技術を獲得するとさらに生活や文化を豊かにする道を見出しました。さまざまな材質に対して、人々は技術を駆使しながらモノを作り、欲求を満たし、その繰り返しが生活、文化、技術の発展につながったといえます。

その発展の様子をモノそのものの研究から説明しうるのが考古学という学問です。国内では日々多くの遺跡が発掘され、大量の遺物が土から姿を現します。さまざまな種類の遺物、すなわち、土器、石器、木器、骨角器、金属器には当然その材質に応じた作り方を見出すことができ、また使われ方を読み取ることができます。そこに考古学の醍醐味があります。また考古学のみならず、当時のモノを文字や絵画で明らかにする文献史学や美術史、そしてとくに進展著しい文化財科学はその醍醐味を一層深いものにしています。しかしその醍醐味を、しかも網羅的に一般の方々に伝える機会は必ずしも多いとはいえません。

そこで今回、木、漆、土、金属という四つの素材に焦点をあわせ、モノと技術についてテーマごとに解説するシリーズを企画しました。そこでは銅鏡、銭貨、刀剣、建築物、生活用品など、形あるさまざまなモノとそれらの作り方、使い方について触れ、学ぶことができるでしょう。その学びを通じて、日本独自の技術の発展や大陸から伝来した技術の吸収・融合など、日本人のモノと技術に関する足跡がみえてくるかもしれません。現在、世界に冠たる技術立国の履歴がここに描かれています。

本巻では、縄文時代から平安時代前半まで（すなわち中世以前）を対象として、鍋釜・食器・貯蔵具という各器種が、使い方の変化に合わせて製作技術がどのように変化したかを描きます。

本シリーズが、日本のモノ作りをあらためて見直す端緒となれば望外の幸せです。

二〇一七年八月

編者一同

目　次

はじめに　編者一同
序章　使い方から読み解くモノと技術……小林正史 1
一　鍋の形・作りの変化……小林正史 9
1　縄文深鍋による調理の特徴 9
2　調理方法に合わせた縄文深鍋の形・作りの工夫 17
3　弥生深鍋における炊飯用とオカズ用の分化 21
4　弥生深鍋による炊飯方法と鍋の形・作りとの関連 28
5　古墳前期における直置きから浮き置きへの転換 34
6　五世紀半ばにおける「竈掛け長胴釜と甑による蒸し調理」の普及 40
まとめ 53
コラム「貯蔵具としての甕」と「煮炊き用の鍋・釜」の呼び方の区別……小林正史 56

二　食　器――鉢・浅鉢・皿・坏と高坏――……………………小林正史・北野博司・宇野隆夫　59
1　炊飯民族誌の比較分析からみた「米品種の粘り気度と食べ方の関連」　60
2　弥生時代における食器の使い分け　70
3　古墳前期における共有器高坏から銘々高坏への転換　79
4　五世紀半ばにおける置き食器（高坏）から手持ち食器（坏）への転換　81
5　飛鳥・奈良時代の食器の使い分け　87
6　和食の成立過程　92
コラム　縄文時代の土製食器と木製食器……………………小林正史　96
三　壺・甕――貯蔵具――……………………望月精司　99
はじめに――古代貯蔵具機能を論じる前に　99
1　土器の出現と貯蔵具機能――縄文時代の貯蔵具　104
2　稲作文化の伝来と土器貯蔵具の出現――弥生時代前・中期　106
3　土器貯蔵具の器形変化と衰退――弥生時代後期から古墳時代前期　116

4 須恵器生産の開始と甕の出現――古墳時代中・後期 120
5 須恵器の普及と宮都や地方官衙での貯蔵具使用――飛鳥・奈良時代 129
6 須恵器生産の衰退と新たな焼物生産への展開――平安時代前半期 140
7 須恵器生産の終焉と古代末期の貯蔵具――平安時代後半期 146
コラム 濾過器（有孔鉢）……小林正史 154
四 使い方との関連からみた土器の製作技術……小林正史 157
1 素地づくり 157
2 成形 163
3 器面調整 180
4 野焼き方法 182
5 工程間の補い合い 200
コラム 器台の機能……小林正史 206
五 須恵器の製作技術……北野博司 209
1 粘土の採掘と陶土 210
2 成形 213

3　成形道具　221
4　焼　成　226
おわりに――土器作りの性別分業　236
コラム　埴輪のルーツ――儀礼用器台から埴輪への変化……小林正史　242
六　回転運動を利用した成形――ロクロと回転運動――……木立雅朗　245
1　土器成形と土殺し・回転運動――古墳時代前期までの土器作り　245
2　古代に蹴ロクロはなかった――須恵器のロクロとその構造　250
3　古代に粘土塊連続挽き出し成形はなかった――須恵器ロクロの性能と技術　257
4　板起こしから一個挽きへ――杯から椀へ　262
おわりに　267
七　鍋釜・食器・貯蔵具の使い方の関連……小林正史　271
執筆者紹介

序章　使い方から読み解くモノと技術

小林正史

「モノと技術の古代史」の目的と記述方法　本書のタイトルは、「モノ」「技術」「古代史」という三つのキーワードから構成されている。陶芸編の目的に則して、これらのキーワードの意味を説明する。「モノ」は考古学が主対象とする物質文化を指すが、本書では「時期・地域ごとに異なる土器の形・作りの諸特徴が、どのような理由で選択されたのか」を解明することに重点を置いた。土器の形・作りの諸特徴は、従来想定されていた以上に、使い勝手を考慮して選択されていることを明らかにしたい。

次の「技術」については、「特定の形・作りを達成するために、どのような製作技術の組み合わせが選択されたか」の解明を目的としている。素地作り、成形、器面仕上げ、装飾、焼成という各製作工程において特定の技術が選択される際には、「道具（うつわ）としての使い勝手」と「作り易さ（製作コスト）」のバランスが考慮されている。そのさい、「鍋を薄手に作った方が早く調理できるが、薄手の鍋は製作により多くの手間がかかるし、使うさいに壊れやすい」というように、使い勝手と製作の手間が衝突することもある。このような場合、多くの要素を総合的に考慮したうえで、その地域の環境条件により適合した技術が選択されることが、土器作り民族誌において示されている。粘土や焼成燃料の得やすさ、土器製作に割ける時間、土器の各器種に要求される機能性・耐久性は時期・地域により多様なので、それらに応じた多様な技術選択がなされたことを本書で明らかにしたい。

最後の「古代史」については、本書は縄文時代から古代（中世への転換期を含む）までの長期間にわたる土器の変化を検討した。これまでの土器研究では、縄文、弥生、古墳、古代、中世といった時代単位または「前後する二時代間」を対象とするものが大多数を占め、縄文〜中世という長期間にわたる変化過程を分析した事例は非常に少なかった。この理由として、これまで主流を占めてきた「集団間の交流密度や社会組織の復元」を目的とした土器研究では、時代ごとに独自の研究方法が存在することがあげられる。例えば、縄文土器研究では、山内清男流「土器型式論」に基づいて、器種を横断する共通特徴に注目して集団間の交流密度の復元を行ってきたのに対し、弥生土器・土師器の研究では、異なる器種やタイプの組み合わせを重視した小林行雄流「様式論」に基づいて地域間の関係や社会組織をより実態に即して復元することに力が入れられてきた。一方、須恵器の研究では、窯跡という生産遺構が数多く調査されているため、土器の生産と流通を解明する作業に力点が置かれてきた。本書では、「道具としての土器」の視点に立つことにより、このような時期間の研究の枠組みの違いを超えて、長期的な土器変化過程を明らかにする。

「道具としての土器」の三分野　「道具としての土器」の研究（土器機能研究）は、①使用痕跡の観察、理化学的分析、文献史料などにより「実際の使われ方（用途）」を復元する、②土器の形・作りから「製作時に意図された機能」を推定する、③使い勝手との関連から製作技術の選択理由を解明する（すなわち、製作の手間とのバランスを考慮したうえで、必要とされる形・作りを達成するためにどのような製作技術が選択されたかを明らかにする）、の三分野から構成される。本書では、まず、鍋釜（一章）、食器（二章）、貯蔵具（三章）という器種ごとに「使い方と形・作りとの関連」を検討し、それらを踏まえて「必要とされる形・作りを達成するためにどのような製作技術の組み合わせが選択されたか」を説明する。製作技術については、野焼きによる縄文・弥生土器、土師器（四章）と窯焼きの須恵器（五章）

に分けて説明し、さらに、「回転運動を利用した製作」の観点から長期的変化を検討した（六章）。

土器機能研究と「集団間の交流密度の研究」の関係　これまでの土器研究では、形・作りや製作技術にみられる時間的変化や地域差を明らかにし、その類似度から集団間の交流密度（人・モノ・情報の移動の程度）を復元することが主目的だった。これは、土器は最も普遍的に使われており、かつ、可塑性が高い、という理由から、土器の諸特徴が「地域集団の特性・癖」の指標として適しているからである。このため、従来の土器研究では、地域間・時期間で土器の多様な属性について詳細な比較を行った後、「地域間の類似度が高いほど集団間の交流が活発なのに対し、地域間の違いが広がるほど孤立化が進行した」という前提にたって、土器の文様、形・作り、製作技術にみられる地域間・時期間の違いと共通性の度合いから集団間の交流密度を復元してきた。

この研究方法はこれまで大きな成果を上げてきた半面、課題もある。すなわち、新技術を導入するさいには、入手した情報をそのまま受け入れるわけではなく、地域の状況に合わせて受け手側が選択していることが一般的である。この受け手側の選択要因には、上述の「使い勝手と製作コスト（作り易さ）のバランス」（生態学的要因）、「憧れ意識やライバル意識」（社会心理的要因）、宗教的・象徴的意味（観念的要因）などがある。従来の土器研究では、使い方の復元が進んでいなかったため、この「受け手側の選択」が十分に考慮されてきたとはいえない。よって、「道具としての土器の研究」は、新しい技術を受け入れるさいの「受け手側の選択」を明らかにすることにより、集団間の交流密度の復元精度を高める役割を持っている。

基礎研究としての「民族誌の比較分析」　土器機能研究では、発掘された土器の詳細な観察に加えて、民族誌の比較分析と対照実験という二つの基礎研究が欠かせない。

土器は縄文時代～古代では最も普遍的に出土する道具であり、研究者人口が多いにも関わらず、機能研究が金属器・木器・漆器ほど進んでいない。この理由として、金属器・木器・漆器では、伝統工芸産業などの形で手作り技術の伝統（民族誌）が現代まで保持されているため、それらの経験に基づいて先史時代〜古代の道具の使い勝手や「特定の製作技術を選択した機能的理由」を解明できるのに対し、土器（とくに、ロクロや窯を用いない縄文・弥生土器や土師器）ではそのような技術伝統が現代まで継承されていないことがあげられる。すなわち、現代人（考古学研究者）は「薪と土鍋による調理方法」や「ロクロや窯を用いない土器つくり技術」の知識・経験が非常に少ないため、縄文・弥生土器・土師器の機能についての観察視点を確立できていない。

そこで、「道具としての土器」研究を進めるためには、このような手作り技術を日常的に用いている人たちから教えてもらう必要がある。そのさい、物質文化の特徴と人間行動の結びつき方は背景条件に応じて異なるので、条件の異なる民族誌をできるだけ多く調査し、それらの間の共通性（基本特徴）と違い（バリエーション）を抽出することにより、共通性や違いを生み出した要因を明らかにする作業が必要である。本書で用いる「民族誌の比較分析」は、「一定条件下で成り立つ、人間行動と物質文化の間の因果関係（法則的仮説）」を蓄積する点で、自説に都合がよい民族誌を摘み食い的に援用する使い方や近世・近代の民俗事例を都合よく古代に遡らせる「直接歴史法」とは根本的に異なっている。本書の主要執筆者四名は民族誌の比較分析を実践してきた。稲作文化圏の諸地域における広範な民族誌の比較分析を援用することにより、各章における使い方や製作技術の復元が可能になったといえる。

例えば、従来の須恵器研究では、近現代陶芸にみられる「粘土塊からの連続挽き上げ成形」や「蹴りロクロ」を古代まで遡らせる見方が多かったが、「民族誌にみる回転を利用した成形の基本原理」を踏まえて考古資料の痕跡を分析した結果、古代にはそれらの技術はなかったことが指摘された（五・六章）。また、稲作農耕民の土器作り民族誌の体系的比較研究を通して、弥生・古墳時代の覆い型野焼きの時間的変化と地域差が明らかになってきた（四章）。

表　各器種の使い方の観察視点

	土　　　鍋	飲　食　容　器	甕　　　壺
内容物	炊飯用／汁用／オカズ用／食材加工(アク抜き・湯掻き)	飯用／汁用／オカズ用／飲み物用	水甕／液体貯蔵／固体貯蔵／液体盛り付け(短期貯蔵)／埋葬
操作方法	①置き方(炉に直置き／炉に浮き置き／カマド／竈火前)，②加熱方法(炊く，煮る，茹でる，蒸す) ③熱源(炎／オキ火)，④加熱目的(調理／加工／こびり付きの空焚き乾燥)	①置き食器／手持ち(底持ち，上下持ち)，②手食／箸／匙・杓子，③保管方法(積み重ね易さ)	①保存期間：長期／短期(液体盛り付けなど)，②内容物へのアクセス度(頻繁な水甕 vs 長期発酵)，③固定／持ち運び
コンテクスト・配置	①日常用／儀礼・宴会用，②屋内／屋外，③調理・飲食の姿勢	①日常用／儀礼・宴会用，②飲食場のレイアウト，③食べる姿勢と配置	①日常用／儀礼・宴会用／商業用，②埋める／動かす／転がしておく
所属	世帯での自給用／コミュニティで保有／商売用	属人器／銘々器／共有器	世帯での自給用／コミュニティで保有／商売用

さらに、考古資料では具体的証拠を見出しにくい「叩き技法によって紐積み原型を膨らませる度合い」についても、東南アジア民族誌にみられる「叩きによる一次原型の変形度が大きいほど、一次原型の作り方が粗放」という一般傾向から、細い粘土紐を丁寧に積み上げた弥生土器では叩きによる変形度は比較的小さかったと推定された（四章）。

使い方についても壺は、水田稲作に伴って普及したことから、主要な機能は米貯蔵だったと考えられてきたのに対し、民族誌の比較分析から水甕としての機能も重要だったことが指摘された（三章）。これらの例以外にも、本書では多くの部分で民族誌の体系的比較分析の成果が生かされている。

使い方と作り方における器種間の結びつき　土器の使い方には、中に入れる内容物、操作方法、使用するコンテクスト（儀礼用か日常用か）などの属性がある。これらの観察視点は煮炊き具、食器、貯蔵具の間で異なっているが、上の表からわかるように三器種とも食文化と密接に関連している。食文化は食材の種類（およびその入手方法と保管方法）、加工方法（醸造、発酵、アク抜き、燻製保存、など）、調理方法（煮る、茹でる、蒸す、など）、食べ方、という四側面から構成されるが、煮炊き具は加熱方法と、食器は食べ方と各々切り離せない関係にある。また、貯蔵具である壺・甕は、埋葬用・染色用といった食文化以外の使い方も含むものの、食材（米を含む）や水の貯蔵や食材加工（酒醸造や発酵）など食文化と関連する使い方の方が圧倒的に多い（三章）。

東南アジア・南アジアの炊飯民族誌の比較分析の結果、食材（米品種の粘り気度、多めの水で長時間茹でる必要がある豆・芋・瓜類の重要性）、加熱方法（炊飯方法、オカズ調理における汁気の多さ）、食べ方が相互に密接に関連していることが明らかになってきた。例えば、東南アジアでは、粘り気の弱い米飯を「丸めるための手食」により汁気の多いオカズと馴染ませてから口に入れるので、汁物を必要としない（「1汁〇菜」形式をとらない）のに対し、中世以降の日本では、粘り気の強い米飯と汁気の少ないオカズを各々箸で摘んで別個に口に入れる（三角食べと口内調味）食べ方のため、消化を促進するための汁物を伴う「1汁〇菜」形式である。このように食べ方と加熱方法は密接に関連することから、鍋釜、食器、貯蔵具の使い方も相互に強い関連を持つことが想定される。このような使い方における器種間の結びつきを解明するためには、長期的変化を観察することが必要である。

和食の成立過程　本書の目的は、食文化史や窯業史の観点から先史・古代の人間行動を明らかにすること、および、手作り（＝伝統的）技術の優れた面を掘り起こすこと、の二つである。そして、この二面から考古資料と現代生活の結びつきを明らかにすることを意図している。前者については、鍋からみた調理方法（一章）、食器からみた食べ方（二章）、貯蔵具からみた食材調達や加工（三章）という三側面から和食の成立過程を検討した。

従来の食文化史研究では、土器や火処の諸特徴から推定される弥生時代〜古代の食文化と、史料から「和食」が成立したとされる中世以降の食文化とのつながりが不明瞭だった。その理由として、①古代において竪穴建物から平地式建物へ転換した結果、火処（囲炉裏や竈）が考古資料として検出されにくくなった、②中世になると煮炊き具が考古資料として残りにくい鉄鍋に転換したため、調理方法がわかりにくくなった、という考古資料の制約もある。しかし、最も重要な理由は、従来の食文化史研究では「弥生・古墳時代の米品種は、和食が成立した中世〜現代の米品種と大差ない」と漠然と想定されてきた（誤解されてきた）ことである。この米品種についての誤解のため、「弥生時代では直置きの深鍋を使った理由」、「古墳前期に浮き置きの球胴鍋に転換した理由」、「五世紀〜古代では煙道付き竈に差し込んだ長胴釜と甑による蒸し米が主食となった理由」などを解釈できず、その結果として、弥生〜古墳中期、古代、中世以降という三時期間の食文化の違いをうまく説明できなかった。

その後、二〇一一年における湯取り法炊飯の証拠（斜め白色吹きこぼれ痕）の発見をきっかけとして、弥生〜古墳中期では東南アジア民族誌と同様の「側面加熱蒸らしを伴う湯取り法炊飯」が普及していたことが明らかになるとともに（口絵1）、炭化穀粒タイプや炭化米DNAの分析により東南アジアと同様の粘り気の弱い米品種が多く存在したことが判明した。その結果、東南アジア民族誌との共通点が多い弥生〜古墳中期、粘り気の強い米品種への転換が完了し和食の諸特徴が確立した平安時代後半（中世）、両者の過渡期である古代の米蒸し期、という食文化の流れが明らかになった（二章の表3）。

手作り技術の優れた面を掘り起こす　現代人は「薪と土鍋による調理」といった手作り技術に精通していないため、考古資料にみられる技術の意味を正当に評価できない場合が多いことを上述した。これまでは技術の機能性がわからない部分については、「複雑な技術はシンプルな技術よりも優れている（クオリティが高い）」「技術の複雑化は、劣った技術から優れた技術への進化を示す」という単系進化論に基づく解釈が多かった。この見方は全く誤りとも言えないが、一面的である場合が多い。シンプルな技術が選択された理由は、技術的に遅れていたからではなく、その土地の環境に適した技術を選択した結果であることも多いからである。

本書では、単系進化論的解釈から脱し、これまで認識されていなかった伝統的（手作り）技術の優れた面を掘り起こすことに力点を置いた。例えば、食べ方については、①手食には明確な機能（米飯とオカズを混ぜ合わせるための手食と、米飯を指で丸めオカズとともに口に入れる手食）があり、従来、漠然と想定されていたような「遅れた風習」では決してない、②古代末期における底持ち食器（杯）から上下持ち食器（ワン）への転換は、「米飯を指で丸める手食において、上方向からの圧力を支えるための底持ち」から「箸で米飯を摘む食べ方に適した上下持ち」への変化を示す、などの点を指摘した（二章）。

また、鍋釜については、弥生初頭から古墳前期にかけての薄手化、球胴化・丸底化は、米品種の粘り気度の増加に伴う「湯取り法炊飯の茹で時間短縮化」に対応した変化であることを明らかにした。すなわち、古い時代ほど厚手・平底が多い理由は、技術が低いためではなく、オキ火寄せ加熱効率や冷めにくさを重視した意図的な選択である点を指摘した。また、五世紀後半から古代にかけて蒸し米が主食となった理由については、従来は「当時の先進地域である韓半島の風習を導入した結果」という解釈に留まっていたが、本書では「弥生以来の粘り気の弱い米品種と中世以降の主食となる粘り気の強い米品種を混ぜて調理したため、炊く調理では水加減の調整が難しくなったこと」が背景にあることを示した（一章）。

一　鍋の形・作りの変化

小林正史

縄文時代の始まりは「土鍋で煮る調理の出現」、弥生時代の始まりは「水田稲作と炊飯の開始」というように、先史時代の時代区分は調理方法により定義されている。さらに、古墳時代の始まりは「西日本における直置き加熱から浮き置き加熱への転換」や「飯用食器における共有器から銘々器への転換」と対応する。このように、食文化が時代ごとに独自の特徴を示すのは、食材、加熱方法（煮る、炊く、蒸す、茹でる、など）、食べ方（箸・匙・手食か、手持ち食器か置き食器か、共有器か銘々器か）、火処構造（直置き炉、浮き置き炉、煙道付きカマド、煙道なしカマド、という変化）、鍋釜や食器の作り、といった食文化の構成要素が相互に深く関連していることが背景にある。以下では、縄文時代、弥生時代、古墳前・中期、古墳後期～古代、の各時期について、鍋の形・作りと調理方法の関連を説明する。

1　縄文深鍋による調理の特徴

動植物遺存体からみた鍋調理の食材　一九八〇年ごろまでは、貝塚から出土する動物骨（シカ・イノシシが多い）や魚骨の存在や、石器や骨角器には漁具や狩猟具が多いことから、縄文時代には動物性食材の重要性が高かったと考えられてきた。しかし、一九八〇年以降に低湿地遺跡の調査が進み、植物遺存体が多く検出されるようになった結果、カロリー源としてはナッツ（堅果）類が最も重要であることが明らかになった。ナッツ類にはクリ（東日本の前・中期では主体的存在であり、晩期まで重要性が高い）、トチ（東日本では中期後半から増加）、ドングリ類（西日本ではナッツ類の主体を占め、イチイガシに偏在）、クルミなどの種類があり、これらの構成比率には時間的・地域的な違いが顕著である。

日本のナッツ類利用の民俗誌を参照すると、鍋を利用するナッツ類の調理として粉食の汁団子、蒸し団子、鍋物のトロミつけ（薄い粉粥状）などが考えられる。縄文時代に製粉が盛んだったことはすり石と石皿の存在から明らかなので、大型鍋で茹でる灰汁抜きが必要なトチとドングリ類は粉食の頻度が高かったはずである。一方、クリは粒食と粉食の両者が想定される。クリが最重要食材だったと考えられている青森県三内丸山遺跡の中期前半ではすり石がきわめて高い比率で出土していることから、トチ・ドングリと同様に粉食が多かったと思われる。

製粉したデンプン粉を団子状にして食したことは、東日本の縄文前・中期にみられるパン状・クッキー状炭化物の存在から推定される。これらは同位体分析から、デンプンのみで構成されていることが判明している。ただし、これらのクッキー状炭化物の出土例は縄文前・中期の東北・関東・中部に限られることから、他の時期・地域では汁団子やトロミ汁・粉粥などの形で調理されることが多かったと思われる。

ナッツ類以外の植物食として、大豆（土器圧痕のレプリカ法分析、フローテーション法による遺存体回収、鍋底炭化例）、ユリ根などの根茎類（鍋底炭化例や石器・土器のデンプン粒分析）、長芋（掘り抜き痕の検出例）、メロン類（ウリ類、種子が出土）、山菜類（コゴミ出土例）、キノコ類（キノコ形土製品の存在）の利用も明らかになっている。出土例はないが、サトイモ（タロイモ）も栽培されていたと想定されている。これらのうち、長時間茹でる必要がある豆類、および、鍋底に炭化状態で残るユリ根類は、深鍋《ふかなべ》で調理されたことが確実である。また、山菜類の湯掻《ゆが》きには大型深鍋が使われた可能性が高い。

理化学的分析からみた食材と加熱方法　縄文草創期（福井県鳥浜貝塚や北海道大正三遺跡）や後・晩期（北海道浜中遺跡や渥美半島の保美・伊川津貝塚）の深鍋のコゲの脂質分析では、海洋性動物に多い不飽和脂肪酸（通常は分解してしまう）のベンゼン環が残っていたことから、海産物を含む具材が高温（二七〇度以上）を受けたと推定された。汁気が多少とも残る喫水線《きっすいせん》下では内壁が二〇〇度以上になるとは考えにくいことから、コゲの正体は「煮込み調理を示す喫水線下コゲ」ではなく、盛りつけ後のこびり付きの空焚きコゲ（後述する防カビ処理）だった可能性が高い。

縄文中期深鍋のコゲの同位体分析では、大型（一〇㍑以上）深鍋はC３植物（ナッツ類を含む）の領域に分布するが、中小型深鍋はC３植物と海産物の中間の領域に分布する、という使い分けが報告されている（吉田二〇一二）。また、縄文後期後半以降では素文深鍋（大型も多い）と有文精製深鍋（中・小型）との分化が明瞭になるが、前者はC３植物（ナッツ類など）や陸上草食獣に近い分布を示すのに対し、後者はC３植物・陸上草食獣と海産物の中間に位置する（より海産物が多い）、という使い分けが報告された。これらの分析結果は、縄文中期から晩期まで、一〇㍑以上の大型深鍋はナッツ類の加熱加工（灰汁抜き加工を含む）と多人数用の鍋物調理、中小型の有文深鍋は海産物も多く含む鍋物調理、という使い分けを示している。

スス・コゲからみた縄文深鍋の使い方　縄文深鍋のスス・コゲは、①胴下部に高い頻度で喫水線上（空焚き）コゲが付く、②上半部に高い頻度でオキ火上転がし痕（外面の円形スス酸化と内面の円形コゲ）が付く、という点で、草創期から晩期末までほぼ共通したパターンを示す（図１ａ）。このように、内面のコゲは、胴下部と上半部では形成過程が異なるので、部位ごとに説明する。

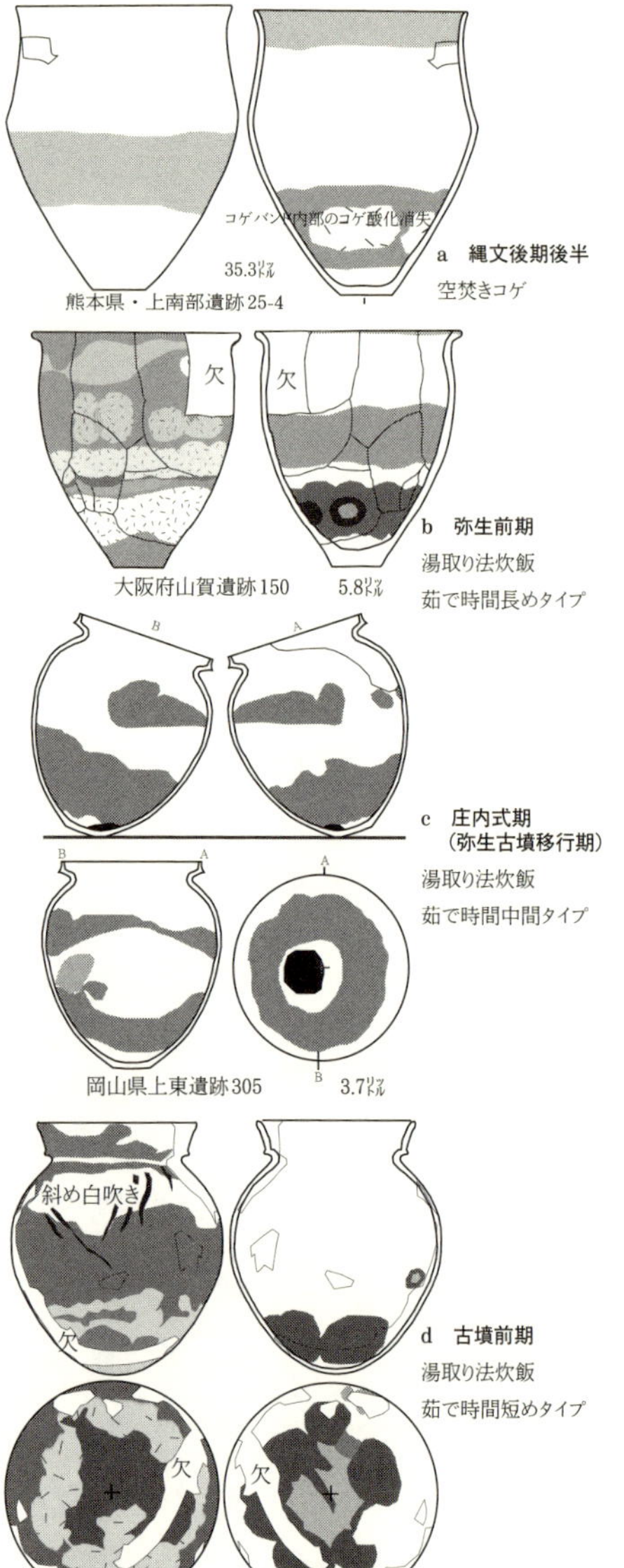

図1　縄文，弥生，古墳前期の深鍋のススコゲ
（縮尺不同）

縄文遺跡の多くでは復元深鍋の七割以上という高い頻度で胴下部にコゲが巡る。この帯状コゲは、内部の中央の顕著なコゲ飛び（酸化消失）が付くことから「空焚きコゲ」と判定されるものが多く含まれる（図1a、図2a）。さらに、この胴下部の帯状コゲには、下端ラインが底部直上から始まる場合と、内底面から数㌢上から巡る場合（図1a、図2a〜c）とがあり、前者は底面直上部からオキで囲まれていたオキ火寄せ加熱を示し（図3a）、後者は煮汁が多少残る状態で炉に放置された場合（下端ラインが喫水線を示す図2b）や、放射状に配置された太薪との接触を示す。

内面上半部では、不整円形のコゲが同一レベル（胴最大径部位が多い）に並ぶことがしばしばみられる。これらが連続して帯状を呈する場合も多い。これらの上半部コゲは、①外面のオキ接触による棒状や不整円形が集合した円形酸化消失部と対応する（裏表の）位置にある、②対応する外面のスス酸化部には、中央にススが残るドーナツ形もあり、オキ層の中央部で地面と接したことを示す、などの特徴から、オキ火上転がしコゲが主体だったといえる（図3b）。すなわち、汁物やシチュー状の料理では調理中に鍋を傾けるとこぼれてしまうので、上半部内外面のオキ接触痕は「盛り付け終了後に、深鍋をオキ層の上に転がして空焚き乾燥した」ことを示している。

以上より、縄文深鍋の多くは「直立状態での下半部のオキ火寄せ加熱（図3a）→上半部のオキ火上転がし側面加熱（図3b）」という二段階の空焚きを経験していることが明らかである（図10a）。すなわち、まず、鍋の周囲にオキを寄せた状態で炉に放置して、下半部のこびり付きを乾燥した。次に、深い形が多い縄文鍋はオキ火寄せ加熱のみでは上半部のこびり付きを乾燥できないので、オキを敷いた上に横倒しに置き、全面に熱が当たる

図2　縄文土器の空焚きコゲの証拠（a：コゲ中央の酸化消失（上南部遺跡の縄文後期後半の深鍋 25-4），b：下端ラインが水平な喫水線を示す（実験土器），c：滴り痕（実験土器）。

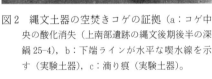

ように時々転がすことにより上半部のこびり付きを乾燥したのである。

縄文深鍋の加熱方法の特徴　食材とスス・コゲの特徴から、以下の調理が推定される。

第一に、頑固なこびり付きを生じる調理が含まれる。「下半部のオキ火寄せ→上半部のオキ火上転がし」の二段階にわたる入念な空焚き乾燥（図3、図10ａ）

図3　縄文深鍋の2段階の空焚き乾燥
（a：オキ火寄せ，b：オキ火上転がし）

を行った理由として、頑固なこびり付きを空焚き乾燥することによりカビを防ぐことがあげられる（北野二〇〇九）。土鍋は、顕微鏡で見ると表面や断面内部に細かい孔・隙間が多くあるため、そこに入り込んだこびり付きは、金属鍋と違って、きれいに洗い落とすことが難しい。シチューのように「デンプン粉と油脂が組み合ったこびり付き」はとくに頑固であり、調理実験後、洗浄・乾燥が不十分な状態で土鍋を放置するとカビが生えてしまうことがあった。そこで縄文人は、頑固なこびり付きを空焚き乾燥することによりカビが生えるのを防いだのである。ナッツ類のデンプン粉は縄文時代の主要食材であり、魚や肉の油脂は縄文深鍋の理化学的分析で検出されていることから、縄文深鍋では、頑固なこびり付きを生じやすい「ナッツ類のデンプン粉と肉・魚類の油脂の組み合わせ」がしばしば調理されたと推定される。このような料理では、デンプン粉が溶け出したトロミが内容物を冷めにくくする効果がある（北野二〇〇九）。

第二に、縄文深鍋の胴下部コゲは、空焚きコゲの判別特徴（図2）が多くみられる反面、「最終段階に汁気がなくなるシチュー状煮込みを示す喫水線下コゲ」は不明瞭であることから、最後まで汁気が多く残る調理が多かったといえる。このような調理の候補として、大豆などの硬い食材を多めの水で長時間茹でる調理、ナッツ類のデンプン粉を用いたトロミ汁、デンプン粉で作った団子を入れた団子汁風の鍋物、などが考えられる。

第三に、使用回数が少なめの縄文深鍋では、外面に吹きこぼれ痕が高い頻度で付くことから、吹きこぼれやすい食材が多く用いられたといえる。液体を熱すると煮汁中の空気が膨張して泡立つが、煮汁の粘度が高いと泡が膨らんだままの状態を維持するため吹きこぼれが生じる。つまり、煮汁の粘度が低い場合は泡立ってもすぐ消えてしまうのに対し、糖タンパク質やデンプンを多く含む食品ほど煮汁の粘度が高くなるため、吹きこぼれが起きやすい。吹きこぼれやすい食材として、デンプン粉を固めた団子・パスタ類、里芋、灰汁が生じやすい食材（肉など）、などがあげられる。

第四に、オキ火寄せ加熱（図3a）を多用した。縄文深鍋の外面底部直上〜底面周縁部には高い頻度で被熱痕（器面アレ、スス酸化消失、オキ接触痕、底面周縁部のススなど）が付くが、底面中央では内外とも被熱痕が少ない。よって、底面周縁部の被熱痕は、鍋底からの加熱ではなく、オキ火寄せ加熱の結果である。上述のように、縄文深鍋の大半は、盛り付け終了後にオキ火寄せによる空焚き乾燥（防カビ処理）を行っているが、調理時においてもオキ火寄せ加熱が多用されたであろう。

以上をまとめると、①理化学的分析によると、日常調理用の中型深鍋では「ナッツ類と肉・魚の組み合わせ」が調理された、②空焚き乾燥が必要な頑固なこびり付きが多いことや吹きこぼれが顕著な点も「デンプン粉と油脂の組み合わせ」を示唆する、③最後まで汁気が残り、オキ火寄せ加熱を多用する、などの特徴から「ナッツ類のデンプン粉と肉・魚を組み合わせた食材を、長時間煮る鍋調理」や「硬めの食材を長時間煮る調理」が多かったと想定された。ナッツ類の調理方法についての記録がある北米西海岸のカリフォルニアの採集狩猟民では、灰汁抜きされたドングリ類（pinon）のデンプン粉は、水で冷やして固形状態で食する場合と薄い粥状 mush で食する場合とが報告されている（Ortiz 1991）。後者は縄文深鍋によるトロミ鍋と類似した調理であろう。

なお、「中部高地の縄文中期では下半部に括れがある深鍋が盛行することから、括れ部にサナを置いて蒸し調理を行った」という説があるが（武藤一九六五）、括れ部の位置からみて喫水線が低すぎる（熱ストレス破損が起きやすい）点で疑問がある。

鍋の洗浄方法　入念な空焚き乾燥（防カビ処理）が普遍的に行われた事実は、「調理中や調理直後に鍋を囲炉裏から移動しなかったこと」や「入念な洗浄をあまり行わなかったこと」（北野二〇〇九）を示している。入念な洗浄を行わなかった理由として、移動中や洗浄中の鍋の破損を防ぐことがあげられる。土器の破損について定量的な調査を行ったフィリピン・カリンガ族の民族誌例では、土鍋の破損原因は、洗浄中の床や壁などとの接触によるひび割れが約四割と最も多く、洗い場への運搬中の物理的衝撃（落下や一緒に籠に入れた鍋との接触）が約二割で次いでいた。四章で述べるように、縄文深鍋は、粘土紐の継目で水平に割れる頻度が高いことから、粘土紐間の接着強度が弱く、洗浄時に割れるリスクが高かったはずである。さらに、大型で重い（厚手が多い）ため、水場まで運ぶのに手間がかかるし、運搬中に触れ合った衝撃で破損するリスクも高かっただろう。

一方、弥生深鍋では、米飯のこびり付きは水漬けすれば容易に洗い落とせるので、空焚き乾燥する必要はない。また、弥生時代のオカズ用鍋についても、①デンプン（飯）と肉魚の脂（オカズ）が別々の鍋で調理されるため、「デンプン＋脂の組み合わせによる頑固なこびり付き」が減る、②薄手になるものの、粘土紐の圧着強度が強まる、などの点で、空焚き乾燥防カビ処理の必要性が低下したと推定される。

2　調理方法に合わせた縄文深鍋の形・作りの工夫

一万年以上の長期にわたって使われた縄文深鍋は、時期・地域により多くのバリエーションがあるものの、①蓋を用いない、②頸部《けいぶ》の括れと胴部の膨らみが弱い、全体が開く形である、③頸部を堅牢に作らない、④厚手が多い、⑤一〇㍑付近を境に中小型と大型が明瞭に作り分けられ、かつ、大型の比率が高い、という「時期・地域を超えた共通特徴」を示す。使い方との関連からこれらの特徴の背景を検討する。

蓋を用いない　土製鍋蓋を用いる縄文土器は、後期初頭〜前葉の越後（三十稲場式）と青森（十腰内1式）、縄文晩期後半の加賀（下野式）など少数にすぎない。木製鍋蓋を用いた可能性も考慮する必要があるが、①縄文深鍋の口頸《こうけい》部内面には蓋を置くための段や傾斜がない、②波状口縁のため蓋を内側に置きにくい、などの点で、木製も含めて蓋を用いないことが一般的だった。木製の鍋蓋は、口縁の外にはみ出して置くと縁が燃えてしまうので、鍋の口縁の内側に置く必要がある（伊藤二〇〇四）。一方、例外的に土製蓋を伴う上述の二時期の深鍋は、頸部に明瞭な括れがあり、蓋を内側に置きやすい形になっている。つまり、蓋を用いる少数例では鍋の口頸部の作りもそれに対応した工夫が施されているのである。

縄文深鍋では蓋が用いられなかった理由として、①頑固なこびり付きから想定されるトロミ鍋調理では、頻繁な掻き回しが必要とされた、②具材や調味料を途中で投入することも多かった、③加熱を続けながら食べることもあった、などの点で、内容物へのアクセス度が高かったことがあげられる。

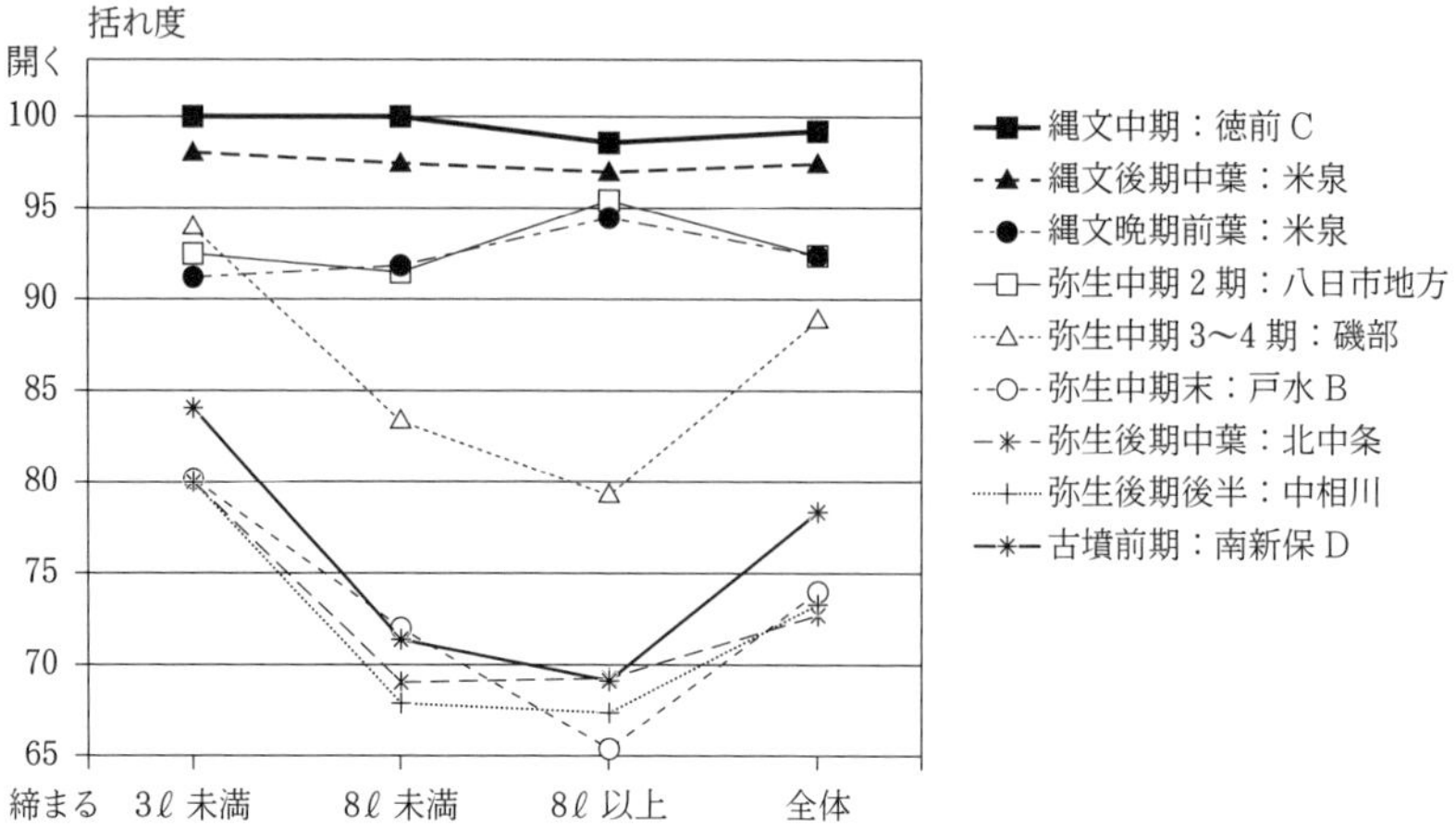

図4　頸部の括れ度（頸部最小径／胴部最大径×100）のサイズ間・時期間の比較

頸部の括れが弱く、開く形　縄文深鍋の形は、東日本を例にとると、丸底か平底のバケツ形（草創期）、尖底で口が開く形（早期）、安定平底の円筒形・バケツ形（前期）、口頸部が張り出して膨らむキャリパー形や胴部が括れる形（中期）、頸部が弱く括れるバケツ形（後期後半〜晩期）という変化がみられる。一方、弥生深鍋と比べると、上述のように、①頸部の括れが弱く、全体が開く、②寸胴が多い、③深めである、という時期・地域を超えた基本特徴が見出される。中部・関東の縄文中期深鍋は、装飾性が高い「器離れ」した形・作りが強調されることもあるが、大型把手を除いた器本体の形は「円筒形の胴部と開く上半部」という縄文深鍋の基本特徴から逸脱していない。

東日本（東北地方）と西日本（加賀）における括れ度（頸部最小径／胴部最大径×一〇〇）の平均値を容量クラスごとに示した図4から、縄文深鍋は一貫して頸部の括れが弱い「開く形」であること、および、弥生初頭から古墳前・中期へと連続的に括れが強まること、がわかる。なお、西日本の代表として加賀地域を用いたのは、加賀以西の地域では、土器棺《どきかん》を除いて、容量計測可能な縄文深鍋が十分な個数得られる縄文遺跡がほとんどないためである。

縄文深鍋では頸部の括れが弱い理由として、①内容物へのアクセス頻度が高かった、および、②頸を摑んで持ち運ぶことが少なかった、の二つがあげられる。後者は、頸部を堅牢に作らない点とも関連する。

次に、胴下部が寸胴形を呈するものが多い。縄文早期の尖底深鍋も、先端部が灰穴炉に差し込まれるので（小林二〇一六）、地上に露出して加熱を受ける胴下部は寸胴に近い形になる。この寸胴に近い胴下部の形は、薪の炎からの熱の多くが空気中に逃げてしまう点で炎加熱効率が悪い反面、オキ火寄せ時のオキ接触面積を最大化する効果がある。

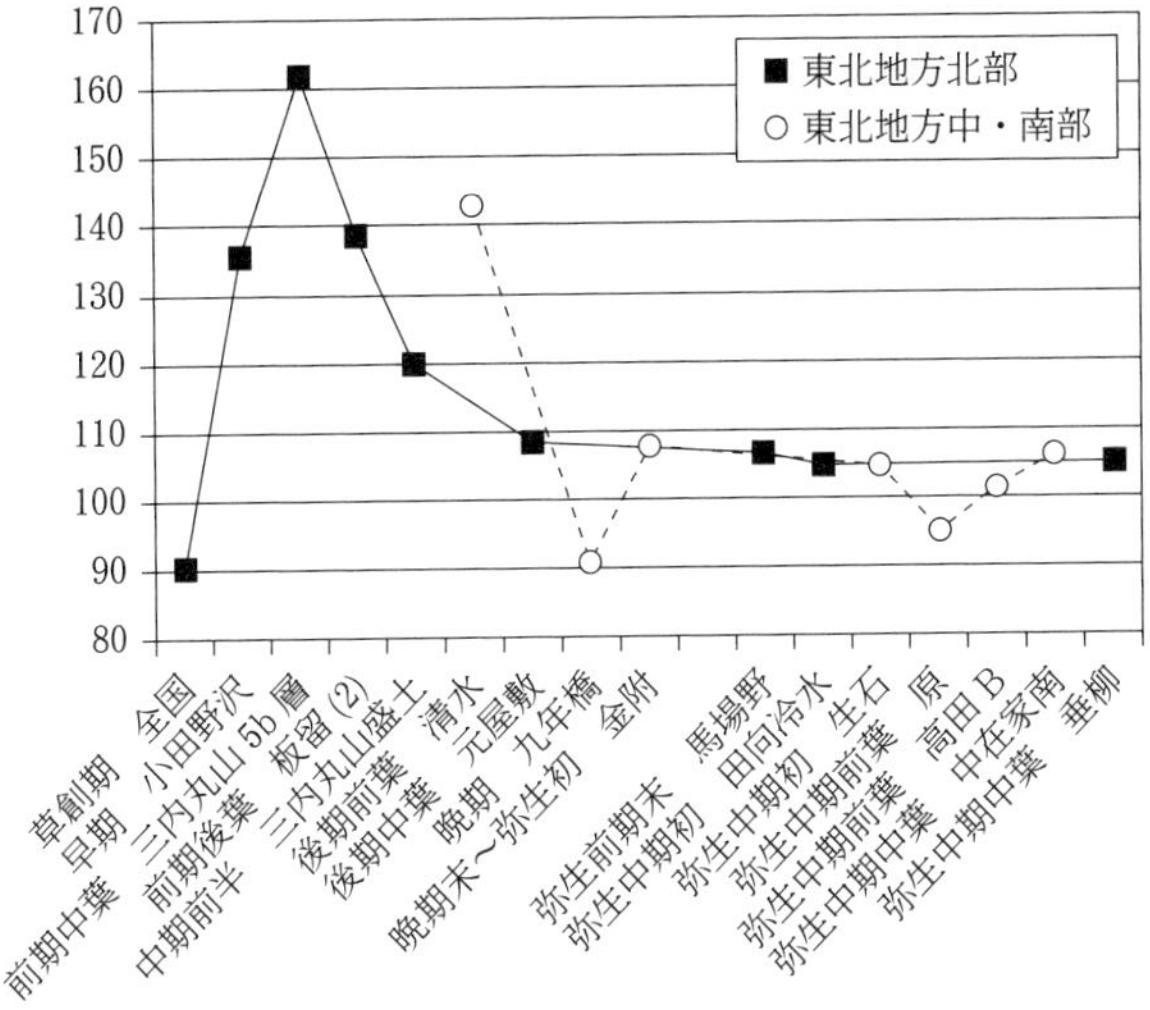

図5　東北地方の深鍋の深さ指数（器高／最大径×100）の変化

最後に、縄文深鍋は深めの形が多い。東北地方の北部と中・南部の深鍋の深さ指数（器高／最大径×一〇〇）の平均値の時間的変化をみると、縄文早期から後期中葉まではそれ以降の時期に比べて明瞭に深めである（図5）。縄文晩期では浅めの小型鍋がセットとなるため平均値は浅くなるが、二㍑以上に限定すれば平均値一一〇以上となり、後期後半～縄文晩期から弥生前・中期深鍋へと浅めになる傾向がみられる。縄文深鍋が深めに作られた理由として、長時間加熱する調理では吹きこぼれを抑える必要があるため、喫水線を相対的に低い位置に保つ必要があったことがあげられる。

頸部を堅牢に作らない　東北地方の縄文晩期深鍋では頸部に括れをもつ例が目立つが、頸部に水平割口が巡る頻度が高いこ

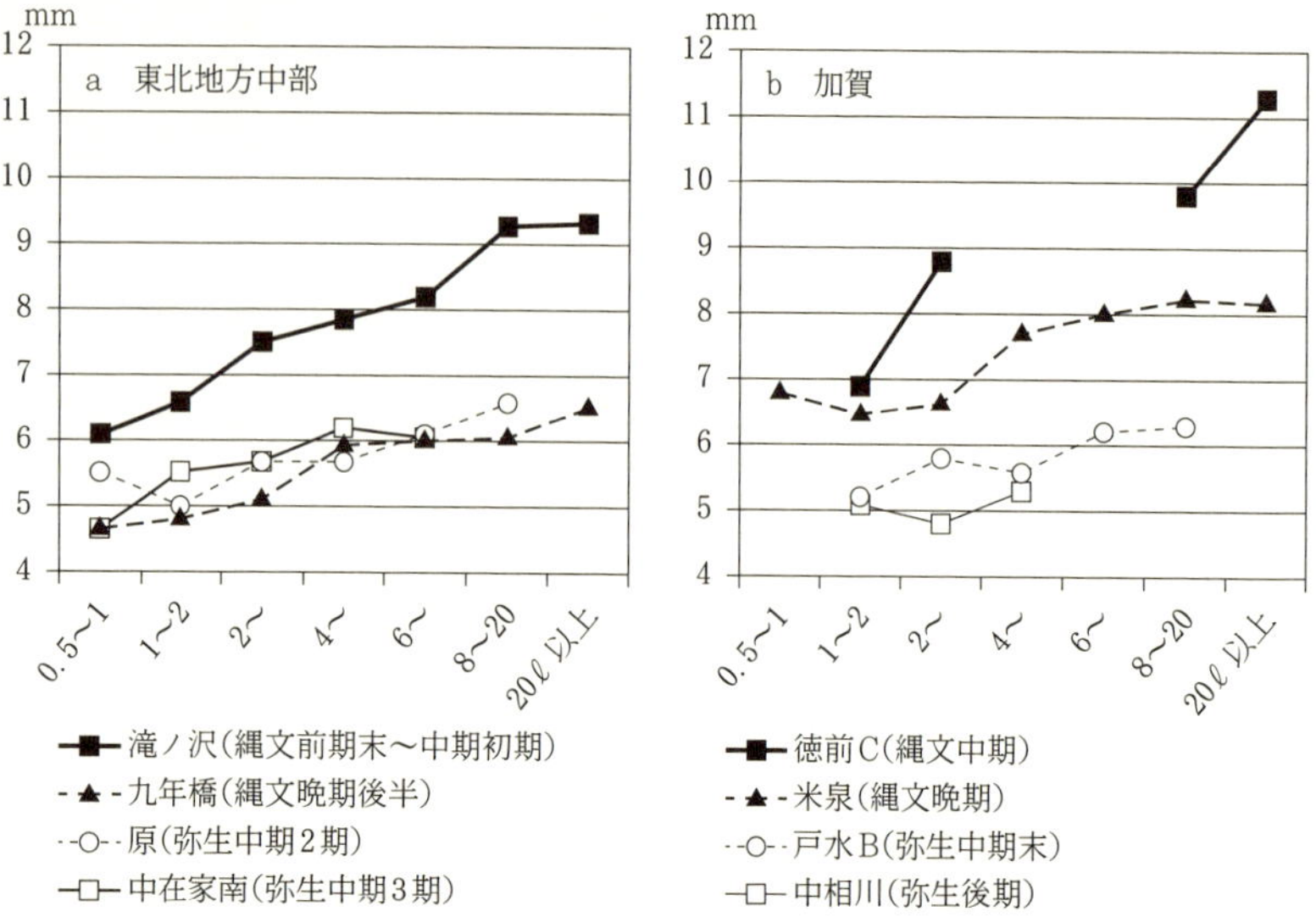

図6　東北地方と加賀の容量クラスごとの平均器厚

とから、頚を摑んで持ち運ぶことを意図していなかったようだ。縄文深鍋では頚部の括れが弱く、かつ堅牢さを求めない背景として、①炊飯用とオカズ用に明瞭に分化した弥生深鍋と異なり、鍋を置き換える必要がなかった、②空焚き乾燥のため盛り付け終了後も鍋を囲炉裏から移動しなかった、③蓋を用いないため、蓋受け部としての頚部を堅牢に作る必要がなかった、などの点があげられる。

厚手が多い　西日本（加賀）と東日本（東北地方中部）の縄文・弥生深鍋の「容量クラスごとの平均器厚」を示した図6をみると、西日本（加賀）では縄文中期、縄文後・晩期、弥生中期、弥生後期の順に薄手化が進行するのに対し（図6b）、東日本では縄文中期から縄文後・晩期へと薄手になる（図6a）。ただし縄文晩期と弥生中期との違いは不明瞭である。このように、多少の例外はあるが、大きく見れば、縄文深鍋は弥生深鍋に比べて厚手の傾向がある。この理由として、縄文深鍋では熱伝導率の高さ（短時間強火加熱の効率）よりも保温効率（長時間加熱における冷めにくさ）を重視したことがあげられる。比較的薄手の縄文深鍋が普及した時期・地域もあることから、厚手の作りは意図的な選択であるといえよう。

大型が多い　縄文深鍋では大型（一〇ℓ以上）の組成比率が高い。大型ほど復元されにくいため組成比率が過小評価されるが、破片を含めた口縁部資料では深鍋全体の五割以上を占める遺跡も多い。大型深鍋はナッツ類などの灰汁抜き加工や湯搔きでは中心的な役割を果したと思われる（阿部二〇〇八）。この点は上述のコゲの理化学的分析の結果からも支持されている。

一方、以下の理由から、大型深鍋は日常調理や多人数用調理（儀礼・宴会を含む）にも頻繁に用いられた可能性が高い。まず、灰汁抜きが不要なイチイガシが主体を占める西日本においても大型深鍋が高い頻度で使われている。次に、山菜類の湯搔き加工は弥生時代でも継続していたと思われるが、弥生深鍋では大型が激減することから、山菜類などの湯搔きが西日本の大型深鍋の主要機能だったとは考えにくい。最後に、中小型と大型は共に、胴下部に空焚き乾燥コゲが巡ることが多い。このように、大型深鍋は、ナッツ類や山菜類の加工処理に加えて、日常調理、多人数用調理、水貯蔵といった多くの機能を持った器だったと考えられる。

3　弥生深鍋における炊飯用とオカズ用の分化

弥生深鍋の形・作りの機能的意味を明らかにするためには、炊飯用土鍋とオカズ用土鍋を判別する必要がある。東南アジア・南アジアの炊飯民族誌の比較分析から炊飯用とオカズ用の鍋の作り分けについての一般傾向を導き出した後、弥生深鍋における同様の作り分けを明らかにする。

炊飯の加熱過程の基本特徴　オカズ調理と比べたさいの炊飯の特徴として、以下の点があげられる。

第一に、粘り気の強い米の炊飯では、長く茹でると形崩れするため、「短時間強火」が重要である。電気炊飯器よりもガス炊飯器の方が、さらにガス炊飯器よりも「薪と羽釜による炊飯」の方がおいしく炊けるといわれるが、これは、電気、ガス、薪の順に炎が大きく、強火加熱ができるからである。強火加熱を達成する手段として、①蓋を掛けることにより蒸散を抑える、②吹きこぼれをすぐには抑えず、加熱を徹底する、③薄手にして炎加熱効率を高める、④対流効率が高い球胴に近づける、などがある。

第二に、吹きこぼれをすぐには抑えない。「薪と羽釜による炊飯」の方がおいしく炊けるといわれるのは、吹きこぼれそうになると火力を抑える電気・ガス炊飯器と異なり、吹きこぼれ開始後も加熱を続けることが理由の一つである。炊飯民族誌では、吹きこぼれ始めると、蓋を外してなだめる（東アジア）か湯取りを行う（東南アジア）が、すぐには薪を引かない場合が多い。この背景として、炊飯では吹きこぼれ後、ほどなくして弱火・蒸らしに移行するため、吹きこぼれにより炎が小さくなっても問題ないことがあげられる。一方、オカズ調理では、吹きこぼれ後も加熱が継続するため、吹きこぼれにより炎が小さくなるのを防ぐ必要がある。オカズ用鍋の吹きこぼれ対策として、①事前に水面レベルを低く抑える、②吹きこぼれそうになると火を弱める、③差し水をする、などがある。

第三に、炊飯では、強火加熱を達成するために、蓋が不可欠である。蓋の重要性は、日本の炊き干し法炊飯では「赤子泣いても蓋取るな」がルールになっていることからも明らかである。一方、オカズ調理では、①掻き回し頻度が高い、②途中で具材や調味料を入れる、③吹きこぼれを抑えるために内容物が見える方がよい、などの点で蓋を掛ける頻度が炊飯よりも低い。

第四に、東南アジア・南アジアの炊飯民族誌では、炊き上がり時に肩部まで米飯が入っていることが一般的である。このように喫水線が高い理由として、①オカズ調理のように吹きこぼれを事前に抑える必要がない、②蓋と喫水線の間の隙間が大きいと蒸らし時に水滴ができてしまう、③余熱効果がより多く得られる、などの点があげられる。一方、オカズ調理では、吹きこぼれを抑えるために喫水線を低めに保つことが多い。

炊飯民族誌における炊飯用鍋とオカズ用鍋の作り分け　以上のように、炊飯はオカズ調理一般とは加熱過程が異なるため、炊飯用鍋とオカズ用鍋は明瞭に作り分けられている。炊飯用は、オカズ用に比べて頸部の括れが強く、深め（球胴に近い）であることが特徴である。とくに括れ度の違いは明瞭であり、東南アジア・南アジア民族誌では括れ度によりほぼ排他的に作り分けられる場合（異形タイプ）が多い。このような炊飯用土鍋とオカズ用土鍋の間の形・作りの違いは、調理方法の違いと以下のように結びついている（小林二〇一七）。

まず、炊飯用の方が括れが強い理由として、①蓋を掛けやすい、②掻き回しをしないなど、内容物へのアクセス頻度が低い、③蒸散を抑えることにより「短時間強火加熱」を達成する、④蒸らし時に鍋を炎から降ろすさいに、頸を摑んで移動する、などがあげられる。

次に、炊飯用土鍋の方が深め（球胴に近い）である理由として、喫水線が高い位置（肩部〜頸部）にあるため、加熱時に上半部まで炎が当たる球胴形の方が適することがあげられる。一方、オカズ用土鍋は、喫水線の位置が低い（胴中部）ため、上半部に炎を当てる必要がなく、底面中心の加熱になることから、やや浅めの偏球形の方が適する。

最後に、炊飯用土鍋はオカズ用土鍋に比べて金属鍋に取って代わられるタイミングが早い。東南アジアではこの二〇年ほどの間に炊飯用土鍋がほぼ消失し、金属製炊飯鍋や電気炊飯器と交替したのに対し、オカズ用土鍋は北タイ農村部ではかなり多く使われ続けている。これは、上述のように短時間強火加熱が必要な炊飯用では、熱伝導効率が高い金属鍋の方が望ましいためである。炊飯用土鍋がほとんど消失した東南アジアでは検証することは難しいが、炊飯用土鍋の方がオカズ用土鍋よりも相対的に薄手に作られていたと推定される。

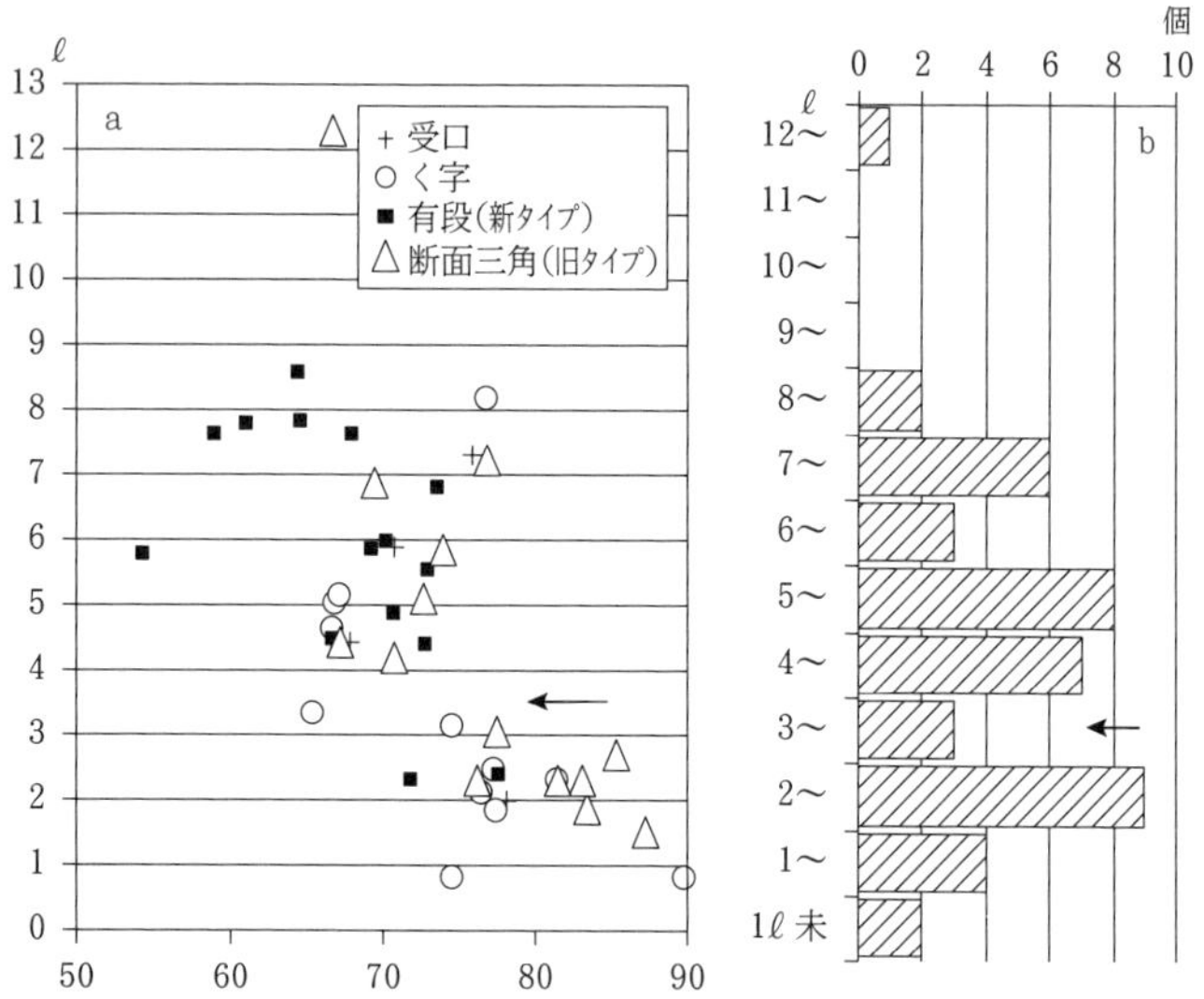

図7　弥生後期深鍋の容量（y）と括れ度（頸部最小径／胴最大径×100）のプロットグラフと容量ヒストグラム（北中条遺跡・石川県津幡町）

炊飯民族誌における炊飯用鍋とオカズ用鍋の容量の違い

炊飯民族誌では日常用の炊飯用土鍋とオカズ用土鍋の容量を比べると、前者の方が明瞭に大きい（小林二〇一七）。逆の例はない。これは、稲作農耕民の伝統的食事は、米飯を多く食べ、オカズは少なめ（カロリーの七割以上、たんぱく質の五割以上を米から摂取）だからである。ただし、硬めの食材（豆・芋・ウリ類が主体）を多めの水で長時間茹でるオカズ調理が主体の文化では、①吹きこぼれを防ぐために喫水線を低めに抑える必要がある、②食材に対して多めに水を入れる、などの点で、食材量に対して大き目のオカズ用鍋が必要なため、炊飯用鍋との大きさの違いが明瞭に表れない場合もある（フィリピン山岳地帯などにみられる同サイズタイプ）。

弥生深鍋の容量による作り分け　小さいものから大きいものへと並べた容量分布グラフにおいて、三リットル台と八リットル付近の空隙を境に小型、中型（三〜八リットル）、大型に作り分けられる傾向が弥生前期から古墳中期まで一貫してみられる（図7b、小林二〇一七）。

その中で、弥生後期後半になると、二リットル付近を境とする小型と特小型の作り分けが顕在化し、最も顕著な断絶が

（三リットル台ではなく）二リットル付近にある遺跡も出現する。この変化は、中型深鍋の容量の上限が弥生中期（五リットル以上が半数近くを占め、八リットル付近の断絶を境に中型と大型が分化）から後期（五リットル以上が減少した結果、大型との境界が六リットル付近になる）へと小さくなる変化と連動している。このように標準サイズの鍋容量が縮小した背景として、西日本の竪穴住居の標準サイズが弥生中期から庄内式期へと半減することから、「世帯人数の減少の結果である」という指摘がある（都出一九八九）。ただし、西日本の中の弥生中・後期では北部九州、吉備、近畿の順に深鍋標準サイズが小さくなる傾向があるが、竪穴住居の床面積とは必ずしも相関しないことから、世帯人数以外の要因（とくに、一日の炊飯回数の増加に伴う一回の炊飯量の減少）も関与していると筆者は考えている（小林二〇一七）。

なお、古墳前期になると、三リットル付近の最も明瞭な空隙と二リットル付近の空隙に加えて、一リットル台と四リットル付近にも空隙が顕在化し、ほぼ一リットル単位で分布の断絶（＝容量のまとまり）がみられるようになる。

弥生深鍋のサイズ間の形・作りの違い　中・大型と小型の形には以下の違いがみられる。

第一に、弥生中期後半以降では、中型の方が小型よりも頸部の括れが強い傾向がある（図7a）。弥生前期～中期2期では、全体的に括れが弱いため、括れ度による作り分けは見出せないが、弥生後期になると三リットル付近を境に急激に括れが強まり、三リットル以上の中型と三リットル未満の小型（括れが弱めと強めの両者がある）の間で括れ度が異なる傾向が顕在化する（図4、図7a）。ただし、括れ度の分布に明瞭な空隙を見出せないことから、東南アジア・南アジアの炊飯民族誌のように、括れ度により炊飯用とオカズ用が排他的に作り分けられている（異なる呼称を持つ）わけではなく、単一の鍋タイプの中でのバリエーションといえる（小林二〇一七）。

第二に、弥生中期以降では、中型は小型に比べて深めの傾向がみられる。

第三に、深鍋と蓋の口径の対応関係からみると、中型深鍋の方が小型よりも土製鍋蓋と組み合う頻度が高い（図

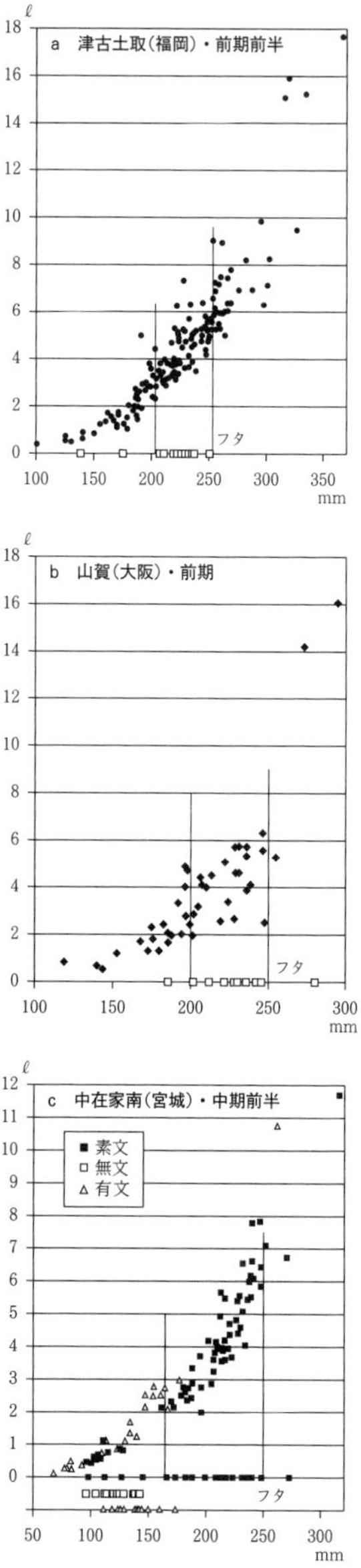

図８　遠賀川式・系深鍋の容量（y）と深鍋・鍋蓋（x軸上）の口径（x）

8）。後述のように、蓋は、鍋を傾ける湯取り時に米粒の流出を抑える役割を持つことから、蓋の口径は鍋の口径とほぼ同じかやや小さく作られている。

第四に、中型の方が大きさの割には薄手である。加賀の各時期における容量クラスごとの平均器厚をみると、縄文深鍋では「大きめの土器ほど厚手」の傾向がみられるのに対し、弥生中期、後期の順にサイズ間の器厚の違いが不明瞭になる（図6）。この事実は、弥生時代の中・大型深鍋では胴部のケズリ薄手化がより入念に施されたことを示す。

以上のように、中型深鍋は小型深鍋に比べて、①頸部の括れが強い、②深め、③蓋と組み合う頻度が高い、④薄手、という特徴を持つ。この違いを上述の炊飯民族誌に照らしてみると、中型が炊飯の主体、小型はオカズ調理の主体であり、少量炊飯用（緊急的または少人数世帯）、という使い分けが想定される。以下では、この仮説について、炊飯痕跡のサイズ差から検証する。

深鍋サイズ間の炊飯痕跡の出現頻度の違い　炊飯を示す使用痕として「胴下部の喫水線下コゲ頻度」「炭化穀粒痕」「斜め白色吹きこぼれ痕」がある。以下に示すように、いずれも中型深鍋の方が小型よりも出現頻度が高い。

まず、胴下部コゲについては、最終段階には水分（内容物の流動性）がなくなる炊飯では、毎回とはいかないまでも、かなり高い頻度で胴下部に喫水線下コゲが付く。よって、肩部のスス付着程度や層状ススの存在から「ある程度使い込まれた」と推定されるにも関わらず胴下部に喫水線下コゲがない深鍋は、炊飯用ではなかった可能性が高い。多くの弥生遺跡では、中型深鍋の大半には胴下部に喫水線下コゲが付くのに対し（図1b〜d）、小型では胴下部コゲ頻度が低いことから（小林二〇〇六）、「中型は主として炊飯用」、「オカズ用の主体は小型」という使い分けがなされたといえる。

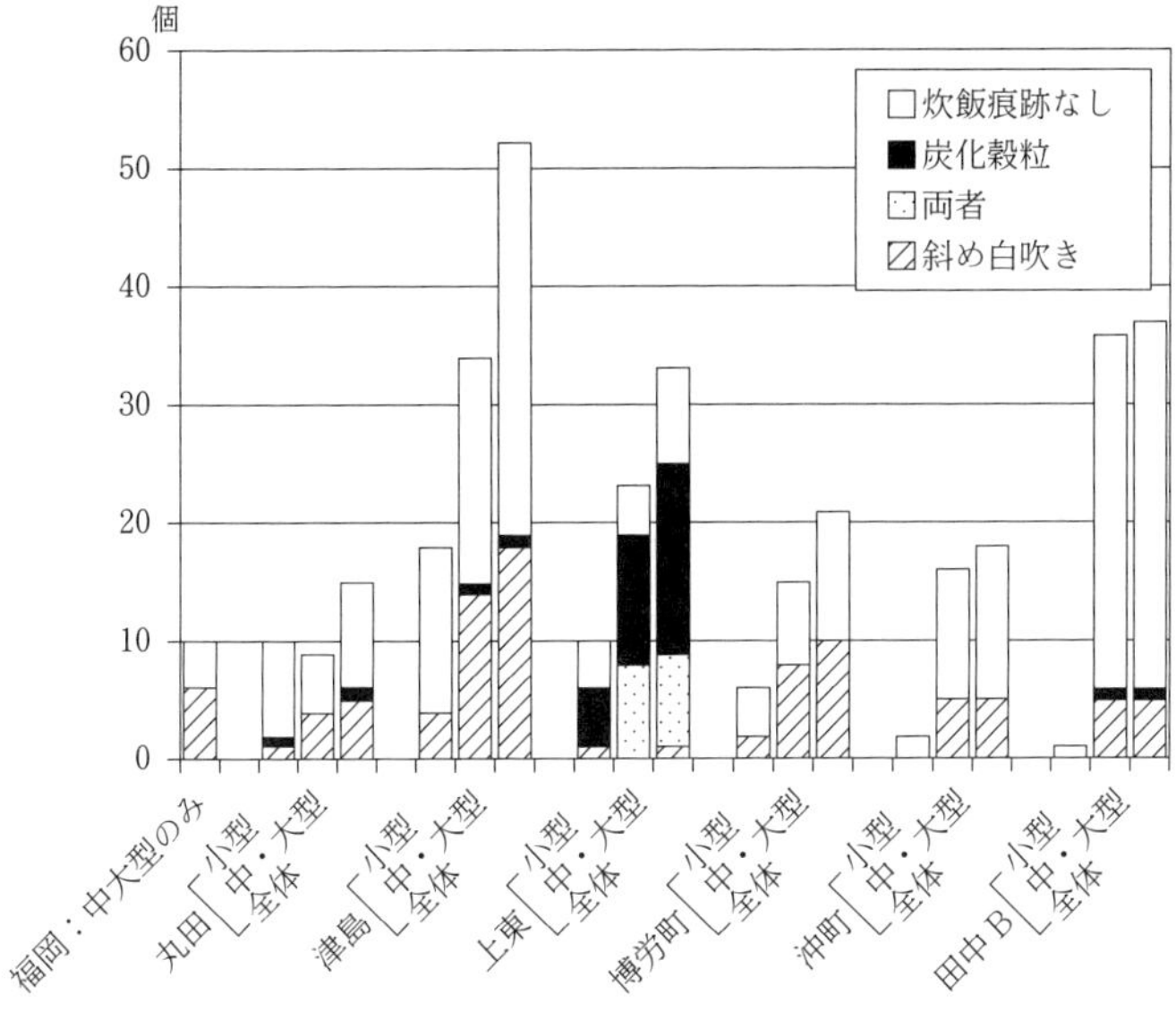

図9　炊飯の証拠の出現頻度（サイズごと）

　次に、炊飯の直接的証拠として、炭化穀粒痕と斜め白色吹きこぼれ痕（口絵1）がある（浜野二〇一六）。これらのいずれか（または両者）が付く深鍋が五個以上見出された七遺跡を対象としてサイズ間を比べると、津島、百間川原尾島丸田（ともに吉備の弥生後期）、博労町（山陰、古墳前期）、沖町（加賀、古墳前期）の四遺跡では中・大型深鍋（三リットル以上）の方が小型よりも炊飯の証拠の頻度が高かった（図9）。また、福岡遺跡（山陰、弥生中期）では、スス・コゲを観察できる小型深鍋を得られなかったものの、中大型の過半数において炊飯の証拠が見出された。

一方、上東遺跡井戸Ｐトでは、中大型・小型ともに大半に炊飯痕跡（炭化穀粒痕が主体）が付く点で特異的である。これは、この土器群は儀礼的調理に用いた鍋を井戸に一括廃棄した点で他遺跡とは廃棄の性格が異なるためである。井戸への一括廃棄などの儀礼的一括廃棄資料は、小型・特小型にも炭化穀粒が付く比率が高い傾向がある。

以上より、中型の方が炊飯痕跡の頻度が高いが、弥生後期以降では小型の一部も炊飯に使われる頻度が高くなる。なお、弥生後期では二㍑付近の分布の空隙も顕在化するのに伴い、二㍑台の鍋の胴下部コゲ頻度も高まる。

新タイプの炊飯用深鍋は中型から導入　西日本では弥生前期から古墳前期へと連続的に、頸部の括れと胴部の膨らみが強まる（図1、図4）。これは、米品種の粘り気度の増加とそれに伴う短時間強火加熱の強化に対応した変化である。深鍋の系統が交代するさいには、括れが強めの新タイプの鍋はまず中型から導入され、前段階で主体を占めていた旧タイプは小型に限られるようになる。この傾向は、吉備の弥生後期のく字タイプから有段口縁タイプへの変化、近畿の古墳初頭における弥生第五様式形→庄内形→布留形への変化、加賀のく字口縁タイプから凹線文系への変化、加賀の弥生後期の猫橋式（断面三角口縁タイプ）から法仏式（有段口縁タイプ）への変化（図7ａ）など多くの事例で観察されている（小林二〇〇六）。このように、「より短時間強火の炊飯に適した新タイプの鍋は、まず中型から導入される」という事実は、中型が炊飯の主体だったことを示している。

4　弥生深鍋による炊飯方法と鍋の形・作りとの関連

弥生・古墳時代の炊飯方法　弥生時代の炊飯方法は、①「吹きこぼれ直後の湯取りを示す斜め白色吹きこぼれ痕」

が条件が良い遺跡では高頻度で見出される、②側面加熱痕（口絵1の④⑤）が普遍的にみられる、という特徴から、東南アジア民族誌と同様の「側面加熱蒸らしを伴う湯取り法」であることが明らかとなった（小林二〇一四b）。

斜め白吹きは、口縁部では垂直に流れ落ち、途中から斜めに角度を変えることが特徴であり（口絵1の①）、吹きこぼれが始まった直後に、鍋を傾けて湯取りしたことを示す。つまり、斜め白吹きは、①炊飯の証拠である、②湯取り法の証拠である、③鍋を傾ける湯取りの証拠である、④湯取りのタイミングが吹きこぼれ直後だったことの証拠である、という非常に情報量の多い使用痕である。これまでススコゲを観察した弥生〜古墳中期の諸遺跡では、「ススの保存が良く（摩耗が少ない）、使用回数が少ない鍋が多い」という条件が満たされた場合は、かなり高い頻度で斜め白吹きが見出されている（図9）。また、博労町遺跡・福岡遺跡のように、スス層に覆い隠されていた初期段階の斜め白吹きが、顕著な廃棄後被熱により露出した例もしばしばみられる。このように、斜め白吹きの多くはスス層に覆い隠されていることを考えると、実際にはかなり高い頻度で存在したはずである。そして、弥生前期から古墳中期の各時期において、九州から東北まで広範囲にみられることから、「吹きこぼれ直後に鍋を傾ける湯取り」は普遍的に行われた可能性が高い。一方、縄文深鍋では、白吹きは高い頻度で付くが、斜め白吹きが見出された例はない。

次に、側面加熱蒸らしの証拠となるオキ火上転がし痕（上半部のコゲと円形スス酸化）は、時期・地域を超えて高い頻度で観察されている。弥生深鍋の上半部コゲは、①直立時の炎加熱により形成された底面〜胴下部のコゲと連続していない、②下端ラインが水平で輪郭明瞭な喫水線直上コゲと認定できる例は少ない、③対応する外面にオキ接触スス酸化部を伴う例が多い、などの点から、オキ接触（オキ火上転がし）コゲが大半を占める（図1b、図10b、口絵1の④⑤）。内面上半部に明瞭なオキ接触コゲがない深鍋も、①内面上部に痕跡的な円形酸化部が認定される、②外面上半部にオキ接触痕（不整円形・棒状のスス酸化部の連続）が巡る、などのオキ火上転がし痕跡を持つものが多いことから、多くの鍋がオキ火上転がし（口絵1の③）を経験している。炊飯用土鍋のオキ火上転がしは、米が軟らかい状態ではこぼれてしまうことから、水分がほとんど消失した蒸らし段階で行われたことが明らかである。

東南アジアの土鍋炊飯民族誌では、側面加熱蒸らしは「早め（吹きこぼれ直後）の湯取り」と切り離せない関係にある。というのは、米飯の形崩れを抑えるために湯取りを早めに行って茹で時間を短くした分、側面加熱蒸らしにより、まだ米飯に芯が残る上半部を仕上げる必要があるからである。このため、「側面加熱痕を持つが、斜め白吹きが（ススに覆い隠されて）見えない深鍋」の多くも、吹きこぼれ直後に湯取りを行った可能性が高い（小林二〇一六）。

以上より、弥生・古墳深鍋による炊飯は、①吹きこぼれ直後に湯取りしたことから、早めに蒸らしに移行した、②鍋を傾けて湯取りしたことから、湯取り量が多めである、③蒸らし時に側面加熱を入念に行っている、などの点で、東南アジアの「側面加熱蒸らしを伴う湯取り法」と共通している（図10b～d）。この方法は粘り気がやや弱い米品種の特性を引き出す炊飯方法であることから、弥生・古墳時代においても東南アジア炊飯民族誌と同様の粘り気がやや弱い米品種が主体だった可能性が高い。この点は、①鍋に残る炭化穀粒には、粘り気の強い米に特徴的な白抜き粒状剥離がない、②プラント・オパール形状と出土米のDNA配列から熱帯ジャポニカが多く存在したことが示されている、などの事実からも検証されている（小林二〇一四b）。

弥生深鍋の形・作りと調理方法の結びつき　縄文深鍋と比べたさいの弥生深鍋の基本特徴として、①蓋を掛ける、②頸部の括れと胴部の膨らみが強まる、③頸部を折り曲げ技法により堅牢に作る、④薄手化が進行する、という点があげられる。これらの基本特徴は、以下の点で炊飯の加熱特性と強く結びついている。

第一に、弥生前期の遠賀川式・系の深鍋では、九州から東北まで一貫して土製鍋蓋を伴っている（図8）。遠賀川式・系深鍋の特徴である如意状口縁は、①頸部を摑んで鍋を持ち運ぶ、②土製鍋蓋を内側に置く、という操作に合わせた工夫を示している。一方、頸部の括れが強まる弥生中期半ば（3期）以降では土製鍋蓋が消失してしまうが、鍋蓋自体が使われなくなったのではなく、土製蓋が木製蓋に転換した結果である。というのは、口縁の張り出しが強い深鍋ほど、木製蓋では縁辺が燃えてしまうため、土製蓋を多用するからである（伊藤二〇〇四）。

つまり、弥生中期後半になって口頸部の括れが強まるにつれて、口頸部の被熱が弱まって縁が焦げることがなくなったため、木製蓋に転換したのである。弥生中期以降でも木製鍋蓋が普遍的に使われたことは、①鍋の口縁部内面が蓋を受ける形になっている、②鍋を傾けて湯取りするさいに、米粒がこぼれないように蓋で抑える必要がある、などの点からも明らかである。木製鍋蓋の出土例が皆無なのは、木製鍋蓋は炉端で使われることを考慮すると、破損すると燃料として燃やすという徹底したリサイクルの結果と考えられる。

なお、東北の遠賀川系深鍋（弥生中期前半に盛行、図8c）は、「復元深鍋に対する土製鍋蓋の比率」が西日本の遠賀川式深鍋（図8a・b）の二倍以上である。これは、張り出した口頸部に強い炎を当てるためにやや浅めに作っていることが背景にある（小林二〇一六）。

第二に、頸部の括れと胴部の膨らみが強まる。西日本では弥生前期から古墳前期へと連続的に頸部の括れと胴部の膨らみが強まる傾向がみられる（図4）。球胴に近づくにつれて、①胴部下半部に効率的に炎が当たるようになる（炎受熱面積が大きくなる）、②対流効率が高まる、などの点で短時間強火に適するようになる。一方、下半部がオキと接触する面積が小さくなる点で、オキ火寄せ加熱の効率は低くなる。このように、球胴化の進行は、弥生から古墳への短時間強火加熱の強化（後述する茹で時間短縮化）に対応した変化であるといえる。

第三に、頸部を堅牢に作る。稲作農耕民の土器作り民族誌では、寸胴の一次原型から折り曲げ技法により頸部を作り出す（四章の図2）。この方法では、頸部に粘土紐の継目がなく、また器壁を締める調整が施されているため、頸部が水平に割れることは少ない。内面全体にケズリ薄手化を施す場合でも、頸部付近は厚手のまま残される。このようにして頸部を堅牢に作るのは、「鍋を傾ける湯取り」や「蒸らしへの移行」など、頸を摑んで熱い鍋を移動する機会が多いためである。弥生深鍋でも同様の技法で堅牢な頸部が作り出されている。

第四に、西日本では弥生前期から古墳前期にかけて器壁が徐々に薄手化し（川西一九八二）、古墳前期の西日本ではきわめて薄手の球胴鍋が盛行した。加賀の深鍋の器厚の平均値をサイズクラスごとに示した図6bをみると、縄文中期、縄文後・晩期、弥生中期、弥生後期の順に薄手化が進行したことがわかる。この薄手化は、炊飯民族誌における土鍋から金属鍋への転換と同様に、短時間強火を達成するための熱伝導効率の向上を意図したものである。

以上をまとめると、米作りの普及に伴って蓋掛け、球胴化（炎加熱効率の増加）、薄手化が進行するが、これは湯取り法炊飯における「茹で時間短縮化」の進行に伴い、短時間強火加熱を促進するための工夫といえる。

弥生深鍋では大型が激減した理由　縄文から弥生へと一〇㍑以上の大型・特大型深鍋の組成比率が激減した（図7）。この理由として、以下の点が考えられる。第一に、米作りの普及により、ナッツ類の灰汁抜き処理などの加工処理が減少した。ナッツ類は、弥生時代にも出土することから食材として利用され続けたものの、収穫時期が米と重複することから、水田稲作の重要性が高まるにつれて利用頻度が減ったであろう。この点は、縄文時代に多かった石皿・すり石が弥生時代になると激減したことからも明らかである。

第二に、縄文調理では単独の鍋でナッツ類のデンプン粉と野菜・魚・肉類を一緒に調理したため、大容量の深鍋が必要とされたのに対し、弥生時代では炊飯用鍋とオカズ調理用鍋の二個一組で調理されるようになった結果、大型鍋の需要が減った。

第三に、炊飯は喫水線が高めなのに対し、縄文深鍋で想定されたトロミ鍋風調理では、吹きこぼれを抑えるために喫水線を低めに抑える必要がある。よって、縄文深鍋では、調理内容物の量に対して大き目の鍋を用いる必要があった。一方、弥生時代の炊飯用の主体と考えられる中型深鍋では、側面加熱（オキ火上転がし）痕が肩部にまで巡る例も多いことから（口絵1の⑤）、この位置まで米飯が入っていた可能性が高い。

第四に、縄文深鍋による汁物・鍋物は複数食分をまとめて調理できたのに対し、米飯は一日以上置くと硬くなってしまうので、一日一回は炊く必要があった。とくに、豆類など長時間の加熱が必要な調理では複数食分を一緒に調理した方が効率的である。縄文後・晩期では、ススで覆われると見えなくなる浅い沈線文様が付く「飲食・加熱兼用と推定される小型土器」が増えるが、これらは、大型鍋でまとめて調理した内容物を小分けして加熱するのに用いられた可能性がある。

弥生深鍋によるオカズ調理　弥生時代の植物質食材には、縄文時代以来の大豆とメロン類（ウリ類）が含まれており、里芋・長芋も食されたと推定される。このように、弥生時代では、豆類・芋類（根茎類）・メロン類という稲作文化圏の主要な伝統的植物食材の組み合わせが出そろっていた。上述のように、これらの食材、とくに豆類は硬めのため多めの水で長時間茹でる必要がある。同様の食材構成を持つ東南アジア島部や南アジアの民族誌では、これらをオカズ用土鍋で長時間茹でる・煮る調理が多用され、汁気を多く含むオカズ料理（南アジアのカレーもこの一種）が主体を占めている（小林ほか二〇一四）。このような汁気の多いオカズ料理は、オカズの汁気を吸収しやすい粘り気の弱い米と相性が良い。上述のように、弥生・古墳時代では、東南アジア民族誌と同様に、粘り気の弱い米品種を「側面加熱蒸らしを伴う湯取り法」で炊いていたことから、オカズ調理においても豆・イモ・メロン類を茹でる調理が多く行われたと推定される。

ただし、弥生時代のオカズ用深鍋は、東南アジア民族誌と比べると、小型（四㍑未満）に偏在し、かつ、炊飯用鍋との形の違いが不明瞭である。つまり、括れ度において東南アジア民族誌にみられるような排他的分布を示さないのである。この理由として、東南アジア民族誌では、①山菜類や漬物などの保存食を用いない、②魚調理は「煮る」が大多数を占め、「焼く」は少ない、などの点で土鍋で煮るオカズ調理が毎回行われるのに対し、弥生・古墳時代では加熱を伴わない保存食や魚を焼く調理の比重がより高い分、鍋でオカズを煮る調理の比重が相対的に低かったことがあげられる（小林二〇一七、小林ほか二〇一四）。

なお、東南アジア民族誌では「汁気の多いオカズと粘り気の弱い米飯の組み合わせでは、汁物を伴わない」ことから、弥生・古墳時代の食事も汁物を欠いていた（「1汁〇菜」形式ではなかった）可能性が高い。

5　古墳前期における直置きから浮き置きへの転換

湯取り法炊飯の中での茹で時間短縮化　西日本では直置きの弥生深鍋から浮き置きの古墳前期深鍋への変化に伴い、炊飯用の主体と考えられる中・大型のススコゲの特徴に以下二つの変化が生じた（浜野二〇一六）。

第一に、弥生深鍋では胴下部にコゲが付いた後に側面加熱蒸らしに移行したのに対し（口絵1の⑤、図1b・c、図10b・c）、古墳前期深鍋では底面コゲを欠くものが増えることから、コゲが付く前に側面加熱蒸らしに移るようになった（図1d、図10d）。

第二に、弥生深鍋では、蒸らし段階に移ると同時にオキ火上転がしによる側面加熱を行ったのに対し（図10b）、古墳前期では、底面や底面直上にオキ接触コゲ（棒状の単位が集積）が付くことから、三石から降ろした鍋を、すぐ横に掻き出したオキ火の上に載せて、横からの炎で側面加熱を行った（図10c・d）。つまり、古墳前期になると、側

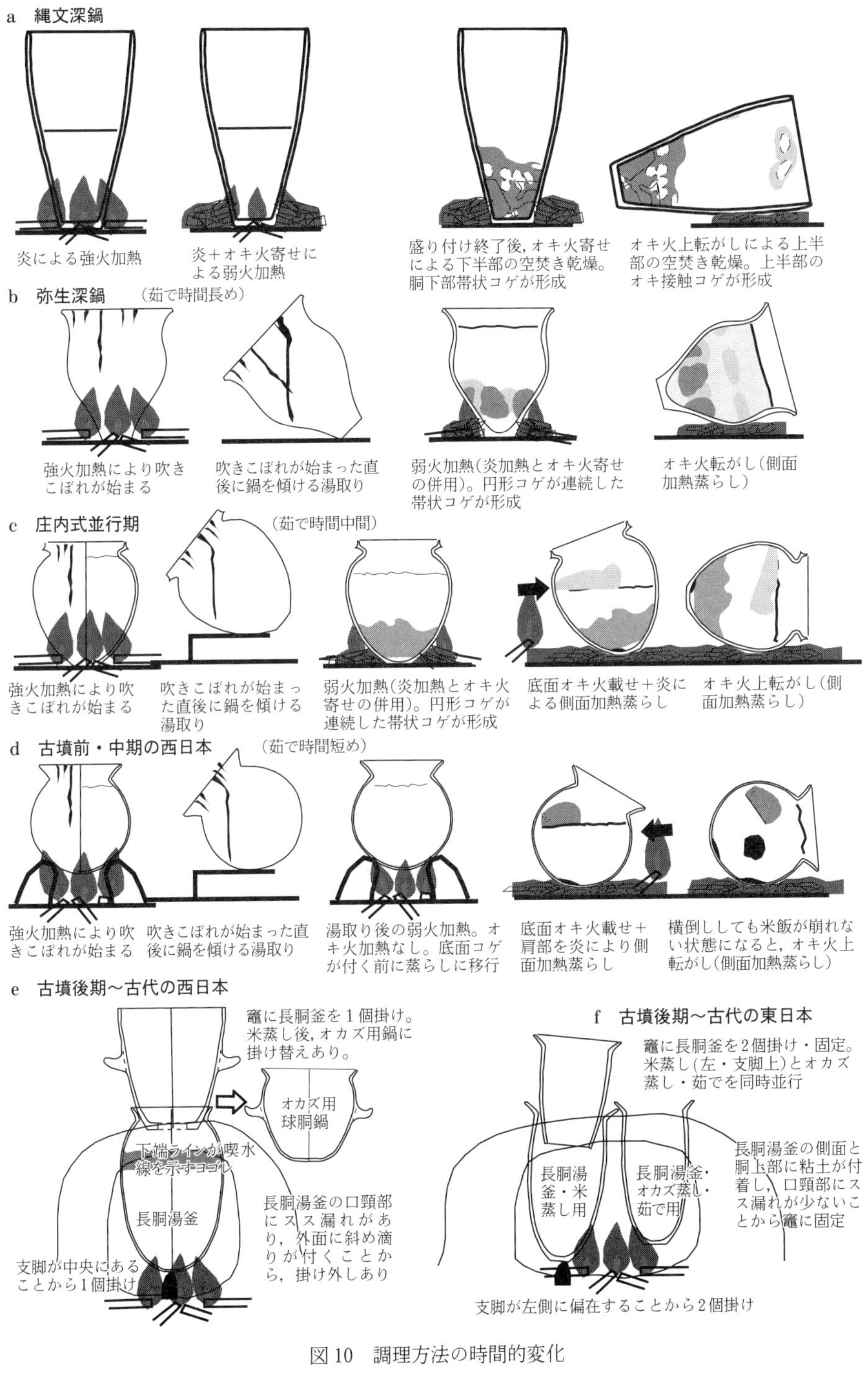
a 縄文深鍋
炎による強火加熱
炎＋オキ火寄せによる弱火加熱
盛り付け終了後，オキ火寄せによる下半部の空焚き乾燥。胴下部帯状コゲが形成
オキ火上転がしによる上半部の空焚き乾燥。上半部のオキ接触コゲが形成
b 弥生深鍋 （茹で時間長め）
強火加熱により吹きこぼれが始まる
吹きこぼれが始まった直後に鍋を傾ける湯取り
弱火加熱（炎加熱とオキ火寄せの併用）。円形コゲが連続した帯状コゲが形成
オキ火転がし（側面加熱蒸らし）
c 庄内式並行期 （茹で時間中間）
強火加熱により吹きこぼれが始まる
吹きこぼれが始まった直後に鍋を傾ける湯取り
弱火加熱（炎加熱とオキ火寄せの併用）。円形コゲが連続した帯状コゲが形成
底面オキ火載せ＋炎による側面加熱蒸らし
オキ火上転がし（側面加熱蒸らし）
d 古墳前・中期の西日本 （茹で時間短め）
強火加熱により吹きこぼれが始まる
吹きこぼれが始まった直後に鍋を傾ける湯取り
湯取り後の弱火加熱。オキ火加熱なし。底面コゲが付く前に蒸らしに移行
底面オキ火載せ＋肩部を炎により側面加熱蒸らし
横倒ししても米飯が崩れない状態になると，オキ火上転がし（側面加熱蒸らし）
e 古墳後期～古代の西日本
竈に長胴釜を1個掛け。米蒸し後，オカズ用鍋に掛け替えあり。
オカズ用球胴鍋
下端ラインが喫水線を示すヨゴレ
長胴湯釜
長胴湯釜の口頸部にスス漏れがあり，外面に斜め滴りが付くことから，掛け外しあり
支脚が中央にあることから1個掛け
f 古墳後期～古代の東日本
竈に長胴釜を2個掛け・固定。米蒸し（左・支脚上）とオカズ蒸し・茹でを同時並行
長胴湯釜・米蒸し用
長胴湯釜・オカズ蒸し・茹で用
長胴湯釜の側面と胴上部に粘土が付着し，口頸部にスス漏れが少ないことから竈に固定
支脚が左側に偏在することから2個掛け

図10　調理方法の時間的変化

面加熱蒸らしが「直立状態での横からの炎加熱（＋底面オキ火載せ）」とオキ火上転がしの二段階から構成されるようになった。「直立状態での炎による側面加熱コゲ」は、その後のオキ火上転がしコゲと重複するため認定が難しいものの、「オキ火上転がしでは付くはずがない頸部直下に円形コゲが付く」、「底面直上コゲと同じ角度に傾いた喫水線直上コゲが胴上半部に付く」（図10c・d、口絵2）などの証拠から炎側面加熱が行われたことがわかる。

古墳前期におけるこの二つの変化は、以下のように切り離せない関係にある。すなわち、コゲが付く前に蒸らしに移った事実は、蒸らしに移行するタイミングが早まったことを意味するので、その分、鍋上半部の米粒が芯が残る状態で蒸らしに移行するようになった。米飯に水分が残る緩い状態ではオキ火上転がしはできない（米飯が崩れてしまう）ので、まず、炎の横において上半部を側面加熱し、水分が消失して横倒ししてもこぼれない状態になった後、オキ火上転がしに移行したのである。フィリピン・カリンガ族の湯取り法炊飯においても、高い頻度で底面コゲが付くが、コゲの輪郭が不規則であり、内部に多数のオキ接触痕の単位がみられることから、三石上の弱火段階ではなく、蒸らし時（オキ火載せ加熱時）に付いたことが明らかである。一方、弥生深鍋では、横倒ししても米粒が崩れない状態まで弱火加熱（このときに胴下部にコゲが付く）を行った後、いきなりオキ火上転がしに移行したことから、茹で時間（蒸らしに移行するタイミング）が古墳前期深鍋よりも長かったといえる（図10b）。

なお、東日本では、古墳前期になると浮き置きと直置きの中間的特徴を持つ台付深鍋も一部の地域で用いられるが、弥生時代以来の直置きの平底鍋が主流を占める点で西日本とは大きな違いがある。

炎による側面加熱時の鍋の置き方　東南アジアの炎側面加熱蒸らしでは、鍋を三石の横に正立に置いたのに対し、古墳前・中期深鍋では、底部直上〜胴下部にオキ火載せ加熱痕が付くことから、正立だけでなく、鍋をやや傾けた状態で炎側面加熱を行うことも多かった（口絵2の⑦）。これは、東南アジア民族誌の炊飯用土鍋に比べて深めの古墳前期深鍋では、正立状態では横からの炎が上半部に当たりにくいためである。すなわち、鍋を傾けることにより肩部の高さを下げ、傾斜軸と直行する方向から深めの鍋の上半部に炎を当てたのである。

傾けた状態での炎側面加熱の証拠として、「傾いた状態で付いたオキ火載せコゲと喫水線直上コゲの組み合わせ」があげられる（口絵2）。倉敷市上東遺跡の中型深鍋305は、胴下部に帯状にコゲが巡ることから直置き加熱されたが（図10c）、その胴下部帯状コゲとは独立して底面直上に小円形コゲが付くことから、蒸らし時に傾いた状態でオキ火上に置かれたことがわかる（口絵2上段）。そして、内面上半部には下端ラインがほぼ水平な喫水線を示す弧状コゲが、底面小円形コゲと同じ傾きで付くことから、「鍋の傾きに直行する方向から上半部に炎を当てて側面加熱を行った」ことが明らかである。さらに、側面加熱コゲの下端ライン（米の上端ライン）が傾いている事実は、米飯がまだ軟らかい状態で炎側面加熱蒸らしに移行したことを示している。なお、305のように喫水線直上コゲ付く例は稀であることから、大多数の深鍋では喫水線がより高い位置、すなわち肩部にあったといえる。

深鍋の丸底・球胴化と炊飯方法の変化の関連　以上より、弥生・古墳時代の湯取り法炊飯は、「胴下部・底面に炎加熱コゲが付いた後に蒸らしに移行し、オキ火上転がしによる側面加熱蒸らしを行う（オキ火上に転がしても米飯が崩れない状態になっている）」茹で時間長めタイプ、「胴下部・底面コゲが付いた後に蒸らしに移行するが、上半部の米飯がまだ柔らかいためオキ火上転がしができず、オキ火に直立またはやや傾けて置き、炎で側面加熱を行う」茹で時間中間タイプ、「胴下部・底面にコゲが付く前に蒸らしに移行し、蒸らし時に炎側面加熱を行う」茹で時間短めタイプ、の三タイプに分けることができる（図10b～d）。吉備・山陰（上述の炊飯痕跡を持つ深鍋に限定）において三タイプの組成の時間的変化をみると、平底・直置きの弥生後期では長めタイプが主体なのに対し、自立しない小平底を直置き加熱する庄内式期では中間タイプが主体になり、さらに、丸底・浮き置きに転換する古墳前期では短めタイプが主体となる（図11）。河内では、庄内式期（他地域に先駆けて丸底・浮き置きに転換）と古墳前期において類型不明が多いものの、吉備・山陰とほぼ共通する傾向が観察される。

このような古墳前期における平底・直置きから丸底・浮き置きへの転換は、以下の点で、上述した「茹で時間短縮化のために短時間強火加熱が強化された」、「側面加熱蒸らしの方法がオキ火上転がしから炎加熱主体に転換した」という炊飯方法の変化に起因している。

第一に、浮き置き加熱（丸底）では、直置き加熱（平底）に比べて、薪の炎が効率的に鍋の底面に当たり、空気中に逃げる熱の量が少ない点で、より効率的な炎強火加熱を可能にした（川西一九八二）。さらに、古墳前期では、弥生初頭以降、連続して進行してきた薄手化と球胴化がピークに達した点でも、薄手化による熱伝導効率の向上と球胴化による対流効率の向上が求められたことがうかがえる。

一方、弥生深鍋では、炎加熱効率を多少犠牲にしてまで平底・直置きを選択したが、その理由として、炊飯の弱火段階においてオキ火寄せ加熱を併用したことが指摘される。オキ火寄せ加熱の証拠として、弥生深鍋の外底面直上～底面周縁に高い頻度でオキ接触痕が付くことがあげられる。

第二に、鍋を三石から降ろし、炎による側面加熱蒸らしを行うさいには、①鍋を直立かやや傾けた状態でオキ火上

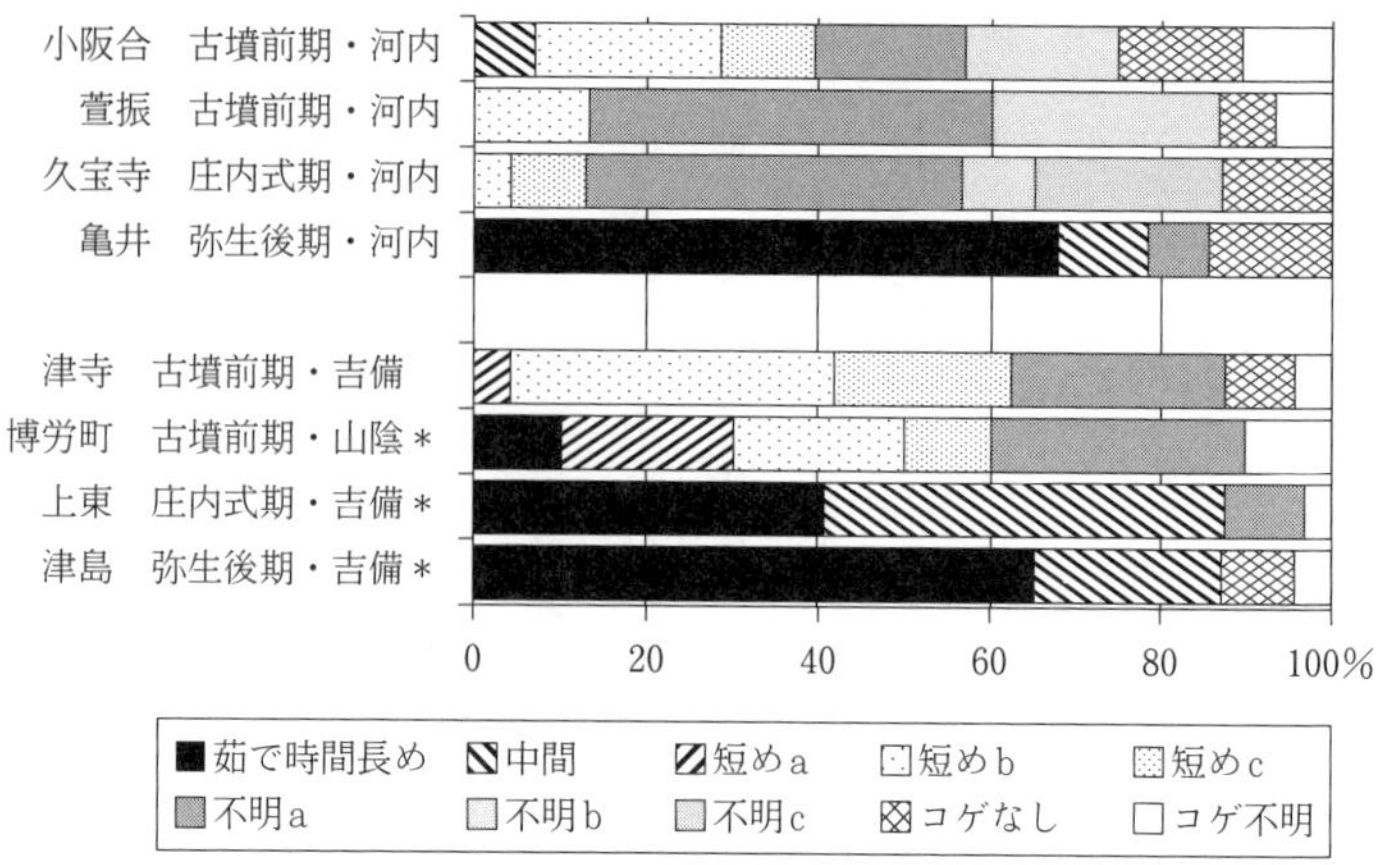

図11　河内（上段）と吉備・山陰（下段）の湯取り法炊飯のタイプ組成
（＊は炊飯痕跡を持つ深鍋に限定した遺跡）

に安定接地させるには丸底が適する、②丸底の方がオキ層との接触面積が大きい点でオキ火載せ加熱の効率が高い、③鍋の上半（肩部）に側面から炎を当てるためには、球胴に近づけることにより肩部の位置を低くすることが求められた、などの点において、丸底・球胴の形態が適していた。

炊飯の茹で時間短縮化は米品種の粘り気度の増加を示す　茹で時間短縮化の要因として、カテ飯の減少、精米度の増加、米品種の粘り気度の増加、の三つの可能性が考えられる。

まず、精米（玄米）度については、①粘り気の弱い米品種ほど糠層が薄いことから、東南アジア同様の粘り気の弱い米品種を用いた弥生・古墳時代では、臼杵で籾を取り去った時点で糠の多くも除去されていた（小林二〇一六）、②伝統的な臼杵精米では、近世の籾摺《もみす》り用回転臼やブレードで籾殻を剝がす精米機と異なり、精米時に糠層が剝がれやすい、の二点から、弥生・古墳時代の米は精米度が高かったといえる。②については、「籾殻だけを除去し、米糠の部分は残す、現在でいう玄米ができる」のは十七世紀に籾摺り臼が普及してからである（石毛二〇一五：三六）。よって、弥生から古墳への炊飯の茹で時間短縮化は「精米度の増加」では説明できない。

次に、カテ飯については、米と混炊した穀物の候補としてはアワ・ヒエ・キビなどの雑穀類、大麦、イモ類、豆類などが考えられる。これらのうち弥生前半期ではアワ・ヒエ・キビが主体を占め、大麦は少ない。例えば、レプリカ法や水洗選別法による穀物種子の分析では、東北日本の弥生前・中期遺跡では米が主体であり、大麦・小麦や雑穀は非常に少ない。また、民間伝承の会が一九四一年に実施した全国規模の食習慣調査では、カテ飯としてアワ飯・ヒエ飯と大麦飯が多く記録された。そこでの時間的変化を検討した結果、「江戸時代から明治時代へとアワのカテ飯から大麦のカテ飯に変化した」例が複数みられたが、その逆はなかった。よって、大麦のカテ飯が普及したのは押し麦加工が普及した近代になってからであり、それ以前のカテ飯は「アワ・ヒエと米の混炊」が中心だった（小林一九九七）。

アワ・ヒエ・キビは粒が小さいため、米よりも短時間で糊化できる。よって、弥生時代から古墳時代への炊飯の茹で時間短縮化は、「雑穀との混炊の減少」では説明できない。

炊飯民族誌の比較分析では、「硬めの米品種ほど水を多めにして長時間茹でるのに対し、軟らかめの品種ほど形崩れを抑えるために、短時間強火を徹底して茹で時間を短くする」という傾向が見出された（小林二〇一四b・二〇一六、小林ほか二〇一四）。そして、①鍋に付着する炭化穀粒のタイプは、弥生時代では硬めの品種に特有の立体的タイプだが、中世土鍋では現代日本品種と同様の白抜き剥離タイプに転換する、②出土炭化米のDNA分析と水田から採取したプラント・オパール分析において、弥生時代では熱帯ジャポニカ種と温帯ジャポニカ種が並存するが、中世には後者に収斂する、などの証拠から「米品種の粘り気度が弥生から中世へと徐々に増加した」ことが明らかである。よって、弥生から古墳への湯取り法炊飯の茹で時間短縮化は、米品種の粘り気度が徐々に増加した結果といえる。

6　五世紀半ばにおける「竈掛け長胴釜と甑による蒸し調理」の普及

煮炊き具からみた炊飯から「米蒸し」への転換　西日本の古墳前期では米品種の粘り気度の増加に起因する湯取り法炊飯の茹で時間短縮化が起こったが、ほぼ同時期の韓半島では、直置き加熱による湯取り法炊飯から（浮き置き加熱を経ずに）「竈《かまど》掛けの長胴釜と甑による米蒸し調理」に転換した。日韓両地域の変化は連動していると思われるので、韓半島における湯取り法炊飯から米蒸しへの転換も米品種の粘り気度の増加に起因していた可能性が高い。

日本における「湯取り法炊飯から米蒸しへの転換」は、韓半島よりも二〇〇年ほど遅れて五世紀に起こった。すなわち、五世紀半ばに韓半島から「煙道付き竈による蒸し調理」を受け入れた結果、煮炊き用土器は、「中・大型の長胴湯沸し釜」、甑《こしき》、「オカズ・汁物調理用の寸胴小型鍋・中大型球胴鍋・浅鍋」という組み合わせに変化した（図10e・f）。長胴釜は、内面下半部に明瞭なコゲが付く例がほとんどなく、水面が低下したさいに付いた薄いコゲのみの例が多いことから、蒸し調理の湯沸かし用または茹で調理用だったことが明らかである。

宮都地域では、土製甑の出土例が少ない点や、小型寸胴鍋の一部に炊飯痕跡が付く点を根拠として「蒸し米は儀礼用であり、日常食では炊いた米が主食だった」という説もあったが（佐原一九九六）、鍋釜のスス・コゲからみると、日本の大半の地域では主食の調理方法が炊飯から蒸し米に短期間で転換し、近畿地方の一部を除いて、六〜八世紀末までは炊飯はほとんど行われなくなった（外山一九九〇ａｂ、北野ほか二〇〇八、小林二〇一四ａ、小林・外山二〇一六）。なお、奈良時代の文献研究においても、正倉院文書中にある木製甑が多用されたという記述を根拠として、蒸し米が主食だったことが古くから指摘されていた（関根一九六九）。

米蒸し調理において「煙道付き竈と長胴湯沸かし釜」が選択された理由　当該期の日本・韓半島の蒸し用湯沸かし釜が、他に例を見ない極端な長胴形であるのは、煙道付き竈に深く差し入れるためである。すなわち、三石炉や煙道なし竈では「下から上へ」という炎の流れなのに対し、煙道付き竈では、焚口から煙道（奥）への炎の引き（斜め上方向の流れ）により強力な火力を作り出す。この点は、煙道付き竈とほぼ同時期に導入された須恵器窯の加熱原理と共通している（五章）。この焚口から煙道へ流れる強力な炎を受けるため、煙道付き竈に据えられる湯沸し釜は、できるだけ広い範囲が竈内に露出する必要があった。以下では、米蒸し民族誌の比較分析を通して、米蒸し調理において煙道付き竈が選択された理由、および、主食調理方法が炊くから蒸すに転換した理由を説明する。

「長胴の湯沸し釜（竈内に深くはめ込むタイプ）と煙道付き竈の組み合せ」がみられるのは、古代の韓半島と日本に限られる。煙道付き竈のルーツである古代中国では、竈に煙道が付くものの、湯沸し釜は、長胴の差し込みタイプではなく、浅めの上載せタイプである。この違いを生み出した理由として、中国では蒸し調理の対象が粉食品（雑穀類や麦類の蒸しパン類など）だったため、ウルチ米を蒸す調理に比べて、強力な火力は必要なかったことがあげられる。

東南アジア大陸部のモチ米文化圏（ラオス、東北タイ、北タイ〜雲南省のタイ・ラオ族）の米蒸し民族誌の火処は、東北タイの移動式カマド（日本古代のものと酷似）や雲南省タイ族の作り付けの煙道なし竈（主に冬季に使用）を除けば、七輪や三石（より伝統的）が大多数を占める。これらに載せる湯沸し釜は、容量二・五〜五㍑の下膨らみ形（かつては土製のモーサオ、現在ではその形に打ち出したアルミ製）であり、底面から炎をうける浮き置きタイプかカマド上載せタイプである。薪消費量を計測した北タイ・ランパーン県でのモチ米の蒸し調理（一二世帯での調理観察）では、少ない薪消費量（〇・五〜一㌔が主体）と水量（最初の水投入量は一〜二・五㍑、調理終了までの水減少量は〇・六〜一・〇㍑）で二〇〜四〇分ほどで世帯一〜二食分（モチ米三〜八合）を蒸していた（小林・外山二〇一六）。このように、モチ米は、三石上浮き置き、七輪、簡易カマドのいずれでも比較的短時間で蒸しあげることができるので、「長時間強火加熱に適し、薪燃料を多く消費する煙道付き竈」を用いる必要はない。よって、古代の日本・韓半島の煙道付きカマドで蒸した米は、モチ米ではなく、ウルチ米が中心だったことは疑いない。

さらに、モチ米は、日本の環境ではウルチ米に比べて単位当たり収量が一〜二割低い点でも、主食になるとは考えにくい。モチ米文化圏のタイ・ラオ族がモチ米を主食とするのは、水条件が悪く、土壌に塩分が多く含まれる環境では、悪条件に強いモチ米の方がウルチ米よりも単位当たり収量の減少が少ないためである（小林二〇一四a）。

ウルチ米の調理方法が「炊く」から「蒸す」に転換した最も重要な理由　日本の食文化史における最大の謎の一つは、「五世紀半ばから四〇〇年以上にわたり、蒸したウルチ米が主食だった理由」である。ウルチ米（とくに粘り気の弱い品種）は長時間の蒸しが必要なので、「炊飯では問題が生じたため、あえて蒸す調理を選択した」といえる。その理由として①粘り気度の異なる米品種を混合した場合、炊飯では適切な水加減を設定できない、②一回の米調理量の増加、③粘り気度の強い米を炊くと土鍋の表面を引き剝がしてしまう、の三つがあげられる。まず、最も重要な条件と考えられる①について説明する。

炊飯民族誌の分析で示されたように、米品種は各々の粘り気度に応じて水加減と茹で時間を調整する必要がある。このため（小林ほか二〇一四）、粘り気度の大きく異なる米品種を一緒に炊く場合は水加減の調整がうまくできない。すなわち、粘り気の強い品種に合わせた少なめの水加減では、粘り気の弱い品種は糊化が完了する前に水が吸収されて消失してしまうし、粘り気の弱い米品種に合わせた多めの水加減では、粘り気の強い品種は形崩れを起こしてしまう。この点、蒸し調理は、モチ米、粘り気の強いウルチ米、粘り気の弱いウルチ米（例：湯漬け工程を挟むジャワのザル取り法）など全ての米品種に対応でき、水量で失敗するリスクがない。中華料理の飲茶《ヤムチャ》では蒸し調理を終えた食品を蒸籠の中で蒸気を当て続けて長時間保温することからわかるように、蒸しすぎても食材が形崩れすることはない。一方、短所として、粘り気の弱い（硬めの）ウルチ米を蒸すには、強力な加熱を長時間継続する必要があるため、炊飯に比べて薪燃料を多く（二倍近く）消費する点があげられる。この短所への対応策として、古墳後期〜古代では米蒸しとオカズの茹で・蒸し調理を同時並行（東日本の二個掛け）または前後関係（西日本、および平安時代の東日本の一個掛け）で行うことにより、薪を有効活用した。

ウルチ米を敢えて蒸した最も重要な理由として、①弥生・古墳時代以来の粘り気の弱い米品種と新来の粘り気の強い米品種が拮抗する比率で存在した、および、②粘り気度が異なる米品種を一緒に調理する必要があった、という二条件が重なったことがあげられる（小林二〇一四a、小林・外山二〇一六）。前者については、蒸したウルチ米が主食だった五世紀半ば〜平安時代前半（ただし、宮都ではより早い時期に炊き干し法炊飯に転換）は、「東南アジアと同様の粘り気の弱い米品種が主体だった弥生~古墳中期」と「現代まで継続する粘り気の強い品種への交替が完了した平安時代半ば以降」に挟まれた時期であることから、「弥生以来の粘り気の弱い米品種と中世~現代に主体となる粘り気の強い米品種が並存し、徐々に交代した時期」だった。このように、粘り気の弱い品種と粘り気の強い品種が拮抗する比率で存在していたため、両品種を一緒に調理する機会が増したと考えられる。

後者の「粘り気の異なる品種を一緒に調理する必要性」については、米消費者（上層階級・役人層や都市生活者）と米生産者（人口の大多数を占める農民）とに分けて考える必要がある。まず、米消費者については、律令期の宮都や地方の官衙では給食が施されたが、そこで供される米は各地から集められた多様な粘り気度の品種群なので、炊飯では水加減の調整が困難だったはずである。古代の木簡における貢納米の記録では米品種まで記されている例がほとんどないことから、貢納米の調理では品種を区別しなかった可能性が高い。また、市などで米を購入する都市生活者は、自分で生産した米ではないため、炊飯では適正な水加減がわからなかったであろう。現代日本の米はアミロース比率が一七~一八%と均一なため、品種に関わらず一定の水加減で炊飯ができるが、粘り気度が多様な米品種が並存した五~十一世紀では都市の庶民にとって水加減の調整が困難だったはずである。

次に、米生産者については、世帯単位で食用米を保管していた場合は、品種の特性に合わせて水加減を調整できるので、ウルチ米を敢えて蒸す必要はなかったであろう。よって、五世紀半ば~平安前半では、農民の多くは食用米を世帯を超えた単位で共同管理していたと推定される。食用米などを共同管理した集団として、榛名山大噴火の火山灰や火砕流によりパックされた黒井峯遺跡や中筋遺跡（六世紀前半）で検出された、複数の竪穴建物と平地建物が柵によって囲まれた居住単位（黒井峯では一〇単位程度）があげられる。このような世帯を超えた集団は、律令期になると徴税や口分田配布の単位となった。

蒸したウルチ米が主食となったもう二つの理由　第二に、炊飯では、一回の調理量が多いほど米に対する適正水量比率が減る。これは、蒸散する水分量が鍋の全体水量ではなく、表面積に比例するためである。この結果、一回の炊飯量が多くなるほど、最初に水を多く入れ過ぎて失敗してしまうリスクが高まる。一方、蒸したウルチ米は、保水率が低いため傷みにくく、かつ、蒸し直すことにより翌日や翌々日まで食することができるため、二〜三日分をまとめて調理できる。数日分をまとめて調理する事例は、蒸したウルチ米が主食となっている唯一の民族事例であるジャワ地域において観察されている。

蒸し調理に転換する前段階において、古墳前期から中期へと深鍋の中での大型の比率が高まったことから、一回の炊飯量が増えた可能性が高い（小林二〇一四a）。さらに、米蒸し調理に転換した後、韓半島や西日本の長胴湯釜の標準サイズは六〜一〇リットルと大きい点も、一回の米調理量が増えたことを示唆している。

古墳前期から古墳中・後期へと一回の米調理量が増えた背景として、「役所での共同調理や儀礼的調理の増加」と「農民層における一日の米調理回数の減少（農作業の多忙化などに伴い、二日分の米をまとめて調理するようになった）」の二つがあげられる。このような一回の米調理量の増加に伴い、失敗リスクがない蒸し調理に転換したと思われる。

最後に、新来の粘り気の強い米品種は、土鍋炊飯には適さない。現代の日本米は盛り付け時に土鍋からきれいに掻き取ることができないので、水漬けしてから掻き取る必要がある。また、白抜きタイプによる器壁の引き剥がし痕も土鍋使用には深刻な課題だっただろう。飛鳥・奈良時代では鉄鍋は庶民には高価だったので、鉄鍋を使わずに粘り気の強い米を調理する方法として蒸し調理が選択されたと思われる。

東西日本間の竈構造の違い　竈普及期の五世紀後半において、「西日本では一個掛けで時々掛け外したのに対し、東日本では二個掛け・固定」という明瞭な地域差が確立していた（外山一九九一b）。「湯釜を一個掛けか二個掛けか」

は、①竈燃焼部の支脚位置が中央（一個掛け）か、偏る（多くは左寄り。二個掛け）か、二個並列か（杉井一九九八、浜野ほか二〇一六）、②長胴湯釜が胴太（二個掛けできない）か細長（二個掛け可）か、③竈に湯釜が掛かった状態での出土例、などの点から判別できる。最も確実性が高い③については、西日本の福岡県野黒坂遺跡三四号竪穴、大阪府蛍池東遺跡一三住では湯釜一個掛けなのに対し、関東・東北地方では埼玉県古井戸遺跡、茨城県大塚新地遺跡、群馬県中筋遺跡・長根羽田倉遺跡、福島県高木遺跡などの論文報告例を含めて多くの検出例があるが、いずれの遺跡でも湯釜二個掛けが大多数を占める（合田一九九二、北野ほか二〇〇八、外山一九九〇ａｂなど）。

湯釜の掛け外し頻度は、①湯釜を二個掛けで嵌《は》め殺《ごろ》しした場合、肩部や側面に固定用の粘土が残る、②粘土固定にすきまがある場合は湯釜の口頸部にスス漏れが起きる、③掛け外し頻度が高いほど斜め滴り痕が付きやすい、などの

図12　竈の掛け外し頻度の証拠（a：口頸部のスス漏れ，蔀屋北遺跡の6C後半の長胴釜〈9.7ℓ。大阪府教育委員会所蔵〉，b：斜め滴り実験土器〈北野博司氏提供〉）

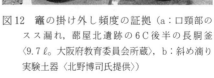

点から判定される。③の斜め滴り痕は、湯釜が傾いた状態で粘土分を含んだ水が滴り落ちたことを示す。竈での米蒸し実験から、湯釜を竈穴に設置するさい、口頸部の隙間に粘土を詰める作業中に水が滴り落ちた結果と推定される(図12b)。長胴湯釜の斜め滴り痕は、東日本では皆無なのに対し、大阪府蔀屋北遺跡(五〜六世紀)では八個中三個という高頻度で観察されたことから(図12a)、西日本の方が掛け外し頻度が高かった(小林・外山二〇一六)。

東日本では竈に長胴湯釜を二個掛けで固定した理由　福島県高木遺跡(古墳後期)では二個セットの湯釜が掛かった状態の竈が多数検出された。これらの竈では、左側の湯釜の方が大きめで括れがやや強く、支脚に載っているのに対し、右側は小さめで口の開きがより強い、という規則性が見出された(北野ほか二〇〇八、図10f)。また、湯釜の内面には全体的にコゲは少ないものの、他遺跡での観察例も含めて、右側の小さめの湯釜の方が薄いコゲが付く頻度がやや高かった。これらの事実から、「左側の大き目の湯釜は米蒸し用」、「右側の口の開きが大きい(＝内容物へのアクセス度が高い)湯釜はオカズの蒸し・茹で用」という使い分けが想定された。左側の大き目の長胴湯釜のみが支脚に載っているのは、米蒸し調理では常に重い甑を載せているためである(杉井一九九三・一九九八)。

なお、米蒸し用の長胴湯釜が焚口から見て左側、オカズ用長胴湯釜が右側に配置されるのは、竈の右側に食器置き場、貯蔵穴などの台所作業スペースがあるためである(小林・外山二〇一六)。すなわち、途中で様々な具材を投入したり、掻き混ぜを行う必要があるオカズ調理は作業スペースのすぐ横に配置されたのに対し、加熱開始後はほとんど手が掛からない米蒸し調理は作業スペースから離れた側に配置されたのである。

東日本の二個掛け竈では、長胴湯釜の頸部や胴部に粘土が付着する例がみられることから、二個の湯釜を粘土で竈に固定していた(外山一九九〇b)。これは、①左右の長胴湯釜を竈の側壁に粘土で固定することにより、二個の湯釜の間を炎が流れるようにする(竈壁と湯釜の間に炎が分散すると、熱効率が低下する)、②二個の湯釜がぐらつかないように口頸部を粘土で固定する必要がある、という二つの理由からである。そのような嵌め殺し状態では、水を入れて軽くすすぐ以上の入念な洗浄ができなかったはずである。よって、右側の小型の長胴湯釜によるオカズ調理では、入念な洗浄が必要な「味付けする調理」はできず、蒸しか茹で調理に限られた。そして、茹で調理では茹で汁を食することはできなかったので、汁気のないオカズが中心だった。

東西日本間の竈構造の違いは米蒸し時間の違いに起因する　東日本における「二個掛け・固定」された湯釜（図10f）が「米蒸しとオカズ蒸し・茹で調理という使い分け」を示すことを上述した。一方、西日本の「湯釜を一個掛けし、掛け外し頻度がより高い」竈（図10e）では、長胴湯釜と甑が東日本の一・五倍以上の容量を持つことから、米蒸しとオカズの蒸し・茹で調理を時間差で行ったと推定される。よって、上述の東・西日本間の竈構造の違いは、「米蒸し（左側の大き目の長胴湯釜）とオカズの蒸し・茹で（右側）を同時に調理した東日本」と「米蒸し後に、鍋を掛け替えるか、甑を替えることによりオカズを調理した（すなわち、時間差で調理した）西日本」の違いを示す。

このような東日本の同時並行調理と西日本の時間差調理の違いを生み出した理由として、「米品種の粘り気度の違いに起因した、米蒸し時間の長さの違い」があげられる。というのは、米調理方法において、⑴湯取り法炊飯における弥生時代（胴下部にコゲが付いた後、いきなりオキ火上転がし蒸らしに移行）から古墳前期（焦げ付く前に蒸らしに移行。まず直立状態で炎側面加熱蒸らしを行った後、オキ火上転がし）への茹で時間短縮化、⑵古墳中期後半～古代では、粘り気度の強い米が増えた結果、蒸しに転換、⑶平安後期では粘り気の強い米品種に収れんした結果、炊き干し法炊飯に転換、の順に、「東南アジアと同様の粘り気の弱い米品種から、現代に通じる粘り気の強い米品種への連続的な変化」がみられるが、この変化は常に西日本が先行していたからである（図10）。すなわち、どの時期においても、西日本の方が常に炊飯の茹で時間や米蒸しの蒸し時間が短かったことから、米蒸し期における「西日本の一個掛け」と「東日本の二個掛け・固定」の違いも、「蒸し時間が短いため、米蒸しの後、オカズ調理という時間差調理」（西日本）と「蒸し時間が長いため、米蒸しとオカズを同時並行調理」（東日本）という違いを示すと解釈できる。以下では、上述の地域差について、より具体的に述べる。

「米蒸し時間短縮化」にみられる東西日本間の違い　弥生前半期では東日本の遠賀川系深鍋（弥生中期前半）は、西日本の遠賀川式深鍋（弥生前期）に比べて、①胴下部のスス酸化部が幅広く、より顕著である、②肩部に喫水線直上コゲが巡ることから、上部までおよぶ強い加熱が継続した、③土製鍋蓋の比率が高いことから、口頸部が（木製蓋では燃えてしまうような）強い被熱を受けた、などの点で、強火加熱が長く継続し、蒸らしに移行するタイミングが遅かったことが明らかである（小林二〇一六）。弥生中・後期においても、西日本の方が深鍋の球胴化・薄手化がより明瞭にみられる。

次の古墳前期になると西日本では炊飯の茹で時間短縮化（下半部がコゲ付く前に蒸らしに移行する）が起こり、それを達成するために、短時間強火加熱をより効率的に行うことができる浮き置き（丸底鍋）に転換した（図10ｄ）。一方、東日本では、弥生時代と同様に「コゲ付き後に蒸らしに移行」する方法が用いられ、直置き加熱が継続した。「粘り気の強い米品種ほど、茹で時間を短くして煮崩れを抑える」という民族誌モデルを参照すると、上述の地域差は、西日本の方が東日本よりも粘り気の強い米の比重が高かったことを示している。

ウルチ米を蒸す調理における東西日本間の違い　ウルチ米を蒸す調理が普及した五世紀半ば〜古代においても、以下の点で、西日本の方が「蒸し時間の短縮化（＝粘り気の強い米品種の比率の増加）」がより早く進行した。

第一に、東日本でも平安時代になると「二個掛け・固定」から西日本と同様の「一個掛け・掛け外し」に転換した。この変化は米蒸し時間の短縮化を示すことから、西日本より一段階遅れて蒸し時間短縮化が進行したといえる。

表　米調理方法の東西日本間の地域差の時間的変化

⑴弥生時代	西日本の弥生	東日本の弥生
弥生深鍋による炊飯方法	①弥生前期から古墳前期へと薄手化・球胴化。②弥生後期では胴下部コゲは円形コゲの連続した幅狭い帯状＝茹で時間短め（米品種の粘り気が東日本より強い）。③中型深鍋の上半部オキ火上転がし痕が顕著→茹で時間が短い分，蒸らし時の側面加熱が入念。	①薄手化と球胴化は不明瞭：弱火段階で熾火寄せ加熱を活用。一方，東海（中期4期）・南関東（後期）では台付深鍋が普及。②弥生後期では胴下部コゲは幅広い帯状→茹で時間長め。③中型深鍋は，上半部のオキ火上転がしコゲは西日本ほど顕著ではない。
⑵古墳前期	西日本の古墳前・中期（カマド以前）	東日本の古墳前・中期
古墳前期深鍋による炊飯方法	①焦げ付く前に蒸らしに移行（茹で時間短縮化）。②2段階の側面加熱蒸らし：直立・斜め状態で炎側面加熱（米が軟らかいため）⇒オキ火上転がし。	胴下部に帯状コゲが付いた後に，オキ火上転がし（側面加熱蒸らし）。
米品種	茹で時間短縮化が明瞭→東日本よりも形崩れしやすい品種→粘り気度が東日本よりも強め。	米品種の粘り気度が弱い：より長時間加熱。その分，蒸らし時の側面加熱は簡略。
⑶竈普及期	西日本の5世紀後半〜6世紀初め	東日本の5世紀後半〜6世紀初め
1個掛けか2個掛けか	・1個掛け（支脚が中央。湯釜の胴径が大きい）。 ・理由：米蒸し（湯沸し）時間が相対的に短いため，①オカズの蒸し・茹でを同じ湯釜で行う，②オカズを煮る鍋（浅鍋）と掛け替える，などの点で蒸し米とオカズを掛け替える。	・2個掛け（支脚が左寄り。湯釜は細長い）。 ・理由：米蒸し（湯沸し）時間が長いため，オカズ調理を並行して行う。①オカズ用の茹で・蒸しは小さ目の湯釜を用いる，②掛け替える必要がある浅鍋を用いない。
鍋釜の掛け外し	・「鍋釜を掛け外し」の根拠：①長胴湯釜に粘土付着なし。②口頸部のスス漏れの頻度が東日本よりも高い。③蔀屋北では斜め滴りがあることから，水分の多い粘土で頸部の隙間を塞ぐ。	・「湯釜を嵌め殺し」の根拠：①湯釜の肩部と側面に粘土付着。②口頸部のスス漏れ頻度が低い。③滴り痕なし。 湯釜を固定する理由：2個の湯釜を嵌め込むさいには，隙間が大きいため，粘土で固定する必要がある。
竈構造	東日本よりも堅牢でなく，煙道も短め。	西日本よりも堅牢で，煙道が長い。
蒸し調理の特徴	米蒸しとオカズ調理の鍋・甑を掛け替える→東日本よりも蒸し時間が短い→粘り気の強い米の比率が高い。	米蒸しとオカズ調理を並行して行う（2個掛けで固定）→西日本よりも蒸し時間が長め→粘り気の弱い米の比率が高い。

(4) 6〜8 世紀	西日本の 6〜8 世紀	東日本の 6〜8 世紀
主食の調理方法	主食は蒸し米。根拠は，①蔀屋北 4〜5 期と津寺(6C)では，炊飯用の球胴鍋は少なく，湯釜が主体。②奈良時代の文献史料では，木製甑が多用される(関根 1969)。	・東日本では炊飯痕跡を持つ鍋はほとんどなし。 ・6〜8 世紀では西日本・東日本ともに蒸し米が主体。
竈構造	・1 個掛け，掛け外し(前段階と同様)。 ・竪穴住居が消失し，平地式住居に統一→煙道付き竈が消失し，煙道なしカマドに統一→蒸し時間が短縮化→前段階よりも米品種の粘り気度が強まる。東日本よりも米品種の粘り気度が強め。	・2 個掛け，嵌め殺し(前段階と同様)。 ・火砕流にパックされた中筋遺跡や軽石に覆われた黒井峯遺跡では，「竪穴住居の煙道付き竈」と「平地式住居の煙道なし竈」という明瞭な作り分け。両遺跡では煙道付き竈と煙道なし竈が 1：1 から 1：2 の割合で並存。
(5)平 安 時 代	西日本の平安時代	東日本の平安時代
竈構造の変化	・平地式住居に転換したため，火処構造が不明。 ・長胴湯釜が消失→煙道なし竈に掛けた羽釜(金属製が主体)での炊き干し法炊飯に転換。	①「2 個掛け・固定」から「1 個掛け・掛け外し」へ変化。②竈の堅牢さが低下：群馬県矢田遺跡では，土師器長胴釜から羽釜・土釜へと変化するが，前者は，しっかりとした石組，芯材として須恵器や瓦を用いる例がある。③関東地方で移動式竈が増加(9C 後半〜)，煙道付きカマドの減少，長い煙道の減少。
蒸し米から炊飯への転換	平安時代初頭に炊き干し法炊飯に転換←飯用食具が箸とワンの組み合わせに転換(蒸し米は箸では摘みにくい)。	10 世紀後半以降に炊き干し法炊飯に転換。

第二に、米蒸しから炊き干し法炊飯への転換時期は、西日本（とくに宮都や渡来系集落）では九世紀代と推定されるのに対し、東日本は十一世紀になってからである。炊き干し法への転換は、粘り気の強い米品種（現代まで継続）への転換が完了したことを示す。ただし、本州西日本では七世紀後半以降、①鉄製鍋釜への転換が進行したため、鍋の特徴が不明である、②平地式建物に転換したため火処が不明である、などの理由から、炊飯への転換時期について不明瞭な部分が多い。

最後に、火力が強く長時間の加熱に適する煙道付き竈から、火力は劣るが燃料節約型である煙道なし竈への転換は、西日本（七世紀）の方が東日本（十〜十一世紀）よりも早く進行した。榛名山噴火の火砕流にパックされた群馬県中筋遺跡や軽石に覆われた黒井峯遺跡では、通常の遺跡では検出できない平地式住居の火処構造が判明したが、「竪穴住居の竈は煙道付きなのに対し、平地式住居の竈は全て煙道なし」という明瞭な作り分けが見出された（小林・外山二〇一六）。よって、七世紀になると竪穴建物（煙道付き竈）がほぼ消失し、平地住居（おそらく煙道なし竈）のみの構成に転換した近畿地方は、十世紀まで竪穴建物（煙道付き竈）が継続した東日本よりも煙道なし竈への転換が早かったといえる。

このように、東日本の米調理方法の変化は、西日本での変化を一段階遅れて後追いしている（五〇〜五一頁表）。そして東西日本ともに弥生時代から中世へと米品種の粘り気度が連続的に強まることから、上述の東西日本間の地域差は「各時期において、東日本の方が西日本よりも粘り気の弱い米品種が多かった」ことを示している。

古墳後期〜古代のオカズ調理　東日本における二個掛け竈の右側の小さめの湯釜によるオカズ調理の特徴として、①竈に嵌め殺しされた湯釜は頻繁には洗浄できないことから、「多少のアクが出るものの、こびりつきが付かない（＝味付けしない）蒸し・茹で調理」だったこと、および、②茹で汁を食することができないので汁気のないオカズ料理だったこと、の二点を上述した。奈良時代の正倉院文書では、食膳に塩や付け味噌（醬や未醬）が盛られた小皿の存在が記されている（五章の表2）ことから、調理段階では味付けせず、食べる際に好みに応じて味付けしたと考えられる（宇野一九九一、石毛二〇一五）。二個掛け竈で茹で・蒸し調理された「汁気を含まず、味付けされていないオカズ」は、まさにこのような食べ方に当てはまる。このオカズ構成は、豆・芋・瓜類を多めの水で長時間茹でた、汁気の多い弥生・古墳深鍋による料理と対照的である。そして、汁気の少ないオカズが主体の食文化では汁物を伴う「1汁〇菜」形式が選択される、という民族誌モデルを参照すると、古墳後期〜古代では汁物が伴っていた可能性が高い。汁物は、当該期に普遍的、かつ多数出土する小鍋（二㍑未満）により竈の焚口前の簡易囲炉裏で調理されたと推定される。

一方、西日本では、一個掛けの長胴湯釜と甑のセットに加えて、中大型の球胴鍋（胴部に二個一組の把手が付くことが多い）、浅鍋、小型寸胴鍋が伴う。把手付き球胴鍋は、七世紀後半に浅鍋が普及すると入れ替わるように消失することから、浅鍋と同じオカズ調理用だったと想定される。小型寸胴鍋は、西日本の宮都（加藤二〇〇八）や韓人集落では炊飯痕跡（炭化穀粒痕）や底面コゲが付くもの一定数がある点で、胴下部コゲ頻度が非常に低い東日本と異なっている。以上より、西日本の宮都では、古墳後期でも炊飯が部分的に行われ、また、オカズ調理が「長胴湯釜＋甑」による茹で・蒸し調理（汁気がなく、味付けしない）と把手付き鍋や浅鍋による汁気があるオカズというより多様な構成だった、と推定される。

以上をまとめると、弥生・古墳時代では「汁気の多いオカズが多い分、汁を欠く」食事構成だったが、米蒸し調理への転換に伴い「汁気がなく、味付けしないオカズを付け味噌などに付けて食する食べ方」と「1汁〇菜」形式が成立した。湯取り法炊飯から蒸し米への転換は米品種の粘り気度の増加が背景にあったが、この変化は西日本の方が東日本よりも一段階早く進行した。ただし、宮都地域では、小鍋による炊飯と鍋（把手付き鍋から浅鍋に転換）による汁気の多いオカズ調理も部分的に行われ、より多様な料理構成だった。

まとめ

縄文時代、弥生時代、古墳前・中期、古代の米蒸し期の各時期について、民族誌モデルを参照しつつ深鍋の形・作りから調理方法を復元した結果、使用痕跡や火処構造から復元された使い方とよく一致することが示された。よって各時期の深鍋の形態特徴は、括れ度・相対的深さ・底部形態・厚さ・容量などの「使い方を端的に反映する属性」に注目すれば、使い方を考慮して選択されていたことが明らかである。具体的にいうと、縄文深鍋から弥生深鍋への変化は炊飯に適した形・作りへの変化を示す。次に、弥生初頭から古墳前期までの深鍋の形態変化は、米品種の粘り気度が漸移的に高まる変化に対応した茹で時間短縮化と短時間強火加熱を反映する。最後に、古代の米蒸し期の鍋釜形態と竈構造の時間的変化と地域差も、米品種の粘り気度の変化に対応した蒸し時間の短縮化を反映する。

参考文献

阿部芳郎「土器の使用方法と器種組成」『縄文時代の考古学7』同成社、二〇〇八年、一二三〜一三〇頁
合田幸美「竈の出現と展開」『古墳時代の竈を考える』第三回埋蔵文化財研究集会、一九九二年
石毛直道『日本の食文化史』岩波書店、二〇一五年
伊藤　実「土器の蓋」『考古論集（河瀬正利先生退官記念論集）』二〇〇四年、三七五〜三九四頁
宇野隆夫『律令社会の考古学的研究　北陸を舞台として』桂書房、一九九一年
加藤雅士「把手つけたはなし」『和田晴吾先生還暦記念論文集』同論集刊行会、二〇〇八年、四三七〜四五一頁
川西宏幸「形容詞を持たぬ土器」『考古学論考』平凡社、一九八二年、一八九〜二一四頁
北野博司「縄文土鍋の調理方法―胴下部バンド状コゲの形成過程―」『歴史遺産研究』五、東北芸術工科大学歴史遺産学科、二〇〇九年、一〜二四頁
北野博司・三河風子・小此木真理「東北地方南部における古代の土鍋調理―福島県高木遺跡出土土器の分析から―」『歴史遺産研究』四、東北芸術工科大学歴史遺産学科、二〇〇八年、一〜二六頁
小林正史「弥生時代から古代の農民は米をどれだけ食べたか」『北陸学院短期大学紀要』二八、一九九七年、一六一〜一七九頁
小林正史「北陸の弥生深鍋の作り分けと使い分け」『古代文化』五八―三、二〇〇六年、七一〜八五頁
小林正史「古墳後期から古代の米蒸し調理における東・西日本間の違い」『新潟考古』二五、二〇一四年a、四七〜六六頁

小林正史「ススコゲ観察による弥生・古墳時代の炊飯方法と米タイプの復元—米品種交代仮説の提唱—」『古代文化』六六—一、二〇一四年b、一七〜三八頁
小林正史「東北地方における縄文深鍋から弥生深鍋への調理方法の変化—東北日本の遠賀川系深鍋による炊飯方法の特徴—」『日本考古学協会二〇一六年度弘前大会・第1分科会　研究報告資料集』二〇一六年、一二一〜一五一頁
小林正史「弥生・古墳時代深鍋にみる炊飯用とオカズ用の分化」『理論考古学の実践Ⅱ』同成社、二〇一七年、三八一〜四一〇頁
小林正史・外山政子・W.Sirisena「スリランカ・キャンディ地域の伝統的炊飯方法」『北陸学院大学研究紀要』六、二〇一四年、一一七〜一四〇頁
小林正史・外山政子「東西日本間の竈の地域差を生み出した背景」『石川県考古学研究会会誌』五九、二〇一六年、五七〜七四頁
佐原　真『日本文化を掘る』NHK人間大学、一九九二年
佐原　真『食の考古学』東京大学出版会、一九九六年
杉井　健「竈の地域性とその背景」『考古学研究』四〇—三、一九九三年、三三〜六〇頁
杉井　健「古代における竈の変質」大阪大学文学部日本史研究室編『古代中世の社会と国家』清文堂出版、一九九八年、二一〜四二頁
関根真隆『奈良朝食生活の研究』吉川弘文館、一九六九年
外山政子「矢田遺跡の平安時代のカマドと煮沸具」『矢田遺跡』群馬県教育委員会、一九九〇年a、二六三〜二七三頁
外山政子「長根羽田倉遺跡の煮沸具の観察から」『長根羽田倉遺跡』群馬県教育委員会、一九九〇年b、五〇〇〜五〇九頁
都出比呂志『日本農耕社会の成立過程』岩波書店、一九八九年
浜野浩美「古墳時代前期における丸底・浮き置きへの転換—米子市博労町遺跡の土器使用痕分析—」『考古学ジャーナル』六八二、二〇一六年、二一〜二六頁
浜野浩美・滝沢規朗・北野博司「関東・東北地方の竈構造の時間的変化」『日本考古学協会発表要旨』二〇一六年、一二六〜一二七頁
武藤雄六「中期縄文土器の蒸し器」『信濃』一七—七、一九六五年、四六三〜四七二頁
吉田邦夫「古食性分析　縄文人の食卓」『アルケオメトリア』東京大学総合博物館、二〇一二年、四四〜五五頁
Ortiz, Bev 1991 *It Will Live Forever*. Hayday books, California.

コラム

「貯蔵具としての甕」と「煮炊き用の鍋・釜」の呼び方の区別

小林正史

従来の煮炊き用土器の呼称の問題点　考古学の世界では縄文時代の煮炊き用土器を「深鉢形土器」、弥生時代〜古代の煮炊き用土器を「甕形土器」と呼ぶことが多い。通常は「……形土器」を省略して「深鉢」、「甕」と呼んでいる。これらの大多数にはスス（外面）・コゲ（内面）が付くことから、煮炊き用の鍋・釜であることが明らかである（小林二〇一一）。よって、煮炊き用土器を「甕・深鉢」と呼ぶ習慣は、辞書に書かれている本来の意味での「貯蔵用を指す甕」「加工・盛り付け用を指す鉢」に反しており、土器の使い方の研究（土器機能研究）が軽視されている現状を象徴している用語といえる（小林二〇一一、木立二〇一六）。

「深鍋」という呼称は、佐原真氏が一九八六年以来、熱心に提唱してきたにも関わらず、現在でもあまり普及していない。なお、釜は、①竈掛けされる、②蒸し・茹で調理や炊飯（羽釜）などの味付けしない調理に使われる、という二点において鍋と区別される。

煮炊き用土器（鍋・釜）を「甕・深鉢」と呼ぶ習慣は、以下の点で大きな問題を生じている（宇野一九九二、木立二〇一六）。第一に、煮炊き用土器の呼び方が縄文では深鉢、弥生では甕であることから、一貫性を欠いている。とくに、縄文から弥生への移行期の土器研究では、ほぼ同じ形の煮炊き用土器に対して、縄文時代に属するものは

「深鉢」、弥生時代に属するものは「甕」と呼んでいるので、両者間の連続的な変化を分析しにくい。第二に、古墳中期になると貯蔵具としての須恵器甕が普及するので、煮炊き具としての土師器「甕」（本来は釜・鍋）と混同しやすい。

これに対し、「深鍋・釜」という呼称は、①体験学習や啓蒙普及活動において一般市民に対して器の用途をわかりやすく説明できる、②「深鍋」という機能分類を前面に出すことにより、機能を確認するための観察が進展し、これまで低調だった土器の機能研究を進めるきっかけができる、などのメリットがある。

本書は、縄文時代から古代までの長期的変化を対象とし、かつ、煮炊き用・貯蔵用・飲食用の土器の相互の関連を扱うことから、「古墳後期〜古代では須恵器の甕（貯蔵具）と土師器の甕（煮炊き具）が併用される」といった従来の呼称では大きな混乱が生じてしまう。よって、本書では、「甕」を辞書に記された意味である貯蔵具に限定し、弥生土器・土師器の「煮炊き用の甕」と縄文土器の「煮炊き用の深鉢」を「深鍋」または「釜」と呼ぶ。

煮炊き用土器が「甕・深鉢」と呼ばれてきた理由　鍋は、縄文時代から古代まで用いられた「深鍋」と、古代から普及する「浅鍋」に大別される。深鍋は洋風の深めの金属製シチュー鍋を除けば、古代以降は消失してしまうので、現在、一般にいう土製の「鍋」は浅鍋を指している。よって、縄文〜古墳中期の煮炊き具は「深鍋」が主体、煙道付き竈が普及する古代では「釜（湯沸かし）、深鍋、浅鍋」のセット、中世以降、現在までは「釜（カマド掛け）と浅鍋のセット」である。日本の考古学者が煮炊き用土器を「甕・深鉢」と呼んできた理由として、現代人（考古学者）のイメージする「鍋」が浅鍋であることから、縄文〜古墳時代の深鍋をそれとは別物のように感じ、一見、形が似ている「甕」「深鉢」という用語を当てたことがあげられる。

一方、一章で述べた「竈出現以前では深鍋が多用された理由」と「古代以降に浅鍋が普及した理由」を理解すれば、両者は共通する煮炊き機能を持つことが明らかになる。そして、両者を「鍋」という共通する用語で呼び、深鍋と浅鍋に区分する方がはるかに理にかなっている。

縄文〜古墳中期において深鍋が用いられたのは、以下の点で、浅鍋や釜が用いられた中世以降とは調理方法が異なっていたためである。まず、縄文・弥生時代ではオキ火寄せ加熱を多用したので、オキ火との接触面積を最大化するために直置き加熱を選択した。直置き加熱では鍋の（底からではなく）周囲に放射状に置かれた薪の炎を受けるために深めの形が必要だった。第二に、弥生・古墳時代では「側面加熱蒸らしを伴う湯取り法炊飯」が普及したため、オキ火上転がしや炎側面加熱を受けやすい、やや深めの形が必要とされた。最後に、古墳後期から古代では、ウルチ米を蒸すために強力な火力が必要とされたので、「煙道付き竈に長胴の湯釜を深く差し込む」加熱方法が選択された。以上のように、縄文〜古墳中期の調理には（浅鍋ではなく）深鍋が必要だったのである（一章）。

その後、平安時代後半に粘り気の強い米品種への転換が完了した結果、「煙道なし竈に載せた羽釜による炊き干し法炊飯」と「囲炉裏に掛けた浅鍋によるオカズ・汁調理」という近現代につながる組み合わせに変化した。

参考文献
宇野隆夫「食器計量の意義と方法」『国立歴史民俗博物館研究報告』四〇、一九九二年、二一五〜二三一頁
木立雅朗「道具としての土器の呼び方」『考古学ジャーナル』六八二、二〇一六年、一頁
小林正史「縄文・弥生時代の煮炊き用土器を深鍋と呼ぼう」『古代学研究』一九二、二〇一一年、二九〜三九頁

二　食　器

――鉢・浅鉢・皿・坏と高坏――

小林正史
北野博司
宇野隆夫

食器の使い方には「銘々《めいめい》器か共有器か」、「置き食器か手持ち（上下持ちと底持ちとがある）食器か」、「手食か匙《さじ》か箸か」、「飯用かオカズ・汁用か」などの属性があるが、稲作農耕民の民族誌を参照すると、各属性の特徴は食器の形・作りに反映されている。そこで、本章では、まず、弥生～古墳中期の食べ方と共通性が高い東南アジア・南アジア民族誌の食べ方、および、古代日本の食べ方に強い影響を与えた古代以来の中国・韓半島の食べ方の特徴を整理し、食べ方の違いを生み出した諸要因についての民族誌モデルを提示する。次に、食器の形・作りにおける「東南アジア民族誌と類似した弥生～古墳中期」から「中国大陸風の食文化を取り入れ、和食の特徴の一部が形成された古墳中期～古代」への変化をたどることにより、上述の諸特徴の変遷をより具体的に説明する。これらの変化は米食を中心に記述されるので、米食以前（縄文時代）の食器についてはコラム「縄文時代の土製食器と木製食器」で説明する。

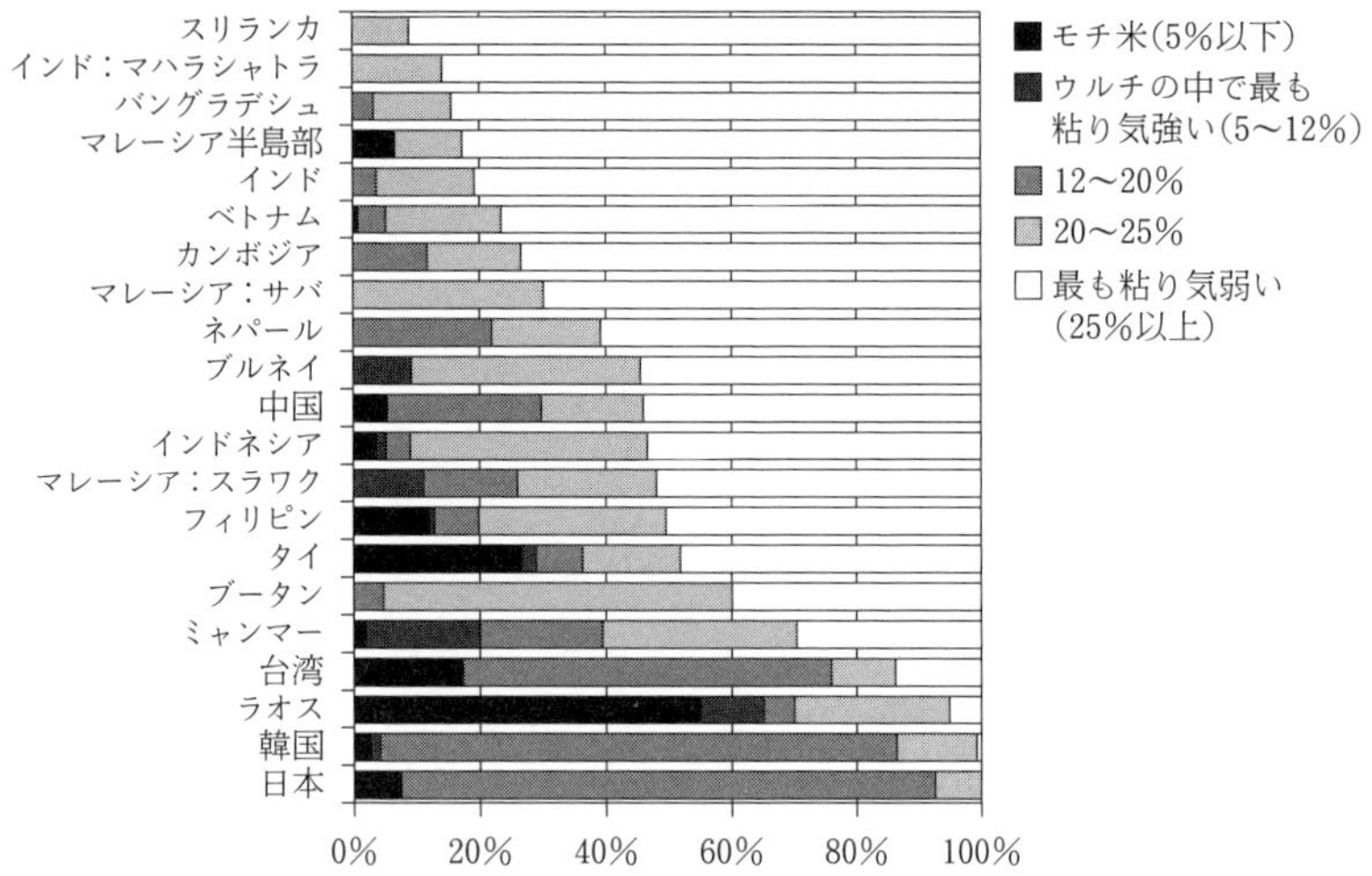

図1　アミロース比率の国間比較（国際イネ研究所ホームページ1991年のデータ）

1　炊飯民族誌の比較分析からみた「米品種の粘り気度と食べ方の関連」

米の粘り気度と食べ方の関連　稲作農耕民の伝統的（薪《たきぎ》と土鍋による）調理民族誌と中国の文献・画像石などから読み取れる食べ方の分析から、米の粘り気度（およびオカズの種類）に応じて米飯の食べ方（手食か匙・箸か、手持ち食器か、置き食器か、銘々器か共有器か）が異なることが明らかになってきた（西澤二〇〇九、小林二〇一五）。

米は粘り気の強いアミロペクチンと粘り気が弱いアミロースという二種類のデンプンから構成されるので、アミロース比率が高い米品種ほど粘り気が弱い。モチ米は〇～五%、現代の日本の米品種（温帯ジャポニカ）は一七～一八%、東南アジア・南アジアの粘り気の弱い米品種は二〇%以上である。図1は国際イネ研究所のホームページにかつて掲載されていた各国の代表的米品種（一〇～二〇種類）のアミロース比率の組成を示している。粘り気の弱い米品種の比率が高い国・地域（上段）から低い地域（下段）へと並べた結果、南アジア（インド、スリランカ、バングラデシュ）は全て最も粘り気が弱い上方に位置するのに対し、日本・韓国・台湾は最も粘り気が強い下方に位置する。そして、東南アジア（モチ米主食地域が多いタイとラオスを除く）と中国（稲作地域は主として南半）はその中間に位置する。このように南アジア、東南アジア・中国、極東地域（日本・韓半島）の順にウルチ米の粘り気度が高くなる。中国米は、外見は日本米と類似した中粒だが、アミロース比率は東南アジアの範囲内にあり、日本米よりも粘り気度が弱い。各地域の米飯とオカズの食べ方は、米品種の粘り気度に合わせて以下の特徴がみられる（表1）。

南アジアでは「米飯とカレーを混ぜるための手食」　インド・スリランカ・バングラデシュの炊飯方法は、パスタ法、湯取り法、炊き上げ法など多様であるが、「多めの水で長時間茹でることにより、米を大きく膨らませ、その分、内部をスカスカにする」点で共通している（小林ほか二〇一四）。米をパサパサ（内部スカスカ）に炊き上げるのは、カレーの汁を吸収するためである。南アジアのカレーは、日本のカレーに比べてトロミが少なく（ルーに小麦粉を加えない）、パサパサの米飯に馴染むように調理される。よって、南アジアの手食は、指で米飯と汁気の多いカレーを徹底的に混ぜ合わせ、相互の味を馴染ませることが主目的である（図2a）。伝統的には銘々皿に米飯を大量に盛り、少量のカレーを掛けた後、徹底的に混ぜ合わせて口に入れる。口に入れるさいは、人差し指・中指・薬指をそろえて匙状にし、カレーと馴染んだ流動性の高い米飯を口に運ぶ。この操作は「指でカレーを味わう」と表現されるが、匙でもできることから手食の主目的ではないと筆者は考えている。浅めの置き食器（銘々皿）を用いるのは、米飯とカレーを徹底的に混ぜる操作に適するためである。伝統的にはバナナの葉が多用されたが、近年では金属製や陶磁器の皿が用いられる。カレーは共有器から取り分けられることが多い。

このようにカレー文化圏の配膳は「カレーと米飯」というシンプルな組み合わせであり、カレー自体が汁気が多いことから、「汁物」を伴わない。インド・ネパールでは高い頻度で供されるダール（豆）スープは、スープとして飲

表1　稲作文化圏の食べ方の比較

	南アジア	東南アジア島部	東南アジア大陸部	中　国	韓半島	日　本
食具	手食	手食	手食＋近年，匙が普及	箸と匙	匙主体，箸はオカズのみ	箸のみ
米飯の食べ方	混ぜるための手食：カレーと米飯を徹底的に混ぜる	丸めるための手食：米飯とオカズを馴染ませてから，口に入れる	丸めるための手食⇒匙に変化	手持ち碗から箸。飯碗にオカズを載せ，馴染ませてから一緒に口に入れる	置き食器から匙食①古代の食べ方が継続←儒教の重視	素材自体を味わう。手持ち碗から箸食。米飯もオカズも箸で摘んで別個に口に入れる「三角食べ＋口内調味」
飯用食器	銘々皿に取り分け	共有の皿	共有の皿	銘々碗	銘々碗	銘々碗
米飯の粘り気度	最も弱い(汁を吸収)	やや弱い	やや弱い	中間	強い	強い
オカズ・汁用食器	共有器から(銘々皿に)取り分け	銘々碗	共有器から手食	共有器から飯碗に取り分け	銘々の鉢・皿	銘々鉢・皿
オカズの食べ方	汁気の多いカレーを米飯に掛け，指で徹底的に混ぜる	銘々碗に米飯をディップ	共有器に米飯をディップ	共有器から取り分け，飯碗に載せる	銘々器から匙食	汁気の少ないオカズが主体(汁は別)→銘々器から箸食
オカズ構成と汁気	オカズは汁気多い。汁なし(ダルスープもカレーと同様に米飯と混ぜる)	汁気の多いオカズorオカズの汁を別に盛り付け	汁を伴わない。オカズは汁気をやや含む	汁を伴う。オカズは汁気少ない	汁を伴う。鍋物多い(匙食)	・汁を伴う。オカズは汁気少ない(箸で摘む)
調査地	バングラデシュ・ジョショール県，スリランカ・キャンディ地域	フィリピン・ルソン島山岳地帯のカリンガ族	ラオス・オイ族	雲南省		金沢市内川地区での1950年代の食文化聞き取り

図 2a　南アジアにおける米飯とカレーを混ぜての手食：バングラデシュ

図 2b　東南アジアにおける「指で米飯を団子状に丸めるための手食」：オカズ用食器が銘々器のフィリピン・カリンガ族

図 2c　東南アジアにおける「指で米飯を団子状に丸めるための手食」：オカズ用食器が共有器のラオス・オイ族

図 2d　中国：共有器に盛られたオカズを，銘々碗の米飯の上に載せて馴染ませた後，一緒に口に運ぶ

むのではなく、カレーと同様に米飯に掛けて手で混ぜてから食することが基本なので、筆者はカレーの一種に含めている。豆のみがスープの形を取るのは、固いため多めの水で長時間茹でる必要があることが理由である。

東南アジアでは「米飯を丸めるための手食」　東南アジアでは、モチ米文化圏（蒸し調理）やジャワ地域（蒸しと茹でを組み合わせたザル取り法）を除き、「側面加熱を伴う湯取り法」により、ややパサパサ（東アジアと南アジアの中間の粘り気度）に炊き上げる。東南アジア大陸部では、近現代では中国の影響で米飯を匙（チリ蓮華《れんげ》）で食べることが増えてきたが、中部タイでは一〇〇年ほど前までは手食が多かったという記録があることから、伝統的には米飯は手食だった。なお、箸も使われるが、粘り気が弱い米飯は箸では摘みにくいので、箸は麵類・オカズ用である。

粘り気の弱い米飯を手食するさいには、右手の親指、人差し指、中指を使って団子状に丸めるか、上から指で押し付けて三角錐形の塊状にする（図2b）。そして、オカズや調味料（塩や付け味噌など）にディップするか、摘んだオカズとともに口に入れる（図2b・c）。このように東南アジアでは、南アジアほどオカズと米飯を徹底的に混ぜないが、米飯と汁気を含むオカズを馴染ませてから口に入れる点は、南アジアと似ている。

東南アジアでは共有の置き食器（大皿）に盛られた米飯を指で丸めて口に入れる。東南アジアの食器は近年、金属製か陶磁器に取って代わられたが、伝統的な飯用食器は大型木製の共有器だった。例えば、フィリピン・カリンガ族では一九八〇年代まで径四〇チセンほどの大型木製皿が、ラオス・オイ族では編竹製の大型高坏《たかつき》（台付き盤、図2c）が、各々米飯用共有器として用いられていた。

東南アジアのオカズ用食器　長時間多めの水で茹でる豆・芋・瓜類がオカズの中心である東南アジア島部では手持ちの銘々椀を用いるのに対し、葉物野菜と魚類がオカズの主体を占める東南アジア大陸部（タイ、ラオス、カンボジア）では共有の置き食器（皿か鉢）である。前者（手持ち銘々椀タイプ）の例として、フィリピン・カリンガ族では、伝統的オカズ容器はココナッツ・カップであり、汁気が多いオカズが主体のため手持ちした器に口を付けて汁を飲む（図2b）。一方、後者（共有器タイプ）の例であるラオス・オイ族やモチ米文化圏（北タイ・東北タイ・ラオス）では、汁気が少ない料理が主体のため、共有のオカズ容器に盛られた具に対して、丸めた米飯を直接ディップするか、団子状に丸めた米飯と一緒に摘んで口に入れる（図2c）。汁気のあるオカズでは、汁は葉物野菜を匙のように使って掬うようにして（近年ではチリ蓮華を用いて）口に入れる。

以上より、「銘々器か共有器か」「手持ちか置きか」というオカズ容器の違いを生み出した要因として、「米飯の粘り気度」と「オカズの汁気の多さ」の二つがあげられる。

まず、米飯の粘り気度については、手持ち銘々器タイプでは、粘り気の弱い米が主体のため、団子状に丸めた米飯をオカズ容器にディップするさいに米飯が崩れてもよいように銘々器を用いる。一方、東南アジアの中で最も粘り気の強いウルチ米を食するラオス・オイ族やモチ米文化圏では、丸めた米飯が崩れにくいので、共有のオカズ容器に直接ディップできる。

次に、オカズの汁気については、前者の手持ちの銘々器タイプでは、豆・芋・ウリ類がオカズ食材の主体であるため、多めの湯で長時間茹でる調理が主体である。このように、汁気の多いオカズは食器を口に付けて汁を飲むための手持ち食器を必要とする。一方、後者（オカズ容器が共有器のみ）では汁気のやや少ない料理が主体のため、置き食器に盛ったオカズと団子状に丸めた米飯と一緒に指で摘んで口に入れる。

東南アジアのオカズは、全体としては汁気を多く含むものが多いため、南アジアと同様に「汁物」を伴わないことが基本である。バンコック料理のトムヤム（ピリ辛スープ）は例外的存在だが、中国の食文化の影響と思われる。

中国における米飯の食べ方の変遷　中国の米飯の食べ方については、①漢代までは、手持ち食器から手食（箸はオカズ・汁用）、②漢代末ころに、匙食と銘々食器を並べる食台・膳（案）が普及、③唐・宋代にイスと食卓が普及（匙食は宋代まで継続）、④明代に箸食に転換、という変化が指摘されている（青木一九四四、石毛二〇一五、西澤二〇〇九）。このような米飯の食べ方の変化は、米の品種構成や調理方法（炊くか蒸すか）と強く結びついている。ただし、米飯を主食とするのは中国南半の特徴であり、中国北半は小麦・雑穀が主食、という顕著な地域差を考慮する必要がある。

初期稲作期の河姆渡《かぼと》文化期（紀元前五〇〇〇年〜）や跨湖橋文化期（紀元前六〇〇〇年〜）では、深鍋に明瞭な側面加熱痕が付くことから、東南アジアと同様に、粘り気の弱い米品種に適合した「側面加熱蒸らしを伴う湯取り法炊飯」が普及していたと考えられる。長江流域から韓半島を経由して水田稲作と炊飯方法を受け入れた日本の弥生〜古墳中期の初期稲作農耕民も「側面加熱を伴う湯取り法炊飯」を用いたことから（一章）、中国南半（稲のルーツである長江流域を含む）、韓半島、日本にわたる東アジアの米作地域では、東南アジア同様の粘り気のやや弱い米品種が普及していたといえる。

長江文明の国家形成期である良渚《りょうしょ》文化期（紀元前三五〇〇〜二二〇〇年）では、米調理方法が湯取り法炊飯から三足土器を用いた米蒸しに転換するが、これは、日本（五世紀後半〜十世紀）や韓半島（四世紀〜）と同様に、粘り気の弱いウルチ品種から粘り気のやや強いウルチ品種への交替・並存期に特有の現象である（一章6節を参照）。ただし、蒸したウルチ米が主食だった時期・地域の範囲については不明な点が多い。

明代に米飯の食べ方が匙食から箸食に転換した事実は、粘り気の強い米品種が増えたことを示す。その背景として、「中国北半の粘り気の弱い米や雑穀類は箸で摘まめないため、手食（漢代まで）や匙食が行われてきたのに対し、中国南半に本拠地を持つ明王朝が北京に首都を構え、中国南半のやや粘り気の強い米品種が普及した結果、箸食になった」という仮説が示されている（西澤二〇〇九、石毛二〇一五）。しかし、上述のように、中国南半においても新石器時代では粘り気の弱めの米が普及していたことから、中国北半まで米食が広がるにつれて米品種の粘り気度が徐々に高まった可能性が高い。

現代中国の食事構成は、汁物を伴う「1汁〇菜」様式である。複数の共有器に盛ったオカズを箸やチリ蓮華で手持ちの飯碗に載せ、米飯とオカズを馴染ませた上で一緒に口に入れることが多い（図2d）。銘々食器は手持ちの飯碗一つのみのため、汁物は、米飯に掛けて一緒に食する、飯碗の米飯がなくなった後に汁を盛る、共有器からチリ蓮華で直接口に入れる、などの方法で食する。このように、オカズと米飯をある程度馴染ませた後、一緒に口に入れる点で、東南アジアと共通している。このような「オカズの汁気と馴染ませる食べ方」が普及した背景として、粘り気のやや弱い米品種が多かったことがあげられる。図1で示したように、中国米のアミロース比率は東南アジアと共通する範囲にある。なお、中国の東北地方(旧満州地方)では粘り気の強い米が栽培され中国全土に流通しているが、これは日本占領時代に寒冷地向けに改良された日本米品種を導入した結果である。

韓半島　中国と日本では米品種の粘り気が徐々に増すにつれ、米飯の食べ方が手食(庶民)・匙食(上層階級)から箸食に転換したのに対し、韓半島では、米品種の粘り気が増したにも関わらず、中国で宋・元代まで続いた「飯は匙、オカズは箸・匙食」という食べ方が現代まで継続している(石毛二〇一五)。この理由として、①雑炊、混ぜご飯などの「米飯と具を混ぜる調理」が多かった、②アワ・キビ・大麦を混ぜた飯が多く食された、③李朝では儒教に基づいた伝統的な食べ方が重視された、などがあげられる。

日本の「和食」の食べ方の特徴　日本の和食は平安時代後半に形式が確立された。その食べ方には、以下の特徴がある(表1、熊倉二〇一三)。

第一に、「1汁〇菜」構成に合わせて、食器は、飯用と汁用の「ワン(手持ちの銘々食器)」、オカズ用の「鉢・皿」、麺類やオカズ載せご飯に用いる「丼」、から構成される。常に汁物を伴うのは、オカズが汁気の少ない調理中心のためである。

第二に、箸のみで米飯とオカズを食する。この理由として、①最も粘り気の強いウルチ米品種を用いるため、箸で摘むことができる、②オカズは汁気が少ない料理が中心であるため、箸で摘みやすい、の二つがあげられる。

第三に、箸で食材を摘んで口に入れる和食では、米飯と汁物は、こぼれないように器を口に近づけるか、食器に口を付けて食するため、手持ち食器を用いる。一方、オカズは汁気の少ない料理が中心のため、主に置き食器から箸で摘んで口に入れる。銘々食器に盛りつける場合が多い。そのさい、米飯とオカズを別個に箸で摘んで口に入れるため（三角食べ）、米飯とオカズを口に入れる前には馴染ませないこと（口内調味）が特徴である。

第四に、器の形・大きさは使い方と対応している。すなわち、飯碗・汁椀は、手で持ちやすいように形・大きさがほぼ決まっており、また、熱くても手持ちできるよう「口縁と高台を摑む上下持ち」をする。ワンの中でも、汁椀は内容物の汁がこぼれにくいように全体の弯曲が強く、深めの傾向がある。一方、オカズ用の鉢・皿は、オカズの汁気の多さや分量に応じて深さ・大きさが多様であり、また、置き食器として用いることが多いため高台がない点がワンと異なる。

最後に、料理のランクが皿数により示される。例えば、日本料理の定食では松・竹・梅といったランクがしばしば使われるが、最上の「松」と並みの「梅」の違いはオカズの皿数の違いであり、「梅」定食で出される料理は「松」定食でも供される。

稲作文化圏の食べ方についての民族誌モデル　南アジア、東南アジア、中国、韓半島、日本の民族誌を比較した結果、食べ方と米品種の粘り気度やオカズの汁気の多さの間に以下のような結びつきが見出された（表1）。

第一に、食事構成については、中国・韓半島・日本では「1汁○菜」形式が基本なのに対し、東南アジア・南アジアでは汁物を伴わないことが多い。この汁物の有無は、オカズの汁気の多さに起因している。すなわち、東南アジア・南アジアでは汁気の多いオカズと粘り気の弱い米飯を馴染ませてから口に入れるので、汁物を必要としない。一方、東アジアでは、汁気の少ないオカズが中心のため、米飯とオカズの消化を促進するための汁物を伴う。

第二に、「手食か匙食か箸食か」の違いを生み出した要因として、「米品種の粘り気度」と「オカズと米飯を混ぜる（馴染ませる）度合い」の二つがあげられる。南アジア・東南アジアでは粘り気の弱い米飯に汁気の多いオカズを馴染ませてから口に入れるため、「米飯とカレーを混ぜるための手食」（南アジア）や「米飯を団子状に丸めて、オカズと馴染ませてから口に運ぶための手食」（東南アジア）である。このように、手食は、「粘り気の弱い米なので箸で摘めない」といった消極的な理由のみで選択されたわけではなく、粘り気の弱い米飯をオカズを馴染ませる（汁を吸収する）という明確な目的を持って選択されている。

この対極にある日本の和食は、上述のように、米飯とオカズを別個に箸で摘んで（三角食べ）、口の中で混ぜる（口内調味）食べ方である。口に入れるまでは米飯とオカズを馴染ませないのは、（複数の味の組み合わせを味わう食べ方とは対照的に、）食材自体の味を重視するためである。このため、和食は世界で最も箸を使う食文化である。そして、近現代の中国の食べ方は、米飯の上にオカズを載せて（馴染ませて）一緒に口に運ぶ点で、和食と東南アジアの中間的特徴を持つ。このため、箸と手持ちワンで米飯とオカズを食する点は和食と共通するが、汁・オカズ用の銘々食器がなく、匙（チリ蓮華）も多用する点では和食と異なる。最後に、韓半島では、粘り気の強い米品種を用いるが、米飯とオカズ・汁を混ぜることが多いため、米飯・オカズともに匙を多用し、箸はオカズや麺類に限られる。

以上をまとめると、粘り気の強い米飯を、オカズと馴染ませずに（＝米飯・オカズ各々の素材の味を重視して）食する文化ほど、箸の使用頻度が高いのに対し、粘り気の弱い米飯にオカズの汁気を馴染ませて（吸収させて）食する文化ほど手食や匙食の頻度が高い。

第三に、飯用食器の使い方の違い（置き食器か手持ち食器か、銘々器か共有器か）は、「混ぜるための手食、丸めるための手食、箸食、匙食、といった食べ方の違い」と強く結びついている。すなわち、混ぜるための手食（南アジア型）では銘々の置き食器が必要なのに対し、米飯を丸めるための手食では共有の置き食器から各自が米飯を摘む（東南アジア）。また、米飯を箸で摘む場合は、米粒がこぼれ落ちるのを防ぐため、食器を口近くまで持ち上げる必要がある（日本、中国）。最後に、米飯を匙食する場合は、銘々の置き食器から匙で掬って口に運ぶことが多い（韓半島、近年の東南アジア大陸部）。

第四に、オカズ・汁用食器の使い方の違いは、「オカズの汁気の多さ」「米飯の粘り気度」「手食か匙か箸か」の三要因が関与している。すなわち、「米飯を指で丸め、オカズと馴染ませるための手食」（東南アジア型）の中では、米の粘り気度が弱く、オカズの汁気が比較的多い場合（多めの水で長時間茹でる必要がある豆・芋・ウリ類がオカズの中心である東南アジア島部など）は食器に口を付けて汁を飲む必要があり、またオカズにディップしたさいに米飯が崩れても差し支えないように手持ちの銘々食器を用いる。一方、オカズの汁気が少なく、モチ米や粘り気が相対的に強めの粳米を主食とする東北タイ・北タイ・ラオスでは、オカズにディップしても米飯が崩れる心配がないため、オカズを共有の置き食器に盛る。また、箸のみでオカズを摘む日本では銘々の手持ち食器を用いるのに対し、「箸＋匙」でオカズを食する韓半島では銘々の置き食器を用いる。

2　弥生時代における食器の使い分け

弥生時代の飯用食器は中・大型高坏　水田稲作が始まると、「飯（雑穀や芋類を混ぜたカテ飯を含む）とオカズ」という調理の分化が確立したことから（一章）、弥生時代の食器も飯用とオカズ・汁用に分化していた可能性が高い。弥生時代の食器には高坏（一・二㍑付近を境に中型と小型・特小型に分化）、鉢、木製のワン・皿があるが、以下の根拠から、中・大型高坏が米飯用共有食器だったと考えられる（小林二〇一五）。

第一に、『魏志倭人伝』には「豆（木製の高坏）から手食する」という記述がある。上述のように、三世紀の中国では、食台や膳に並べた銘々器から匙か手で米飯を食していたので、弥生人の「高坏（おそらく共有器）から各自が手

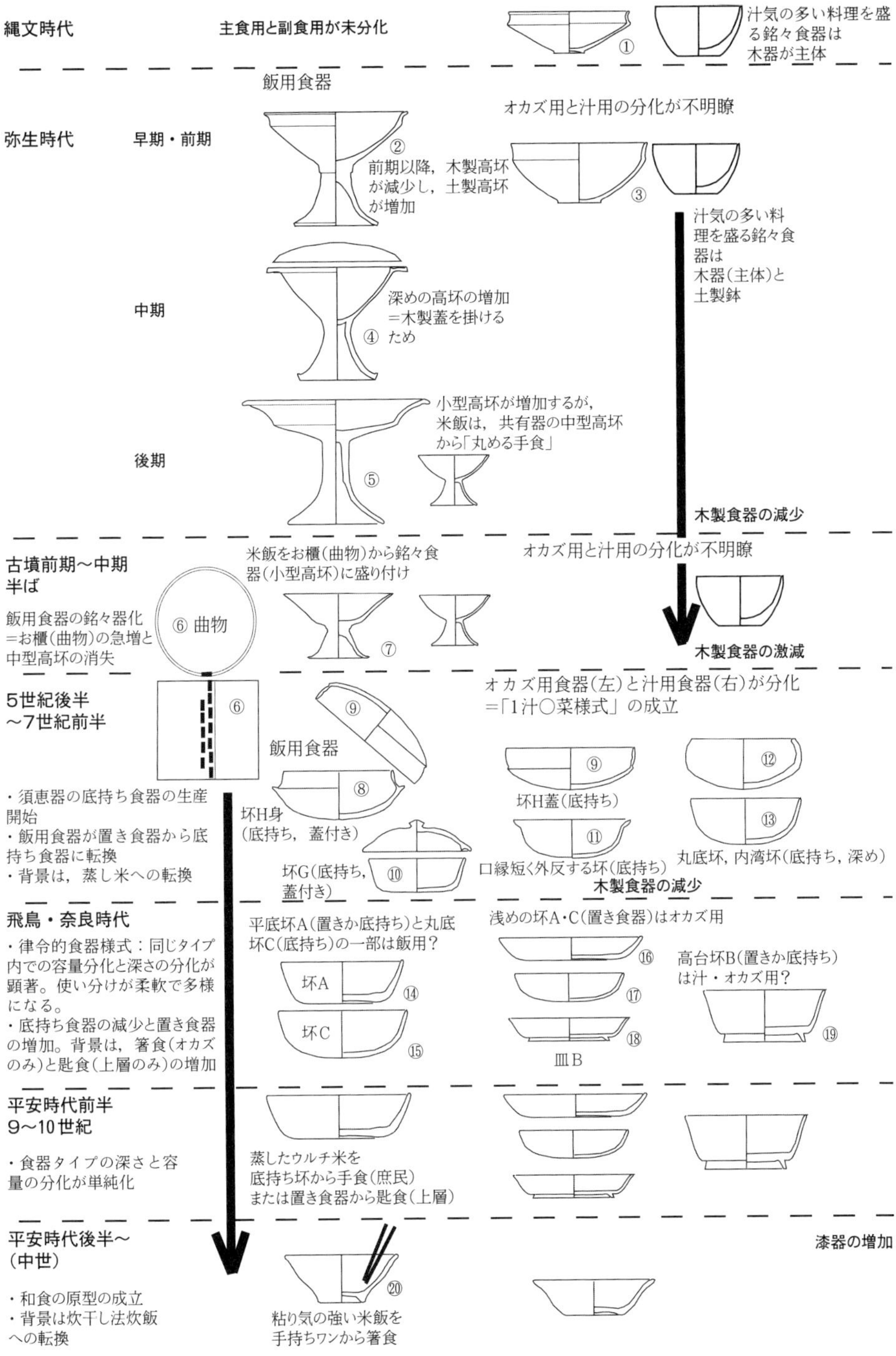

図3　食器の使い分け変遷

で米飯を摘みとる」食べ方は特異な（南方の民族と同様の）作法として注目され、記録されたと推定される。

第二に、「高坏は縄文時代には存在せず、水田稲作の定着に伴って普及した」点も、高坏と米飯との結びつきを示している。すなわち、水田稲作や環濠集落が普及する時期に高坏が出現する現象が、遼東半島～平安北道（鴨緑江流域、新岩里遺跡などの青銅器時代初頭）、北部九州（弥生早期～前期前半）、近畿（弥生前期中葉）、加賀（弥生中期2期）、長野・関東（弥生中期3～4期）の各地域において認められる。さらに、中部・関東地方を中抜けして伝わってきた水田稲作を受け入れた東北地方においても、水田稲作が始まった弥生前期末（砂沢式期）に土製高坏が主要器種の一つとして定着した。

第三に、弥生時代の食器の中で、高坏は一貫して主要器種だった（小山田一九九四、内山一九九七）。小山田宏一は飯用食器とオカズ用食器の分化に言及していないが、漠然と「高坏は飯用食器」と想定し、内山敏行は「置き食器の高坏は飯を含む食用なのに対し、手持ち食器の鉢が飲用（汁と酒などの液体）」という分化を想定した。

最後に、本州西日本では高坏容量と深鍋容量が共通した時間的変化と地域差を示すことから、「中・大型深鍋で炊いた米飯を共有器の中・大型高坏に盛り付けた」、「中・大型高坏の容量は、深鍋1回分の炊飯量を反映する」と推定される。この点も、中・大型高坏が飯用共有食器だったことを示している。

すなわち、本州西日本における高坏の容量組成は、弥生中期になると大型（四㍑以上）の比率が高まり、後期から庄内式期へと小型化する（一㍑未満の小型・特小型が主体になる）が、炊飯用と推定される二㍑以上の深鍋の平均容量においても共通する変化が観察された。とくに近畿の庄内式期では、深鍋の容量が弥生・古墳時代の中で最も小さくなり、二㍑台の小型深鍋も炊飯に使われることが多くなる。

地域差については、弥生中期後半の高坏には近畿（播磨の玉津田中遺跡では一㍑弱～二㍑が主体を占め、二～三㍑台も一定数存在）、加賀（戸水B遺跡では二〜六㍑も存在するが、〇・五〜一・三㍑が大半を占める）、長野（松原遺跡では一㍑未満が大半を占める）、の順に容量が小さくなる傾向がみられる（小林二〇一五）。土器全体に占める土製高坏の比率も、九州では一〇〜一五％（山口一九九六）、西日本では一割程度、長野・関東・東北では一割以下、と東に行くほど低くなる（図4）。このように、弥生中期後半では全体として西から東へと土製高坏の容量と組成比率が小さくなるが、深鍋においても九州、近畿、加賀、東日本の順に八㍑以上の大型が減り、全体として小さめになるという共通傾向が見出された。

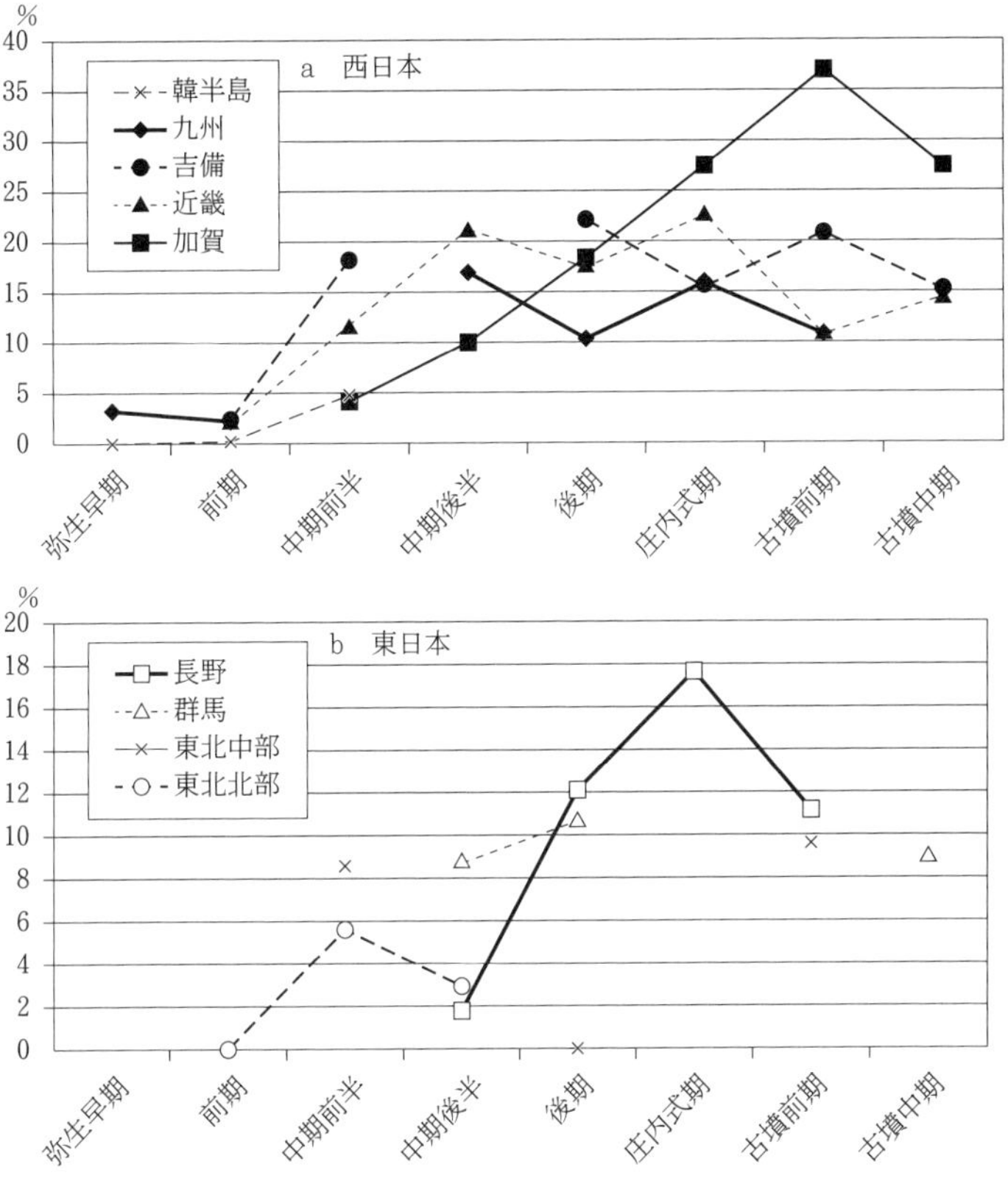

図4　土製高坏の組成比率の時間的変化

弥生時代のオカズ用食器　弥生時代の植物質食材には、豆・芋・瓜類という「多めの水で長時間茹でる必要がある食材（とくに大豆）」が存在することから、弥生時代のオカズは汁気の多い料理が多かったと推定さ

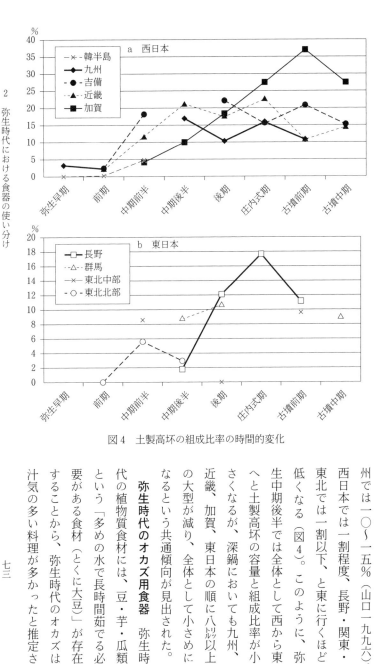

れる（一章）。この推定は、「粘り気が弱くオカズの汁を吸収しやすい米飯は、汁気の多いオカズと馴染ませてから口に入れる」という民族誌モデルからも補強される。また、「汁気の多いオカズと粘り気の弱い米飯の組み合わせでは、汁物を伴わない」という民族誌モデルを参照すると、弥生時代の食事では汁物を欠いていた、すなわち「1汁〇菜」形式ではなかった可能性が高い。

中・大型高坏が主食用の共有食器とすれば、それ以外の小型・特小型高坏（一㍑未満）、土製鉢（容量は一㍑未満が主体）、木製食器（鉢・ワン・皿）がオカズ用食器の中心だったといえる。使用時の食器セットを反映する可能性が指摘されている大阪府紅茸山遺跡三号竪穴建物（弥生後期の火災住居）では、左奥に復元可能土器の集中部があり、高坏二個、鉢五個、壺四個、深鍋一個から構成されていた。中型高坏二個が飯用共有器と考えられるので、弥生後期の竪穴建物の標準的な床面積から居住人数が五人程度と見積もる説に従えば（都出一九八九）、「土製鉢五個がオカズ用銘々器」と解釈できる。ただし、土製鉢は弥生後期までは個数が少ないことから、木製の小型鉢がオカズ用食器だった場合も多かったと思われる。

米飯の食べ方　弥生・古墳時代の米飯は、東南アジア民族誌と同様のパサパサした炊き上がりだった（一章）。米飯の食べ方は、①『魏志倭人伝』では「高坏から手食」と記されている、②銘々匙の出土例は非常に少ない、などの点から、手食だった可能性が高い。そして、東南アジアの伝統的な米飯用食器が「浅い形の共有置き食器（大型の浅鉢か台付き盤）」であるのは、「共有器に盛られた粘り気の弱い米飯を、指で団子状に丸めて（オカズとともに）口に運ぶ」という食べ方に合わせた工夫であることを考慮すると、弥生時代における「共有の高坏に盛られた粘り気の弱い米」の手食方法も、東南アジア民族誌と同様に「指で米飯を丸めるための手食」だった可能性が高い。

弥生時代の飯用食器が、皿・盤ではなく高坏である理由として、囲炉裏（西日本では灰穴炉が普及）の周りで食事をする場合は共有食器への灰の混入を防ぐために脚台《きゃくだい》が必要だったことが考えられる。その根拠として、五世紀半ばにおける高坏から手持ち食器（須恵器・土師器の坏）への転換が「囲炉裏から竈《かまど》への火処の転換」と対応することがあげられる。すなわち、弥生時代の食事場所は建物中央に位置する囲炉裏（西日本では灰穴炉）の周囲だったと思われるが、オキ火加熱（湯取り後のオキ火寄せ加熱や蒸らし時のオキ火上転がし）を多用した弥生時代の囲炉裏では、オキを保温するために多くの灰を敷いていたので、灰が鍋の中に入るのを防ぐために脚台付き食器を選択したと思われる。一方、竈の普及に伴い、①火処（竈は壁際に作られる）と食事場所が分離された、②竈調理ではオキ火と灰の使用頻度が減った、などの点で高坏を用いる必要性が減り、かつ、粘り気が弱い蒸し米への転換に伴い底持ち食器に転換した（4節）。

高坏の素材の変化　飯用食器と推定した高坏について、素材（土器か木器か）、容量、深さ、組成比率の時間的変化と地域差（具体的データは小林二〇一五を参照）を説明した後、その変化と対応する要素を見出す作業を通して、変化の背景を検討する。木製食器については、全都道府県の木製品データをエクセル形式で公開した『木の考古学データベース』（伊東・山田二〇一二）を用いて、各食器タイプの比率を検討した（図5）。土製食器については、筆者らが黒斑とススコゲを観察した遺跡を対象として、①サイズ組成、②深さ（坏部の器高／最大径×一〇〇）、③出現頻度（土器の中での頻度、木製品の比率）、を時期単位で集計した（図4）。黒斑・ススコゲ観察資料は、容量を計測できた深鍋が原則二〇個以上得られることが選択条件であることから、容量を計測できる鉢・浅鉢・高坏も多く含まれている。

北部九州の出現期（弥生早期後半〜前期前半）の土製高坏は、縄文晩期の突帯文《とったいもん》系浅鉢《あさばち》（図3の①）の口頸部形態を継承した「浅めの外反屈折」タイプが主体である（図3の②）。内外面とも黒色化する点も突帯文系浅鉢と共通する。一方、これらの高坏は縄文晩期浅鉢に比べて、①坏部が浅めになる、②屈折度が弱まり、口縁部が斜め上方向に引き

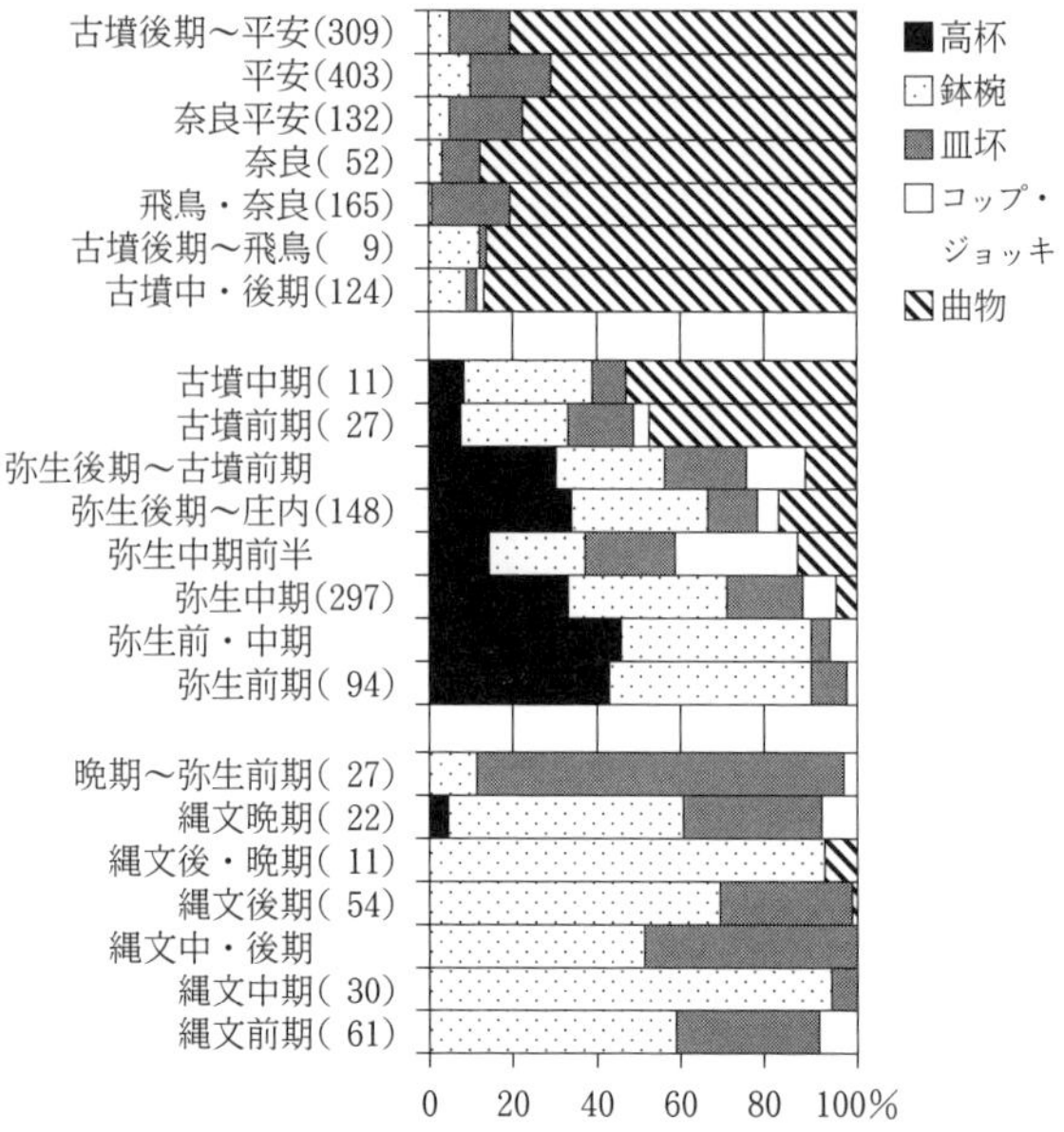

図5　木製食器の組成（曲物を含む。（　）内の数字は個数。伊東・山田2012のデータベースから作成）

伸ばされた形になる、という違いがあり、「米飯を指で団子状に丸めて口に入れる」という使い方に合わせた変化といえる。このように、弥生時代の高坏は、縄文晩期の土製浅鉢からの連続的な変化がみられることから、当初は土製が多かったと推定される。

その後、土製高坏の組成比率は、弥生早期後半（夜臼・板付併存期）→前期前半（板付1b式期）→前期後半（板付2式期）の順に低下し、前期後半の西日本では容量を計測できる土製高坏がほとんどなくなってしまう（図4）。ただし、高坏の脚部は弥生前期の全遺跡で出土していることから、少数ながらも土製高坏が用いられたことは疑いない。一方、西日本の前期後半では木製高坏が多く出土することから（図5）、高坏の素材が土製主体から木製主体に転換したといえる。北部九州の弥生前期では、木製と土製を合わせると高坏が全体の一～一・五割を占めると見積もられている（山口一九九六）ことから、高坏の出現期では、木製高坏と土製高坏は補完関係にあり、土製高坏が少ない遺跡では木製高坏が多く使われていた。この点は九州以外の地域でも当てはまる。例えば、北陸で環濠集落が出現した中期2・3期の八日市地方遺跡では、土製高坏は皆無なのに対し、二〇〇三年報告では一〇点、二〇一四年報告では三〇点（大型破片を含む）という多数の木製高坏が出土した（小松市教委二〇〇三）。

その後、復元土器の中での高坏の組成比率は弥生前期から古墳前期へと一貫して増えたのに対し（図4）、木製食器の中での高坏の比率は前期（四一％）から中期（三三％）へと一割弱減り、さらに古墳前期になると激減した（図5）。すなわち、弥生前期後半（木製主体で土製は少ない）、中期前半（土製が増加し、中大型の浅めは木製、中大型の深めは土製、小型は土製と木製という作り分け）、中期後半（土製がさらに増え、木製は小型中心となる）、弥生後期〜古墳中期前半（土器が主体となり、木製は小型と非日常用の大型精製品に限られる）の順に、木製高坏が減少し、土製高坏が増えた。このように、弥生前期後半以降、古墳中期にかけて高坏の素材が木製から土製に転換した理由として、刳《く》り物は手間が掛かるため、ある程度の量産化が始まると低コストの土製に転換したことがあげられる。木器の減少と土器の増加は縄文時代の中での鉢・浅鉢の変化においても観察されている（コラム「縄文時代の土製食器と木製食器」）。

高坏の深さによる作り分けとその時間的変化　高坏の深さ指数（器高／最大径×一〇〇）は、分布の断絶をもとに三〇未満の「浅め」、三〇〜四〇の「中間」、四〇以上の「深め」、に分けることができる。この深さ指数の時間的変化をみると、以下の傾向が見出された。

まず、弥生時代を通して、「中・大型（一・三ﾄﾞﾙｯ以上）」は浅めなのに対し、小型は中間・深め」という作り分けが観察された（小林二〇一五）。同様の傾向は木製高坏においても明瞭に観察される（上原一九九三掲載の実測図から作成した図6）。上述のように、主食用の共有器と推定される中・大型高坏は、各人が手を伸ばして米飯を団子状に丸めて口に入れることから、浅めの器が適するのである。

次に、時期間を比べると、弥生中期では、前後の時期に比べて深めの高坏（小山田による深鉢系高坏）が増える（小山田一九九四、図6）。木製高坏も同様である。「弥生中期に深めの高坏が盛行したのは、主食が粥だったためである」という説もあるが（小山田一九九四）、①「側面加熱蒸らしを伴う湯取り法」炊飯が弥生前期初頭から普及していた

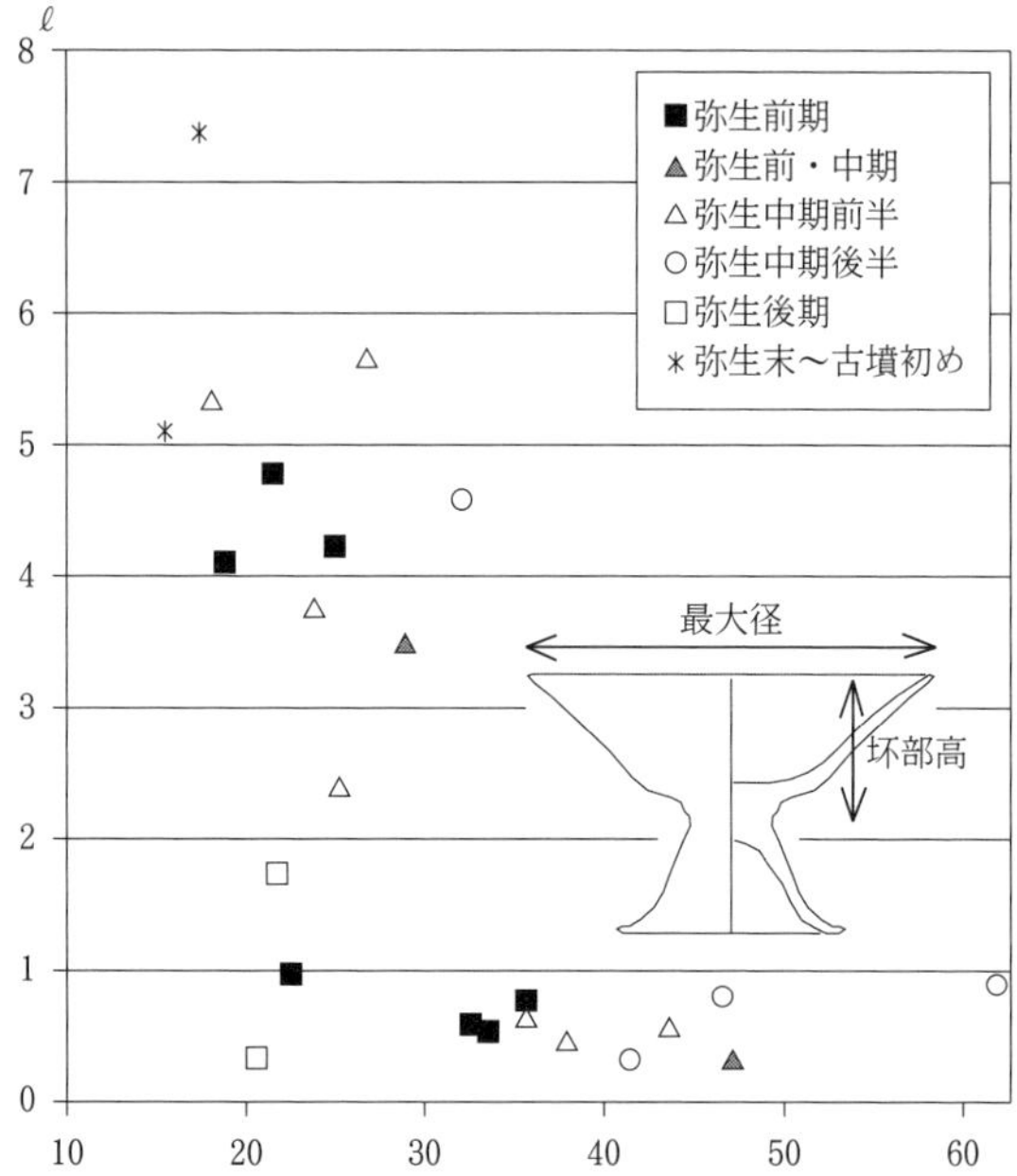

図6　弥生時代の木製高坏の容量（y）と相対的深さ（坏部高／最大径×100）の時間的変化

（一章）、②弥生前期では浅めの高坏の方が多かった（とくに木製）、などの事実から「粥が主食」仮説は成り立たない。一方、弥生中期では蓋（該当する大きさの土製蓋がないことから木製）を掛ける頻度が高まったことを考慮すると、深めの高坏が盛行した理由として、「米飯を山盛りにできなくなった分、深めにすることにより必要な容量を確保したこと」が指摘される（小林二〇一五）。木蓋を掛けた根拠として以下の二つがあげられる（小林二〇一五）。

第一に、扁平な縁（鍔）が付く高坏では、蓋受けと思われる突帯が内面口縁部に巡ることが多い（図3の④）。本州西日本（吉備と近畿）の弥生中期中葉の高坏には椀形と縁（鍔）付き椀形とがあるが、後者では高い頻度で口縁内面の鍔の付け根部分に突帯が巡ることから、突帯の外側に蓋を置き、縁（鍔）部は蓋を載せる台として機能したと推定される。

第二に、吉備の弥生中期2・3期の高坏には高い頻度で口縁部に紐穴（蓋固定用）が付く。例えば、加茂政所遺跡（中期2・3期）では、椀形高坏の約半数と「縁付き椀形高坏（蓋受けの稜線が付くものと付かないものとがある）」の全てに紐穴が付くことから、蓋を掛けたことが明らかである。この遺跡では鉢・壺用の紐孔付き土製蓋が少数出土しているが、その口径（一〇㌢程度）は高坏の蓋受け稜線の口径よりも小さいことから、高坏用の蓋はこれらの土製ではなく、扁平な木製だったはずである。弥生中期では高坏や壺の装飾性が高まり、作りが入念になる。弥生中期において蓋付きで深めの高坏が普及した背景として、このような「入念な作りへの志向」があげられる。

3　古墳前期における共有器高坏から銘々高坏への転換

高坏の容量は、容量分布グラフの断絶の位置をもとにして、〇・五㍑未満の特小型、〇・五～一㍑強の小型、一㍑台の中型、二～四㍑の大型、四㍑以上の特大型に区分できる（小林二〇一五）。二㍑以上の大型・特大型高坏は口径（三〇㌢以上が多い）からみて明らかに共有食器であり、中型の多くも共有食器だった可能性が高い。

高坏のサイズ組成には以下の時間的変化がみられる。まず、弥生前期の高坏（木製主体で土製もある）は、「中・大型主体で浅め」と「小型・深め」に分化し（図6）、全体としては前者の方が多い。上述のように、中大型高坏が米飯用の共有食器だったと思われる。弥生中期では中・小型（〇・五～三㍑）の内部での明瞭な分化がみられないことから、飯用食器は共有器の中型高坏を中心としながらも、銘々食器の小型高坏の一部も加わった可能性がある。

弥生後期になると、①一㍑付近を境とした「中・大型高坏と小型高坏の作り分け」がより明瞭になる、②高坏の中での小型・特小型の比率が高まる、③高坏と鉢というセット構成が明瞭になる、という変化がみられる。これまでは小型食器の増加に注目した「弥生後期になると銘々食器が普及した」という見方（都出一九八九）が主流だったが、弥生前期以来の飯用共有器である中型高坏も多く存在することも見逃せない。例えば、使用時の食器セットを反映すると思われる城山遺跡ＳＢ〇一竪穴建物例では、〇・五㍑未満の特小型高坏と一㍑以上の中型高坏（すべて深さ指数三〇未満の「浅め」）に明瞭に分化しており、後者が四割程度存在する。このように弥生後期では二リットル以上の共有器の高坏も安定して存在することから、銘々器の高坏が徐々に増えるものの、飯用食器の中心は共有器（中・大型高坏）だったといえる。よって、「飯用共有器である中大型高坏」、「オカズ用に加えて飯用銘々器として使われることが増えた小型高坏」、「オカズ・汁用の鉢」という使い分けが想定される。

庄内式期〜古墳前期になると、中・大型高坏が消失し、〇・五リットル付近の断絶を境として小型高坏（〇・五〜一・二リットル）と特小型高坏（〇・五リットル未満）に作り分けられる。また、土器の中での高坏の組成比率が高まり（図5）、形・大きさの規格性が高まることから、土製小型高坏の量産傾向が読み取れる。中・大型高坏の消失と小型・特小型高坏の規格化・量産化は、飯用食器が共有器から銘々器へ転換したことを示す。

土製高坏の銘々器化と同時に、木製食器の中での鉢・高坏の比率が激減し、曲物《まげもの》の比率が急増した（図5）。これは、弥生時代では深鍋で炊いた飯を直接、共有器の中・大型高坏に盛りつけたのに対し、古墳前期になるとお櫃《ひつ》としての曲物が普及し、「米飯をお櫃から銘々器の小型高坏に盛りつける」配膳方法に転換したことを示す。当時の食事は「主食である飯を多く食べ、オカズは少なめ」だったことから、飯用の銘々食器ではお櫃からお替りすることが一般的だったであろう。この「飯用銘々食器と曲物（お櫃）の組み合わせ」は後述する奈良時代の史料からも読み取れる。

このように、米飯の食べ方が「車座の中央に置かれた共有器から手食」（弥生時代）から「お櫃から銘々食器に盛り付けた飯を手食」（古墳時代）に転換した背景として、席次が身分差を示す大陸風の銘々器配膳が徐々に普及したことがあげられる。この銘々器配膳は、弥生後期における木製膳（案）の出現（ただし、上層階級のみ）にも示されている（長友二〇一三）。

4　五世紀半ばにおける置き食器（高坏）から底持ち食器（坏）への転換

高坏（置き食器）から坏（底持ち食器）への転換　土器と木器を合わせた食器の中での高坏の組成比率は、弥生前期から古墳前・中期へと連続して増えた後、古墳中期後半に須恵器坏H・Gが普及すると同時に激減した（図4〜6）。これは、食器が「小型高坏（銘々の置き食器）と鉢（銘々の手持ち食器）の組み合わせ」から「手持ち（底持ち）食器（須恵器・土師器の丸底気味の坏H）主体の組成」に転換したことを示す。

この食器構成の転換は、「湯取り法炊飯から米蒸しへの転換」（一章）と強く結びついている。すなわち、高坏から坏へ転換した背景として、①蒸したウルチ米は粘り気がさらに弱いため、口近くまで飯用食器を持ち上げることが必要となった、②オカズ構成が「汁気の多い料理」から「汁気のない料理と汁物を組み合わせた1汁〇菜形式」に転換した結果、汁を飲むための手持ち食器が必要となった、③食事場所が「囲炉裏の周囲」から「火処（竈）から離れた場所」に変わった結果、灰穴炉の灰の混入を防ぐ必要がなくなった、の三つがあげられる。まず、各々を説明した後、米飯用・オカズ用・汁用の食器の分化について説明する。

古墳中期後半〜古代の須恵器・土師器坏での米飯の食べ方　まず、蒸したウルチ米は、古墳中期までの湯取り法炊飯よりもさらに粘り気が弱いことから、指で団子状に丸めた米飯を口に運ぶさいにこぼれやすくなる。このため食器を口近くまで持ち上げる必要性が高まり、飯用食器が置き食器（高坏）から手持ち食器（底持ちの丸底坏）に転換した。

東南アジアの炊飯民族誌における手食は「粘り気の弱い米飯を指で団子状に丸め、オカズと馴染ませてから口に入れる」という明確な目的を持っており、「適切な食具が得られないので手づかみで食する」といった遅れた風習では決してない。米飯を掬う操作には匙の方が適することから、「手づかみ」で食べる必要はない。よって、粘り気の弱い蒸し米を手食する方法は、「指で団子状に丸めて口に運ぶ」という東南アジア型の手食だった可能性が高い。

内山敏行は手持ち食器を「底持ち」と「上下持ち」に区別し、人物埴輪の観察から古墳中・後期の手持ち食器は「底持ち」だったことを指摘した（内山一九九七）。掌《てのひら》で器の底を支える「底持ち」は、「米飯を指で摘まむか、上方から押し付けることにより団子状に丸める食べ方」において、上方から指で押しつける圧力を受け止める役割を持つ。

奈良時代になると、上層階級では、粘り気の弱い蒸し米を（おそらく置き食器から）匙（金属製）で掬って口に入れるようになった。さらに、平安時代になって粘り気の強い米飯を箸で摘む食べ方に転換すると、上方からの圧力がなくなるため、食器の持ち方が「口縁と高台を指で持つ上下持ち」に変化した。

オカズ調理の変化　古墳後期～奈良時代の東日本の鍋釜による調理は、竈に固定した二個の湯釜による蒸し・茹で調理と竈の焚口前の簡易囲炉裏において小鍋で煮る調理から構成されていた。二個掛けの湯釜は、片方が米蒸し用、他方がオカズ調理用であり、その調理方法は、湯釜をカマドに嵌《は》め殺《ごろ》しして洗浄しないことから、「味付けしない、茹で・蒸し」が主体だった。また、洗浄しない湯釜での茹で調理では、茹で用の水を食することができないため、汁気のないオカズだった（一章）。このような「味付けせず、汁気のないオカズ」は、食べるさいに塩や醬などの調味料を付けて口に入れたと考えられる。この点は、後述のように、奈良時代の文献史料においても示唆されている。

「汁気のないオカズと粘り気の弱い米飯の組み合わせでは、消化を促進させるために汁物を伴う（すなわち、「1汁○菜」の構成をとる）」という民族誌モデルを参照すると、古墳後期～古代の米蒸し期でも同様だったと推定される。小鍋は、①容量が一・五㍑未満であり、主体的なオカズ用鍋としては小さすぎる、②下半部にコゲがない、などの点から「汁調理用」だった可能性が高い。

飯用食器とオカズ・汁用食器の使い分け　須恵器普及期から七世紀前半までは坏Hが食器の主体だった。坏Hは身部（上半部が内湾し、外面に蓋受けの張り出しが巡る）と蓋部（上半部が開く形であり、身部よりも浅め）から構成され、安定した平底ではないことから両者とも底持ち食器として使われた（内山一九九七）。

以下では、杯Hが主体を占める各地の五世紀後半～七世紀前半の遺跡を対象として「飯用・オカズ用・汁用という食器の分化」を検討する。飯用・オカズ用・汁用の判別は以下の基準で行った。まず、飯用食器は、古墳中期半ばまで主体的飯用食器だった高坏の減少に伴って徐々に増える（数量的な補完関係を示す）ことが期待される。次に、オカズ用食器は、汁気の少ない料理が多いことから、浅めの食器を多く含むと期待される。一方、汁用食器は（金属製匙を使う上層階級を除き）手持ちで口を付けて汁を飲むことから、深めの方が適する。最後に、「1汁〇菜」形式の配膳では上層階級ほどオカズの皿数が増えることから、オカズ用食器が数的に多い、または同一タイプが複数サイズに分化していると期待される。

分析対象としたのは、火砕流にパックされた群馬県中筋遺跡五号平地建物（六世紀初頭、渋川市教育委員会一九九三）と福岡県野黒坂遺跡三四号竪穴建物（六世紀、福岡県教育委員会一九七〇）、火山灰によりパックされた群馬県黒井峯遺跡の複数の住居遺構（六世紀前半、子持村教育委員会一九九一）、七世紀前半の政権中枢である奈良県甘樫丘東麓遺跡出土の飛鳥1・2期土器（小田二〇一六）などである。後述のように、前二者の出土状況は、使用時の組成を示すと思われる。各遺跡について、容量（タテ軸）と深さ指数（器高／最大径×一〇〇）のプロットグラフを作成し、形（とくに深さ指数）、個数、サイズ分化を検討した（図7）。

中筋遺跡五号平地建物では、榛名山噴火の火砕流によりパックされた床面から、数群に分けて重ねられた状態で約六〇個での食器（土師器のみ）が出土した。この平地建物は火処がないことから倉庫と考えられている。約六〇個の

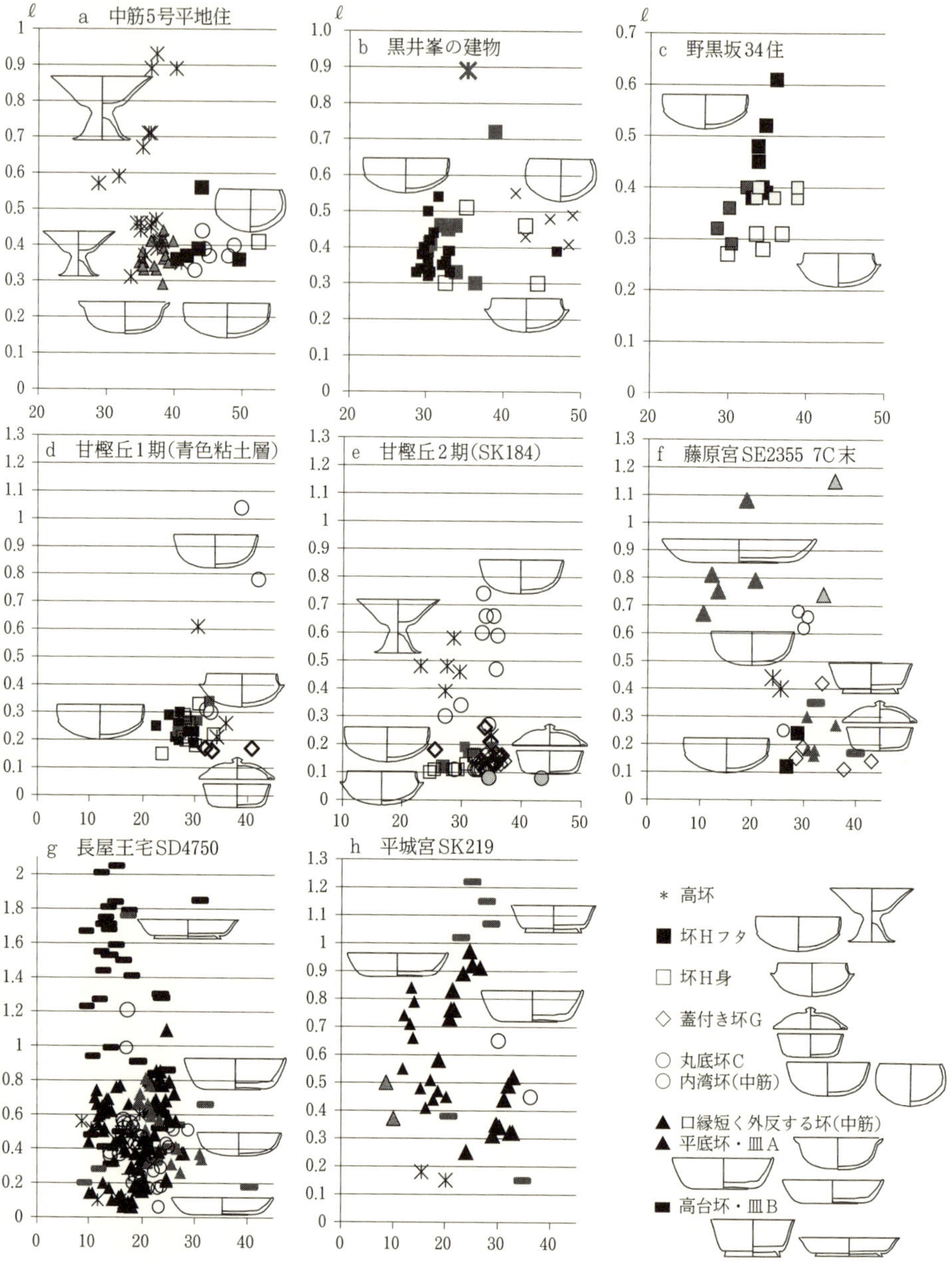

図7 食器の作り分けの変遷（タテ軸は容量，ヨコ軸は深さ指数〈器高／最大径×100〉）

食器は日常用としては多すぎるので、儀礼用など特別な用途のセットと推定されている。これらの土師器食器は、前段階以来の飯用食器である高坏（容量〇・五〜〇・九㍑の小型と容量〇・三〜〇・五㍑の特小型に分化）、容量〇・三〜〇・四㍑で深さ指数四〇〜五〇の坏G蓋部、容量〇・三〜〇・四㍑で浅め（深さ三〇〜四〇）の「口縁が短く外反する坏」、容量〇・三〜〇・四五㍑で深め（指数四二〜五〇）の内湾口縁杯、の四タイプが大半を占める（図7a、図8）。杯H身部は一点のみであり、最も深めである。杯H身部がほとんどないのは、前段階以来の飯用食器である高坏がまだ多く使われているためである。一方、高坏がほぼ消失した黒井峯遺跡（六世紀前半）では、坏H身部の比率がやや高まる（図7b）。以上より、中筋・黒井峯遺跡では、高坏が減少するにつれて増える杯H身部（図3の⑧）が飯用食器だったといえる。次に、杯H蓋部（図3の⑨）は、①黒井峯遺跡では、最も個数が多い器種となる（図8）、②浅めが主体である、などの点からオカズ用と判定される。また、中筋遺跡において最も個数が多く、かつ浅めである「口縁が短く外反する杯」（図3の⑪）もオカズ用と判定される。最後に、両遺跡において最も深めの内湾口縁杯（両遺跡とも厚手でやや粗雑、図3の⑫）は汁用食器と推定される。

福岡市野黒坂遺跡の三四号竪穴建物は、火災の結果、竈や食器棚を含めた六世紀中頃の台所の様子を復元できる稀有な出土状況

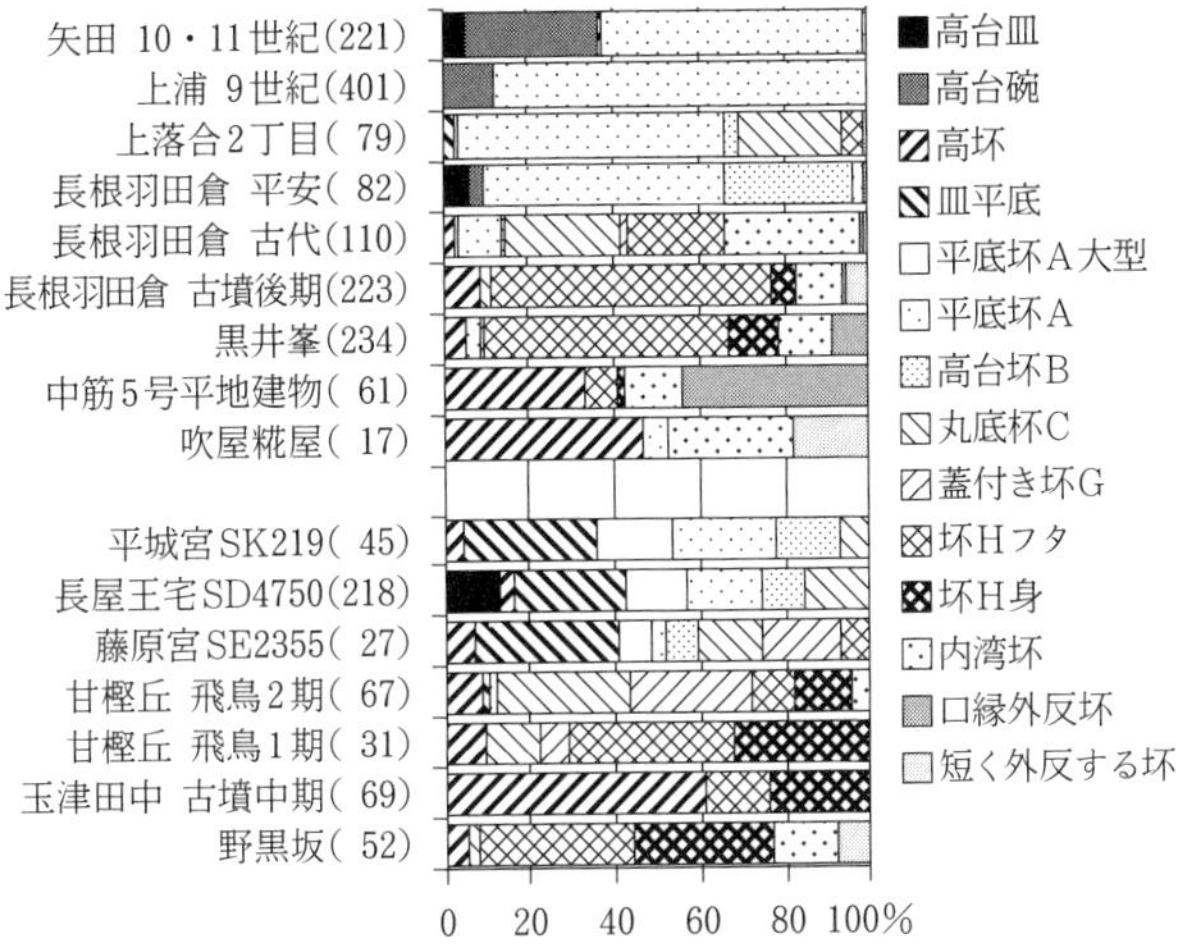

図8　群馬（上）と西日本（下）の食器組成の時間的変化
（（　）内の数字は個数）

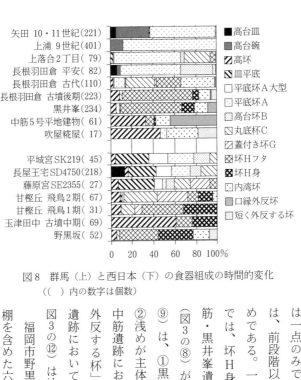

を示す。すなわち、竈構造が良く残り、長胴湯釜が竈に掛けられた状態で出土した。竈の右側（竪穴の北西隅付近）では、食器棚から崩れ落ちたと推定される状態で約二〇個の須恵器杯H（身と蓋が四組）と土師器杯H（身と蓋が五組以上）が出土した。須恵器、土師器ともに杯H蓋部の方が杯H身部よりも大きめで浅めであることから（図7c）、「坏H身部が飯用、蓋部がオカズ用」という使い分けが想定される。なお、汁用食器については、三四号住では出土していないが、他の住居で出土している内湾口縁杯などが該当すると思われる。

甘樫丘東麓遺跡は蘇我氏宅があった場所であり、飛鳥1期（青灰色粘土層出土、図7d）と飛鳥2期（SK一八四、図7e）の一括土器（七世紀前半）を検討した。これらは、高坏と杯Hに加えて、杯G（蓋付の底持ち食器、図3の⑩）と金属器模倣の丸底杯C（図3の⑬）から構成される。飛鳥1期では杯Hの身部（より深め、一〇個）と蓋部（より浅め、一二個）が全体の六割を占めるのに対し（図7d）、2期では杯G（蓋付き、一九個）と丸底杯C（二一個）が全体の六割を占めるようになる（図8）。飛鳥2期の杯G（図3の⑩）は、①蓋付きである、②相対的に深めが多い、③単一サイズである（〇・二〜〇・三㍑）などの点で飛鳥1期の杯H身部（図3の⑧）と共通することから、杯H身部と同様に飯用食器と考えられる。一方、飛鳥2期の杯C（図3の⑬）は、最も個数が多い点で飛鳥1期の杯H蓋部（図3の⑨）と共通し、また複数サイズ（主体を占める〇・一〜〇・二㍑に加えて、〇・三㍑付近と〇・六㍑付近もある）から構成される点で、杯H蓋部と同様にオカズ用食器と判定される。汁用食器については、深めの丸底杯Cの一部が該当すると考えたい。

以上より、杯Hが主体を占める五世紀後半〜七世紀前半の食器組成では、「杯H身が飯用」、「杯H蓋がオカズ用」、「深めの丸底坏（内湾口縁が多い）が汁用」という使い分けが考えられる。各器種の特徴とその判定根拠は以下のようにまとめられる。

杯H身部（図3の⑧）は、前段階の飯用食器である小型高坏の減少に伴って組成比率が増える（例えば、群馬県では、中筋→黒井峯→長根六世紀後半→長根飛鳥時代、の順に高坏が減少し、坏H身部が増加する）ことから、飯用食器と判定された。外面上部に蓋受け突帯が巡ることから、口を付けて汁を飲むには適さないが、口縁が内湾することから、「右手指と坏H身部の内傾する口縁部との間に米飯を挟んで丸める」のに適している（内山二〇〇九：三〇七）。このように、米飯を指で団子状に丸める方法として、底持ちした杯H身部の底面に指で米飯を押し付けて三角錐状に丸める方法に加えて、内傾する側面を利用して米飯を丸める方法も想定される。また、杯H身部とそれを受け継ぐ杯G（図3の⑩）は、共に蓋付きであることから、現代の韓国の飯碗のように蓋付きで配膳されたと想定される。

次に、杯H蓋部は、①高坏消失後の時期では個数が最も多い、②坏H身部よりも浅めである点で汁気の少ないオカズを盛るのに適する、などの点でオカズ用食器と判定された。ただし、取り外した坏H蓋にオカズを盛ったとすれば、オカズの盛り付けがどのように行われたかを今後検討する必要がある。なお、オカズ用食器が杯H蓋部のみの場合（野黒坂遺跡）もあるが、杯H蓋部以外も加えた複数のオカズ用食器が存在する例（一汁一菜以上）の方が多い。例えば、中筋遺跡では、「口縁が短く外反する杯（図3の⑪）」は、杯の中で最も数が多く、かつ浅めであることからオカズ用と判定された。

5　飛鳥・奈良時代の食器の使い分け

飛鳥・奈良時代における律令的食器様式の成立過程　古代（飛鳥・奈良時代）の食器製作・使用法は、古墳時代中・後期において韓半島・中国との交流が活発化する中で確立した。これを基盤とした食膳具の大変化によって古代的（律令的）な食器様式が成立したが、その背景には飛鳥時代の仏教の本格的な受容と、飛鳥時代末以後の中央・地方における官僚制度の整備があった（宇野一九九九、小田二〇一二・二〇一六）。

七世紀の土器の変化には二つの画期があった（西一九八八）。まず、飛鳥1・2期において、朝鮮三国の仏教文化の影響により金属器（仏器）志向型の土器組成が生まれた。具体的には、上述のように七世紀初頭において金属製仏器を模倣した土師器坏C（ヘラミガキと暗文で金属器の光沢を表現、図3の⑬）と須恵器坏G（蓋内面にカエリを持ち、高い脚台の付く銅製高坏の坏部を模倣、図3の⑩）が普及したことがあげられる。

これを踏まえて、七世紀後半に律令的食器様式が成立した。その特徴として、①法量の規格性（相似形で複数のサイズが存在し、金属器では入れ子になる）、②多様な器種分化（用途による作り分け）、③土師器と須恵器の互換性の成立（同じ法量の土器が土師器と須恵器に存在）、④前段階の底持ち食器から置き食器への転換、⑤その背景にある箸・匙を用いて食べる風習、などがあげられる（小田二〇一二・二〇一六）。

律令的食器様式が確立した背景として、官僚制の発展に伴う大量の官人層の出現とその特殊な生活形態があげられる（西一九八八、宇野一九九一・一九九九）。具体的には、①役所の給食・宴会における用途に応じた食器類の使い分け、②食器の形・大きさによる身分表示、③貢納（調）の徴発や交易価格の基準化、などがある。このような「倭風の食器構成から中国・韓半島と共通する律令的食器構成への変化」は、東アジア世界に共通する食事作法を身につけることが国際交流には不可欠だったことが背景にある（小田二〇一二）。

古墳後期の土器については、宮都の土器の各地方への影響力は顕著ではないが、上述のように「坏Hから坏Gへの杯・蓋の逆転現象」に代表される須恵器の劇的な様式変化が広く生じた。それは杯H蓋部の急速な小型化にみるように、使い方の変化を伴い、次の段階の食膳具使い分けの基礎が形成されつつあったと考えられる。以下では史料を活用しながら、①それが共食の場における身分制的序列を顕示すること、②底持ち食器（杯H・G）から置き食器（杯A・B）への転換（図3、図8）は米品種の粘り気度や箸・匙の普及度とも関連すること、③食器とそれに盛る食物の関係を単純化して配膳の便をはかったであろうこと、を説明する。

奈良時代の飯用食器　従来は、①正倉院文書によると曲物が「黒米を支給される駈使」を除く全員に支給されている、②「家にあれば 笥（け）に盛る飯を 草枕 旅にしあれば 椎の葉に盛る」（『万葉集』二─一四二「有間皇子」）では「飯を笥に盛る」という記述がある、などの点を根拠として、飯用食器は曲物（本来は多目的）が主体だったと考えられてきた。しかし、①古墳前期において飯用食器の銘々器化（中型高坏が消失し、小型のみになる）に対応して曲物が急増した（3節、図5）、②銘々の飯容器に相当する小型の曲物は少ない、③正倉院文書では「最下層役人の駈使には曲物が支給されない」、などの事実は、曲物が飯用の銘々食器ではなく、お櫃だったことを示している。よって、律令期の配膳は、日本旅館において小型のお櫃（各人または数人に一個出される）から各人が飯碗に盛りつけるやり方に近かったと思われる。米飯をお櫃に入れて配膳する理由として、米飯を手食する場合は手持ち（底持ち）食器に盛るので、食器が手持ちしやすい大きさに限られるが、主食として多く食べるために何回もお替りする必要があったことがあげられる。一方、汁とオカズは摂取量が少ないため、盛り切りで、お替りはなかったと推定される。

史料からみた飯用・オカズ用・汁用の食器の使い分け　正倉院文書『奉写二部大般若経用度解案』では、経師（下級官人）に対する食器支給として「折櫃一、大笥一、佐良二、杯二、片椀二、塩杯二」と記されている（表2）。佐良、杯、片椀、杯の一つは予備品であり、経師～雑使の一回の食事の食膳具セットは、笥（主食用お櫃）一、佐良一、杯一、片椀一、塩杯一と推定される（関根一九六九、宇野一九九一）。片碗・片杯は片口の碗・杯または蓋のない碗・杯を指すが（関根一九六九：三二─三三）、発掘資料では片口の食器は非常に少ないことから、本章では蓋なし食器と解釈す

表2　正倉院文書に記された身分ごとの食器分配

	推定用途	推定器種	経師・題師・装（44人）	校生（8人）	膳部・雑使（6人）	駈使（16人）
折櫃（58合）	食器や食品を入れる蓋付き容器		1	1	1	なし
大笥（58合）	お櫃（蒸し米）	蓋付き曲物	1	1	1	なし
陶水碗（30合）	格の高い汁・オカズか？	須恵器坏B	経師の30人に各1	なし	なし	なし
佐良（120口）	浅い皿なのでオカズ用	皿	2	2	1	1
坏（120口）	オカズまたは飯	坏A・C	2	2	1	1
糟塩坏（120口）	塩・漬物用（味付けしないオカズをディップ）	小型坏・皿	2	2	1	1
片碗（120口）	飯またはオカズ	蓋のない碗A	2	2	1	1

註　関根1974，宇野1991の復元案に小林加筆。

る。

また、経師への食材支給については、「主食として白米二升（現在の容量に換算すると〇・四をかけた約八合。以下の容量でも同様の換算が必要）」、「副食としての海藻（わかめ）・滑海藻（あらめ）各一合、布乃利・大凝菜（てんぐさ）・小凝菜各二両、漬菜二合」、「調味料として塩五勺、醬（ひしお）一合、未噌一合、酢五勺、糟醬一合、胡麻油四勺」、「香辛料として芥子二勺」、「嗜好品として糯米一合、大豆・小麦各二合」という記述がある。

この史料から奈良時代の下級官人の一食の料理を復元すると、「主食の蒸米」、「汁気がなく、味付けしていないオカズ（小皿に盛られた塩・醬などの調味料を各自の好みで付けてから食する）」、「汁物（羹）」、「漬物（季節によっては生菜）」、「調味料としての醬（ひしお）や塩」から構成される「米飯と一汁一〜二菜」の食事である。上述のように、蒸し米は東日本では二個掛け竈の左側の大き目の湯釜＋甑で蒸され、汁気がなく、味付けされていないオカズは二個掛けの右側の小さ目の湯釜で蒸すか茹でられた（一章の図10）。そして、味付けされた汁物（羹）は竈焚口前で小鍋で調理されたと考えられる。匙がそれほど使われていなければ、羹は杯を手持ちして飲み、粘り気の弱い蒸し米は手食だったであろう。

飛鳥・奈良時代の食器タイプ間の使い分け　文献史料や用途を示す墨書土器が得られる宮都を対象として、飛鳥・奈良時代における「飯用・オカズ用・汁用の使い分け」を検討する。杯H消失後の食器組成は、平底杯A、丸底気味の杯C、高台杯Bが主体となる。飯用・オカズ用・汁用の判別基準は、四章で記した諸特徴に加えて、墨書土器の記載も用いる。すなわち、飛鳥・奈良の宮都では、羹（汁）という墨書が高台杯Bに、飲酒用を示す墨書が小型・浅めの杯Cにみられる。以下では宮都地域の食器組成として、藤原宮SE二三五五（七世紀後半、図7f）、長屋王宅SD四七五〇（八世紀前半、図7g）、平城宮SK二一九（八世紀後半、図7h）を検討する。

まず、七世紀後半の藤原宮SE二三五五では、深さ指数二〇未満の皿（〇・六～一・一㍑）、〇・一～〇・三㍑の小型が主体だが、二～三サイズに分化している平底杯A（図3の⑭）、〇・六㍑付近の中型が主体を占める丸底杯C（図3の⑮）、〇・一～〇・二㍑の小型が主体の蓋付坏G（図3の⑩）が主体を占める。これに加えて、小型主体の高台杯B（図3の⑱⑲）、高坏、杯H蓋も少数存在する（図7f）。これらのうち、前段階の杯H身と共通部分がある蓋付杯Gは飯用の底持ち食器、浅めの皿と杯H蓋、およびサイズ分化が顕著な杯Aはオカズ用（漬物や調味料を入れる小型を含む）、高台杯Bは羹の墨書がみられることから汁用、という使い分けが想定される。

次に、八世紀前半の長屋王宅SD四七五〇では、深さ指数二〇未満の皿（高台杯B、平底A、丸底気味C、図3の⑯～⑱）が少なくとも三サイズに分化した状態で、多数存在する（図7g）。深さ指数二〇以上の坏についても平底杯A・高台杯B、丸底気味の杯Cが多数のサイズに分化している。このように、律令的食器様式の最盛期では、①オカズ用である浅い食器（皿）の比率が高まる、②前段階の食器の主体を占めていた〇・一～〇・三㍑の食器が減り、〇・

三㍑以上が主体を占めるようになる、③〇・五㍑以上の大きめの食器（高台皿B、高坏Cなど）の比率が高まる、④このような食器の大型化に伴って、サイズ分化（四〜五サイズ）や深さの分化が最も顕在化する、⑤同形・同サイズの土師器と須恵器が互換性を持って使われている、という特徴がみられる（小田二〇一六）。これらのうち、食器サイズの大型化は、底持ち食器から置き食器への転換が背景にある。そして、置き食器への転換の背景として、オカズの箸食（汁気のないオカズを置き食器から箸で食する）の普及と上層階級における匙食（金属製匙を用いて置き食器から飯や汁を食する）の増加があげられる。

以上のように、律令的食器様式の最盛期である奈良時代では、平底杯A、丸底気味の杯C、高台杯Bの各々が多用な深さとサイズに分化していることから、飯用、オカズ用、汁用と単純に結びついているとは考えにくい。形の特徴から、①深さ指数二〇未満の浅めの食器（皿など）は汁気の少ないオカズを盛った、②小型・浅めの食器は漬物用や醤・塩などの調味料用だった、③深めの高台杯Bは汁物用だった、などの使い方が想定される。

最後に、八世紀後半の平城宮ＳＫ二一一九では、〇・三㍑未満の小さめの食器がさらに減る半面、①サイズ分化が三サイズ程度に単純化する、②器種数が減る、③前段階に比べて須恵器の比率が低下し始める（平安時代になると減少が顕著になり、土師器主体に転換）、などの点で律令的食器様式の複雑な食器の分化が単純化し始めた（図7h）。

6　和食の成立過程

第1節で述べた和食の特徴が成立したのは中世（平安時代後半）と言われているが、そこに至るまでに以下のような変遷があった（図3、表3）。まず、米食が始まった弥生初頭から古墳中期（五世紀半ば）までの時期は、東南アジ

表3　和食の成立過程

時期	弥生時代	古墳前・中期	5世紀後半〜平安前期	中世：和食の成立
食材	・豆・芋・瓜類を多用 ・動物食は魚とともに肉も多用		・仏教のタブーにより肉食が減少 ・付け味噌の成立	豆を加工食品(味噌,豆腐)として多用
米品種と調理方法	・東南アジアと同様の粘り気の弱い米品種 ・「側面加熱蒸らしを伴う湯取り法」炊飯(オキ火上転がし)	・炊飯の茹で時間短縮化→直置きから浮き置き(炎側面加熱)に転換 ・韓半島では直置きから米蒸しに転換	・粘り気の弱い品種と強い品種が拮抗する比率で並存し，両者を一緒に調理⇒蒸し米が主食 ・蒸し米は粘り気弱い→置き食器から底持ちに転換	粘り気の強い米品種への転換が完了⇒炊き干し法炊飯
オカズ調理	①豆・芋類は長時間茹でる必要あり→汁気の多いオカズが主体→汁は未確立？	①左同 ②炎側面加熱と並行して毎回オカズ鍋を加熱	・米蒸しに転換→オカズを蒸す・茹でる調理(味付けしない，汁気なし)に転換→①味付けしないオカズを塩や醬(文献では奈良から)にディップ ②オカズは汁気なし→汁を小鍋で調理(竈焚口前)	・旬の食材を多用し，食材の味を最大限に引き出す ・オカズは汁けの少ないものが主体 ・汁を伴う：イロリ掛けの浅鍋による調理
米飯の食べ方	・共有置き食器(中型高坏)から「丸めるための手食」	・食器の銘々器化 ・曲物のお櫃から小型高坏に盛り，お替りする	・底持ち食器から手食(古墳後期)⇒置き食器から手食・匙食(上層) ・お櫃(曲物＝笥)から底持ち銘々食器に盛付け	手持ちワンから箸食(現代と同様)
食事構成	・「1汁〇菜」は未確立・オカズは汁気の多い煮物が主体 ・車座(席の序列なし)	・銘々器化に伴い席の序列化？	・「1汁〇菜」様式が確立(上層階級)：汁(羹あつもの)＋オカズ(煮物，和物，焼物)の構成	・汁が伴う ・「碗もの」は酒宴での汁の代わり
食器	飯用は共有器の中型高坏，オカズ用は鉢と小型高坏？	飯用は銘々の小型高坏，オカズ用は鉢(土製，木製)・高坏？	古墳後期(須恵器の導入)：坏H身部がオカズ・汁用，蓋部が飯用(共に底持ち食器) 奈良・平安前期：高台付坏B(置き／手持ち？)と平底坏A(底持ち)	

アと同じ「側面加熱蒸らしを伴う湯取り法炊飯」で粘り気の弱い米品種を炊いていたことから、食べ方も東南アジア民族誌と類似した「共有の飯用食器から、指で丸める手食」であり、上述の和食の諸特徴を欠いていた。古墳前期になると韓半島からの影響により、①粘り気のやや強い米品種が導入された（ただし、中世に粘り気の強い品種が普及するまでには非常に長い時間がかかった）、②米飯をお櫃から銘々食器（小型高坏）に盛り付ける作法が普及した、という変化が生じた。

次の古墳中期では、韓半島から米蒸し調理、煙道付き竈、須恵器生産（手持ち食器と大型貯蔵具）をセットとして受け入れ、また、大陸風の食事様式を積極的に取り入れた。その結果、「1汁〇菜」構成（汁気のないオカズへの転換と、それに伴う汁物の確立）や箸の使用（オカズ・汁のみ）などの和食のルーツとなる食風習の一部が形作られた。ただし、蒸したウルチ米が主食だったため、粘り気の弱い米飯を箸で食することは難しかった。このため、「蒸し米を匙食（金属製匙を用いる上層階級）するか、手食するか」に応じて飯用食器が底持ち食器か置き食器かに使い分けられた。

平安時代後半になると、粘り気の強い米品種への転換が完了した結果、手持ちワンから箸のみで食するなど、上述の和食の諸特徴の骨格が確立した。食風習の変化要因は多様だが、上述の変化過程をみると、米品種の粘り気度がとくに重要な役割を果したことがわかる。

参考文献

青木正児「用匙喫飯考」『学海』一―二、一九四四年
石毛直道『日本の食文化史』岩波書店、二〇一五年
伊東隆夫・山田昌久編『木の考古学』海青社、二〇一二年
上原真人『木器集成・近畿原始編』奈良文化財研究所、一九九三年
内山敏行「手持ち食器考」『Hominid』一、一九九七年、二一〜四八頁

内山敏行「匙・箸の受容と食器の変化」『野州考古学論こう』二〇〇九年、三〇一～三一六頁
宇野隆夫『律令社会の考古学的研究―北陸を舞台として―』桂書房、一九九一年
宇野隆夫「古墳時代中・後期における食器・調理法の革新」『日本考古学』七、一九九九年、二五～四一頁
小田裕樹「食器構成からみた律令的土器様式の成立」『文化財論叢Ⅳ』奈良文化財研究所、二〇一二年、二六五～二九〇頁
小田裕樹「高台宮都とその周辺の土器様相　律令的食器様式の再検討」『官衙・集落と土器2』クバプロ、二〇一六年
小山田宏一「高坏型銘々食器群成立の史的意義」『弥生博物館研究報告』三、一九九四年、一〇五～一一八頁
熊倉功夫「「和食――日本人の伝統的な食文化」を世界の無形文化遺産に登録しよう」『QPニューズ』四七五、二〇一三年、一～九頁
小林正史「弥生・古墳時代の食器の使い分け」『石川県考古学研究会会誌』五八、二〇一五年、二七～五〇頁
小林正史・外山政子・W.Sirisena「スリランカ・キャンディ地域の伝統的炊飯方法」『北陸学院大学研究紀要』六、二〇一四年、一一七～一四〇頁
小松市教育委員会『八日市地方遺跡』二〇〇三年
子持村教育委員会『黒井峯遺跡発掘調査報告書』一九九一年
渋川市教育委員会『中筋遺跡第7次発掘調査報告書』三四、一九九三年
関根真隆『奈良朝食生活の研究』吉川弘文館、一九六九年
高倉洋彰『箸の考古学』同成社、二〇一一年
都出比呂志『日本農耕社会の成立過程』岩波書店、一九八九年
長友朋子『弥生時代土器生産の展開』六一書房、二〇一三年
奈良文化財研究所「甘樫丘東麓遺跡の調査　第一五七・一六一次」『奈良文化財研究所紀要』二〇一〇年、九二～一一〇頁
西　弘海『土器様式の成立とその背景』真陽社、一九八八年
西澤治彦『中国食事文化の研究：食をめぐる家族と社会の歴史人類学的考察』風響社、二〇〇九年
福岡県教育委員会『福岡南バイパス関係埋蔵文化財調査報告』一、一九七〇年
山口譲二「北部九州の概要」『古代の木製食器―弥生期から平安期にかけての木製食器―』埋蔵文化財研究会編、一九九六年、一三八～一四三頁

コラム

縄文時代の土製食器と木製食器

小林正史

縄文時代の食具　縄文深鍋では「デンプン粉のトロミと油脂の複合」のような頑固なこびりつきを生じる料理も多かったことから（一章）、掻き回し・盛り付け用の大きめの木製柄杓（オタマ）が多用された。縄文前期から晩期までに二〇点以上が報告されている。一方、飲食用の小型匙の出土例は木製（鳥取県栗谷遺跡の縄文後期の未成品のみ）・土製（東北地方の縄文晩期後半の粗雑な作り）ともにきわめて少数に過ぎないことから、縄文時代には普及していなかったと思われる。この理由として、飲食用の小型匙は口に入れる部分を薄く作る必要があるが、木器では匙部を薄く、かつ堅牢に作るのに手間がかかったことがあげられる。

木製食器の重要性　縄文時代の植物食材には大豆やイモ類が含まれることから、多めの水で長時間茹でる調理も多かった。このような汁気の多い料理は、匙を用いなかったとすれば、小型（一リットル未満）の手持ち食器に盛り、口を付けて汁を食したはずである。一方、縄文土器では、晩期の小型浅鉢を除いて、手持ち食器と考えられるような小型土器は少ない。よって、汁気の多い料理には木製の手持ちの銘々食器（鉢）が多用されたであろう。三内丸山遺跡の盛土（縄文中期）では、通常サイズの土器には存在しない形態の脚坏鉢・鉢・皿のミニチュア土器セットが出土しており、鳥浜貝塚の木製品に類似品が存在することから（岩田二〇一二）、木製鉢が普及していた可能性が高

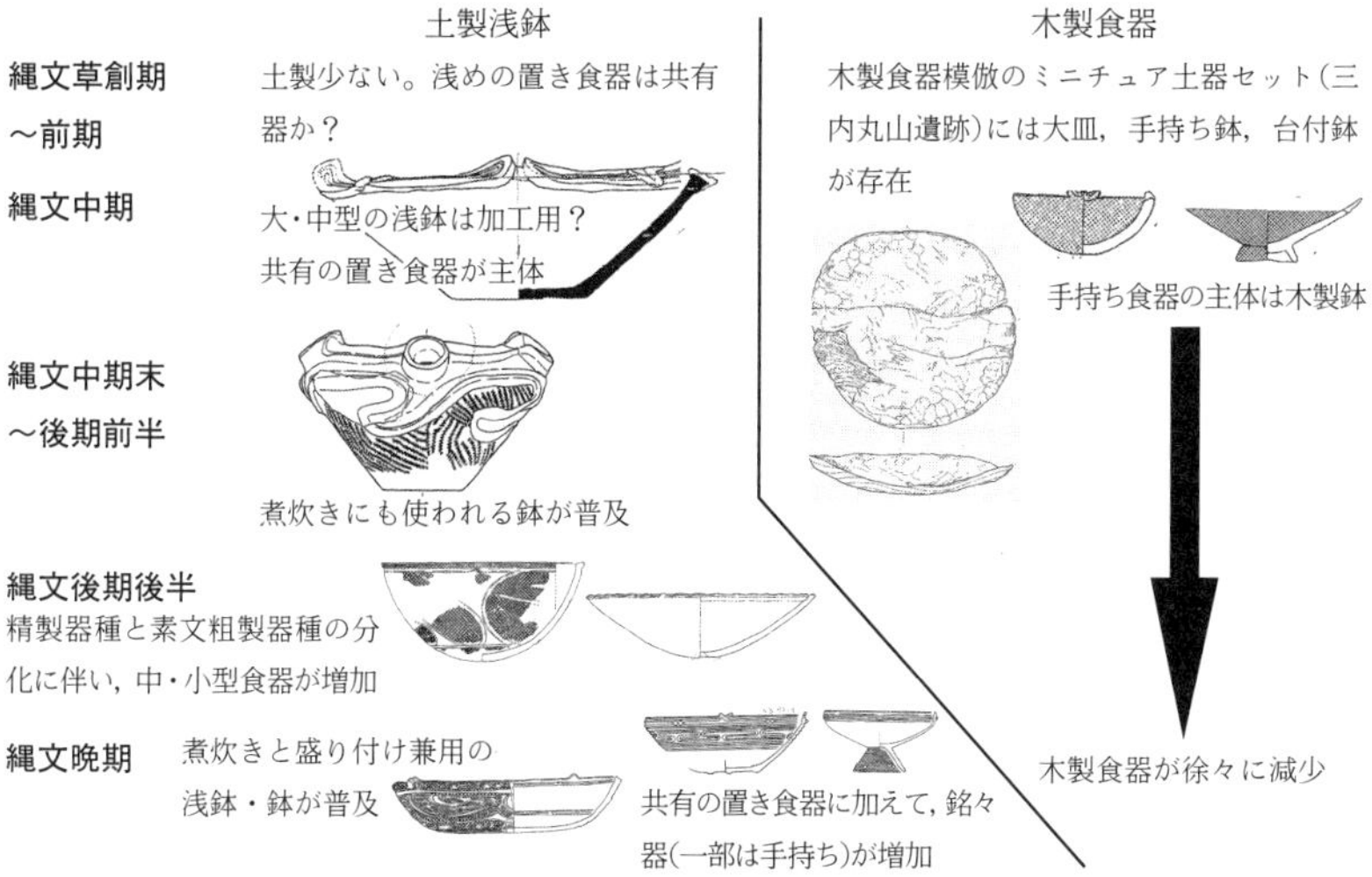

図　東北地方の縄文食器の変化の概要

い。

木製食器が早期から晩期へと減る理由　縄文早・前期から晩期へと食器の中での土器の比重が高まり、その分、木製食器の比重が徐々に低くなる。縄文時代の食器構成は、東北地方を例にとると、①土製浅鉢が非常に少ないことから、銘々器・共有器ともに木製の鉢・椀・皿が主体を占めていた草創期から前期、②中・大型の土製浅鉢（多人数用共有器や食材加工用）が普及するが、汁気の多い料理用の手持ち食器は前期と同様に木製鉢が主体だった中期、③土器では浅鉢が減り、やや深めの鉢（盛り付け・加熱兼用土器を含む）が主体となった中期後葉〜後期前半、④小型の土製有文浅鉢・鉢（共有器が主体で銘々器も一部含む）と中・小型の有文鍋（前段階の盛り付け兼用鉢を継承）が増え、有文精製器種を構成する後期後半、⑤小型の浅鉢・鉢の比率がさらに高まり、また、加熱と盛り付けを兼ねた銘々小型鍋が普及する晩期、という変遷がみられる（上図）。ただし、縄文後・晩期では、東西日本間の食器の違いが顕在化し、西日本では二㍑以上の中大型が浅鉢・鉢の主体を占める。

木製食器の減少は、①汁物の盛り付けに不可欠な木製オタマに対する木製食器（椀・鉢・皿）の比率が縄文前・中期（七個：八三個）から後・晩期（一五個：八三個）へと半減する、②木器全体に占める食器（鉢・椀・皿）の比率が縄文前・中期（二二四個中三七・五％）から縄文後・晩期（二八一個中二九・五％）へと低くなる、などの点からも裏付けられる。とくに、縄文晩期では、土製小型浅鉢・鉢（煮炊き・盛り付け兼用も含む）が急増するのに対応して、木器全体の中での木製食器の比率（九一個中二〇・八％）が低下した（二章の図5）。木製品は、日常用食器が減少した半面、籃胎漆器のような高級品の比重が高まったと思われる。ただし、木器が減少する縄文後・晩期においても、口を付けて汁を食するのに適した土製の浅鉢は少ないことから、汁を食するための手持ち食器は木製も多用されただろう。

このように、木製食器の比率が徐々に減る理由として、①刳り物の木製食器は土器よりも製作に手間がかかるため、需要が高まるにつれて土器の方が多くなった、②縄文中期後葉から「盛り付け・加熱兼用」の容器が徐々に増えた（木製では火に掛けられない）、などの点があげられる。前者の理由は、縄文中期において、土製の大型浅鉢が普及すると、木器における皿の比率が急減し、鉢主体になったことからも裏付けられる。

参考文献

岩田安之「三内丸山遺跡出土のミニチュア土器に関する予察」『三内丸山遺跡年報』一五、二〇一二年、一六〜二五頁

三　壺・甕

――貯蔵具――

望月精司

はじめに――古代貯蔵具機能を論じる前に

現代、われわれ日本人は、日常生活の中で飲食物を貯め置くという生活習慣は薄れ、甕や壺などの焼物の貯蔵具は、ほとんど使われなくなった。貯蔵具の材質に、ガラス、金属、プラスチックが加わり、それに代わられたということも大きな要因だが、生活様式の変化、冷蔵庫の出現による貯蔵形態の変化、二十四時間営業ストアや自動販売機の出現により貯め置くという習慣がなくなったこと、そして飲料水が水道管を通り、各家庭へ随時供給されるシステムが整備されたことなどが、貯蔵具そのものを減らした要因と言える。

また、自給自足の生活が著しく減少したことも大きな要因である。都市型社会は、整備された流通網と集約大量生産を行う体制を確立させ、味噌や醬油、塩などの調味料、酒などの醸造品や漬物等の発酵食品など、工場での一括大量生産を行い、各家庭に供給する。生産工場では、それらを製造、貯蔵する容器が大型化し、機械化され、より大規模な量産システムを構築している。

このような現代日本での貯蔵具使用の感覚をもって古代の貯蔵具使用を復元することは困難であり、危険でもある。よって、参考モデルとして、現在でも焼物の貯蔵具を使用する東南アジア・南アジアの民族誌の事例を紹介し、予備知識を得たうえで、各時代の焼物貯蔵具の使用復元について言及することとする。

東南アジア・南アジアの稲作農耕民の貯蔵具使用例　東南アジア・南アジア地域の土器使用の調査例は、決して多くはない。近年、土器作りと土器使用の民族誌調査が進められているが、未だ氷山の一角ではある。しかしながら、おおむねの傾向は読み取れるので、報告がなされているバングラデシュ、タイ北部、中国の雲南地区、タイ東北部からラオスにかけての地区、ラオス南部のオイ族の地区、フィリピン・ルソン島のカリンガ族の地区の状況から、稲作農耕を行う地域の貯蔵用の焼物の使用状況を概観し、「縄文時代では専用貯蔵具がない理由」や「弥生時代の壺の使われ方」を考える参考にしたい。

まず、バングラデシュでは、水運搬、水貯蔵に使用するコルシという壺形容器と米貯蔵などに使用するハラという甕形容器とがある。

コルシは土器製で、球胴器形で頸部へと強く窄まり、外反する長い口頸部をもつ。口縁部は複合口縁状に厚く折れ曲がり、容量は大型が一三㍑、中型が七㍑と、弥生後期から古墳前期の壺器形に似る。水の運搬・貯蔵に使われており、水を注ぐ場合は、口縁部を摑み傾けて使用する。水運搬は、容器を腰で支えて運び、底部が丸底のため、固定には輪台が使われる。

ハラは土器製と焼締陶器製とがある。土器製は二〇㍑以上の容量でコルシよりも大きく、精米後の米の短期貯蔵またはパーボイル加工（籾付き籾を蒸して籾の表層を硬化し、保存性を高めるとともに、長時間茹でる炊飯を可能にする）するために米を水漬けする容器として使用される。球胴を呈する点はコルシと同様だが、頸部の括れは弱く、短く口縁部が外反する器形を呈す。これは内容物が穀物など固体のため、中に手を入れて、カップ等ですくい取りやすくしたためである。

なお、陶器製のハラは土器製よりも大きく、頸部の括れが強く口縁部端が内傾して立ち上がる器形を呈す。この口縁部器形は、木蓋使用のためと考えられ、頸部が狭頸となることと関連し、米の長期貯蔵に適した形態と言える。

タイ、ラオスなどの東南アジア北部の地域では、モーナムと呼ばれる土器製の水甕を使用する。胴部が張り、太頸、広口を呈する器形で、中国雲南省、タイ北部からラオス地域では口縁部が短く外反し球胴の器形を、ラオス南部のオ

図１　バングラデシュの水貯蔵容器「コルシ」

図２　バングラデシュの米貯蔵容器「ハラ」の使用状態

イ族では短く直立する口縁部でやや長胴の器形を、タイ北部では無頸壺状となる球胴の器形を呈すなど、地域により若干器形が異なる。口縁部からカップを差し入れ、水を汲み出して使用する容器で、広口で短頸の器形は用途に適した形状と言える。

モーナムは、タイ北部と中国雲南省では一〇㍑未満の容量で主に飲用水を溜め置く容器として、タイ東北部からラオスでは一〇㍑を超える容量を呈し、飲用水以外にも調理や食器等の洗浄用としても使用される。とくに大型のモーナムは、土器としての耐久性の問題から、焼締陶器が適する。ラオスでは三五㍑を超える陶製水甕が存在し、主に飲用水貯蔵容器として使われる。

これらモーナムは、広口、短頸の口頸部器形や大型容量の点から、運搬容器ではなく、もっぱら据え置きの貯蔵具として使われた。口には土製か木製の蓋が載せられ、容器内に異物が入らないように工夫されている。据え置きのた

図3　タイ各地の水貯蔵容器「モーナム」
（上：北タイ，下：東北タイ）

図4　ラオスの大型焼締陶器製液体貯蔵容器「エンナム」

め、底部は平底か台付きで、丸底器形は小型容量に多く、頭上に乗せて運搬するのに適する。

以上、東南アジア北部の焼物貯蔵具は、水甕使用が主体である。飲用水を主に、調理用、洗浄用の水としても使用されるが、近年は水道の普及により、飲用水用容器の役割が主となっている。この地域では今でも毎日水汲みを行うのが習慣であり、水甕は一日の飲用水を溜める容量、一〇〜二〇㍑の容器が一般的と言えそうである。また、この地域では据え置き用の水甕が主だったが、水運搬容器も重要である。頭上運搬用の水甕は、丸底器形が適しているとされており、容量もひとまわり小型の一〇㍑未満が適する。腰で支える運搬方法もあり、運搬容器では、頸部の括れた器形、こぼれにくい器形であることが重要である。容量と器形が機能、用途を分ける要素と言える。

以上の貯蔵具よりも大型の容器は、水甕以外の用途にも使用される。先述したバングラデシュのハラは、パーボイル用の米を水漬けする容器として、ラオスのエンナムは（三〇㍑以上の焼締陶器製）、共有容器の性格をもち、共同水場での水貯蔵容器や酒作り容器として使用される。

また、特殊な用途として、酒、漬物、調味料などの発酵食品を作る醸造容器、染物や手工業生産に関わる仕込み容器など、様々な使われ方をしている。これらは各家庭の日常生活の中での使用というよりも、集落レベルの共用容器としての性格が強く、屋外使用や工場使用が目立つ。


民族誌における貯蔵具の用途と器形　これまで述べたように、壺などの土器製貯蔵具は水の運搬・貯蔵が主な用途であり、農業集落において如何に水の確保が重要であったかを物語る。東南アジアの民族誌調査事例を、そのまま古代の土器貯蔵具用途にあてはめることはできないが、煮炊具とは異なり、使用痕跡把握が困難な状況にあっては、主に容量と器形から用途を導き出すしかない。局部的な摩耗や欠け・劣化の度合いから、設置状態や使用態勢、補助道具などを想定することは不可能ではないが、やはりこれも傍証資料でしかない。現状では、貯蔵具用途について、民

表1　東南アジア・南アジア民族誌における貯蔵具の器形と用途

胴底部器形	口頸部器形	蓋	容量(ℓ)	用　　途
丸底・球胴	太頸・短頸・広口	有	6～17	小：水運搬／大：水貯蔵(汲み出し)
平底か有台・球胴	太頸・短頸・外反	有	10以下	水貯蔵(汲み出し)
丸底・球胴	狭頸・短頸・外反	有	20以上	固体貯蔵
丸底・球胴	狭頸・長頸・外反	無	5～13	小：水運搬／大：水貯蔵(注ぎ出し)
丸底・球胴	無頸・広口	有	10以下	水貯蔵(汲み出し)
有台・長胴	太頸・短頸・直立	有	15程度	水貯蔵(汲み出し)兼種籾貯蔵

族誌調査事例で示された用途と機能を念頭に置きながら、器形特徴や容量から用途を当てはめ、遺構での廃棄状態や土器に残る使用痕跡を傍証として、復元する方法が有効と判断される。

以下では、古代の焼物貯蔵具を時代順に述べていくが、大きくは明確な土器貯蔵具が出現する弥生時代の始まりと、貯蔵具機能が土器から古代陶器である須恵器へと移り変わる古墳時代の中・後期とが、古代貯蔵具の大きな転換期と考えている。この二つの画期を重視しながら、焼物貯蔵具の様相変化と用途復元について、時代をおって論を展開したい。

1　土器の出現と貯蔵具機能——縄文時代の貯蔵具

縄文土器の出現と機能　日本国内で最初に土製容器を生産するのは縄文時代である。野焼き焼成による軟質の土器であり、土器が出現することで人々の生活様式は一変し、以降、日本の生活様式の中に土器は欠くことのできないものとなる。

縄文土器には、ずん胴で口頸部へと開き気味に立ち上がる深鍋と器高が低く開きが大きい浅鉢の二種とがあるが、数量は深鍋が主で、法量や器形も限られる。貯蔵機能に特化した容器が成立する以前の段階と位置づけられる。

集落立地や周辺環境によっては、深鍋が水等の貯蔵の機能を担った場合もあったであろうが、それは土器に多く残る加熱痕跡、煮炊き痕跡が物語るように、大多数は煮炊きに使われた。

集落立地と水の確保　縄文時代に水等の貯蔵専用容器が発達しなかった要因として、この時代の狩猟採集の生活様式が大きく関連している。この時代は狩猟や食べ物採集のための移動時に水を補給するなど、屋外で随時、水補給することが可能であったもので、縄文前期以降に出土例が増えていく瓢箪などの有機質の容器を、小型携帯用の水貯蔵容器として使用していたものと考えられる。

縄文時代の生活様式を考えれば、弥生時代以降、河川を軸に集落が営まれるといったように土地に縛られる必要がなく、湧水点や河川、水の溜まる場所など、水を確保できる場所、つまり水場が集落内か、集落近隣に存在することを条件として、食糧確保が容易な場所に集落立地させていた可能性をもつ。このような集落立地が水を貯め置くという習慣、専用の容器を必要としない理由であったのだろう。

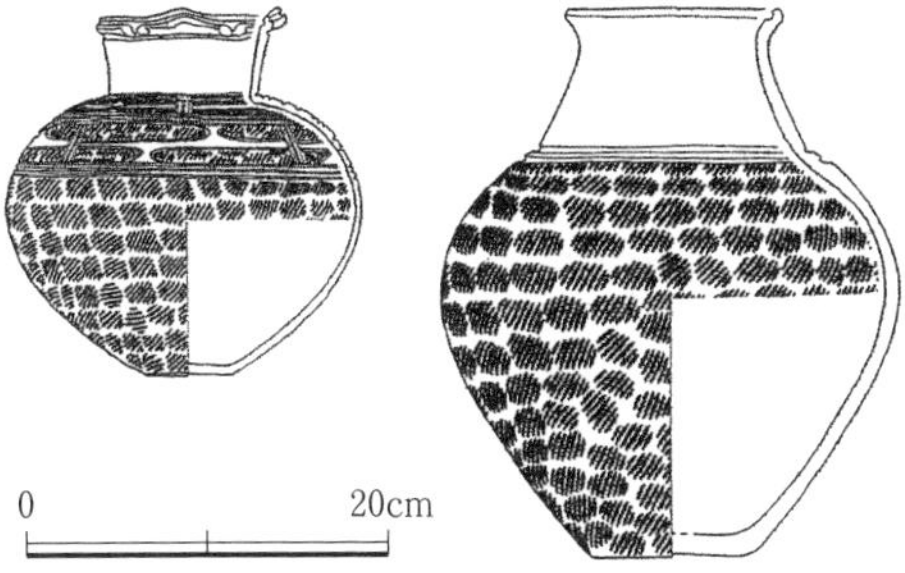

図５　東北の縄文晩期の壺

縄文時代の壺とその用途　壺形容器が定着するのは縄文晩期からである。九州南部の縄文早期に五㍑を超える壺形容器が確認されていることから、縄文晩期以前に壺が定着しなかったのは、壺を作る技術がなかったためではなく、意図的に作らなかった（貯蔵専用土器が不要だった）ためと考えられる。東北地方の縄文晩期の壺には五㍑以下の小型と五㍑以上の中・大型とがあり、後者は晩期でも後半の大洞C２式期に定着する。大洞C２式期は、西日本で弥生時代が始まった弥生早期に併行しており、西日本からの影響により貯蔵機能を明確化させた中・大型壺が作られはじめたと考えるべきであろう。ただし、中・大型壺は組成比率が非常に低いことから考えて、水や液体を貯蔵するための専用容器として各世帯で使われる段階ではなかったと考えたい。

2　稲作文化の伝来と土器貯蔵具の出現——弥生時代前・中期

弥生時代における集落立地の変化と貯蔵具出現の要因　弥生時代になると中国大陸より稲作文化が伝わり、それまでの生活様式を一変させる。縄文時代の生活様式は、食物獲得のため屋外しかも広域での狩猟採集行動をとるのに対し、弥生時代は水田や畑作耕作など、決められた土地での行動が主となり、行動範囲が狭まった可能性が高い。また、縄文時代の集落立地が、湧水点や河川など水を容易に確保できる場所かつ食糧獲得が容易な場所、つまり山際、河川際、海際に集落立地する率が高かったのに対し、弥生時代は水田耕地を確保するため広い平野を求め、河川流域の平野部に集落が営まれるようになり、水利権や耕作地など土地に縛られた集落占地を行うようになる。

このため、弥生時代になって水の獲得を意図的に行う必要が生じ、水汲み行為が日常的に行われるようになったと思われる。井戸を集落内に掘削するのも弥生時代からであり、水田に水を引く技術とともに、中国大陸からの新たな生活・文化として持ち込まれたものだろう。水の運搬と常備が弥生時代以降の重要な労働行為だったのである。

弥生時代に出現したと考えられる水の運搬・貯蔵容器を土器以外に求められないわけではないが、木製刳物容器では容量が小さく、出土量を考えると、土器が水の運搬・貯蔵を担ったと考えるべきである。

弥生前期に九州北部に出現し近畿地方へと波及していく壺は、胴部が張り頸部へと窄まって、口縁部で外反する器形を呈すなど、液体の運搬や液体を注ぐのに適した形状であったと言える。容量、器形など、一地域でも複数タイプの壺が存在するが、貯蔵具機能を専門に担う器種であり、食物を煮炊きする深鍋とは明確に使い分けられていた。縄文時代の深鍋が煮炊きと貯蔵を兼ねる、機能が未分化であった段階から、弥生時代になって高坏や鉢などの食膳具も加わり、土器の機能分化が明確になったと言える。

また、弥生土器が縄文土器よりも、均質かつ安定した焼成を実現したことも重視している。稲作文化とともに中国大陸から九州北部へと伝播した土器生産技術は、新たな器種・形ばかりではなく、新たな土器焼成技術をもたらし、それまでの開放型野焼きから稲藁等で覆って焼く覆い型野焼きへ変化することで、蓄積熱量を高めて硬質の焼物焼成を可能とし、粘土生成の変化ともあいまって、液体貯蔵にも耐えうる土器の強度が生み出された。

壺の普及定着と東への伝播

九州北部から瀬戸内の縄文晩期から弥生前期までの土器組成割合推移を図7に示したが、縄文晩期では壺が皆無の状況から、弥生早期では壺が一割を占める状況となり、前期では深鍋四割に対し壺三〜四割へと急増している。この壺を含んだ新たな土器組成への変化が、稲作文化とともに中国大陸より持ち込まれ、速やかに瀬戸内、近畿まで伝播し、地域へ浸透・定着していった様子を物語っている。北陸西部でも、弥生前期にすでに壺が一六%、前期末〜中期では三〜四割の占有率をもち、関東北部の弥生前期資料（群馬県沖Ⅱ遺跡）でも、深鍋四

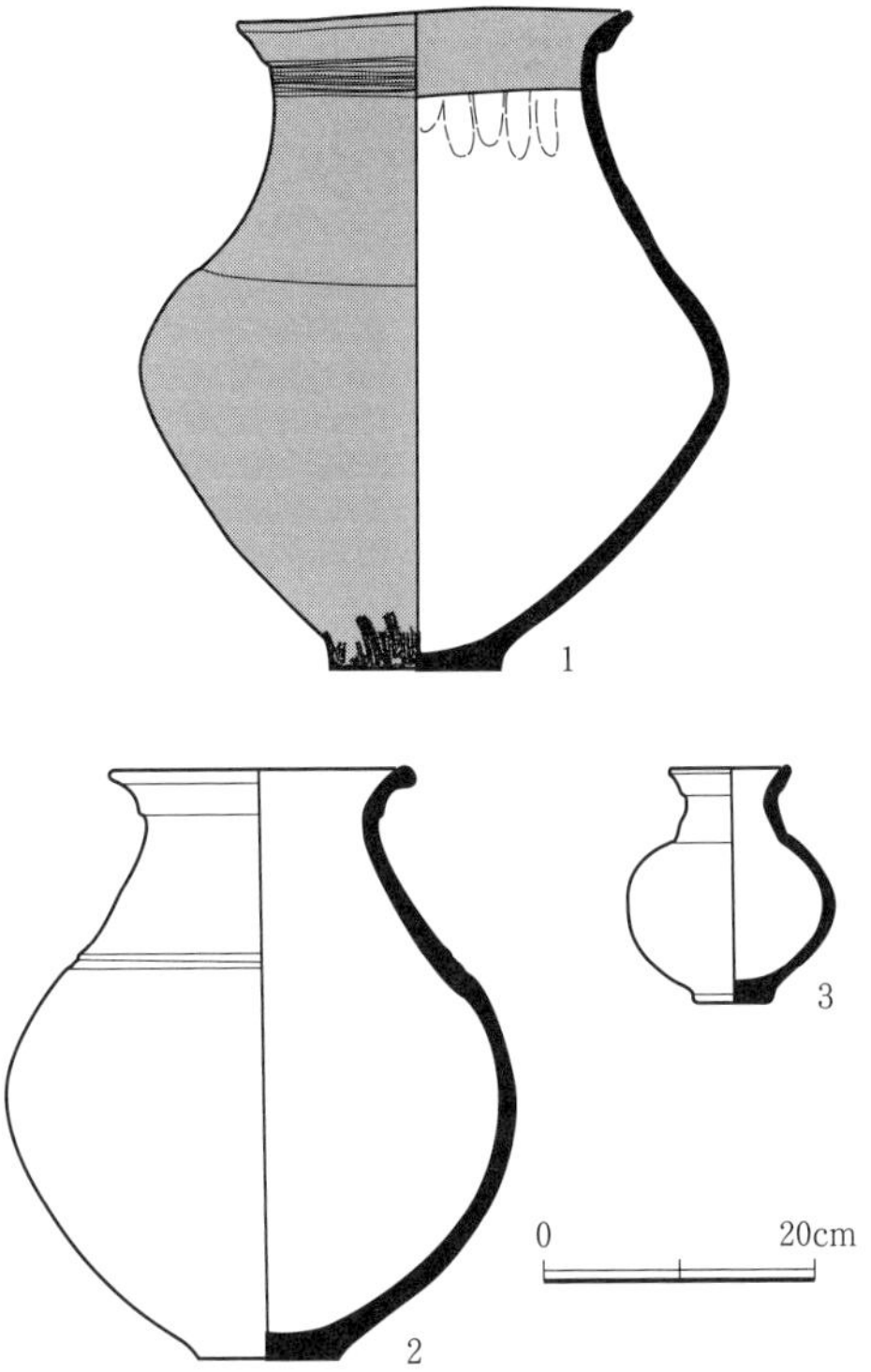

図6　九州北部の遠賀川式系の壺

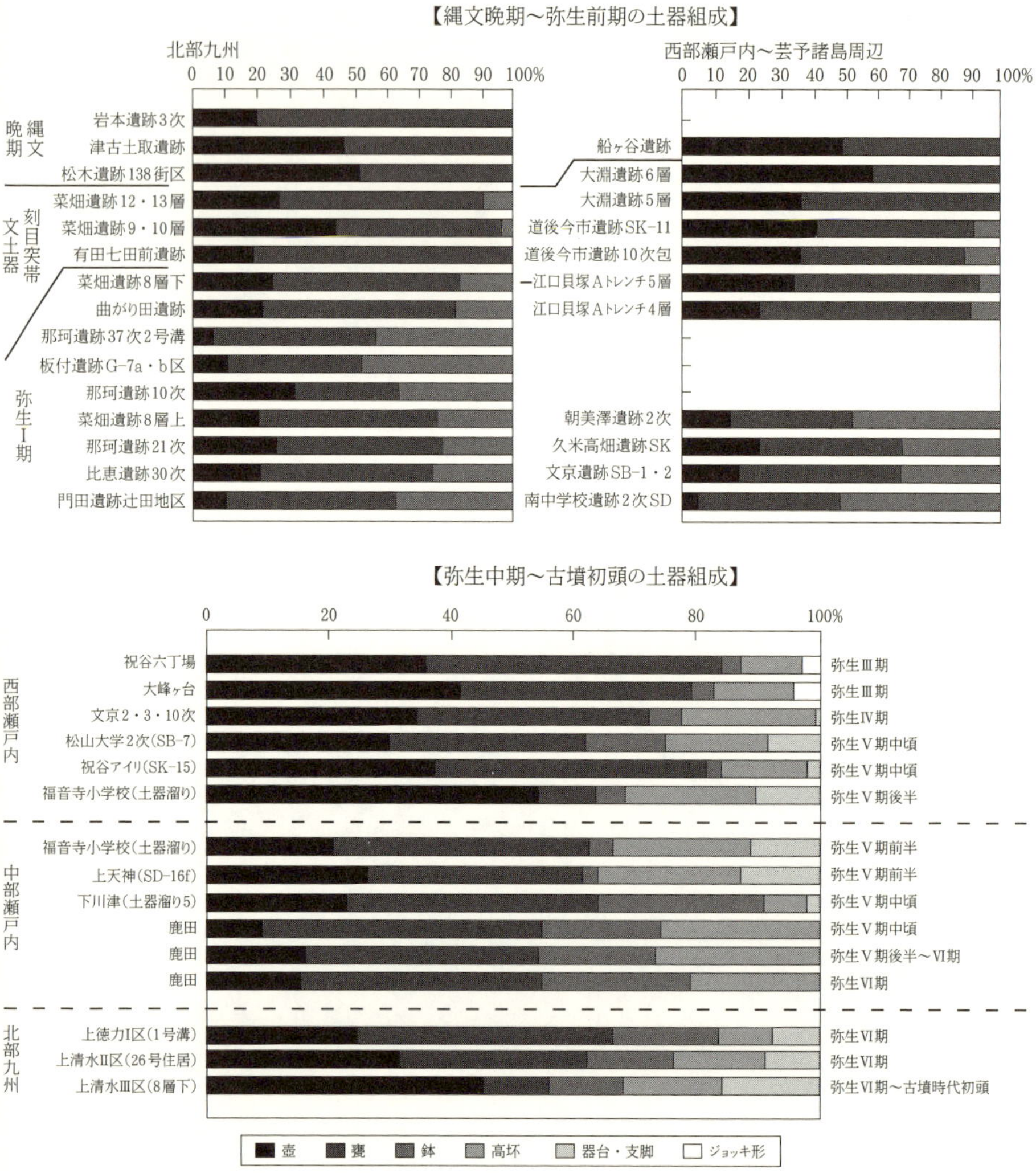

図7　西日本地域の弥生時代土器組成（田崎1996を一部改変）

割に対し壺が二割を占めるなど、壺の文化が急速に東へ伝播し、地域に浸透している。

西日本における土器組成の比率は、弥生中期においても大きくは変わらず、壺が三〜四割を維持しながら、多い地域では五割を占めており、その様相は東海、北陸においても変わらない。弥生時代の農耕集落においては、壺は必要不可欠の土製容器であったわけで、食物調理具として重要な位置を占めたであろう煮炊具の割合にも迫る使用頻度、重要性を担っていた。

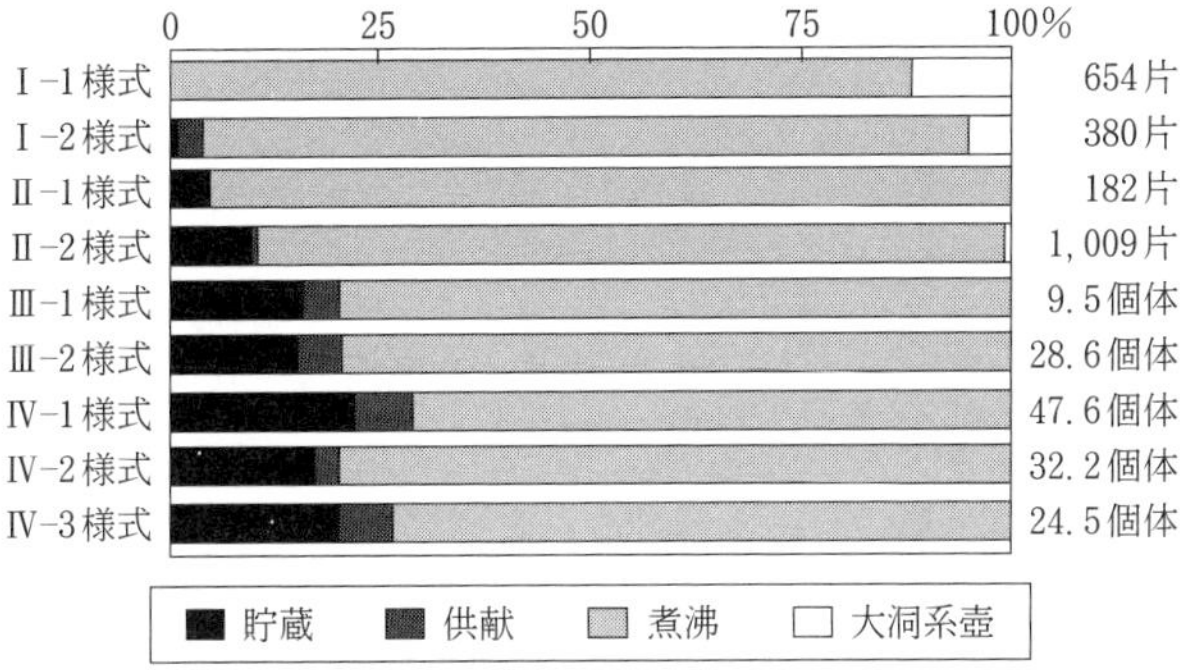

図8　北陸加賀地域の弥生時代土器組成（高橋1995）

供献土器と壺　これまで述べた集落遺跡の土器組成データに対し、方形周溝墓への供献土器組成の割合は異なる。滋賀県の弥生中期資料を対象に、集落遺跡の土器組成と周溝墓への供献土器の組成を比較した伊庭功のデータによると、明らかに供献土器として壺が選択的に使用され、七〜八割の高い比率を示す。ただ、定量の深鍋が使用されることも重要で、日常生活に使用される土器が供献土器に転用されたのだろう。

供献土器は、葬送儀礼における首長霊との「共飲共食」に使用されたものであり、そこに深鍋が一定量使用されることは、食物を提供する容器として必要であったからである。ただ、壺が多い理由は、首長霊との「共飲共食」の場面で、清らかな水や神聖なる酒を入れる容器がとくに重要視されていたからである。供献土器は再度使用ができないように、底部穿孔または細かく破砕して廃棄されることが多いが、打ち欠くことで容器を仮器化し、実用品としての機能を意図的に損なわせることが重要だったのである。

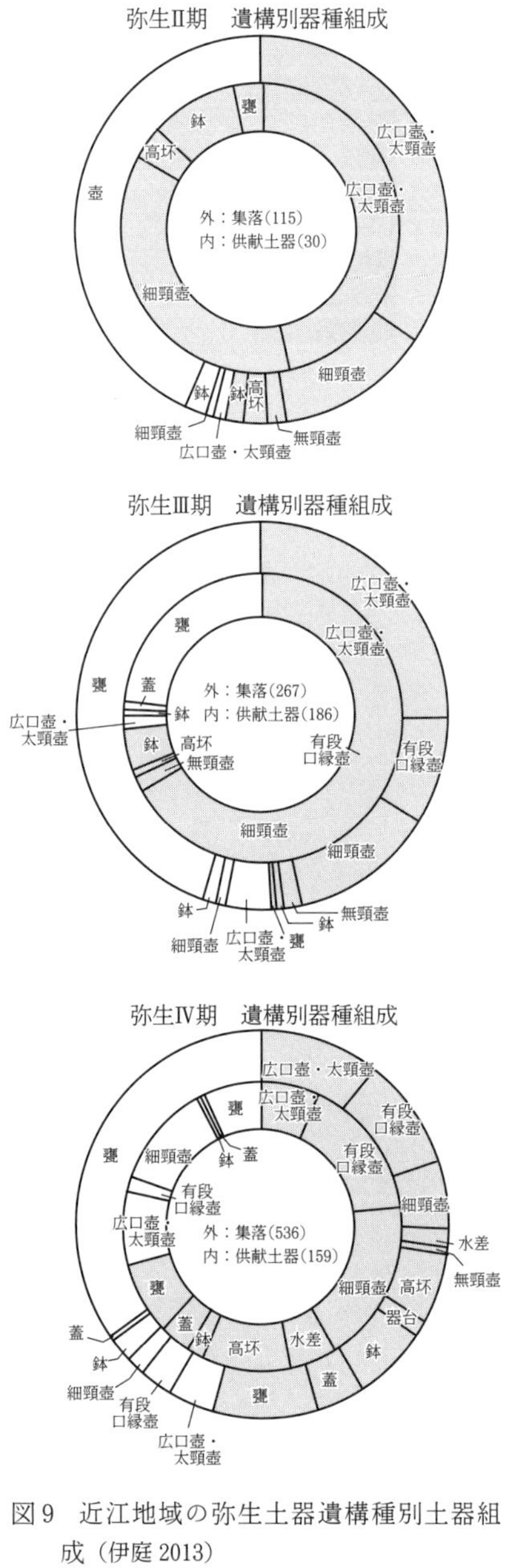

図9　近江地域の弥生土器遺構種別土器組成（伊庭2013）

弥生壺の容量・形と用途　弥生前期に九州北部で出現した新たな壺は、いわゆる遠賀川式土器の特徴を有しながら、瀬戸内から近畿一円まで分布する。法量はおおむね三法量あるが、大きくは四リットル付近の空隙を境に、四リットル未満の小型とそれ以上の中・大型に分けられる。中・大型の壺は、五リットル以上〜一五リットル程度の中型と、二〇〜一〇〇リットルを測る大型（特大）とがあり、中型が大半を占め、大型は集落に限られた特殊容器の性格を有していたであろう。図10には、弥生前期から後期までの各地域の壺容量分布を示したが、九州から近畿そして東日本でもほぼ類似した容量を保ち続け、古墳時代へと受け継がれる。同一容量が継承される背景には、各容量の壺が決まった機能、不変の用途があったからだろう。

水貯蔵容器の可能性が高い中型・大型の壺は、西日本では前期の遠賀川式土器の器形から、頸部括れが強くなり、

◆九州北部地域

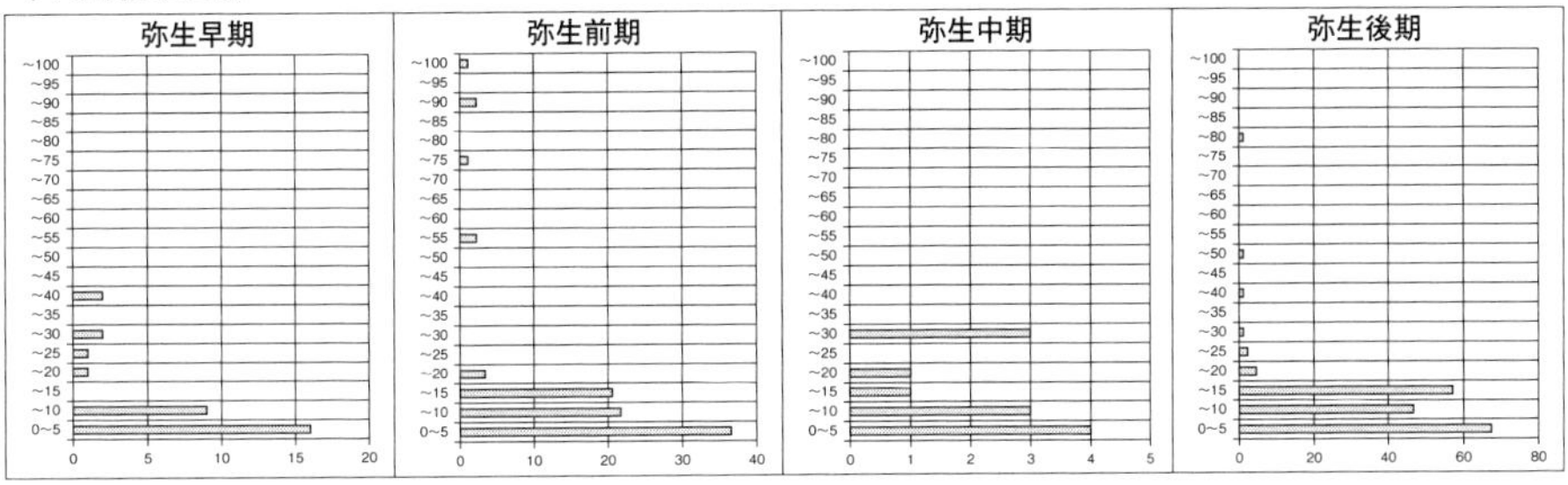

◆近畿地域(ただし後期は吉備地域資料)

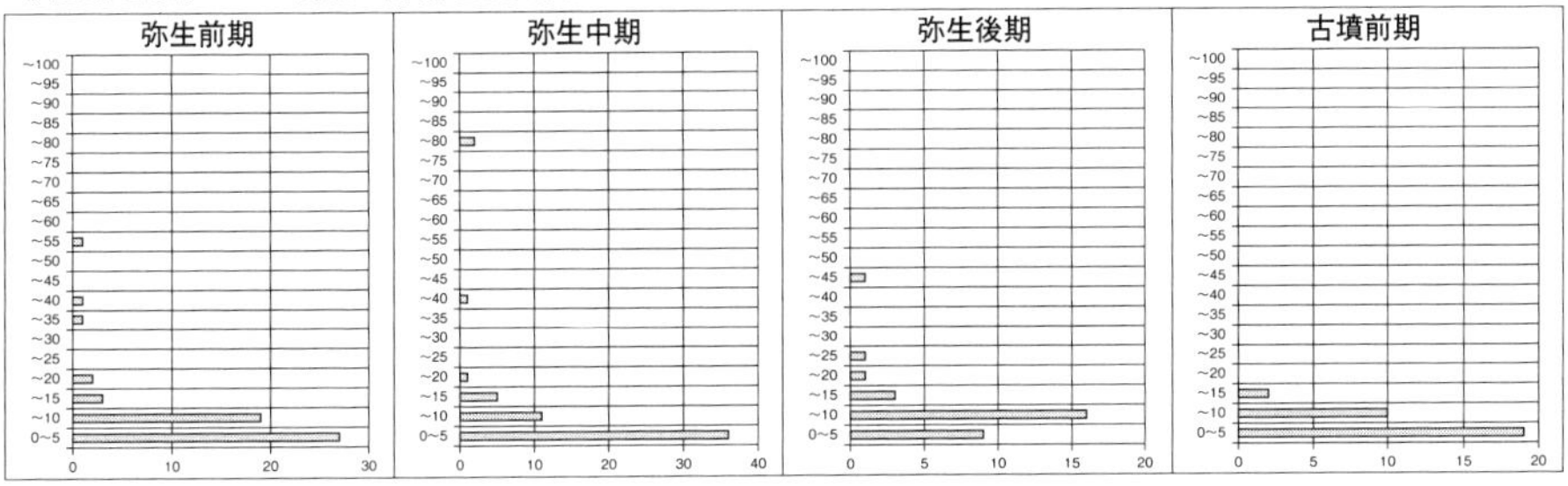

◆各時期の壺資料一覧

○九州北部地域
・弥生早期：板付遺跡，有田七田前遺跡，橋本遺跡他
・弥生前期：比恵遺跡，津古土取遺跡，今河遺跡
・弥生中期：中尾遺跡
・弥生後期：三国の鼻遺跡，惣座遺跡

○近畿地域
・弥生前期：山賀遺跡，田中井遺跡
・弥生中期：玉津田中遺跡
・弥生後期：上東遺跡，足守川矢部南向遺跡(両遺跡は吉備地域資料)
・古墳前期：船橋遺跡，萱振遺跡

○北陸・加賀地域
・弥生中期：八日市地方遺跡
・弥生後期：モリガフチ遺跡，吉崎次場遺跡，西念南新保遺跡
・古墳前期：千代能美遺跡，沖町遺跡，南新保遺跡

○中部高地・信濃地域
・弥生中期：松原遺跡，榎田遺跡
・弥生後期：松原遺跡，榎田遺跡
・古墳前期：松原遺跡

○関東・東北地域
・弥生中期：清里遺跡，中在家遺跡，垂柳遺跡
・弥生後期：美生遺跡
・古墳前期：美生遺跡

※グラフ軸の単位表示
縦軸：容量(ℓ)
横軸：計測土器数(点)

図10-1　弥生前期から後期の各地域の壺容量分布（1）

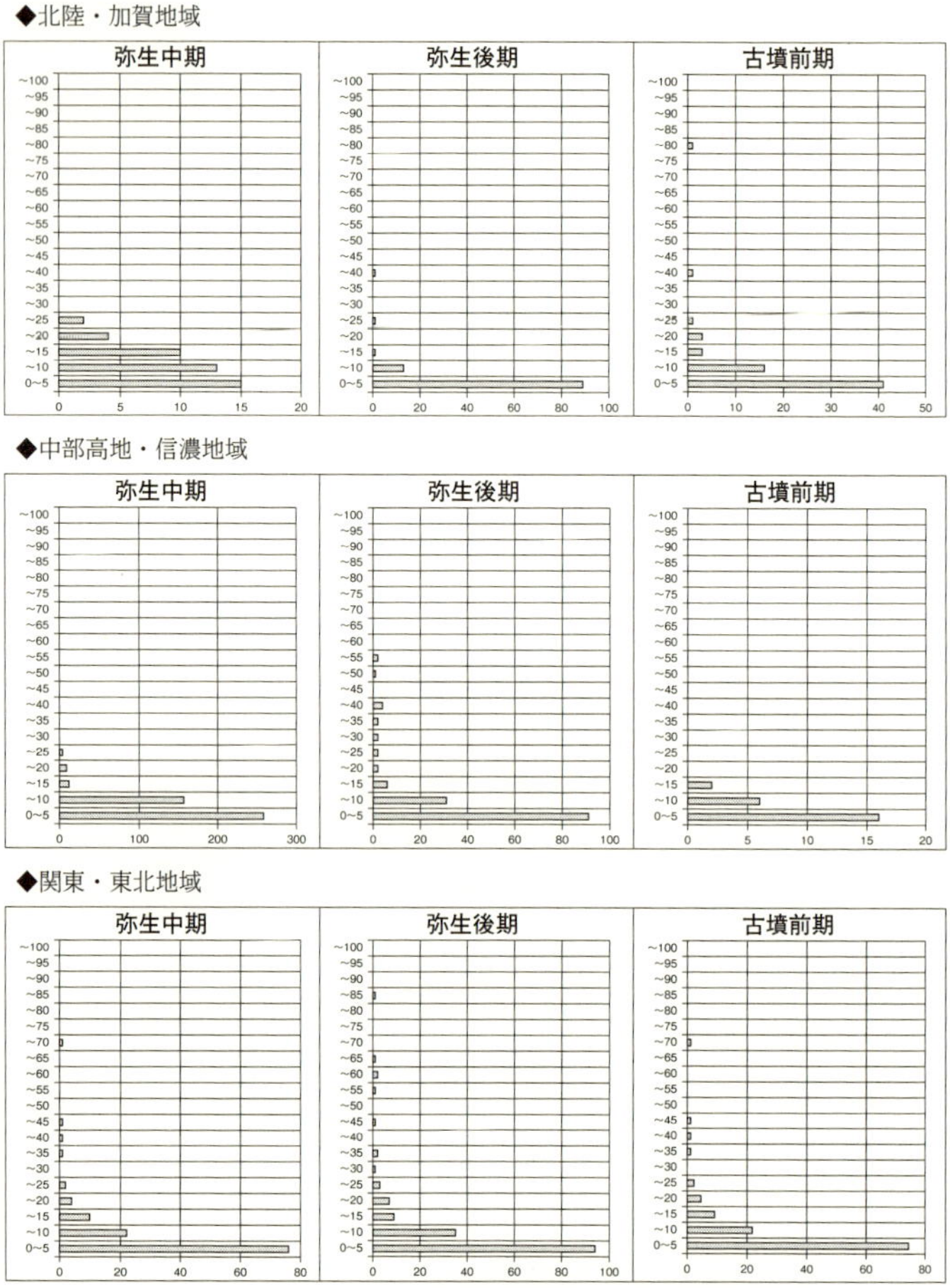

図10-2　弥生前期から後期の各地域の壺容量分布（2）

口縁部が長く大きく外反する器形へ変化する。地域により、頸部の長さや太さ、括れ度合いなどは異なるが、西日本の弥生前期から中期前半において、中・大型壺と木製縦杓子とがセット関係にあることが指摘されており（黒須二〇

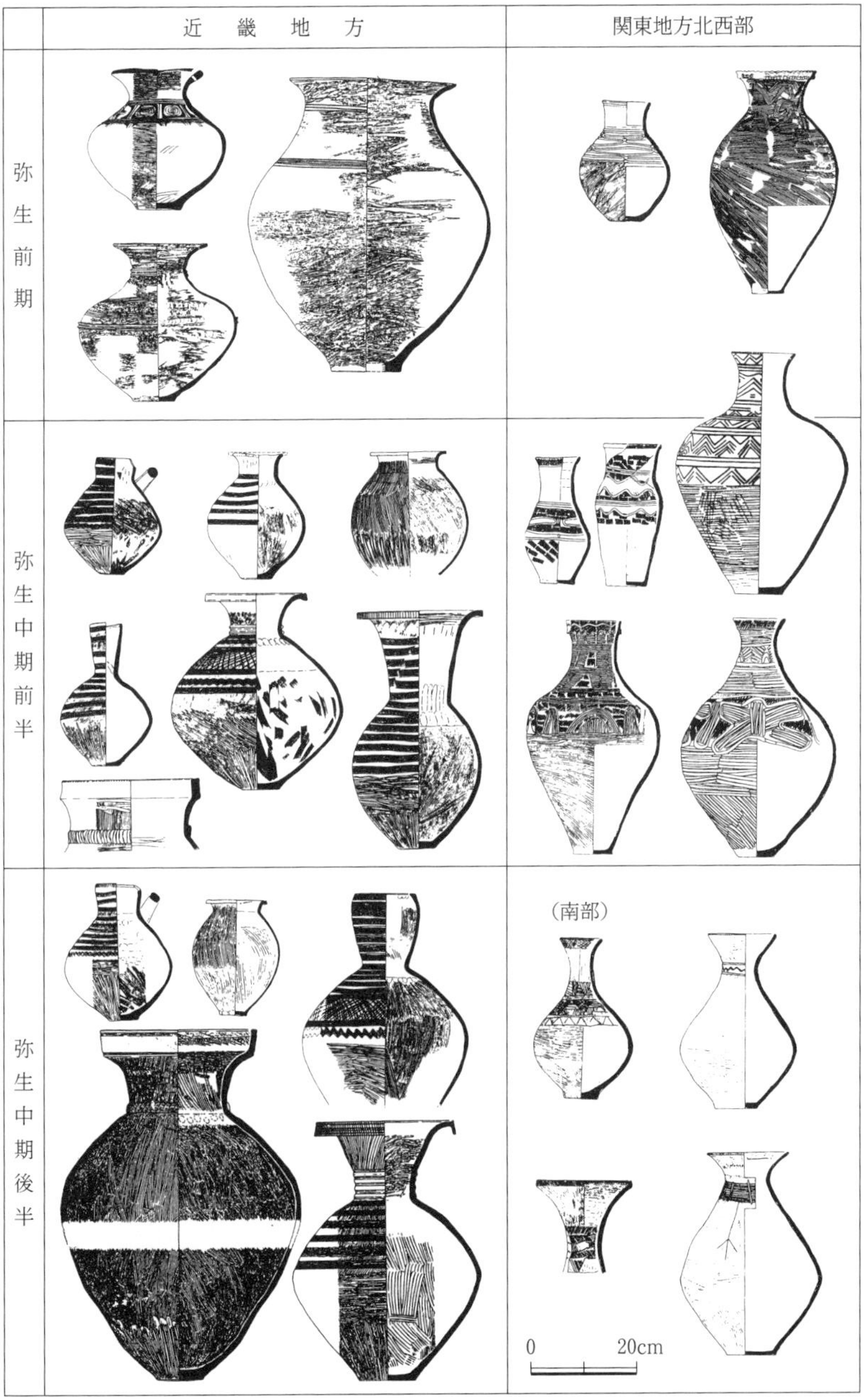

図11　近畿と関東の弥生前・中期壺の様相差

〇九）、後期になって広口外反の器形へ変化する中で、民族誌調査事例でもあったように、口を摑んで容器を傾けて液体を注ぐ方法に変わったものと推定される。

西日本は太頸を呈す傾向があるのに対し、東日本の壺器形は細頸が特徴である。西日本より胴長の器形を呈し、器高が高く、頸部が長い。口縁部外反は弱いが、長い頸と胴部下位に重心をもつ器形は、傾けて液体を注ぐのに適した形と言えるだろう。

中型・大型の壺には籠目の残るものが定量あり、液体の運搬容器としての使用も想定される。とくに、細頸で、頸部括れ部位がかなり上位にある東日本の器形は、液体がこぼれにくく運搬容器として適していたであろう。

小型壺の器形は、東日本では中型・大型と大差ないが、西日本では総じて頸部括れと口縁部外反が弱い傾向がある。小型壺はサイズ的に容器を持ち上げて注ぐことができ、注ぎ口の安定感と小分け容器として使い易い形が必要であった。液体、固形物など、使われる場面も様々であり、多機能さが器形の違いを生んでいた可能性がある。

壺には、深鍋のような顕著な被熱痕跡は認められないが、少数ながら外面からの加熱による薄く煤の付着するものが存在する。内面にも薄い焦げが付着したり、汚れが見られるなど、内容物を入れて加熱使用した事例が一部確認される。加熱頻度が低く、確認例も多くないため、調理ではなく、儀礼や祭祀に伴う非日常的な使用と推察される。

以上の例外的な事例を除くと、壺の使用痕跡は、度重なる使用による器面の摩耗や欠けが認められる程度である。ただ、後述する須恵器貯蔵具に比して確認例は乏しく、それは傾けて液体を注ぐ使用方法が一般的であったことに起因するのだろう。

特大壺の用途　大型壺には一〇〇㍑を前後する特大壺が僅かに存在する。それらの特大壺は、数量として集落に一つ程度の割合である点と特大容量という点から、水貯蔵以外の目的、稲籾を貯蔵する共同体所有の容器とする見解が示されている（浜崎一九九八）。これは炭化米を多数出土した弥生中期の石川県吉崎次場遺跡の事例から用途復元したものだが、弥生後期の長野県橋原遺跡五九号住居でも、大量の炭化玄米が大型壺とともに出土しており、大型住居と特大壺とを関連づけて性格づける見方がある。

以上の説を否定する根拠をもたないが、もう一つの見方として、一石程度の容量を有する点から、後述する須恵器大甕と同様に、酒をはじめとする醸造機能を担う容器と推察したい（コラム「濾過器（有孔鉢）」参照）。酒の醸造は、果実酒ならば縄文前期からすでに存在していたとする説がある（辻二〇〇五）。これは秋田県池内遺跡や青森県三内丸山遺跡から出土した大量の種子堆積物層を果実酒の搾り滓であると理解するところに論拠を求めている。

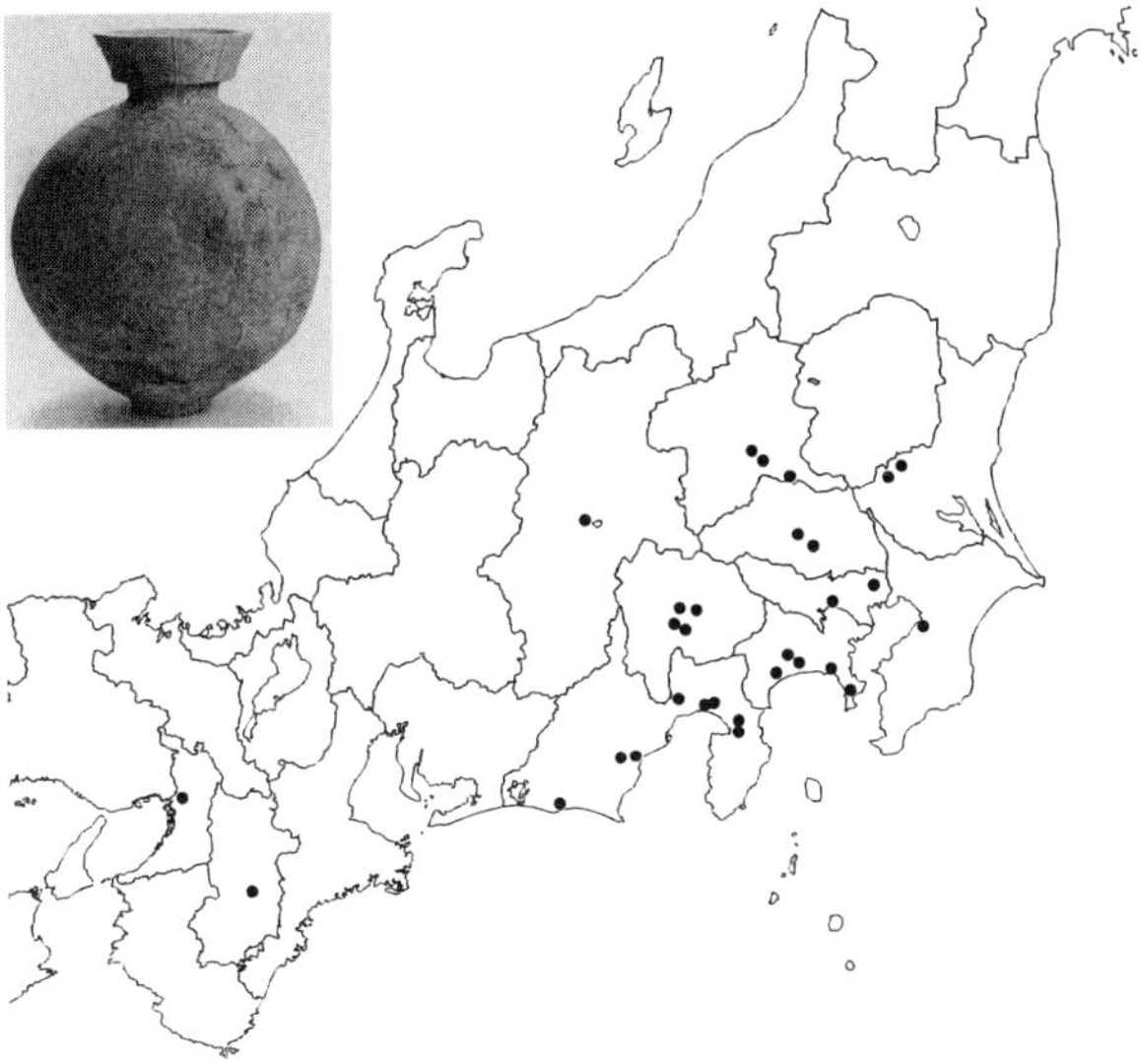

図12　大廓式特大壺の分布（原田 2012）

弥生時代に入り、稲作文化が中国大陸よりもたらされ、米による酒作りも開始されたと予想されるが、『魏志倭人伝』にみえる、倭人の習俗について記された、「其死、……喪主哭泣、他人就歌舞飲酒」や「人性嗜酒」といった記載は、酒が弥生時代末には、広く普及していたことを物語ろう。静岡県東部の大廓式特大壺が広域流通する背景には、酒を醸す容器の位置づけがあった可能性を考えておきたい。

稲籾の貯蔵と壺　先述した特大壺の稲籾貯蔵説だが、壺を

図13　黒井峯遺跡出土の穂刈り稲の入った壺
（渋川市教育委員会協力）

稲籾貯蔵用の容器とする見方は、稲作文化の伝来と壺の出現を関連づけて、古くからなされてきた（森本一九三四）。実際に、弥生中期の山口県大崎遺跡をはじめ、炭化した籾が壺の中に入った状態で出土する事例は少例ながら存在しており、古墳後期の群馬県黒井峯遺跡でも、火砕流で埋もれた竪穴建物内に穂刈りの稲が入った状態の小型壺が残されていた。

しかしながら、これら稲籾の貯蔵を示唆する数少ない事例から、壺の主要な用途を穀物貯蔵とするには躊躇する。竪穴建物内で確認される炭化米の入った壺は、各家の必要米を短期保管する小分け容器と理解すべきで、小型壺の多様な使い方の一つであったとすべきだろう。米はもっぱら穎稲で貯蔵されるのが一般的であって、高床倉庫ないしは平地式倉庫に一括保管されたものだろう。火災被害にあった掘立柱建物跡においては、柱穴内から焼けた炭化米がまとまって出土する事例もあり、その点から見ても、倉庫内ではそのまま直置きしたか、有機質の籠や編み物、または深鍋等の煮炊き容器の転用品などに入れられて保管されるのが一般的であったとみたい。

3　土器貯蔵具の器形変化と衰退——弥生時代後期から古墳時代前期

弥生土器から土師器へ　古墳時代となり、土器の名称は弥生土器から土師器へと変わるが、土師器は弥生土器の技術を継承する一系の土器であり、製作技法等から両者の土器を区別することはできない。では、何をもって土師器とするか。それは前方後円墳の出現であり、古墳時代へと時代が移り変わったことをもって土師器と名を改めるとする考えが一般的である（佐原一九七五）。

つまり、古墳時代になっても、弥生土器の流れを汲む軟質土器であることに変わりはないわけだが、しだいに地域色を失い、汎日本的な土器様式を帯びはじめるところに、初期国家的な様相を見る部分ではある。しかしながら、土器様式の大きな転換点は、古墳中期に中国大陸よりもたされた須恵器生産技術と新たな煮炊具様式にあり、以下では、その転換期までの土器壺の変化の様相を焦点に述べる。

弥生後期からの壺器形変化と減少　弥生中期に東西の地域色が顕在化するとともに、多様な器形を作り出した地域圏は、弥生後期においても継承される。しかしながら、終末期に向かうに従い地域圏は収束へと向かい、古墳前期には汎日本的な壺の形状を呈するようになる。前代の中型壺の流れを汲む器形は、頸部で強く括れて、口縁部へと強く外反し装飾性を帯びた複合口縁を呈する。

この複合口縁壺は、古墳前期には折り返し有段の強く外反する口縁部形態となり、文様等の装飾は薄れ、しだいに退化。これとともに、装飾を施さない素口縁の中型壺も定量存在するようになり、古墳中期にかけて併存する。また、弥生後期に定型化した長頸を呈する壺は、この時期に二㍑以下の小型容量へとまとまり、丸底で球形を呈する胴部にまっすぐ伸びる口頸部が付く形状へと変化する。中型壺の機能は前代の壺を引き継ぐと思われるが、小型法量の長頸を呈する丸底壺は、従来の小型壺の用途のうち、液体を小分けして注ぐ容器としての性格を強めた可能性がある。この三つの壺器形は古墳中期へと継承され、前代の三法量の壺機能を引き継いでいく。

壺が器形を淘汰、集約させながら機能を継承していくなかで、土器に占める壺の割合は弥生中期後葉を全盛期に、以降はしだいに減少していく。地域や遺跡の性格により差があるため、一様ではないが、庄内式併行期を境に西日本

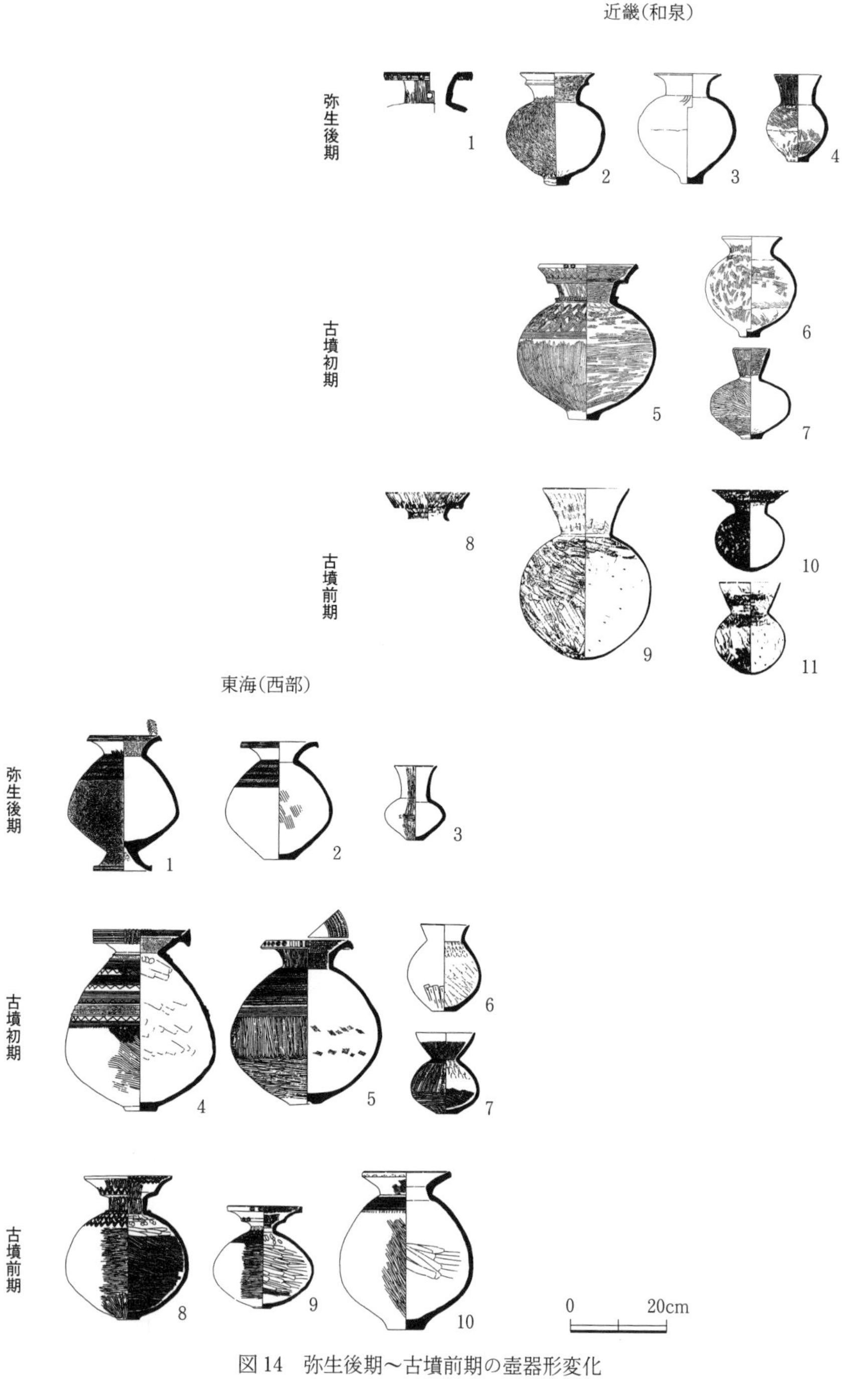

図14　弥生後期～古墳前期の壺器形変化

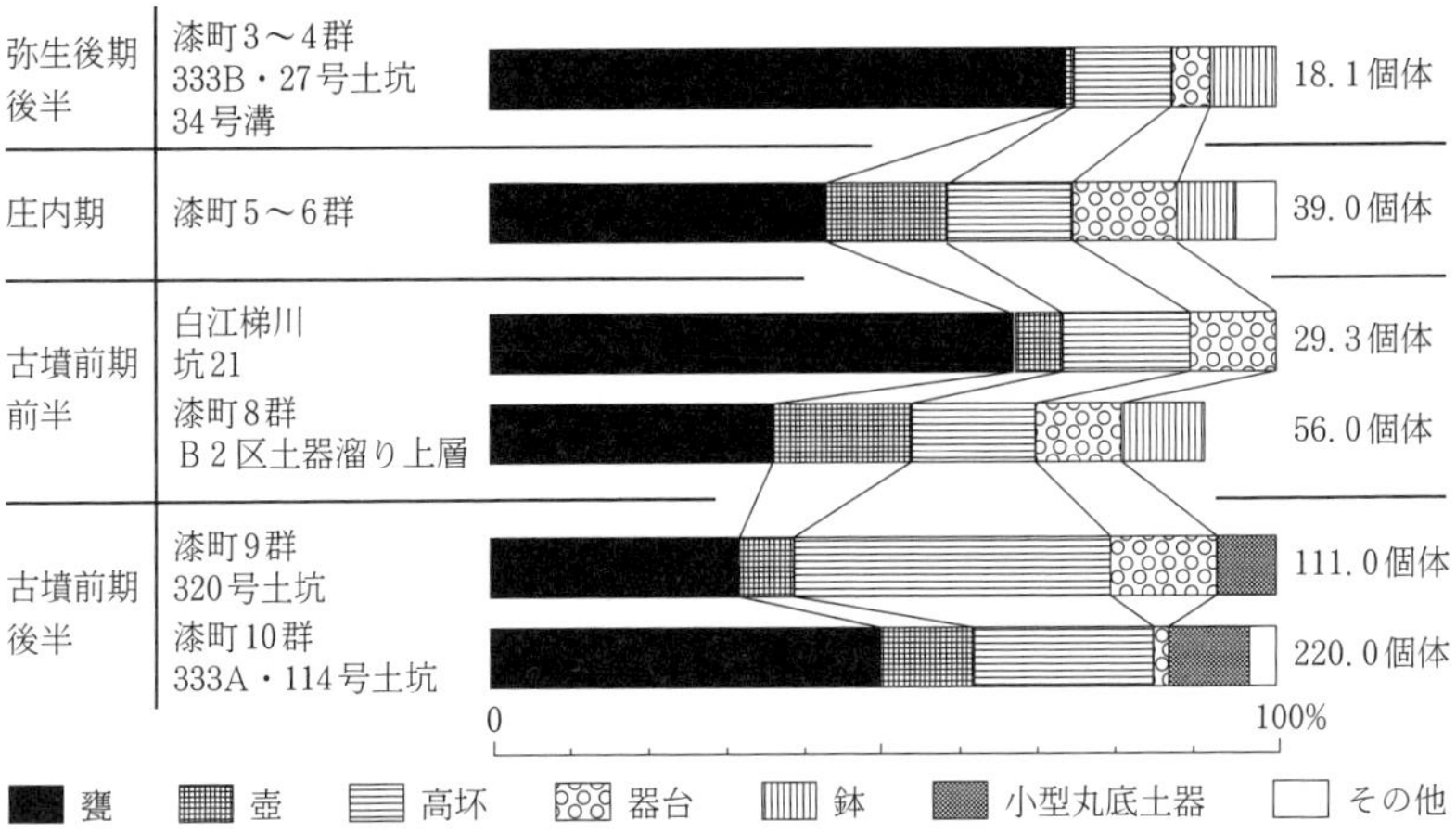

図15　北陸加賀地域の弥生末期〜古墳前期の土器組成（高橋1995）

では明確に量を減じており、北陸西部のデータでも深鍋が四〜五割を占めるなかで壺は一割半程度まで減少する。弥生中期後葉の占有率では壺は二割〜三割であり、後期以降、壺の占める量が半減したことになる。西日本、北陸西部、東海西部では、古墳中期にさらに壺が減少し、後葉にはほぼ消滅。壺は一㍑程度の小型で長頸を呈する丸底壺が少量存続する程度となり、六世紀から七世紀には消滅していく。

壺減少の要因　西日本の大型・中型壺の減少の理由について、集落単位での稲籾貯蔵用倉庫の出現・普及と関連づける見方がある（丸山一九七六）。しかしながら、稲籾貯蔵用の壺は、世帯単位での一時的な小分け容器の可能性が高いものであり、倉に長期保管される貯蔵のあり方とは直接関連しないだろう。また、壺の減少と住居内貯蔵穴の出現とを関連づける見解もあるが（寺澤一九九二）、六世紀以降、貯蔵具が須恵器に置き換わった後も、住居内貯蔵穴は存続しており、これについても機能を引き継いだとは考え難い。

では、何故、壺の減少が弥生後期以降に顕在化するかだが、一つは新たな材質の容器に置き換えられた可能性である。弥生後期以降進む木製品加工技術とそれにより出現する大型刳物容器の存在は、その可能性を秘めるが、日常的にどれだけの木製容器が使用されていたのかは甚だ疑問であり、その後、焼物貯蔵具が衰退するわけではない点からも矛盾がある。

もう一つは、壺の実数が減ったのではなく、土師器の中に占める壺の率が低下した可能性である。この時期、深鍋は量産体制にあり、様々なサイズが作られ、使用される深鍋容器が増える傾向を看取できる。加えて、深鍋の薄手化による破損率の増加や、供膳具が増加したことも、土器数量を増加させた要因であったろう。つまり、土器組成の中で壺の率を低下させる要因は複数あったものであり、この時代には壺は減少していなかったというのが最終的な筆者の考えである。少なくとも、古墳中期前半までは定量の壺が使用されていたものと見ており、明確に土師器壺の衰退、消滅と位置づけできるのは、次の古墳中期後半以降を待たねばならない。

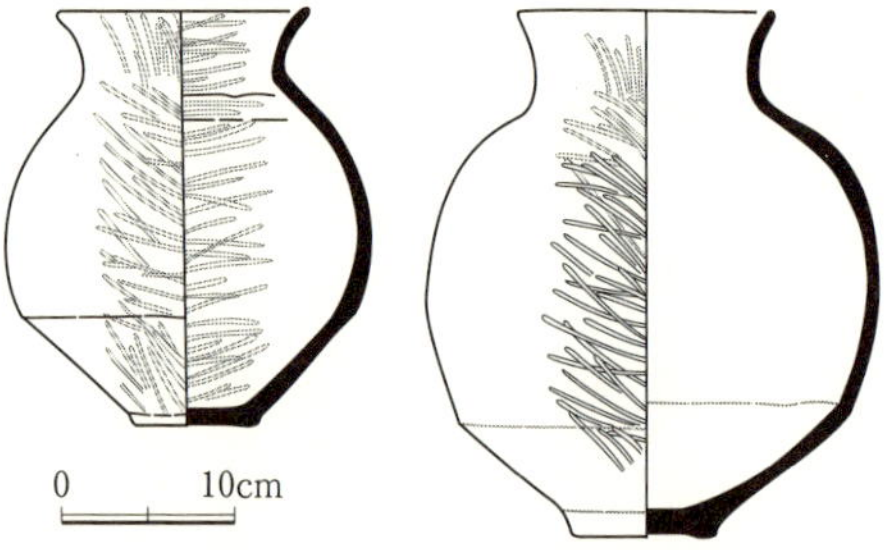

図16　信濃の7世紀土師器壺

4　須恵器生産の開始と甕の出現——古墳時代中・後期

須恵器生産技術の導入　須恵器は、四世紀末に韓半島から渡来した陶質土器工人が故国の技術をもって生産を開始した古代陶器である。一〇〇〇度以上の高温で焼く須恵器は、硬質で保水性に優れ、その技術は中央から地方へと拡散し、六世紀末には日本各地に広がるとともに、しだいに日常の容器へと浸透していく。しかし、五世紀中頃までは九州北部と瀬戸内沿岸、近畿、東海などの一部限られた地域の窯で短期操業されただけで、大量生産、継続生産の形は、和泉陶邑窯跡群に集約される五世紀後半になって達成された。
つまり、須恵器生産が始まったといっても、五世紀前半は西日本を中心に限られた地域のみで、五世紀後半になってようやく西日本から東海西部、北陸西部、関東の一部地域に須恵器が供給され、しだいに土師器から須恵器へと置き換わっていくのである。

土師器壺の残存と須恵器生産　土師器壺が衰退・消滅する地域では、いち早く須恵器生産を開始または供給を受けており、在地での須恵器生産の開始・普及が遅れる信越、関東、東北では、中型の土師器壺が依然として定量出土する。東北や信越においては飛鳥時代まで中型の土師器壺が定量存続する様相が見られ、須恵器貯蔵具が十分に供給されない地域では、容量を継承する土師器容器が補完する関係を保っている。

このように土師器から須恵器への置き換え現象は、急速には全国へ浸透しておらず、例えば、古墳後期の北陸西部でも須恵器貯蔵具は、十分に集落へ供給されていたとは言い難い量しか出土していない。しかし一方で、中型の土師器壺はほぼ消滅状態にあり、集落で貯蔵容器が極度に不足する状況にあったことになる。この矛盾は、土師器と須恵器の耐用年数に要因の一つがあったと考えている。須恵器と土師器を水貯蔵容器として比較した場合、当然、硬質で耐久性に優れる須恵器の方が破損率は低いわけで、容器としての耐用年数の差、生活に取り入れられる時期と廃棄の時期とのタイムラグが、須恵器導入初期の集落遺跡での貯蔵具出土の少なさにつながったのだろう。

長期に営まれる古代集落遺跡資料では、須恵器食膳具が各時期に存在するのに対し、須恵器甕は集落成立期に比較的集中する傾向を複数の遺跡で確認できており、その耐久性の高さから、土師器壺よりも長期に使用されることが一般的であったと考える。また、古墳中期の須恵器甕は集落内に廃棄されずに古墳等へ供献された率が高かった可能性もある。後述する五〜六世紀代の須恵器甕の生産割合は高く、集落遺跡からの出土量を考えれば、廃棄されずに供献土器として古墳や祭祀場へ持ち込まれた可能性も考えておきたい。

須恵器甕の出現　甕は須恵器生産の導入とともに韓半島から持ち込まれた新たな大型容量の容器である。器形は、底部から胴部上半へ強く張り出し、頸部へ強く括れて広口の口縁部へと外反するもので、胴部内外面の叩き成形、そして底部を丸底に叩き出す特徴を有する。この器種が丸底器形を呈するのは、その原型となる陶質土器が丸底成形であったからで、器形や技法そしてサイズに関しても、技術の源である韓半島に由来する。

須恵器生産初現期の器種は、甕が大半を占める。五世紀前半の陶邑・TG二三二号窯では、個体比で全体の七割以上、重量比で九割以上を甕が占め、窯詰め時には、焼成する窖窯（五章参照）の中を甕が埋め尽くす状況であった。とくに一〇〇㍑を超える大甕の生産比率が高く、土器壺では作りえなかった特大容器の生産が当期の須恵器生産において最も重要な意味があったことを示す。加えて、古墳前期にはきわめて稀な存在であった三〇㍑以上の貯蔵具が定量存在するようになったことも大きな要素で、この容器機能の拡大が須恵器生産開始の大きな特徴であったと言えよう。

初源期の須恵器貯蔵具　五世紀前半の須恵器貯蔵具は、甕と壺がある。甕は一〇〇～二〇〇㍑の大甕を最大容量とし、一五～五〇㍑の中甕、五～一〇㍑の小甕の三法量が確認される。大甕は丸底、やや胴長の器形に筒状に長く立つ口頸部が付く器形を呈す。これに対し、中甕と小甕は球胴器形で短く外反する口頸部が付く特徴を有す。

壺は小甕と同様の胴部器形だが、頸部屈曲が明瞭で口頸部が長い特徴をもち、口頸部と胴部上半に櫛描き波状文と突線による装飾を施すものである。小甕よりもやや小型で、一～二㍑と三～七㍑程度の二法量がある。また、小型の壺の胴部中位に小孔を穿つのが𤭯である。〇・五㍑前後の小型𤭯と一・五㍑前後の大型𤭯とがあり、大型𤭯の容量のものには、樽形を呈す樽型𤭯の形態もある。胴部小孔に木製管を注口として差し込み、それが遺存する事例や人物埴輪の手に注口が付いた状態の𤭯を捧げ持つように造形された事例（島根県常楽寺古墳、静岡県郷ヶ平六号墳）があることから、当器種については液体を注ぐ小型容器としての使用が想定されている。

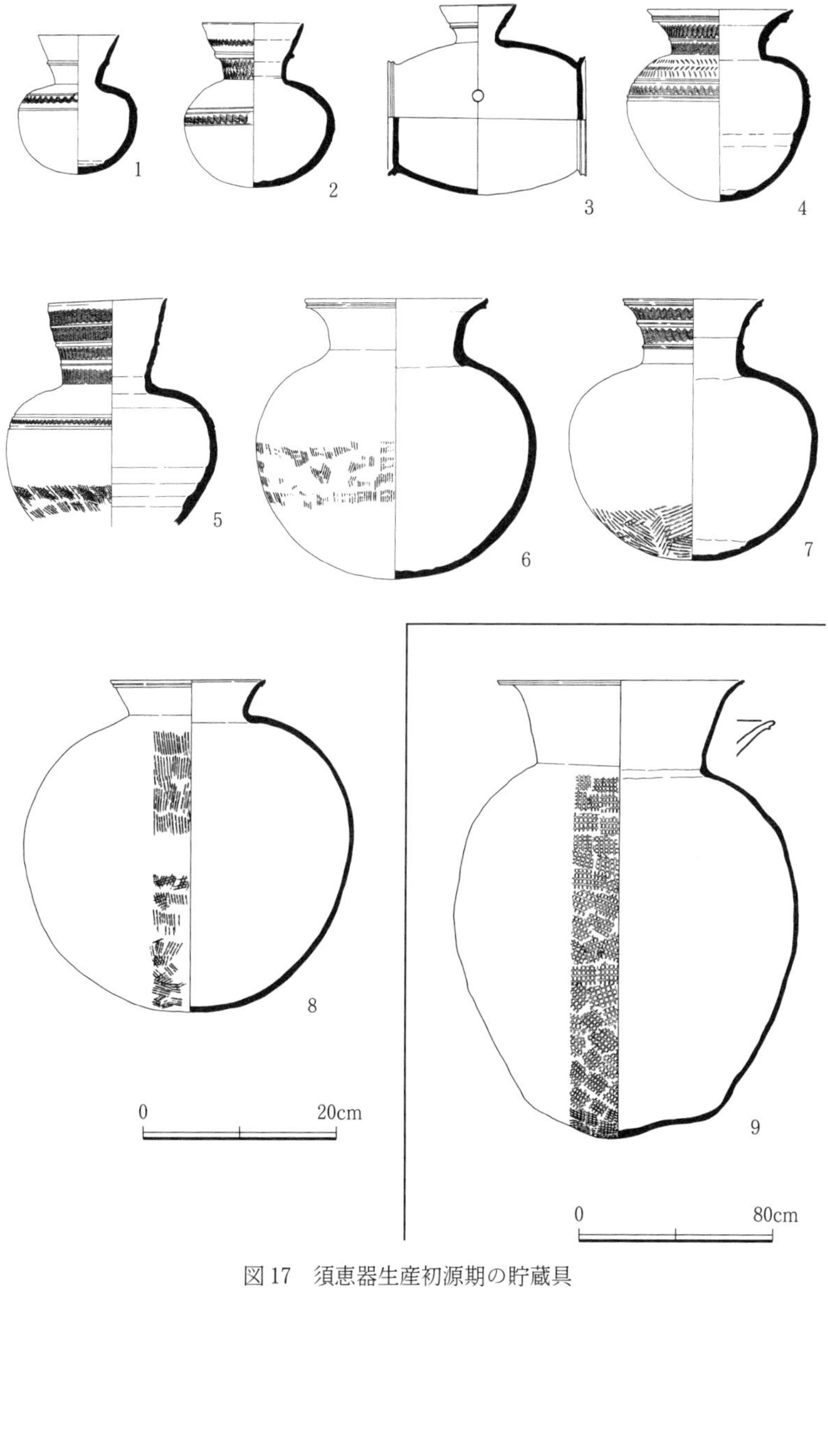

図17　須恵器生産初源期の貯蔵具

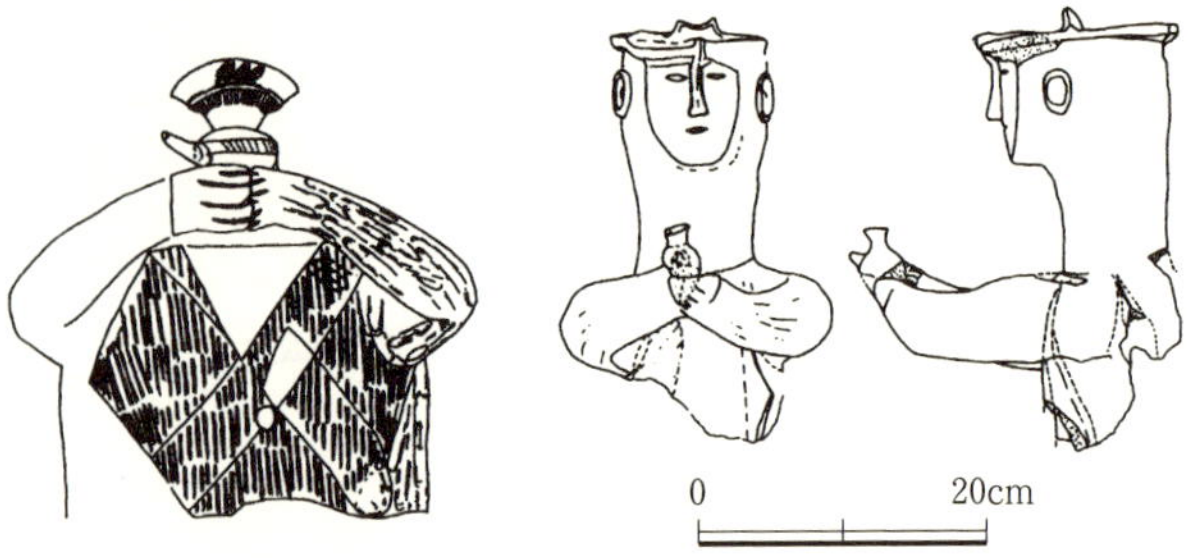

図18　須恵器𤭯をもつ埴輪（左：郷ケ平6号墳，右：常楽寺古墳）

貯蔵具機能の土器から須恵器への置き換え　須恵器貯蔵具の出現と同時に土器壺が衰退・消滅する様相から考えて、土器壺の機能を須恵器貯蔵具が引き継いだとみられる。容量を基準に考えると、土器小型壺の機能は壺や𤭯など須恵器小型貯蔵具に引き継がれる。土器小型壺に備わっていた多様な器形や長頸器種、小分け容器としての機能は、須恵器においては整理され、𤭯や直口壺、短頸壺など各器種に作り分けされる。須恵器器種の原型は陶質土器にあり、用途と形を整理する中で、日本にあった形に作り分けがなされたのだろう。

土器壺の中軸を担った中型壺は、水の運搬と貯蔵が主な用途だったが、須恵器では小甕と中甕がこの機能を継承したと理解する。須恵器では一〇㍑を境に小甕と中甕の作り分け意識があり、一〇㍑以下の小甕は運搬機能を兼ねた容器として定着した可能性がある。壺の大型タイプも同様の機能を担った可能性があり、とくに、壺の頸部括れと口頸部の長さは、注ぎやすく、運搬に適するためだったろう。

中甕は一五㍑を超える容量から見て、据え置き容器を想定する。北陸の奈良・平安時代の中甕に残された摩耗痕跡を観察した事例では、外底面の中心から二〇㌢径程度の範囲で摩耗する事例が複数確認でき、地面に埋めて固定したのではなく、地面に据え置かれたものと推察された。また、内面摩耗痕跡では頸部内面と内底面に擦れによる軽い摩耗や欠けが確認でき、液体の汲み出しに柄杓などの道具が使われていた可能性を示唆する。その用途は土器中型壺が有した液体貯蔵、主に水甕の機能を担ったと思われるが、三〇㍑前後の容量は土器壺には例外的なものであり、後述するように他の用途、多様な使用形態に変化したこと

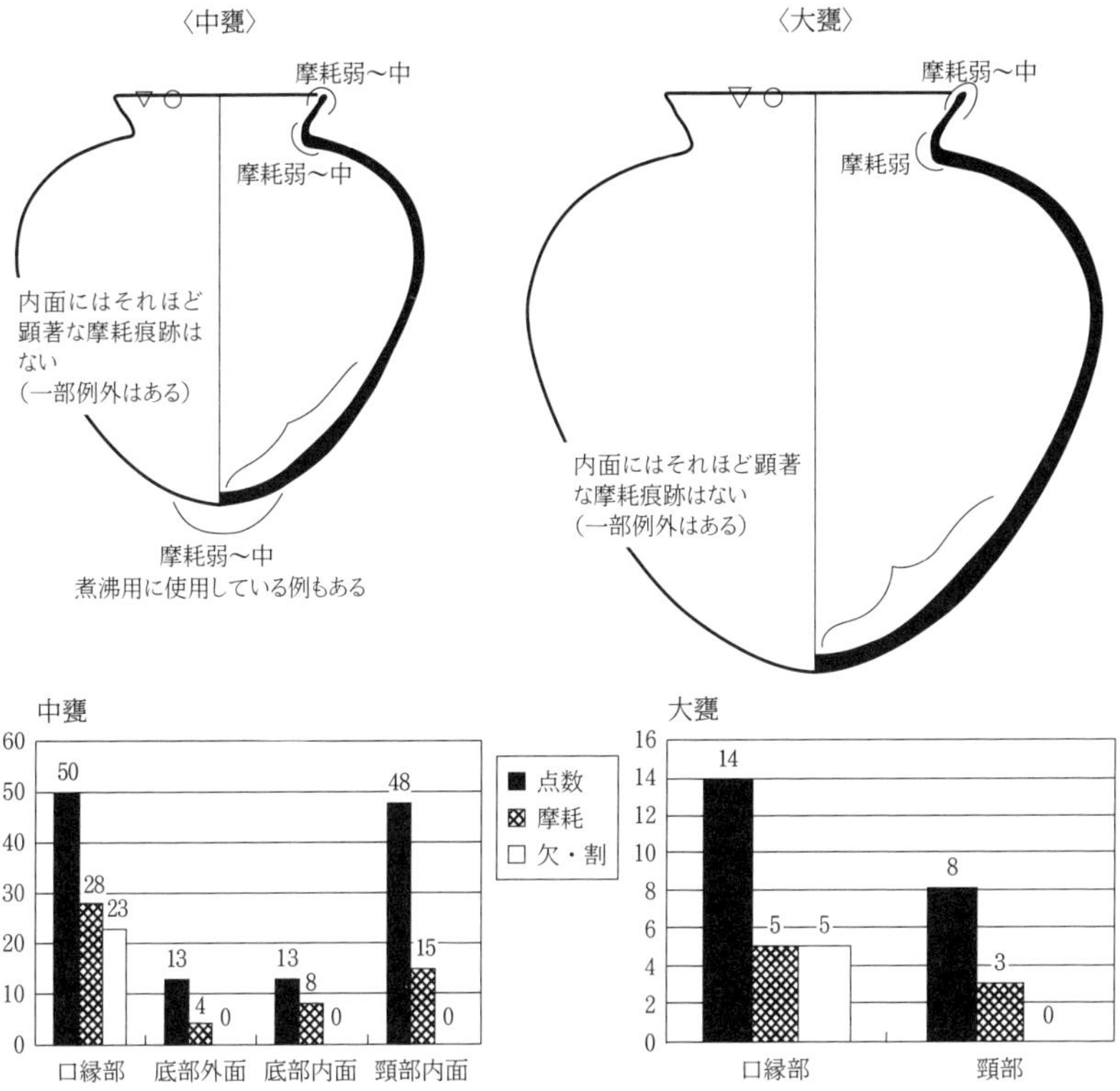

図19　須恵器中甕・大甕にみられる使用痕の位置と頻度（柿田 1999）

に起因すると推察する。

大甕は一〇〇㍑を超えるため、特大土器壺に相当するが、土器壺に比べて須恵器大甕の生産量は格段に高く、別の使命も担っていたと思われる。須恵器生産初源期において最も重視された器種であり、もともと韓半島にあった大甕を使った発酵醸造の技術や祭礼・儀式などがそのまま日本へと持ち込まれた可能性がある。

北陸の摩耗痕跡事例では、口縁部の欠けや頸部内面の擦れの痕跡は中甕と同様だが、底部にはさほど摩耗痕跡がなく、とくに中甕で認められた外底面の摩耗痕跡は認められなかった。これは設置状態を反映したものと推定でき、後述する大甕を埋めて使用することと関連性が高いだろう。

須恵器生産の定着と甕の定型化　五世

紀中頃になると、須恵器生産は陶邑窯跡群へ集約を見せ、生産が安定するとともに、五世紀後葉には陶邑窯跡群から地方へと須恵器技術の拡散が行われ、関東以西の核となる地に須恵器生産が波及し、地方において須恵器使用がしだいに定着してくる。

この動きと合わせ、貯蔵具も定型化の動きを見せる。器種は須恵器生産初源期と大差ないものの、大甕に二〇〇㌧を超える特大サイズが加わり、中甕も三〇～六〇㌧の幅で、小甕は五～一五㌧の幅で存在し、全体的に初源期の甕よりも大型化してくる。同時に、中甕、小甕に見られた球胴器形はなくなり、サイズに関係なく、胴部中位から上位で強く張り、底部へと窄まっていく器形へ統一されていく。

甕の大、中、小の割合は、しだいに大甕の生産量が減り、六世紀後半～七世紀には甕の三割以下となって、中甕が六割を超える。小甕は六世紀以降減少し、七世紀には一割以下に低下して、小甕が担ったであろう運搬用の水容器の機能は他の器種へと移っていく。

初源期に一部小甕に認められた口頸部装飾は、五世紀中頃に大甕から小甕に至るまで、波状文装飾を施すようになるが、五世紀後葉には大甕にのみ装飾が残り、中甕、小甕への波状文装飾は消え、無文化していく。五世紀後半から六世紀は、まさに甕の定型化段階であり、これに伴い、陶邑窯跡群では、須恵器の中で甕の占める破片数割合が、初源期窯の九割から、五世紀中葉には八割、そして五世紀末には五割へ減じ、六世紀前半には四割、そして七世紀には二～三割と、甕の減産とともに、食膳具生産の割合が高まっていく。

ただ、これは陶邑窯跡群のあり方で、地方窯ではその動きが遅く、六世紀後半の群馬県金山丘陵窯跡群では依然として九割以上、七世紀前半の石川県南加賀窯跡群でも七割と高い。地域での須恵器普及率、生産量との関連で、まだ甕の普及が十分ではない地域では、甕が優先的に生産されたことを物語る。

継承される器種と新たに出現する小型器種　初源期に成立した壺と𤭯は五世紀後半においても継承される。壺は口頸部が短く直立する小型短頸壺と口頸部が長く立つ長頸壺、小甕に似た球胴を呈する壺があり、後者は六世紀前半の中で衰退していく。𤭯は大小の法量のまま定型化し、大型𤭯の一翼を担った樽形𤭯は衰退。六世紀には大型𤭯も消滅し、小型の𤭯は胴部の小型化と口頸部の長大化が進行して、仮器化していく。これらの器種と直接は競合しないが、六世紀前葉になって一〜三㍑の容量をもつ提瓶が、六世紀中頃になって一〇〜一五㍑の容量をもつ横瓶が出現する。

提瓶は扁平形の胴部側面に別作りの口頸部を付す容器で、口頸部を挟んだ両肩に環状把手を二個対に付す点から、水筒のような機能を想定されがちである。ただ、把手の紐擦れ痕跡が認め難い点、しだいに把手の退化が進行する点など、把手機能に重きが置かれていたとは考え難い。当器種の用途を示唆する鍵は、七世紀前半に消滅する提瓶に代わって出現する平瓶にあると考えている。平瓶は提瓶から胴部風船技法を踏襲させ、口頸部の取り付け位置を側面ではなく胴部上の片側に偏って付す、言わば提瓶の改良型容器と言えるもので、七世紀に入り小型化していく提瓶が担った機能をそのまま継承したと推察する。平瓶は七世紀後葉には口縁部が開く器形へと変化し、液体を注ぐのに特化した器形を呈すが、容量的には小分け容器であり、形状からとくに酒容器としての機能を担ったものと考えたい。

提瓶は集落遺跡でも出土するが、とくに横穴式石室等の横穴系墓室内への副葬が目立つ器種である。高坏や坏、𤭯とともに、食物儀礼用の容器として墓室内に入れられる器種であり、液体を入れた状態で置くことのできないその器形は、儀式のみでの使用か、仮器としての性格を有していたことを物語る。平瓶に形態変化することで、安定した卓上使用が可能となり、仮器の範疇から脱し、儀礼を伴うような飲食の場で定着したものと理解する。

横瓶は横俵型の胴部に別作りされた口頸部を付す器種で、一〇〜一五㍑の通常容量のほか、五㍑台の小型容量も併存する。容量から見て小甕と競合しており、七世紀の小甕減産とともに生産量を増やす器種と言える。七世紀前半の

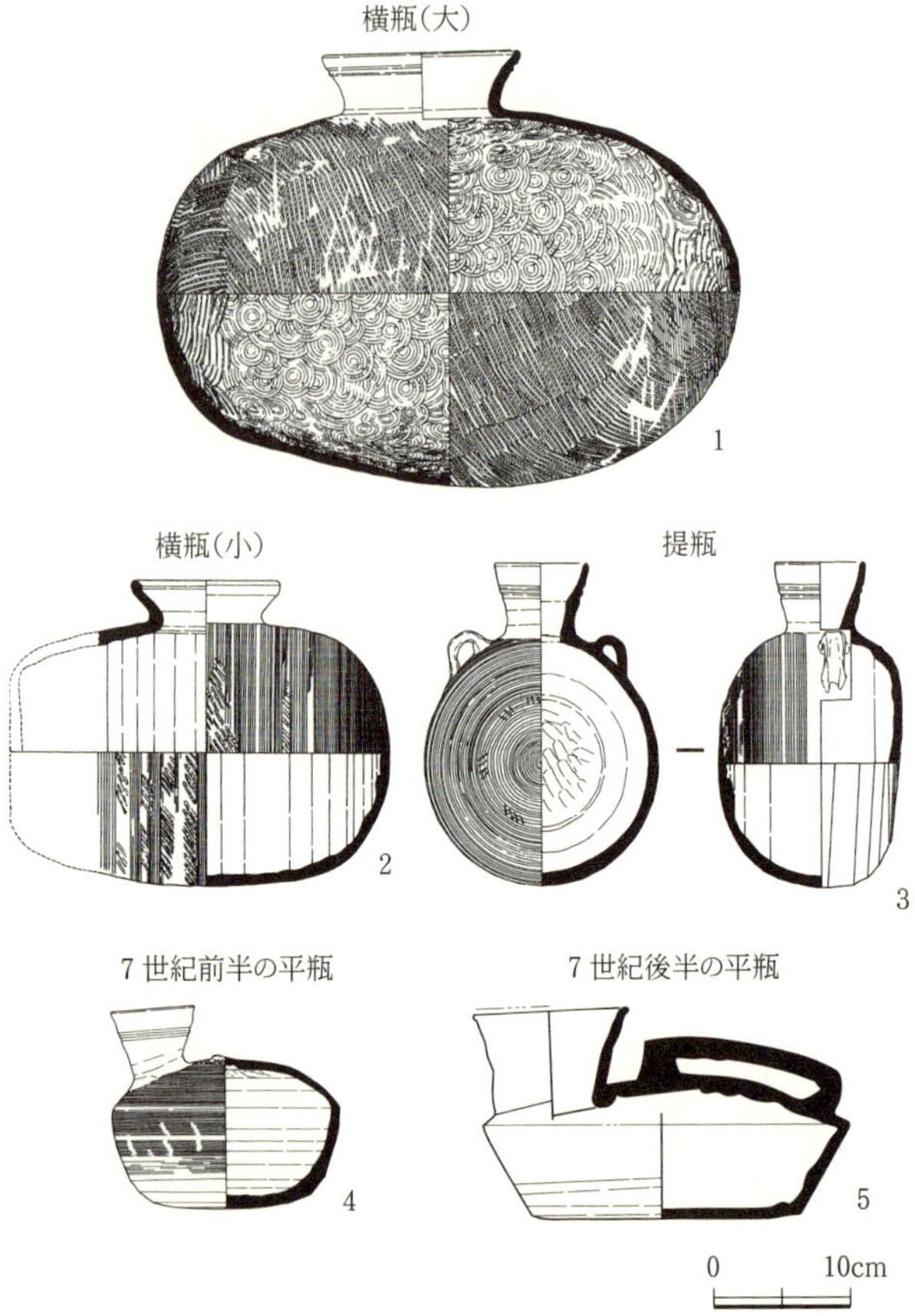

図20　6〜7世紀に新たに導入された須恵器壺・瓶器種（南加賀出土）

南加賀窯・林タカヤマ窯跡では、横瓶が小甕の三倍以上の数量を有し、この容量の貯蔵具として定着、普及していったことを示す。

横瓶は、頸部の絞り込みと横俵型胴部を呈する器形特徴から、こぼれにくく運搬に適した容器と判断されるが、液体を入れて貯蔵するには不安定な器形であり、背負子のような付属具を使用しながら運搬専用容器として機能していた可能性がある。横瓶外表面の摩耗痕は底面に少なく、胴側面に認められることも、液体が入っていないときには立てて保管されていたことを示唆する。

5　須恵器の普及と宮都や地方官衙での貯蔵具使用――飛鳥・奈良時代

須恵器生産の普及と宮都的な須恵器貯蔵具　須恵器生産は七世紀後半には東北北部を除く地方各地に波及し、八世紀には地方の集落に至るまで須恵器が浸透、日本各地で須恵器生産の全盛期を迎える。七世紀前半の短期に営まれた集落跡、石川県念仏林南遺跡のデータでは、個体数換算で食膳具三三％、貯蔵具一二％、煮炊具五五％と、煮炊具率が高いのに対し、八世紀前葉〜九世紀前葉の中核的集落跡、石川県松梨遺跡のデータでは、食膳具七四％、貯蔵具一四％、煮炊具一二％と、食膳具の急増はもとより、貯蔵具が煮炊具に近い数値まで増加する。とくに貯蔵具の時期が八世紀前葉〜中葉に偏る傾向があり、先述した貯蔵具破損率の低さを考えれば、さらに高い占有率をもって貯蔵具が使用されていたと言えよう。

飛鳥・奈良時代になると、食膳具としての器形を備えた平底または高台付きの規格性に富んだ坏皿盤が出現し、多様な法量分化とともに、宮都的食膳具様式が整備されるが、あわせて食膳に欠かせない小型貯蔵具として長頸瓶が登場する。長脚で太頸器形の長頸瓶は六世紀後半にすでに存在するが、七世紀後葉には算盤玉形胴部に長大な口頸部の付く定型化された器形へ変化する。提瓶、平瓶と同様、胴部風船技法を継承する器種で、六世紀代の提瓶から、七世紀代の平瓶、八世紀代の長頸瓶といった形で、同一の機能、互換性をもつ器種が時代とともに代替わりしていったのだろう。容量は提瓶の一・五〜三㍑から、平瓶においては一・五㍑の小型と二・五㍑の大型に分かれ、小型のみが長頸

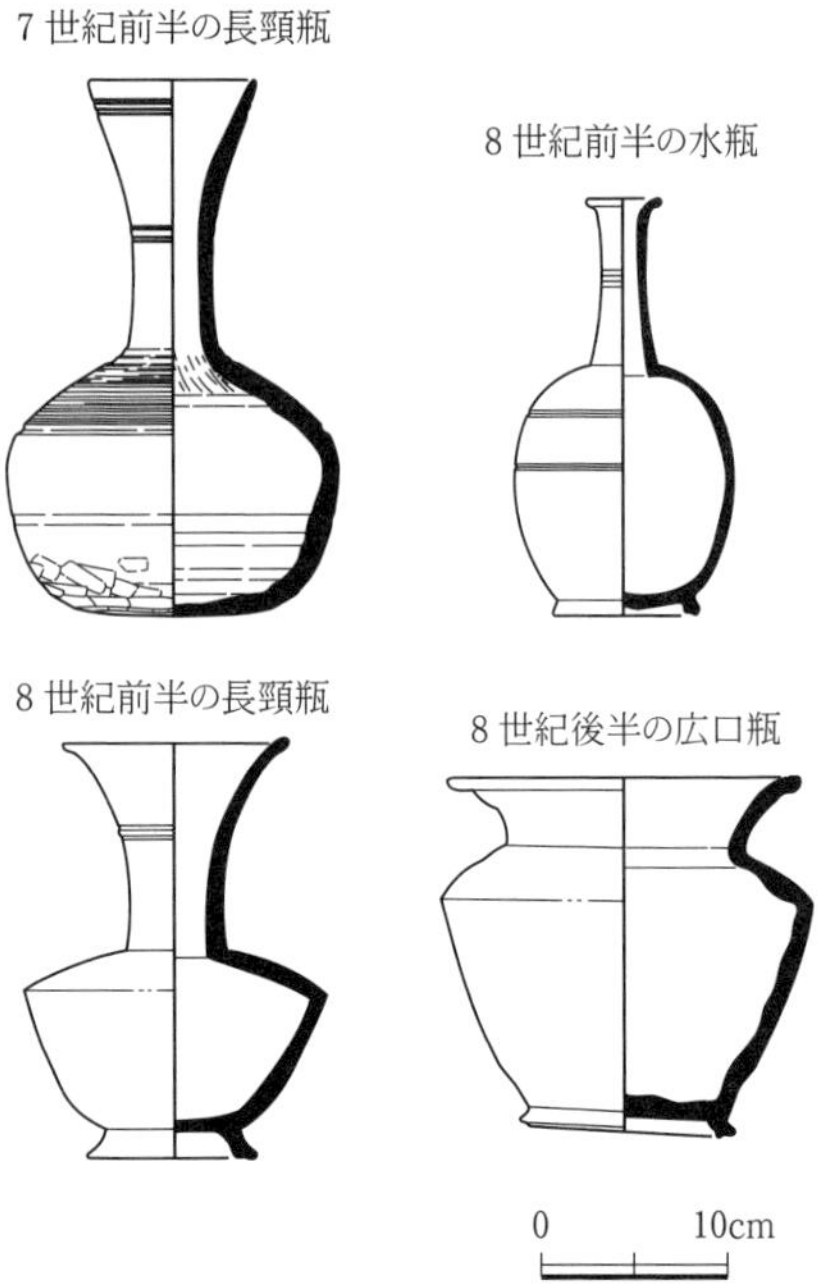

図21　7〜8世紀の須恵器長頸瓶と他の瓶類

瓶へ引き継がれ、一・五㍑前後の容量で定型化する。『延喜式』には、瓶の表記に大・中・小を付す記載と「酒瓶」「酢瓶」「油瓶」「水瓶」の用途が付される記載とがあり、酒や調味料を小分けにして入れる小型容器を瓶と呼んでいたことがわかる。八世紀中頃から後半には長頸瓶より頸が太く口縁部が強く外反する広口瓶も存在し、これについては二〜三㍑の容量を測る。また、長頸瓶の亜種形態と言える水瓶が七世紀後半から、浄瓶が八世紀から出現するが、七世紀代に出現する金属器を模倣製作した精製品で、仏器としての用途が考えられる器種である。長頸瓶自体、七世紀後半以降は金属器模倣の意識づけがあり、優品須恵器として扱われただろう。

長頸瓶の出土傾向と使用の場面　長頸瓶は飲食を伴う儀礼や祭祀、公式の飲食の場での酒器等液体を入れる容器として使用されたものと見られるが、一般集落においても定量の出土はあり、日常の生活の場においても一部使用されていた。しかし、遺跡の性格により出土量は異なり、平城宮・京を頂点として、地方官衙、公的施設、中核集落など、中央に近いほど使用される場は増え、それに対応した出土の多寡が認められる。

遺跡の性格、レベルとは別に、地域により出土量に差がある場合もある。北陸の八世紀の須恵器窯データでは、貯蔵具の中での長頸瓶割合が、越前・加賀で二割弱、能登・越中で一割半前後、越後・出羽で一割以下となり、西から東へと段階的に減る現象が看取できる。これは長頸瓶を使用するような飲食の場の比率、用意される器の量に比例するものと言えるが、越前・加賀では一般集落の出土が定量あり、そのような食膳具様式が広く普及していたことが地域的な組成比率の差として表れたのだろう。東北出羽では、平安時代の須恵器生産の全盛に伴って、長頸瓶の率が高まる傾向があり、須恵器の一般集落への普及拡大がもたらした現象と理解されよう。

もうひとつの宮都的貯蔵具・短頸壺　飛鳥・奈良時代の小型貯蔵具を構成する主要器種に、短頸壺がある。広頸で短頸、胴部の張る器種で、須恵器生産開始期から存在する器種である。六世紀後半から七世紀には平底でやや長胴を呈す二・五〜四㍑の容量の壺と、広口で鉢状器形を呈す〇・五〜一㍑のものとがあり、その後も、あまり定型化しないまま、八世紀へと存続するが、八世紀に入ると、新たに球胴で高台の付く定型化した有蓋短頸壺が出現する。青銅器の鋺を原型とした金属器模倣器種で、精緻な作りをもち、三〜五㍑の容量を有す。八世紀代、長頸瓶とともに宮都的食膳具様式の一角を形成する器種として、量は多くないが汎日本的に生産され、普及する。

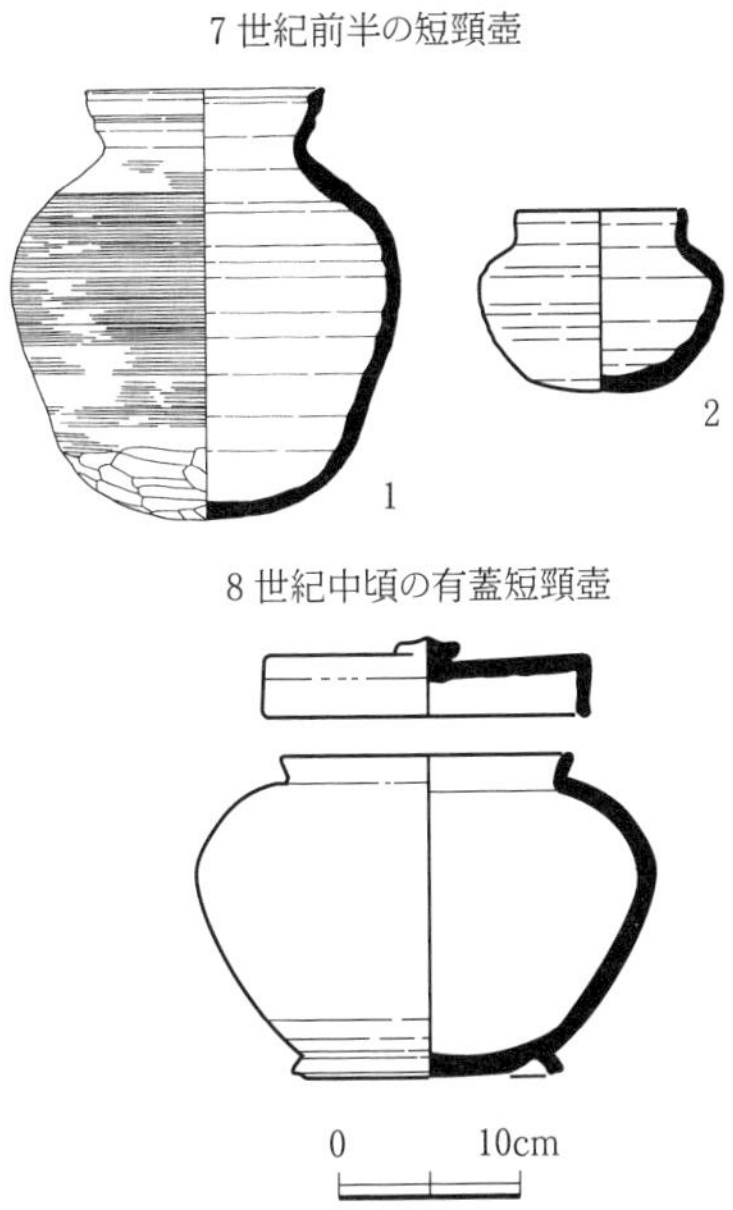

図22　7〜8世紀の須恵器短頸壺

『正倉院文書』には、「薬壺」の記載や「酒壺」、「錫壺」、蘇を入れる容器の記載があり、内容物の製造を行う器としてではなく、小分け容器として使用されたことを示す。太頸で短い口縁部を呈す特徴は、液体はもちろん、固体やゲル状の内容物を入れる容器としても使うことができる。須恵器の口縁部端の摩耗痕跡から、蓋を伴うことが基本であり、須恵器製または木蓋が使用されたものだろう。

須恵器の日常雑器化と中小型の貯蔵具　前項で述べた小型容器が宴席や儀礼の場での使用を前提とした優品であったのに対し、それよりもやや容量の大きな中型容器は粗雑な作りで日常雑器的な使われ方をする容器であったろう。五〜一五㍑の容量をもつ貯蔵具では、七世紀は横瓶と小甕が主体的に使われている。六世紀に出現した横瓶は七世紀以降、一〇〜一五㍑の容量を有し、生産量を増加させる器種だが、この時期の小甕の減産とともに、運搬用の液体貯蔵具として定着する様相を示す。八世紀前半代まで、汎日本的に当容量の貯蔵具として主体的に存在し、地域によっては九世紀までその様相を維持する。ただ、西日本を中心に八世紀中頃以降、減産される様相をもち、それに代わってこの容量をもつ長胴の壺が出現、定着してくる。依然として小甕が主体的に存在する地域もあるなど、八世紀中頃から後半は地域や生産地によって採用する器種が異なる様相をもち、須恵器食膳具とあわせて、地域差が顕在化した時期と言える。

長胴壺の出現と横瓶、小甕との互換性　七世紀から続く長胴の壺は、八世紀前半には衰退するが、八世紀後半に入ると、新たな平底、長胴器種として出現してくる。口頸部が短く直立する長胴短頸壺と、口頸部が短めに外傾して開く広口壺、そして胴部上位が角張る肩衝壺など、様々な器形を呈する長胴壺があり、地域によって主体を占める器種が異なる。容量はおおむね五〜七㍑程度で、八世紀に入り小型化してくる横瓶と、おおむね容量に互換性をもつ。

また、広口壺の底部を叩き出し成形したような小甕も少ないながら存在し、五〜一〇㍑の容量の容器では様々な器種が運搬用の液体貯蔵具として使用される。これらの器種は丁寧な作りのものはなく、日常的な雑器として生産された感があり、それは五㍑以下の小型貯蔵具とは異なっている点である。当器種は、広口であることや短頸を呈する点など、液体を運搬するのに適さないが、蓋をするなどして対応したものと推察する。

古代文献資料に記載の大型貯蔵具

『延喜式』巻第二十四、主計寮には、当時宮廷で用意された貯蔵具の名称と個数、そして容量も合わせて記載されている。最大五石入る容器は「池由加」と「瓱」であり、一石二斗入り容器に「瓼」が、一石入り容器に「由加」、五斗入り容器に「缶」がある。『正倉院文書』として残る各国の正税帳にも、容量の記載があり、現代換算に直すと（篠原俊治説より一石八三リットル換算）、「瓱」は一二五〜四一五リットル、「瓼」は一二・五〜一〇〇リットルとなり、「瓱」の中でも大型のものが「甕」として位置づけられ、二五七〜六〇〇リットル、「瓱」の中でも小型、八〜四二リットル程度のものが「缶」と位置づけられたと見られる。

とくにこの中で、「瓱」と「瓼」は、『法隆寺流記資財帳』に寸法の記載があり、現代寸法に換算すると、「瓱」が口径三〇〜七〇センチ、器高八〇〜一二〇センチ、「瓼」が口径三〇〜五五センチ、器高四五〜七〇センチとなる。容量換算と大きさから見て、「瓱」は大甕、「瓼」は中甕に該当することで間違いないだろう。

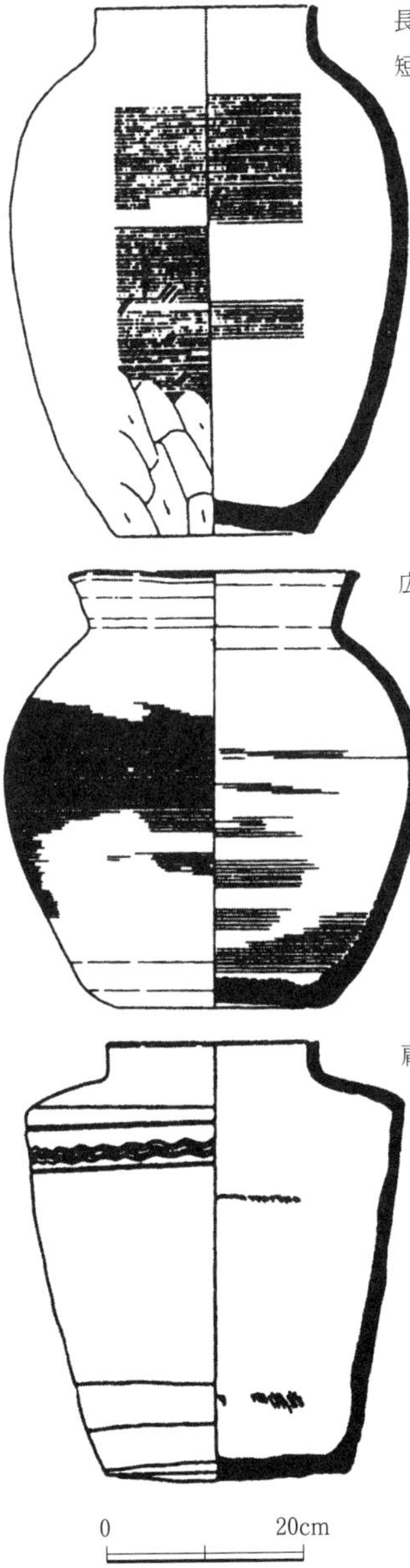

図23　8世紀後半の須恵器長胴壺

表2　『延喜式』（主計寮）記載の貯蔵器名と容量

器　名	容　　量
池由加	5石
小由加	1石
瓺	5石
甅	1石2斗・1石5斗
缶	5斗
爐　瓫	3斗
着乳瓫	3斗
水　瓫	2斗
大山𤭯	1斗2升
多志羅加	1斗
中　𤭯	8升
甈	5升
平　瓶	5升
酒　壺	5升
等呂須伎	5升
鉢	5升
水　瓶	5升
叩　瓫	3升
小　𤭯	3升
祭　壺	3升

註　巽1995による。

「池由加」や「小由加」については、平城京左京三条一坊十五坪の邸宅内出土の広口で鉢状器形呈す浅甕に「□□由加　和銅□□」と墨書する事例があり、「由加」は大型の鉢状器形を呈す容器、とくに「池由加」は特大浅甕と言えるものだったろう。

大甕（瓺）の用途と酒造り

『正倉院文書』記載の貯蔵具には、内容物や用途が付記されるものがある。「甕」や「瓺」は酒が六例、醤が二例、未醤が三例、酢が四例など、もっぱら醸造容器として使用したことが窺われる。さらに長屋王家邸宅より出土した木簡には、サイズの異なる「大瓺」、「次瓺」、「少瓺」の三種の大甕にそれぞれ仕込まれる米と麹、水の分量が示されており、平城宮跡の大膳職や造酒司においても、醸造容器として甕を並べ据えたような穴の配列を内部にもつ掘立柱建物跡が発見されている。

このような建物は、藤原宮で一例、平城宮で二九例、平城京で五五例、長岡宮で一例、長岡京で一六例、平安京で九例確認されており（玉田二〇〇二）、長大な廂付き掘立柱建物跡内に多いものでは五列一二個の甕据え穴が整然と並んでいた。出土木簡からも、平城宮造酒司「三条七甕水四石五斗九升」「二條六甕三石五斗九升」など、甕の配列と作る酒の量を示したものもあり、酒造りが強い管理下に置かれていたことが理解されている（木村泰一九九九）。地方でも公的、上級の遺跡で、建物に伴う甕据え穴の検出例は増えつつあり、建物が伴わない単独のものも確認されている。

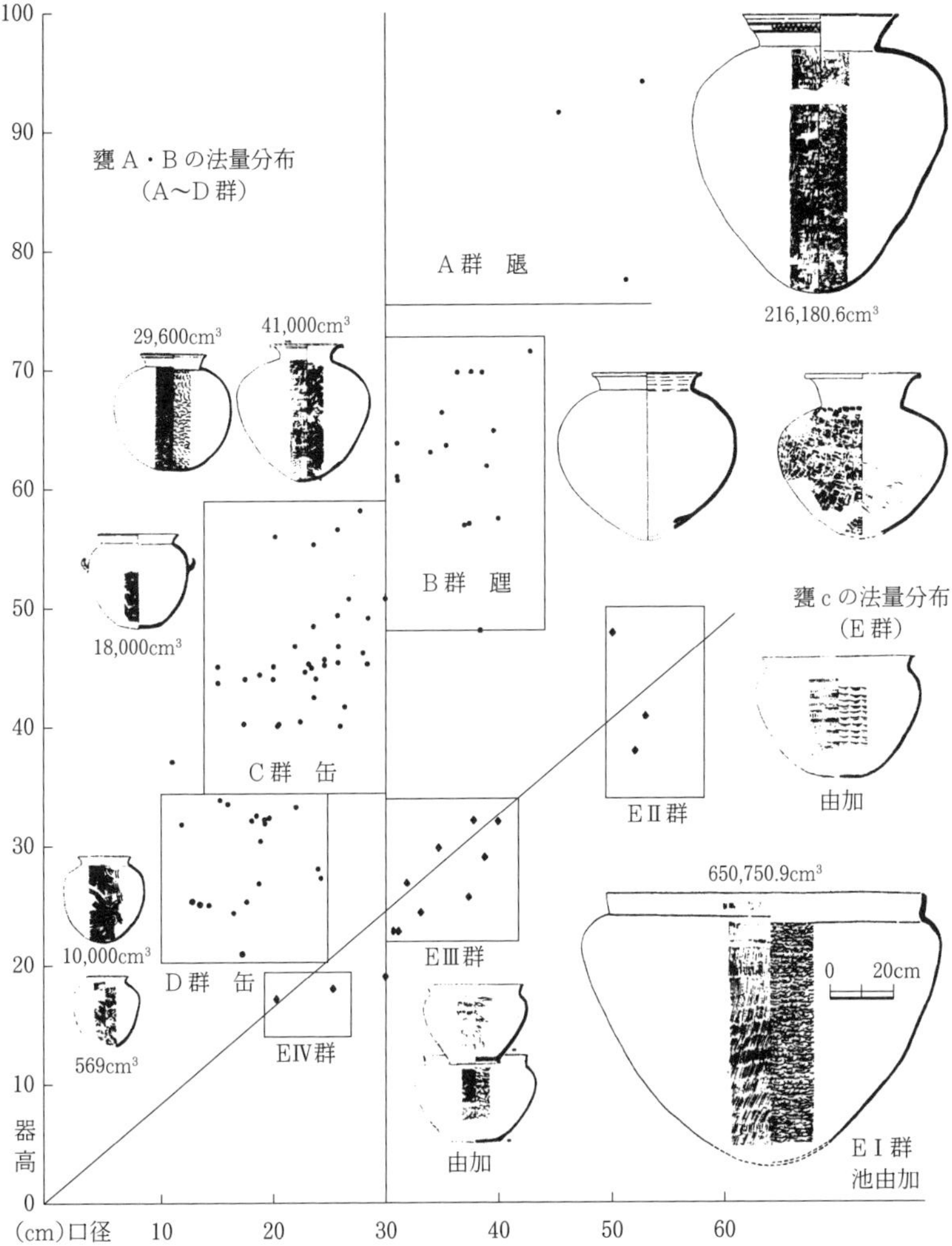

図24　平城宮・京出土の須恵器大型貯蔵具法量分布図（巽 1995）

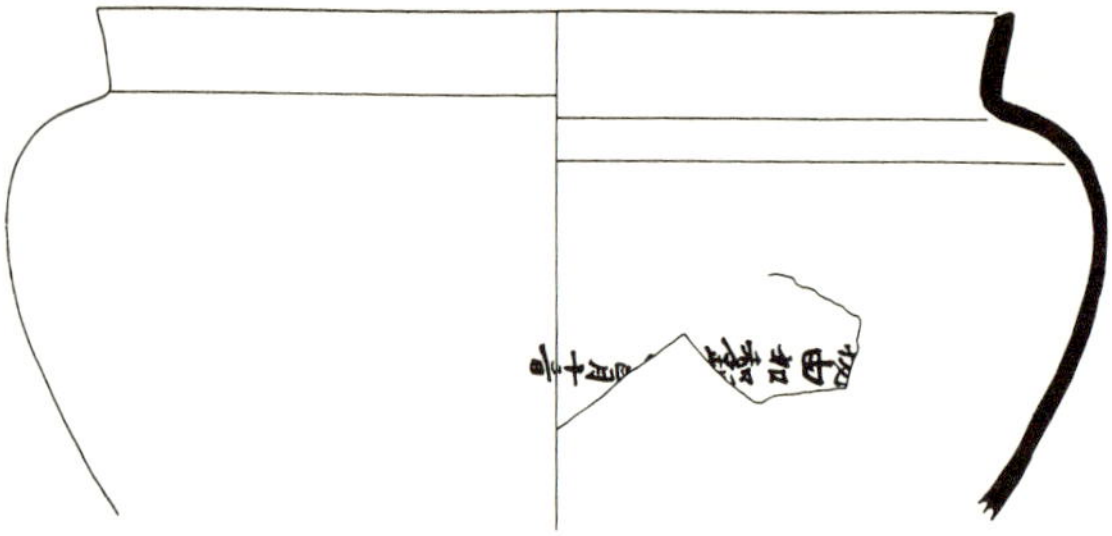

図25　平城宮左京三条一坊十五坪SD485出土池由加墨書の浅甕

この甕据え穴は、大甕を遺存させる事例もあり、多くは胴部下半から中位付近まで地下に埋められるほどの深さと大きさを有している。深く埋めることで外気に左右されない一定の温度での醸造を可能としたのだろう。『正倉院文書』や木簡資料の「瓱」の割注に、「不動」と記す事例もあり、醸造目的で土中に埋められる状態をさしたものと理解される。

大甕を土に埋めて使用する絵が中国山東省の漢画像石墓に刻まれている（図28）。大規模な宴席とそれに併設される厨房を描いた絵画であり、宴席の傍らには、胴部上半まで地面に埋められた胴径が一㍍はある特大甕四個が並んで描かれている。この大甕で醸した酒を汲み出すためであろうか、甕の上には大型の匙をもつ人や酒に酔って座り込んでいる人、左上には酒の小分け容器と思われる大型の長頸瓶二個が、そして右側には運搬のための縄をかけた中甕が四個置かれており、酒甕とその周辺の風景を示したものと理解される。

須恵器大甕の用途と儀礼・祭祀　宴席、儀礼、祭祀と酒との関係を考えるうえで、周から漢代に儒学者がまとめた礼に関する書、『禮記』が参考となる。それによれば、神祖霊への祭祀において、酒を入れる甕と酢や塩辛を入れる壺、黍などの穀物を入れる籠の三種の容器を、祭壇へ並べ置いて供献するとされている（篠原二〇〇六）。甕には様々な酒が入れられるが、なかでも玄酒とされる明水（聖水）は最上位に位置し、酒にも増して原点である聖なる水を尊んだ。水と酒は甕に入れられ、神饌を神に献じる儀式が行われた。

漢画像石墓や『禮記』に示すように、中国を源とする甕と酒造り、醸造、発酵技術、そして神霊、祖霊への供献儀

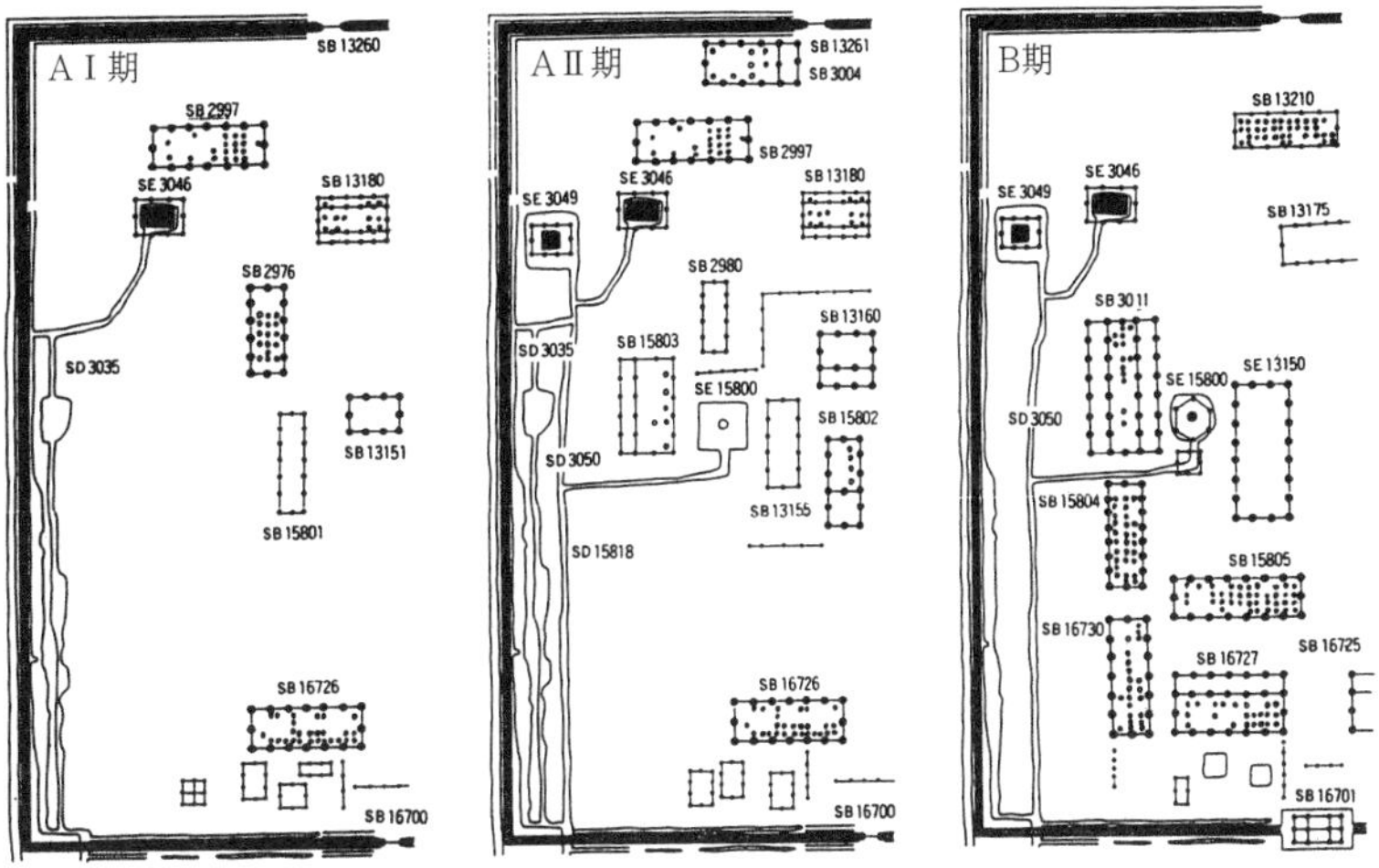

図 26　平城宮造酒司遺構変遷図（SB 内小ピットは甕据え穴）（玉田 2002）

礼も含めて、一つの文化・技術として韓半島を経て、須恵器生産とともに日本へもたらされたのであり、須恵器生産初源期における大甕の重要性がここにあったと理解されよう。日本では、大甕を軸にした祭祀遺構が各地で検出されており、とくに六世紀に位置づけられる長野県青木下遺跡Ⅱでは、土師器や須恵器の食膳具が径八㍍前後の円形に並べ置かれ、その中央に大甕が配置される土器集積遺構が複数確認されている。このような祭祀遺構については、『儀制令』

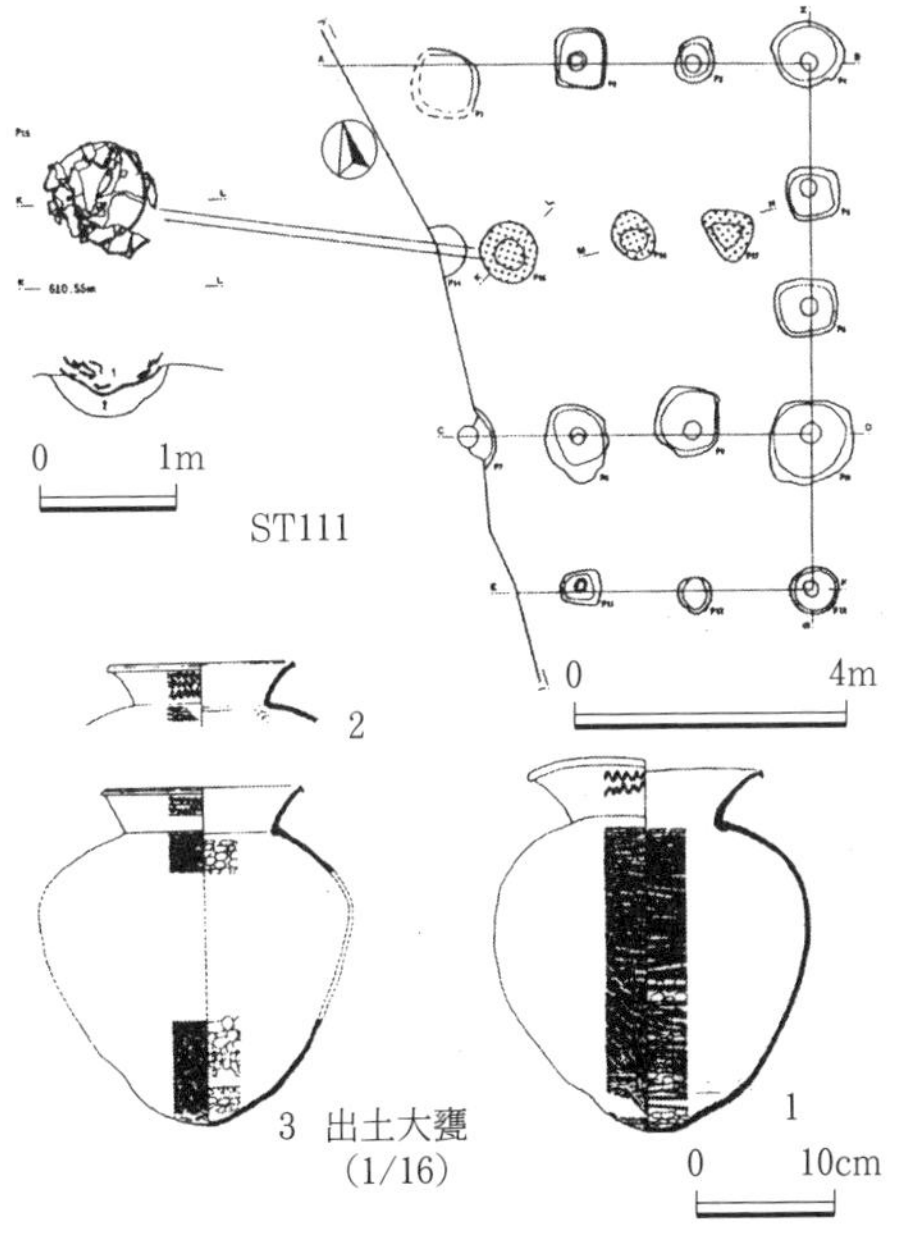

図 27　松本市下神遺跡の甕据え穴をもつ建物（原 1998）

図28　中国山東省の漢画像石墓の壁画（宇野1999）

にある「郷飲酒礼」に相当するという見方がある（篠原二〇〇六）。祭祀行為の中心に酒甕を置き、神へ供献したものであり、郷に属する人々が神と共食し、容器類はその場に破砕することで、撤饌としたのであろう。

中甕（瓱）の用途　「瓱」の記載には内容物を酒と記す『正倉院文書』並びに木簡等の資料はない。醬や未醬、酢といった醸造品に加えて、葅や漬□といった記載が目立つことが特徴である。ただ、これらは宮や官衙での使用例であり、その出土量の多さから見て、食品調理の使用を第一に考えるのは危険である。

これまで何度か触れてきた石川県念仏林南遺跡では谷と溝で区画された空間に二〇の竪穴建物跡と一九の掘立柱建物跡が確認されているが、当集落の同時期併存建物数はおよそ一〇棟で、復元可能な須恵器中甕が一四個出土している。集落移動時の運び出しを考慮し、集落内での中甕保有数を算出すれば、一五〜二〇個はあったものと見ており、一建物に一〜二個の中甕が使われていたことになる。これらを調理用と見るには量が多すぎ、一般集落の場合、中甕の多くは容量から見ても、水貯蔵の用途を考えるべきだろう。

中小甕（缶）の用途　「缶」は「瓱」より小型の容器とされ、二斗八升から四斗程度の容量を中心とする。つまり二五〜三五㍑であり、中甕の中でも小型容量となる。『但馬国正税帳』には鮨五石を三斗六升入りの「缶」一三口に、三斗二升入りの「缶」一口に小分けにして二四人で運んだと記載される。「缶」を二人で担いで運んだ記載もあり、天秤棒を渡し二人で担いで運んだのだろう。貯蔵容器であるとともに、運搬容器であり、当器種の用途をよく示している。

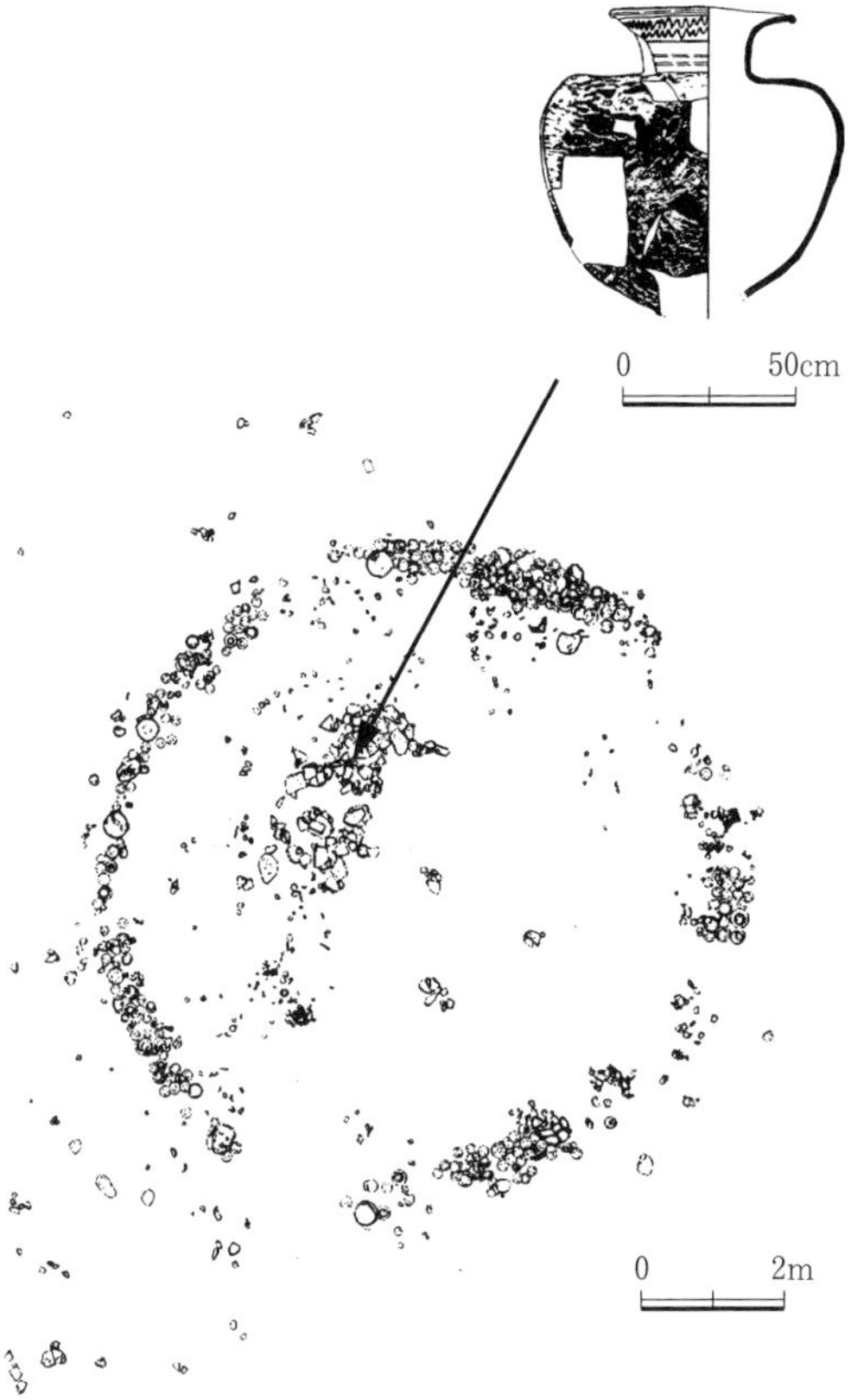

図29　長野県青木下遺跡Ⅱの大甕を中心とした土器集積遺構

内容物を示す記載には、醬や末

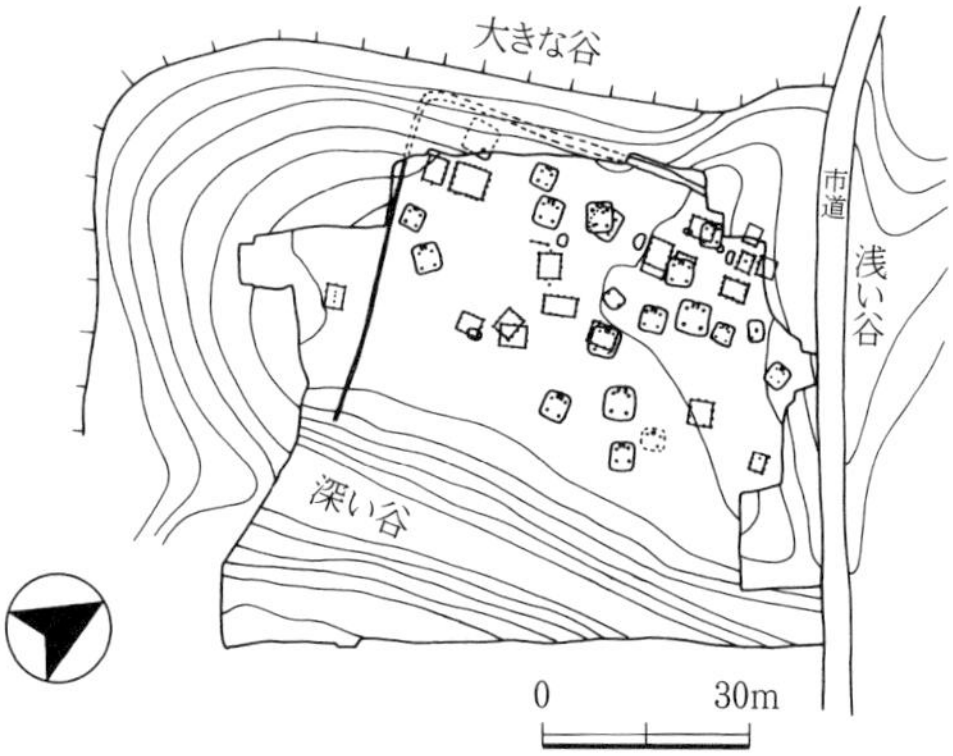

図30　石川県念仏林南遺跡全体図

醬、酢、醬滓といった醸造品に加えて、蕗や葅、漬菜、蕗漬などの漬物、鮨などの発酵食品もあり、「甅」よりも食品は多彩である。「甅」同様に酒の醸造を示す資料はないが、平城宮造酒司より出土した付札木簡には「少林郷缶入清酒」と記されるなど、酒を小分けにする運搬容器として記されている。

浅甕（由加）の用途　鉢状器形の浅甕に該当するが、平城京等を除くと出土数は少なく、地方では上級の集落遺跡に僅かに確認されるにとどまる。「甅」が容量的に一致しており、代用されたのだろう。

『延喜式』には水を汲んで運ぶ容器として記されており、「由加」とともに杓を付記する資料も確認される。もっぱら水容器であり、「池由加」は据え置きのものとして、「由加」は運搬を兼ねた水容器として使用されたのだろう。浅甕の胴部上位に把手を付す例が多いのは、そのためである。地方の場合、先述した「甅」がその代用品として使用されたであろうが、「甅」にあたる中甕には、肩部に把手を付すタイプが一定量存在することも、それを裏づける。

6　須恵器生産の衰退と新たな焼物生産への展開——平安時代前半期

須恵器甕の減産と壺・瓶生産への傾斜　七世紀以降、畿内をはじめとして西日本全般で段階的に甕の生産割合は減少したが、とくに八世紀に入るとその傾向は強まり、食膳具など小型製品焼成用の小型窯の出現と相俟って、後半にはいっそう大型貯蔵具の生産を縮小させていく。

この現象は西日本における須恵器生産の衰退とともに進行するものであり、須恵器生産のもつ意味が変質するなかで、その象徴とも言える甕の生産が低下していったのだろう。これに対し、東日本では須恵器生産が依然として活発であるとともに、八世紀代での甕の減産は顕在化しない。中部地方と関東、東北と地域差があるため、一概には提示しにくいが、資料の整っている石川県南加賀窯跡群の窯灰原資料例で比較すると、貯蔵具中の個体数比率では八世紀前葉に甕が五～六割を占めていた状況が、八世紀後葉から末には四割に低下、九世紀前半には三割、九世紀後半には二割以下、十世紀前半に至っては一割前後と、段階的に減産、衰退していく。関東、東北では、さらにこの減産時期が遅く、東京都南多摩窯跡群の九世紀後葉～十世紀前葉の資料でも貯蔵具中の甕の割合は、三～四割程度の率を保っている。

西日本の甕の減産に伴って、生産量を高めていくのが長胴で平底を呈す壺や瓶である。容量も九世紀には五～一五㍑と複数法量に分かれ、とくに九世紀中頃以降は長胴瓶の生産が顕在化し、両肩に把手の付く双耳瓶が西日本を中心に生産量を高めていく。北陸では越前から越中の地域で双耳瓶が顕在化するのに対し、越後では把手の付かない有台長胴瓶がそれに代わり、同様の器種が信濃から関東、東北に至るまで分布する。

西日本と東日本で、受容される瓶の器種や器形は異なるが、頸部を絞り、外反して広がる口縁部をもつ器形特徴は共通し、容器使用の形態は類似していただろう。西日本で多い双耳瓶は、出現当初の八世紀後半では、しっかりとした把手が両肩に付される点から、紐をかけて背負子に付けるような運搬容器、または、釣瓶として出現してきた可能性があり、しだいに長胴化していった要因としては、傾けて注ぐのに適した形を志向したためだろう。小型容量のものは、長頸瓶のような食膳での小分け容器としても使われていたもので、液体の運搬と液体を注ぐ小分け容器として、

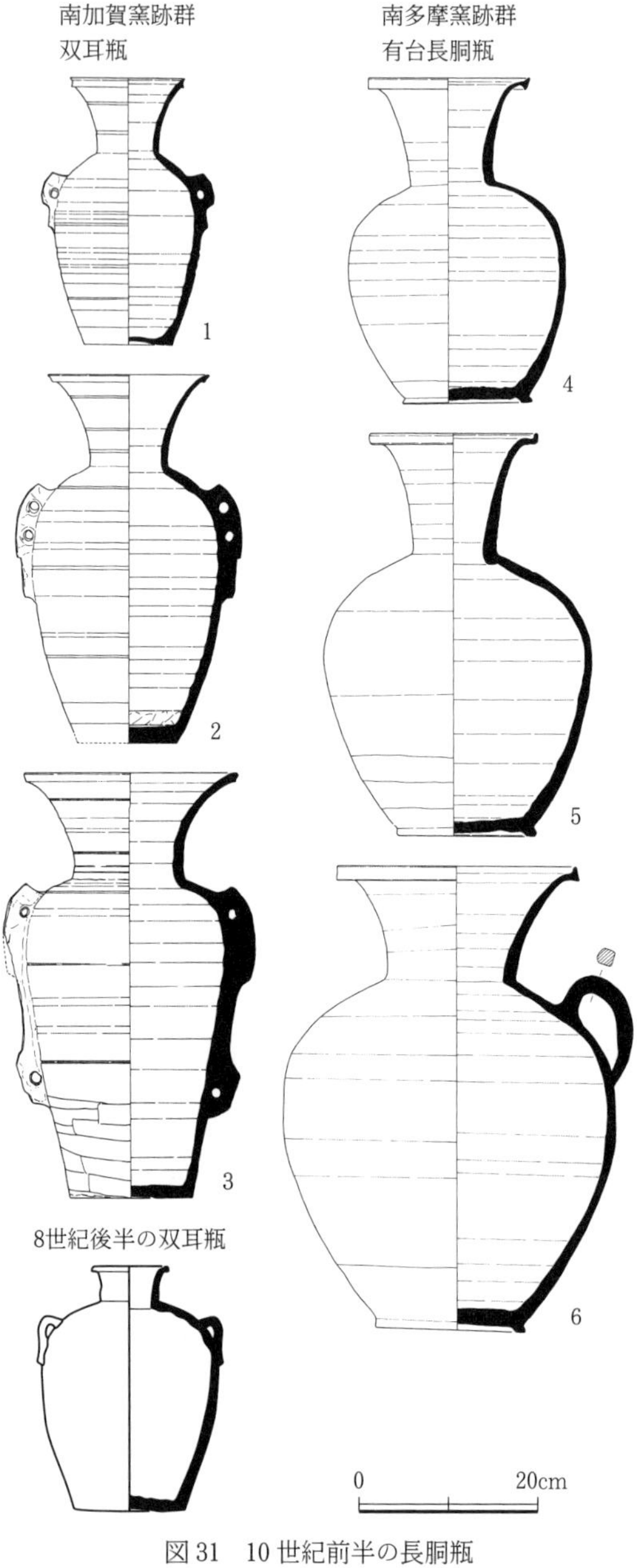

図 31　10 世紀前半の長胴瓶

小型と中小型の万能的な器種として普及したものと言える。

　では、九世紀になって何故、長胴瓶を採用していくのか、汎日本的に増加していく背景には、当器種の原型、この時代の焼物に対する考え方、志向性が関連している。

中国陶磁器を頂点とする焼物の価値観の変化　西日本の須恵器生産が低調となるなか、宮都では八世紀後葉から尾張猿投窯跡群産須恵器がその位置づけを高め、この時期の陶邑窯跡群産を凌ぐほどになる。以前より高い須恵器品質を保つ猿投窯産須恵器が、八世紀後葉に、流通拡大を図る背景には、この時期の優品価値を求む需要者側のニーズと、それに応える猿投窯の技術と材質の高さがあったと推察する。そして八世紀末には「原始灰釉陶器」と呼ばれる壺瓶類の優品生産の開始という形で結実するとともに、さらに猿投窯跡群は新たな陶器生産への道を歩んでいく。

特定の壺瓶器種の優品価値を高めるため、尾張では厳選された胎土と計算された降灰、窯詰方法、窯焚き方法を駆使し、九世紀前葉にはその技術を椀皿等の食膳具にも取り入れ、意識的な施釉により安定した優品生産を可能とする灰釉陶器生産へと展開していく。

国内の施釉陶器生産自体は、七世紀後葉にはすでに韓半島からの技術導入によって緑釉単彩陶器生産が開始され、そして八世紀にはいわゆる「奈良三彩」と呼ばれる多彩釉陶器生産も始まる。しかし九世紀前葉の施釉陶器生産は、それまでの低火度酸化焔焼成による軟質鉛釉陶器とは異なり、窖窯（五章参照）で高火度焼成した硬質の素地に施釉し低火度酸化焔焼成する量産型の緑釉陶器生産、または先述の植物灰原料の釉薬を塗布し高火度還元焔焼成する灰釉陶器生産であり、それは硬質かつ実用性に富んだ施釉陶器生産であった。

この時代の施釉陶器生産の活発化は、弘仁十二年（八二一）に編纂された『内裏式』には見える、宮廷儀礼全般での古風を廃止し、唐風化しようとした動きと連動したものと考えられている（宇野一九九一）。このような宮廷の動きは、儀礼や服装、建築にまで至り、当然、食膳具様式にも影響を与え、唐風化が急速に進行していく。宮廷食膳具様式での唐風化は、中国産の青磁や白磁を頂点とする、素材と色で表現する新式の食膳具様式であった。ただ、中国産陶磁器はまだ一部階層にのみ供給された超高級品であり、実際にはそれを写した緑釉陶器が防長、京都、近江、尾張で生産され、尾張で誕生した灰釉陶器とともに、その代用品として使われた。そしてその下の階層には、施釉陶器を模倣した優品須恵器が位置づけられていたものと言える。

中国産陶磁器を頂点とする唐風の高級志向、焼物ブランド志向に基づく土器の階層性を形成していったものであり、その象徴とも言える椀皿類や瓶類がその後の須恵器生産器種の主体を占めるに至った要因であったと言えよう。加えて、先述した尾張猿投窯産優品須恵器とそれから昇華した灰釉陶器生産は、貯蔵具の中ではとくに瓶類生産への傾斜を強めたと理解する。尾張産灰釉陶器への憧憬とも言える優品須恵器生産が、東日本各地で確認できており、その典型が福島県会津大戸窯跡群における長頸瓶や長胴瓶の生産であったと言える。大戸窯跡群では尾張系の瓶類を模倣する形で、胎土や窯詰位置などにより優品生産を志向させたものであり、当器種を特産的に生産し、東北各地に広域流通させている。まさに猿投窯産瓶類の代替品を在地で生産・流通する体制を形成したものであり、高級焼物ブランドを志向する在地階層に対する地方版の唐風様式であったと言えよう。

須恵器生産の意義づけの変化と二極化　中国産陶磁器を頂点とする当期の焼物に対する価値観と需要者のニーズ変化は、しだいに須恵器に対する需要低下をもたらす。つまり、高級品は中国産陶磁器か施釉陶器。それに準ずるものは施釉陶器志向の優品須恵器であり、そこまでの素材を求めないものは極力省エネ型の生産で作り出される品質低下した須恵器や簡易な制作労力で作り出すことが可能な土師器へと傾斜していった。

須恵器は土師器と同レベルの簡易、粗悪な製品と施釉陶器を目指した優品志向の瓶類へと二極化し、食膳具での須恵器の価値は急速に低下していく。つまり、須恵器の価値は、再び貯蔵具の機能へと収束させていく条件が整うわけだが、そこには須恵器生産初源期において甕が担ったような貯蔵具生産の役割はすでになく、須恵器終焉に向けての最後の反動が見えたに過ぎなかったのである。

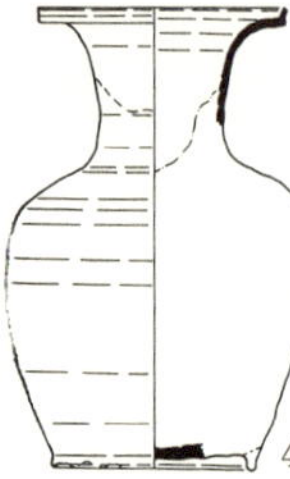
4

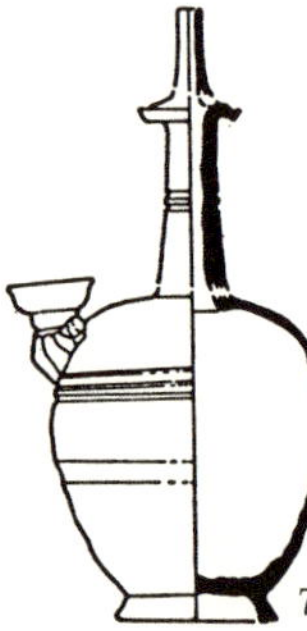
7

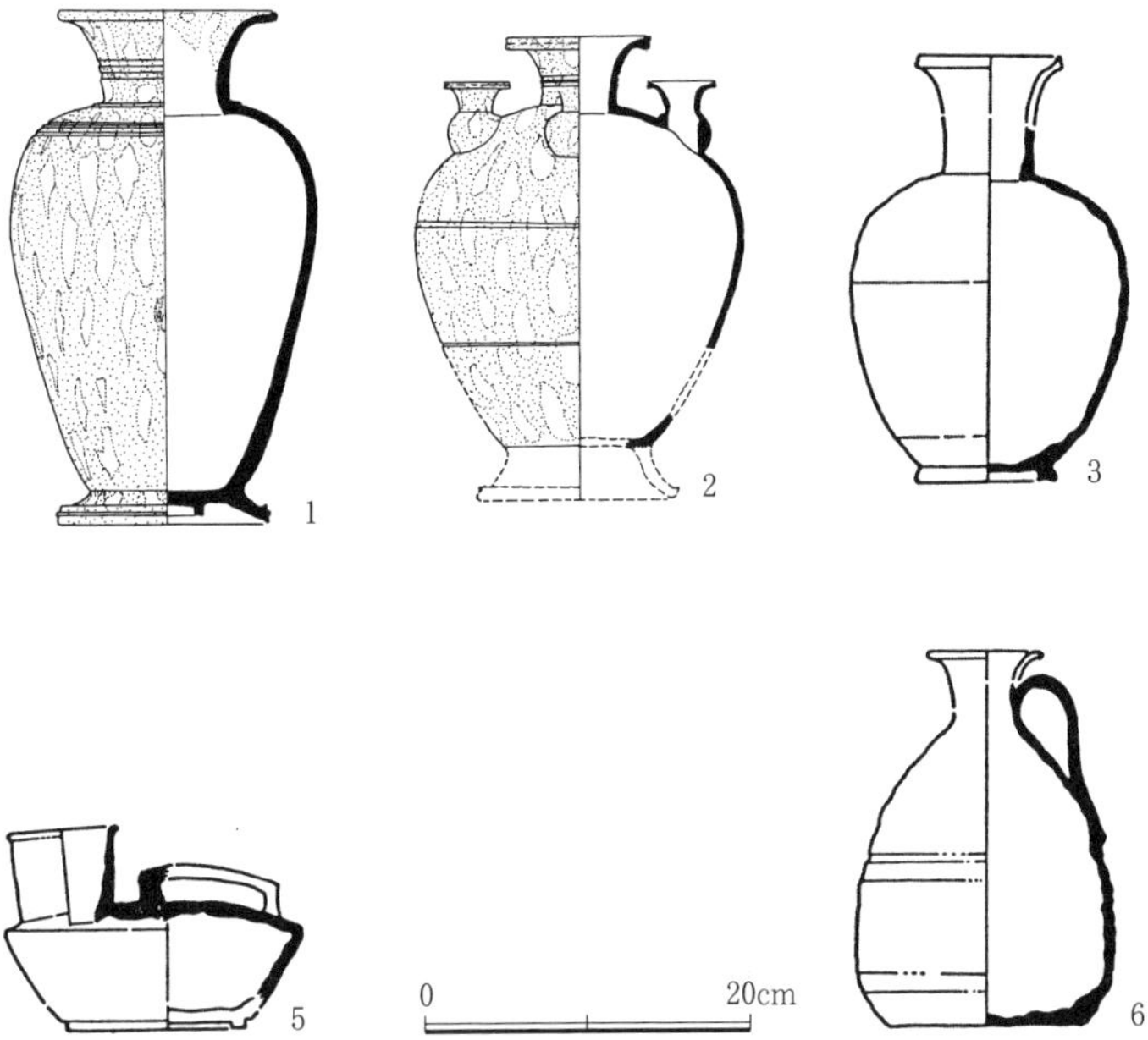

図 32　国産施釉陶器瓶（1・2 のみ奈良三彩）

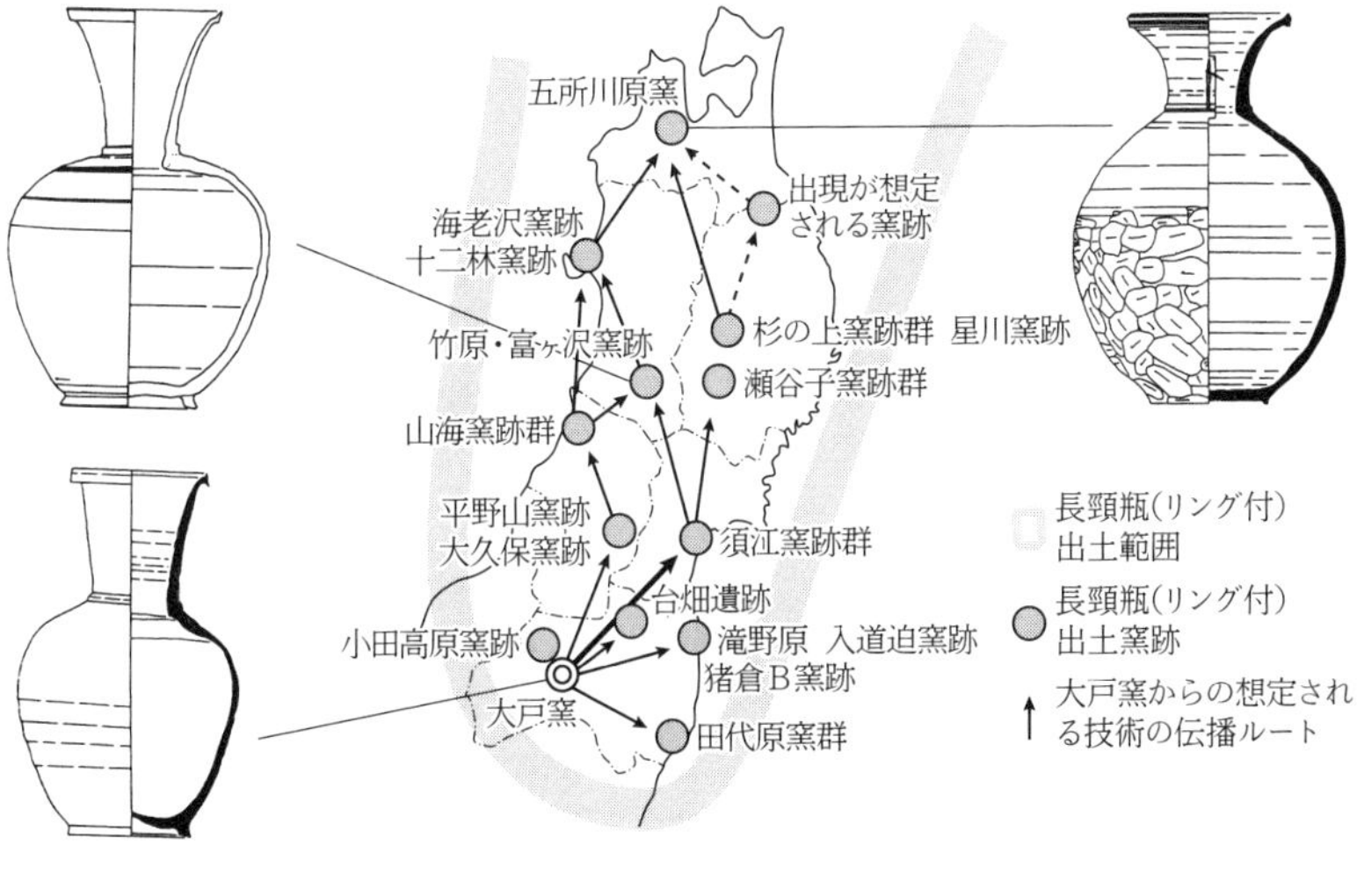

図 33　会津大戸窯跡群産長頸瓶の波及様相（石田 1998）

7　須恵器生産の終焉と古代末期の貯蔵具——平安時代後半期

須恵器生産終焉期の貯蔵具生産　陶邑窯跡群では、須恵器生産が衰退していく九世紀前葉以降（TK二三〇—I号窯、MT五—I号窯）、壺・甕の生産割合は坏類等食膳具を逆転し、貯蔵具破片が八割以上を占めるようになる。同様の現象は、石川県南加賀窯跡群でも確認でき、須恵器生産が終焉する十世紀中頃、それまで低下の方向性を見せていた貯蔵具が再び、増加に転じる傾向が読み取れる（二ツ梨豆岡向山窯で二〜三割の貯蔵具個体数割合）。主には長胴瓶の増加によるものだが、甕が高い割合で生産される窯もある。食膳具に須恵器素材がすでに必要とされていないなか、貯蔵具のみは陶器質素材を必要とし、貯蔵具割合が高まったのだろう。

九世紀末の京都府篠・大谷三号窯や十世紀の兵庫神出・鴨谷三号窯、そして南加賀・二ツ梨豆岡向山七号窯など、須恵器生産終焉期においても、丸底の大甕をはじめ、一〇〇㍑以下の中甕が消滅することなく、依然として生産されている。須恵器生産の出現から終焉まで、甕に求められる大きさと形は大きくは変わらなかったものであり、それは中世になってもおおむね引き継がれることが重要と考える。ここに古代の須恵器生産の主要な意図があったと考えたい。

須恵器終焉期の生産器種割合や甕の様相を見るなかでは、陶器素材が適する壺や甕の場合、何故、壺・甕専焼窯へと展開していかなかったのか。一部、神出窯跡群や香川県十瓶山窯跡群など西日本の限られた須恵器窯跡群で、須恵器生産を継続し十一世紀から十二世紀へと段階的に中世陶器窯へと展開する生産地もあるが、突如として、全国の大半の須恵器生産地は消滅してしまうわけで、これにより貯蔵具の供給は途絶え、大半の地域で市場から陶器製貯蔵具が姿を消すこととなる。

弥生時代以降、作り、使い続けられてきた土製、陶製の貯蔵具は、ここで一度途絶え、中世に新たな形で大型貯蔵具をもっぱら生産していく常滑窯や備前窯など、いわゆる中世陶器窯の出現する十二世紀前半代まで、約二〇〇年の空白の時代がやってくる。何故、陶製貯蔵具生産は途絶え、空白の二〇〇年が生じたのか。それを考えるため、十二世紀になって生産を開始する中世陶器窯の様相をここで触れ、解明の糸口にしたい。

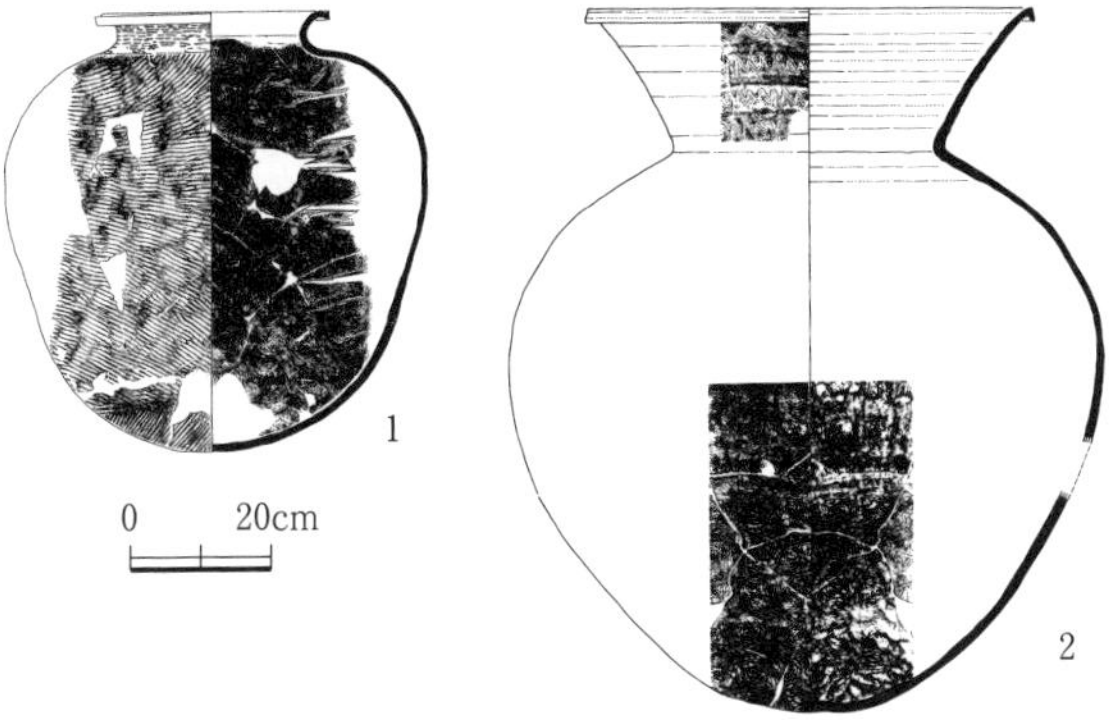

図34　9世紀後半の近畿諸窯の須恵器甕

中世貯蔵具生産の開始と甕の用途　古代的な須恵器生産、焼物生産が十世紀をもってほぼ解体するなか、他に先駆けて中世的な焼物生産へと動き出すのは、十世紀以降も窯業を継続する東海西部地域である。高級食器である灰釉陶器生産から日常雑器化した山茶碗生産へと展開するなか、その技術基盤の上に大型貯蔵具生産を採り入れる形で成立させる。尾張・常滑窯跡群や遠江・渥美窯跡群では、十二世紀中頃には壺甕鉢器種に特化した生産体制へと転換し、後葉から末には北陸そして東北へと瓷器系陶器生産技術を急速に波及させていく。

常滑窯や渥美窯の瓷器系陶器生産技術については、灰釉陶器生産から継続する窯業技術を基盤にしていることはわかっているが、壺甕の生産技術については、技術系譜が解明されていない。それまでの須恵器がもつ叩き成形とは異なり、粘土紐の積み上げ成形のさいに板状工具の強いナデで成形していくもので、成形後に文様を刻んだスタンプを外面に装飾的に施す。ここには明らかな技術の断絶があるが、これをもって外部からの技術導入と考えるか、内部発生的なものであったかは、検討を要するだろう。

ただ、ここで重要なのは壺甕鉢生産に特化していくことである。当期にこの焼物が急速に消費地に広まり、生産技術が波及していく背景には、長期にわたり大型容器が消費地に欠乏していた需要者側の事情があった可能性がある。壺甕鉢に特化した生産の流れは、その後、神出窯跡群や十瓶山窯跡群の生産器種、生産体制へも影響を与え、西日本各地に中世須恵器窯を成立させていく。

中世陶器生産は壺甕鉢に特化した生産を行うが、とくに甕の生産比率は高い。十三世紀後半のデータではあるが（木村孝二〇一二）、瓷器系陶器窯である越前窯跡群では、個体数換算で、生産器種の六割を甕が占め、壺は一割、鉢三割で構成される。加えて、甕の中で占める大甕の割合は三五％、中甕は五〇％、小甕は一五％であり、須恵器生産が盛んであった時代の貯蔵具比率に近い。器形は底部が小さな平底を呈する点や頸部括れと口頸部の長さに違いはあるものの、生産される甕の容量は、大甕は約二〇〇㍑、中甕は五〇㍑、小甕は一〇㍑以下と、古代の須恵器甕容量と近く、利用目的、用途は大きくは変わらなかったと推定される。

そのことを示すような資料が『吾妻鏡』にある。ここには十三世紀中頃の鎌倉の様子が記されているが、そのなかで、幕府が鎌倉内の酒の販売を禁止するため、民家所有の酒壺を調査した結果、三万七二七四個の酒壺があったとされる。そこで一軒に一個だけの酒壺を許可し、他は廃棄させたとあり、酒以外の甕の利用を考えれば、相当数の甕が日常的に庶民に浸透していたことになろう。つまり、大甕や中甕は、酒などの醸造、発酵の製造容器として重要な位置を占めていたものと理解され、水等液体貯蔵容器としても多く使われただろう。また、壺はその他の小分け容器や骨蔵器として利用され、これに木製の大型曲物や桶が加わり、材質に適した使用方法がさらに進化したものと見られる。

以上、中世貯蔵具の様相を見る限り、古代の甕と中世の甕は、類似する容量と器形、材質をもち、使用の観点からすれば、継続生産されるべき容器であったと言える。そう考えると、容器の機能とは別のところに断絶の要因があったと見るべきで、以下に、古代貯蔵具生産の停止要因と古代末期の貯蔵具の様相について述べ、本章のまとめとしたい。

須恵器大甕の終焉と国家的儀礼の変質　甕、とくに大甕が酒造りや祭祀に強く関連していたことは前節で述べたが、平安時代の須恵器甕減産、生産停止を考えた場合、そのような大甕などを使った祭祀や儀礼が必要とされない社会へと変化したことが要因であった可能性がある。『延喜式』には国家的な祭祀で使用される陶器の産地が記載されるが、とくに践祚大嘗祭に使用される大型貯蔵具の大半が和泉からの貢納であったことが示されている。陶邑窯跡群の八世紀前半代に顕在化する大甕専用窯は、国家的祭祀を運営する国の生産戦略の中で甕作りが主導されたことを物語るものであり、当窯構造が八世紀後半には姿を消し、同時に陶邑窯跡群の急激な衰退と甕の生産低下を招いていく背景には、そのような国家的な祭祀の変質が根底にあったものと推定されよう。

このような現象が起こった背景には、国家規模の儀礼・祭祀が簡略化したこと、あるいは畿内、在地社会で行われる祭祀形態が変質したことが可能性としてあげられる。西日本でも、畿内の動向との連動性から、同様の現象が起こったものと見られ、それが八世紀後半からの西日本一円での須恵器生産衰退を招いた要因の一つであったろう。

東日本、とくに関東や東北で須恵器生産がこの時期に低下していかないのは、八世紀後半以降に進展する、これらの地域の土地開発、民衆を徴発しての農業、土木、運搬の大規模事業に起因していよう。これら多くの人手を必要とする大規模プロジェクトには、共同飲食や儀礼祭祀がつきものであって、そのような場面に須恵器食膳具や大甕が必要とされたからと見る。須恵器は実用面のみならず、共同体祭祀や階層序列関係を確認するといった古墳時代以来の象徴的な機能をあわせもった容器であったことが、古代における須恵器甕の盛衰の地域差、時間差を生んだものと理解されよう。

庶民にとっての須恵器貯蔵具　地域社会構造の変化に基づく要因が想定される一方で、これら古代の大甕は国家的儀礼祭祀以外にも集落内の中核的な場所に据え置かれ、醸造、発酵用容器として使われてきた。それは地方の一般集落にまで及び、各地域で一定個数の大甕が使用された。加えて、戸や生活単位での所有が想定される中甕は、水貯蔵の容器として日常容器化していたものと考えられ、液体運搬容器の小甕や長胴の壺・瓶についても、同様に日常的に使用されたものと見られる。国家的な祭祀用具として使用されることが主目的の容器であれば、社会システムの転換によって消えゆくことも考えられるが、庶民の暮らしの中に浸透していた可能性を考えると、次の中世貯蔵具が出現するまでの二〇〇年間、代替の容器が必要となってこよう。

空白の二〇〇年と古代末期の貯蔵具　須恵器生産終焉以降の集落遺跡を調査すると、土師器皿にまじって少量ながらも古代の須恵器甕片が出土することがある。十二世紀の遺構からも九〜十世紀ごろの須恵器甕が出土する事例があり、かつて筆者は須恵器甕の伝世的な使用を提唱したことがある（望月一九九七）。須恵器生産停止とともに絶対数は減少しただろうが、甕の「不動」と称されるような固定化した使用形態や堅牢で厚い器壁をもつ容器としての強度を考えると、祭祀に伴う故意の破壊行為を伴わなければ、一〇〇〜一五〇年程度は十分に使用に耐えうるものであったろう。

ただ、すべてが伝世的な使用とするには、あまりにも絶対的な出土量が不足しているのは事実であり、他の材質の貯蔵具を代替品として使用していた可能性がある。須恵器貯蔵具が生産停止となる時期、西日本では十世紀、東日本では十一世紀になるが、この時期に両地域では、すでに大型の木製容器を作る技術がある。中甕に代わるような三〇㍑を超える大型容量の木製容器が存在したかは別として、水貯蔵に耐えうるような大型の木製容器が使用されていた可能性は十分にあろう。

須恵器生産の終焉以降、貯蔵具が欠乏するなか、伝世的な使用とともに、木製容器を代用品として繋ぎ、新たな中世陶器生産の出現を待ったものであり、中世陶器の出現以降、急速に各地へ供給されるとともに、技術波及する背景には、それを待ち望んでいた需要者層の存在があったと推察する。とくに甕は、醸造、発酵品の製造には不可欠の容器であったのであり、水甕としても用途に適したものであったと言えよう。

古代の甕を考えたとき、時代を超えて、その容量と器形が受け継がれ、生産され続けた背景には、それに適した容器としての材質と大きさが不変のものとして存在していたことを意味しよう。それが何故、生産停止へと向かい、二〇〇年もの間、新たな貯蔵具生産が始まらなかったのか。それほど、先に述べた国家的な祭祀に基づく使用も含め、古代須恵器生産には、大きな政治力が介在し、それを消費することも社会システムの中で、大きな意味を有していたからであろう。そのシステムが一度解体され、再度構築されるには、新たな土地支配体制の確立、そしてそれに基づく社会秩序と生産と流通のシステムの構築が必要であったのだろう。二〇〇年という空白の時間は、そのための様々な体制が整えられるのに必要な猶予期間であったと理解されるのである。

参考文献

会津若松市教育委員会『会津　大戸窯』一九九三年
石川県小松市教育委員会『念仏林南遺跡Ⅱ』一九九五年
石田明夫「大戸窯跡群の考察」『会津　大戸窯　保存管理計画書』一九九八年

伊庭　功「近江中期弥生土器における器種の量的分析」『弥生研究の群像』大和弥生文化の会、二〇一三年
上原真人「暮らしぶり」『列島の古代史2（暮らしと生業）』岩波書店、二〇〇五年
上村憲章「容量から見た甕」『瓦衣千年―森郁夫先生還暦記念論文集―』真陽社、一九九九年
宇野隆夫『律令社会の考古学的研究―北陸を舞台として―』桂書房、一九九一年
宇野隆夫「貯蔵具のイメージ」『北陸古代土器研究』八、北陸古代土器研究会、一九九九年
岡谷市教育委員会『橋原遺跡』郷土の文化財2、一九八一年
柿田裕司「使用痕跡から見た須恵器貯蔵具の使用実態について」『北陸古代土器研究』八、北陸古代土器研究会、一九九九年
窯跡研究会『古代窯業の基礎研究―須恵器窯の技術と系譜―』真陽社、二〇一〇年
北野博司「律令国家転換期の須恵器窯業」『国立歴史民俗資料館研究報告』一三四、二〇〇七年
木村孝一郎「越前古窯跡群における生産地遺跡の様相」『石川考古学研究会会誌』五三、石川考古学研究会、二〇一二年
木村泰彦「甕据え付け穴を持つ建物について」『瓦衣千年』一九九九年
黒須亜希子「弥生時代の木製調理具」『木・ひと・文化』出土木器研究会、二〇〇九年
小林正史「バングラデシュ西部の伝統的土器作りにおける成形手法の選択」『世界の土器づくり』同成社、二〇〇五年
小林正史「弥生土器の壺の使い方」『新潟考古』二六、新潟県考古学会、二〇一五年
佐原　真「農業の開始と階級社会の形成」『岩波講座　日本歴史』I、一九七五年
篠原祐一「須恵器大甕祭祀」『季刊　考古学』九六、二〇〇六年
関根真隆『奈良朝食生活の研究』日本史学研究叢書、吉川弘文館、一九六九年
高橋浩二「北陸における古墳出現期の社会構造―土器の計量的分析と古墳から―」『考古学雑誌』八〇―三、日本考古学会、一九九五年
田崎博之「四国・瀬戸内における木製食事具・容器の変遷と画期」『第39回埋蔵文化財研究集会　古代の木製食器』埋蔵文化財研究会、一九九六年
巽淳一郎「奈良時代の瓱・𤭯・正・由加―大型貯蔵用須恵器の器名考証―」『文化財論叢II―奈良国立文化財研究所創立40周年記念論文集―』奈良文化財研究所、一九九五年

玉田芳英「平城宮の酒造り」『文化財論叢Ⅲ―奈良文化財研究所創立50周年記念論文集―』奈良文化財研究所、二〇〇二年
辻誠一郎「縄文時代における果実酒酒造の可能性」『酒史研究』二二、酒史学会、二〇〇五年
寺澤 薫「収穫と貯蔵」『古墳時代研究』四―生産と流通Ⅰ―、雄山閣出版、一九九一年
中野晴久「常滑窯（瓷器系）」『特別展 古陶の譜 中世のやきもの―六古窯とその周辺―』二〇一〇年
浜崎悟司「2～4世紀の集落の構成について」『石川県小松市八幡遺跡Ⅰ』石川県埋蔵文化財保存協会、一九九八年
原 明芳「埋められた大甕―平安時代の二例について―」『信濃』五〇―一一、信濃史学会、一九九八年
原田 幹「中部地方の土器」『考古資料大観』第二巻 弥生・古墳時代 土器Ⅱ、小学館、二〇一二年
北陸古代土器研究会『北陸古代土器研究』八（須恵器貯蔵具を考えるⅠ）、一九九九年
丸山竜平「弥生土器の終焉―稲籾貯蔵用壺の消滅と古墳文化の成立基盤―」『古代研究』一〇、一九七六年
望月精司「古代末期の貯蔵具」『シンポジウム北陸の10・11世紀の土器様相』北陸古代土器研究会、一九九七年
森 明彦「陶邑・ミツキ・大嘗祭」『大阪の歴史と文化』和泉書院、一九九四年
森本六爾「弥生土器に於ける二者」『考古学』五―一、一九三四年

コラム

濾過器（有孔鉢）

小林正史

「有孔土器＝甑」仮説　土製の濾過器（有孔鉢）は、主として弥生時代から古墳後期にかけて使われた。縄文時代にも多孔タイプの有孔鉢が存在するが、後期前半の北陸地方などに分布が限られ、出土数も非常に少ない。一方、弥生前期になると「深鍋を再利用した底部穿孔土器」として濾過器（漉し器）が多く出土するようになり、弥生後半になると有孔鉢（図2）が濾過専用器種として定着した。

このように、有孔土器は水田稲作の普及と連動して増えたことから、「米蒸し用の甑」と誤認され、一九八〇年代までは「弥生時代では、有孔土器（甑）を深鍋（湯釜）に差し込んで米を蒸した」「弥生時代では（炊いた米ではなく）蒸し米が主食だった」という見解が主流を占めていた。例えば、弥生土器研究の初期において、山内清男や森本六爾は底部穿孔深鍋を甑と解釈していた（佐原一九八七）。さらに、杉原壮介は、「弥生時代の西日本では深鍋（湯釜）の上に有孔土器を載せて米を蒸したのに対し（図1a）、東日本では台付き深鍋で米を炊いたが（図1b）、古墳時代になると甑が出現し、米蒸し調理が普及した」という仮説を提示した（杉原一九五七）。杉原は、中国長江流域では紀元前四〇〇〇年ころから蒸し器が存在した事実に基づいて「米蒸しが本来の米調理方法であり、炊飯は未開の田舎の風習だった」と考えた。そして、「弥生時代の東日本では米蒸しを受け入れなかったのは、米蒸し時に甑の中の米を布で包むのに必要な布が少なかったためである」と想定した。

古墳後期〜古代では竈掛けの長胴湯釜と甑による蒸し米が主食であることから、一九八〇年代までは、「弥生・古墳時代から古代までの時期は、一貫して蒸し米が主食だった」と想定されていた（神澤一九七五）。その背景として、「古代の蒸し米から中世の炊飯に変化した」という民俗学的見解と一致したことが指摘されている（佐原一九八七：一一）。

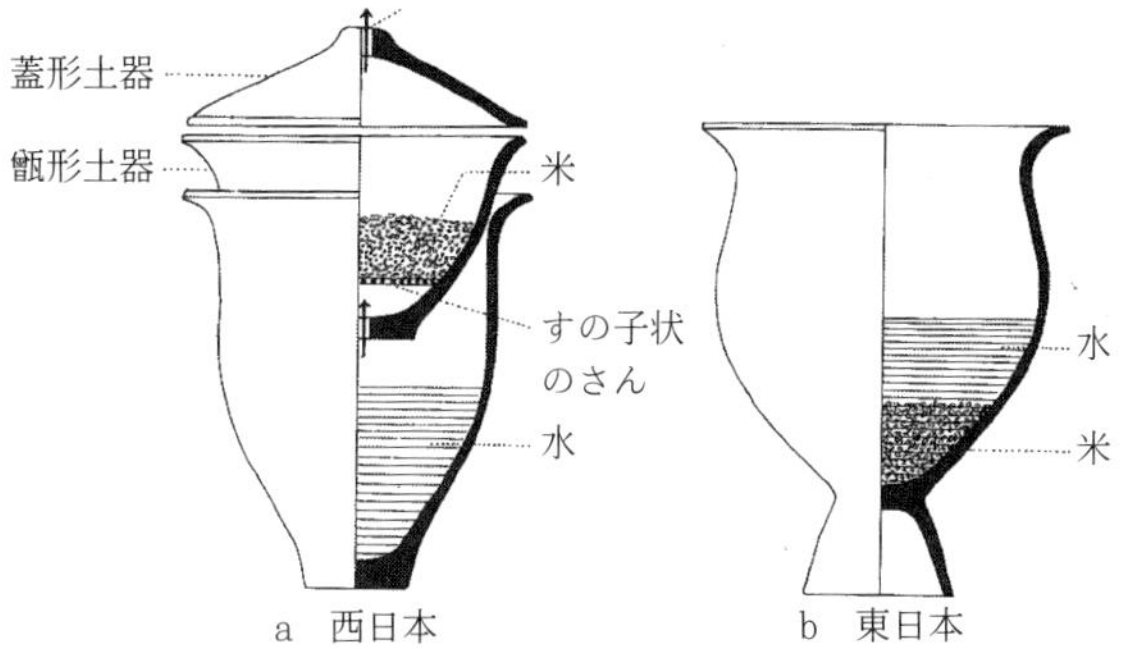

図1　「有孔土器＝甑」仮説（神澤 1975）

濾過器としての有孔鉢　この「有孔土器＝甑」仮説に対し、一九八〇年代以降は、①弥生後期の有孔鉢はススが付かず、かつ、主食用としては小さすぎる（佐原一九八七）、②底部穿孔深鍋（再利用品）の消失時期と有孔鉢の普及時期がほぼ一致することから、底部穿孔深鍋も有孔鉢と同様に濾過器だった（小林二〇一四）、などの点から、「有孔土器＝濾過器（漉し器）」という理解が定着した。さらに、群馬県南蛇井増光寺遺跡では、弥生後期の有孔鉢と片口鉢に灰色物質が付着し、また、有孔鉢は小型鍋に載った状態で出土する例が複数あることから、「片口鉢から有孔鉢に灰色物質を注ぎ、濾過されたものを小型鍋で受ける」という使い方が明らかとなった（群馬県埋蔵文化財事業団一九九七、図2）。
また、中国の長江流域においても、水田稲作普及期の跨湖橋文化期において、内外底面に白色付着物が付くことから濾過器と判定される多孔底土器（報告書の図一〇九の五・六）が存在する（ただし、報告書である浙江省文化財研究院『跨湖橋遺跡』〈二〇〇九年〉では甑と分類）。跨湖橋例・南蛇井例ともに、濾過する

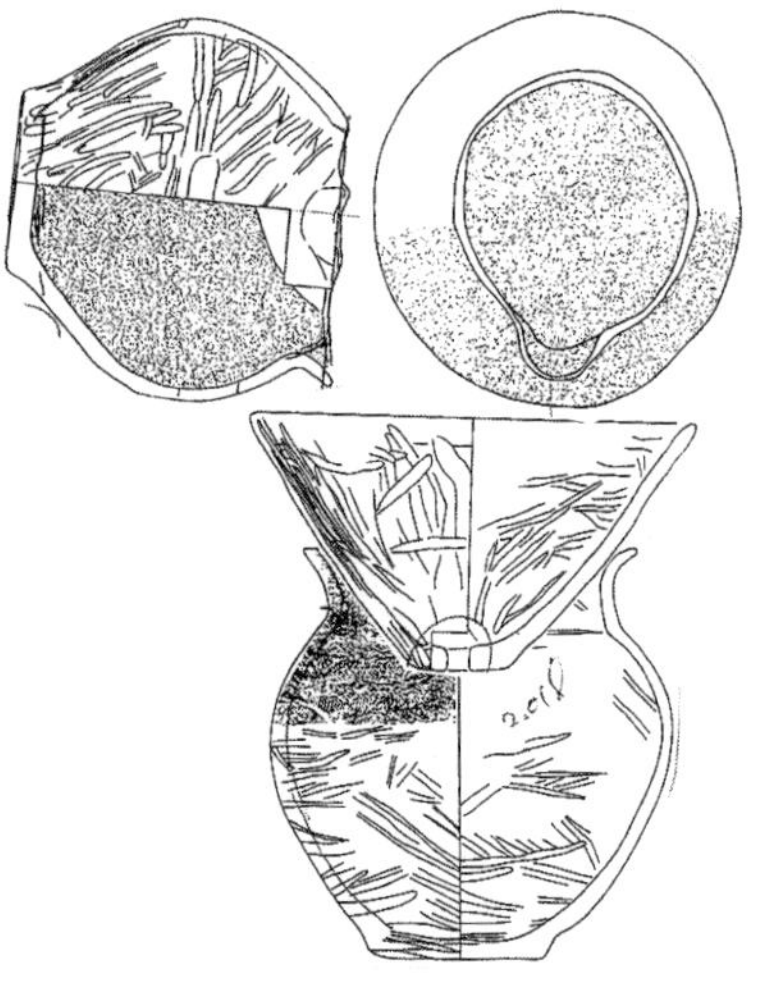

図2　濾過器としての有孔土器の使い方
（南蛇井増光寺遺跡）

さいには、杉原氏が指摘したように、有孔鉢の内側に布を敷き、編目を通り抜けた液体を、下に据えた容器で受けたと思われる。

灰色物質の理化学的分析では種類を特定できなかったが、日本・中国ともに水田稲作の普及に伴って濾過器が普及することや『魏志倭人伝』には「倭人は酒を嗜む」と記されていることから、筆者は米酒の醸造に関連すると考えている。

なお、古墳後期〜古代では、有孔鉢と「湯釜に載せる土製甑」が併存するが、①蒸し用甑は底面が筒抜け式か多孔式なのに対し、有孔鉢は底面中央に小穴が一個だけある、②有孔鉢の方が浅めで小型（二リットル未満）、などの点で判別できる（小林二〇一四）。

参考文献
神澤勇一「器形と用途」『弥生土器』日本の美術44、小学館、一九七五年、一一六〜一三一頁
群馬県埋蔵文化財事業団『南蛇井増光寺遺跡Ⅴ』一九九七年
小林正史「古墳後期から古代の米蒸し調理における東・西日本間の違い」『新潟考古』二五、二〇一四年、四七〜六六頁
佐原　真「炊くか蒸すか」『食の考古学』UP選書、東京大学出版会、一九八七年
杉原荘介「米の調理」『日本農耕社会の形成』吉川弘文館、一九七七年、二四九〜二九五頁（原著は一九五七年）

四　使い方との関連からみた土器の製作技術

小林正史

本章では野焼きによる縄文・弥生土器と土師器の製作技術について、素地づくり（混和物の種類と素地の粒度組成）、成形（紐《ひも》積《づ》み方法、その後の変形度、粘土紐の接着強度）、器面調整、野焼き、という工程ごとに、「要求される形・作りを達成するために、どのような製作技術の組み合わせが選択されたか」、「使い勝手と製作の手間との葛藤に対してどのように折り合いをつけたか」を検討する。土師器の製作技術は、五世紀中葉に須恵器（窯焼き土器）生産と煙道付き竈《かまど》が韓半島から導入されたことをきっかけに大きく変化したが、本章では須恵器の影響を受ける以前の土師器を主対象とした。

1　素地づくり

素地づくりには、粘土採取、混和物の種類と量、練り方（生粘土に水を加えて足練り、または乾燥・粉砕した粉粘土を手練り）、複数の粘土の混和、などの工程がある。これまでの素地づくり研究は、素地の砂の鉱物組成や粘土の化学組成から「土器がその地域で作られたか、他地域から持ち込まれたか」を判定し、集団間の交流密度（人・モノ・情報の移動の程度）を復元することが主目的だった。一方、本章では「機能性・耐久性と製作の手間のバランス」という観点から、混和物の種類と砂含有量を説明する。

最古段階の土器における獣毛・繊維の混入　素地に含まれる混和物（生粘土に含まれていたものと混和されたものがある）は砂が最も多いが、採集狩猟民の土器や各地域の最古段階の土器では繊維や獣毛の混和が報告されている。繊維や獣毛の例として、縄文草創期、シベリア・沿海州地域の草創期相当期、北米南東部の最古段階の土器（いずれも煮炊き用）があげられる。このように最古段階の土器では時期・地域を超えて植物繊維や獣毛が混和された事実は、特定の地域から伝播したというよりは、機能的収斂の結果であることを示している。

獣毛や植物繊維の役割として、成形時のへたり防止（つなぎ材）が想定される。一方、素地に混和された繊維・獣毛は焼成時に燃えて空洞になるため、水漏れしやすい、熱伝導率が低くなる、脆くなる、などの点で鍋としての使い勝手が悪くなる。よって、初源期の土器は、機能性を犠牲にしてまでも、成形時の形崩れ防止を優先させたといえる。なお、植物繊維混和は縄文土器では早期後半～前期に最も盛行したのに対し、獣毛の混和は各地域の最古段階の土器や採集狩猟民の民族誌に限られる点で、動物資源を余すところなく使い切る技術の一端を示している。

特殊な混和物　縄文土器では、金雲母《きんうんも》（中期の阿玉台式）、滑石《かっせき》（中期の曽畑式・阿高式）、黒鉛（早期の沢式）、貝殻粉（中期）などの特殊な鉱物を入れる例がある（小林達編二〇〇八）。特殊鉱物の混和は、金雲母のきらきら光る装飾的効果、滑石の滑らかさ、黒鉛の黒い色調など、器としての機能性向上というよりは装飾性を重視した選択であろう。このような特殊鉱物や植物繊維・獣毛の混和が行われたのは縄文中期までである。縄文後期以降は、小型有文器種と素文中大型深鍋《ふかなべ》の素地が作り分けられるなど、素地選択において「使い勝手」と「作りやすさ」をより重視するようになった。

素地の砂含有量の器種差と時間的変化

ポイント・カウンティング法により、一つの遺跡の中での砂の粒度組成を器種間・系統間で比べる研究が一九八〇年前後に始まった（平賀一九七八、西田一九八四）。これらを踏まえて、清水芳裕は、煮炊き用土器（深鍋）と非煮炊き用土器の砂含有量の違いを検討した結果、壺と浅鉢では縄文、弥生初頭、古墳前期の順に砂量が減り、砂を多く含む深鍋との違いが拡大することを明らかにした（清水一九九二）。また、筆者（計測は西田泰民氏が担当）は、東北と加賀の縄文晩期と弥生中・後期を比較し、深鍋では新しい時期ほど大粒砂が減る傾向を指摘した（小林一九九九）。

ポイント・カウンティング法は、分析装置を用いた土器胎土分析（蛍光X線分析など）に比べて、薄片製作とカウントに多くの手間がかかる。上述の平賀・西田・清水らの諸研究では、各遺跡において十分な数（四〇～八〇点）の試料数を確保することを重視したため、分析遺跡数が一～三遺跡に限られていた。そこで、筆者らは、上述の諸論文に掲載されたデータと矢作健二が計測したデータを合わせることにより分析遺跡数を増やし、砂含有量の時間的変化を示した（矢作ほか二〇一五）。砂粒のカウント方法は研究者により細部が異なるものの、各方法の特性を考慮して解釈すれば、相互に比較可能である。すなわち、矢作は大きさに関わらず一粒を一個としてカウントしたのに対し、西田・平賀・清水は大粒ほど計測点数が増えるように砂粒の面積内に含まれるポイント数をカウントしたことから矢作法よりも大粒砂の比率がやや高く出る。清水は〇・三ミリ以上の砂に限定し、全体の中での面積比をカウントしている。

縄文～中世の約四五遺跡の深鍋（図1a）と食器・壺（図1b）について、「粒径〇・二五ミリ（清水カウントでは〇・三ミリ）以上の比率」の平均値を時期ごとに示した。この図から、煮炊き用土器では縄文（一〇～二一％が大半を占める）、弥生～古墳（五～一七％が大半を占め、とくに五～一〇％が多い）、古代・中世（七～一〇％が主体）、の順に粗・中粒砂（大粒の砂）が減る傾向がみられた（図1a）。とくに、鍋の薄手化が顕著な近畿の弥生・古墳移行期～古墳前期（奈良県纏向遺跡）では大粒砂がきわめて少なくなる。縄文深鍋は全体的に大粒砂を多く入れるが、前期の繊維土器や「石なし県」の千葉の縄文後期遺跡では砂含有量が少ないといった環境に影響された逸脱例も存在する。

一方、火に掛けない食器（浅鉢・鉢・坏）と壺は、縄文晩期（四〜一八%）、弥生（五〜一三%が主体）、古墳前・中期（二〜一一%が主体）、古代・中世（一〜六%）の順に大粒砂が減る傾向がみられた（図1b）。弥生土器と古墳前・中期土師器の間に明瞭な違いがある点が深鍋（図1a）と異なる。そして、清水が指摘したように、煮炊き用と非煮

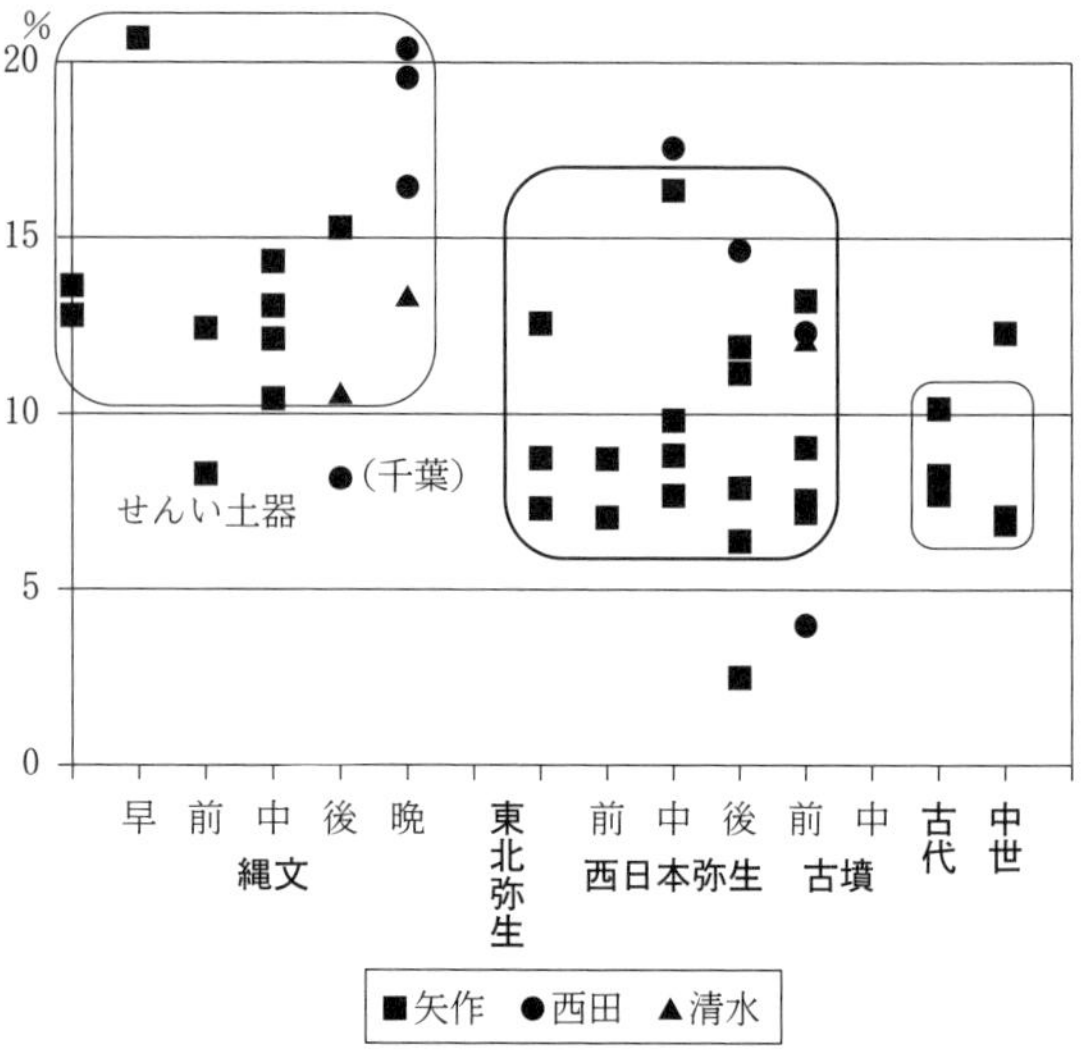

a　煮炊き用土器における 0.25 mm 以上の砂粒頻度（平均値）の時間的変化

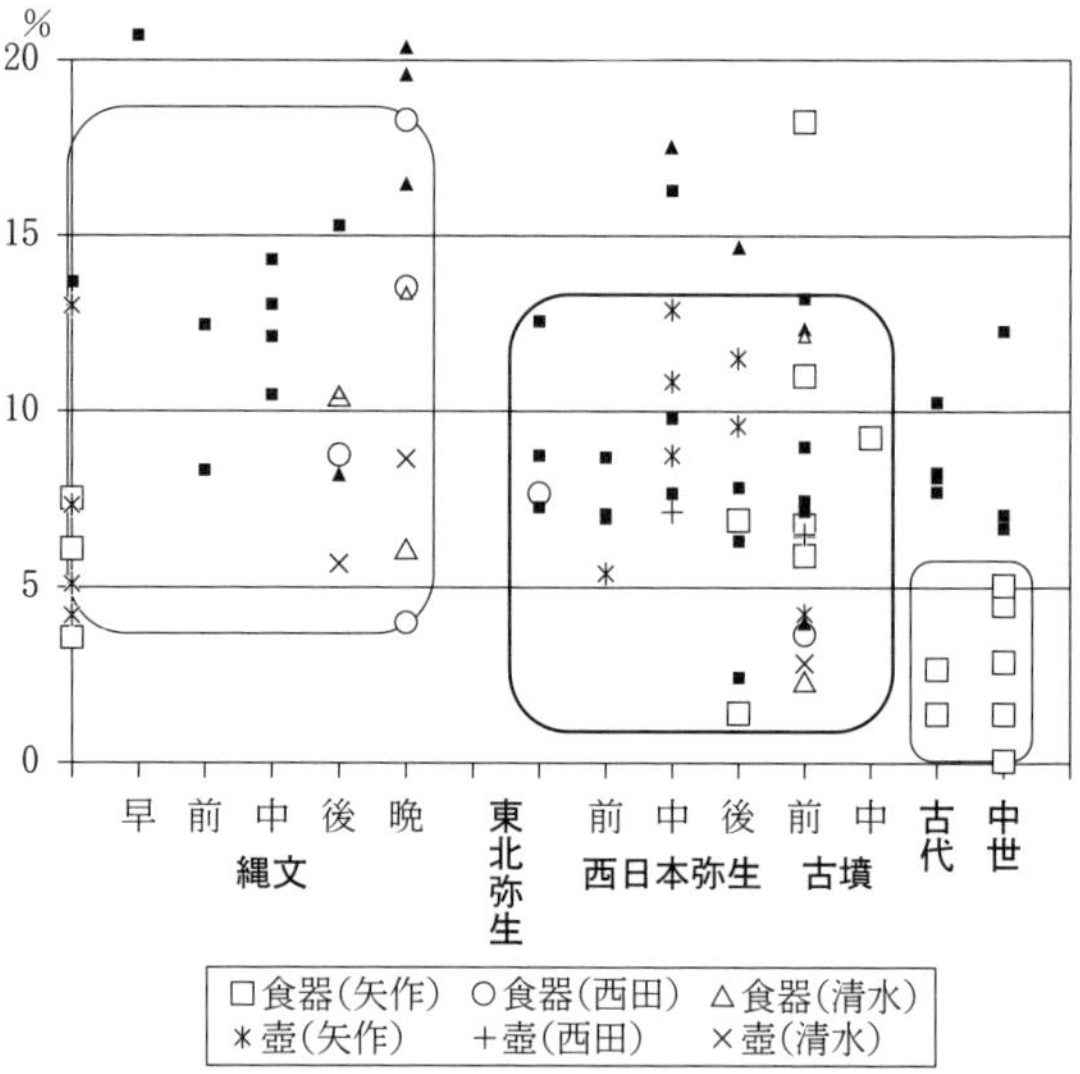

b　食器と壺における 0.25 mm 以上の砂粒頻度（平均値）の時間的変化

図1　粒度組成の時間的変化

炊き用（食器と壺）の違いは、縄文・弥生（重複部分が多い）、古墳前・中期（重複部分が減少）、古代・中世（排他的に分布）の順に拡大する（清水一九九二）。

各時期とも遺跡内のばらつき（標準偏差）が大きい遺跡が目立つことから、土器の大きさ・作りや生粘土の性質などを考慮して柔軟に砂含有量を調整したと推定される。それにも関わらず「煮炊き用・非煮炊き用ともに縄文、弥生・古墳、古代・中世の順に砂含有量が減る」、「この順に煮炊き用と非煮炊き用の砂含有量の違いが顕著になる」という明瞭な傾向がみられたことから、以下ではこの変化を生み出した要因を検討する。

砂含有量の選択に関わる諸要因　素地の砂含有量を決める要因として耐熱性、焼き締まり、可塑《かそ》性、乾燥収縮対策、の四つがある。

第一の耐熱性については、砂を多く入れて熱伝導率を高めることにより、調理時の熱ストレス破損への耐性を高め、また、焼成時の破損を抑えることができる。調理中や野焼き中の土器にヒビ割れが起こるのは、内外面間や上下間の熱膨張率の格差が原因である（Schiffer・Skibo1987）。すなわち、より強い加熱を受ける鍋の下半部や外面はより大きく膨張するが、素地の熱伝導率が低いほど上半部や内面の膨張が遅れるため、膨張しようとする下半部や外面に引っ張り圧力がかかって縦ヒビが生じるのである。よって、熱ストレス破損を抑えるためには、砂を多く入れて熱伝導率を高めることにより、部位間の熱膨張格差を小さくする必要がある（要因①）。

第二の焼き締まりについては、低温焼成（最高温度が一〇〇〇度以下の野焼き）の土器では緻密な素地ほど焼結が強い（清水一九九二・二〇一〇による固相凝結）。よって、硬度が重視される盛り付け用・貯蔵用土器では砂が少ない方が適する（要因②）。

第三の可塑性については、紐積み原型の変形度が大きい成形方法ほど（すなわち、頸部折り曲げ、叩き成形、ロクロ挽き上げ、の順に）、高い可塑性が必要なため、大粒砂が少ない、均質な素地が適する（要因③）。

最後に、大型の土器ほど乾燥時のヒビ割れや崩壊のリスクが大きいため、それを抑えるために多くの砂を入れる必要がある（要因④、Matson1963）。

図1の粒度組成の時間的変化と器種差は、これら四要因により以下のように説明できる。

まず、器種間の違いについては、熱伝導率の確保（炎加熱効率の向上）と熱ストレス破損への耐性（要因①）は、すべての時期の煮炊き用土器に必要なことから、どの時期においても煮炊き用土器の方が非煮炊き用器種（壺と鉢・坏）よりも多くの砂を含んでいる。

次に、時間的変化については、縄文（紐積みのみで成形し、その後の変形がほとんどない）、弥生・古墳（頸部折り曲げ技法、削り薄手化、叩きによる胴部の膨らませ）、古代・中世の土師器《はじき》（ロクロ成形が普及）の順に「紐積み原型の変形度」が高まることから、素地の可塑性を高める必要性も高くなる。このため、煮炊き用・非煮炊き用ともに砂含有量がこの順に減少した（要因③）。また、縄文土器は弥生土器・土師器に比べて厚手で大型の製品が多いため、紐積み時の形崩れ対策として大粒砂を多く入れる必要があった（要因④）。さらに、深鍋は縄文、弥生、古墳前期の順に薄手化することから、器壁を貫通しかねない大粒砂（礫）を除去する必要性がこの順に高くなった。

さらに、素地の緻密さの時間的変化において、煮炊き用土器と非煮炊き用土器では異なる要因も働いていた。すなわち、耐熱性を考慮する必要がない壺と鉢・坏では、新しい時期ほど硬度（物理的衝撃に対する壊れにくさ）が求められたため、焼き締まりが良い緻密な素地への変化が煮炊き用土器よりも顕著にみられた（要因②、清水二〇一〇）。一方、煮炊き用土器では、古墳後期〜古代における煙道付き竈での米蒸し調理の普及に伴い、湯沸かし用長胴釜《ちょうどうがま》（重い甑《こしき》を載せ、竈に掛ける）に対してより高い物理的強度（要因②）と熱ストレス耐性（煙道付き竈は囲炉裏に比べて火力が格段に強い、要因①が求められるようになったことも、素地の砂含有量が減少した理由の一つである。

2 成形

成形方法の時間的変化　縄文土器は、頸部の括れや胴部の膨らみが弱いことから、紐積みのみで最終形を作り上げたのに対し、頸部の括れと胴部の膨らみが強まる弥生以降の土器では、紐積みで一次原型を作った後、①「折り曲げ技法と口縁部横ナデ」の組み合わせにより頸部を作り出す（図2、口絵3の上段）、②叩き技法により胴部を膨らませる、③丸底に叩き出す、などの「一次原型の変形」により最終形を作り出した。

各時代の成形方法は、①紐積みのみで完成形を作り上げる縄文土器、②折り曲げ技法と口縁部横ナデの組み合わせにより頸部を作り出し、かつ、限定的・部分的な叩きによる変形が始まる弥生土器、③叩きや鉢状成形台により丸底を作り出す古墳前・中期土器、④ロクロ挽き上げ成形が使われる古墳後期・古代、の順に紐積み原型の変形度が大きくなる（図5）。

図2　頸部折り曲げ技法（上）と口縁部横ナデ技法（下）による括れ部の作り出し（フィリピン：カリンガ族）

縄文土器における「細い粘土紐を二〜三本積んだ後に休止」サイクル　可児通宏は、①復元深鍋において「長い水平割口が五〜

a　海南島の紐積みによる円筒形の一次原型の成形：粘土紐を5段積んだ後，内外面を伸ばし圧着（鄧聡氏撮影）

b　真脇遺跡の縄文前期土器の紐積み痕：連続積み上げ後，まとめて外面を伸ばし圧着（小島ほか 1989）

図3　海南島の伸ばし圧着

六ｾﾝ間隔で巡り、その間に二〜三段の断片的な水平割口が存在する」というパターンが縄文早〜中期に普遍的にみられる、②縄文前期（諸磯式）土器の破断面において明瞭な接合線と不明瞭な接合線が二〜三段おきに交互にみられた、などの点から、「細め（幅一・五〜二ｾﾝ）の粘土紐を二〜三本積んだ後、休止」のサイクルが縄文時代に普遍的に用いられたことを指摘した（可児二〇〇五）。この休止サイクルは、これまでは「形崩れを防ぐための乾燥休止」と考えられてきた（鈴木・西脇二〇〇二）。また、数個の土器を並行して紐積み作業をしたことを示す、という見方もあった。

しかし、単なる乾燥ならば、粘土の質、湿り具合、並行して成形する個数などに応じて休止サイクルがより多様になると想定される。また、地紋縄文の圧痕の深さ（＝粘土の乾燥度）は底部直上と上半部とで大差ないことから、紐積み時の休止時間は短かった（すなわち、乾燥が主目的ではなかった）ことが指摘されている（合田二〇〇八）。よって、斉一性の高い休止サイクルが縄文時代を通して普遍的に行われた事実は、乾燥だけにとどまらない「明確な作業工

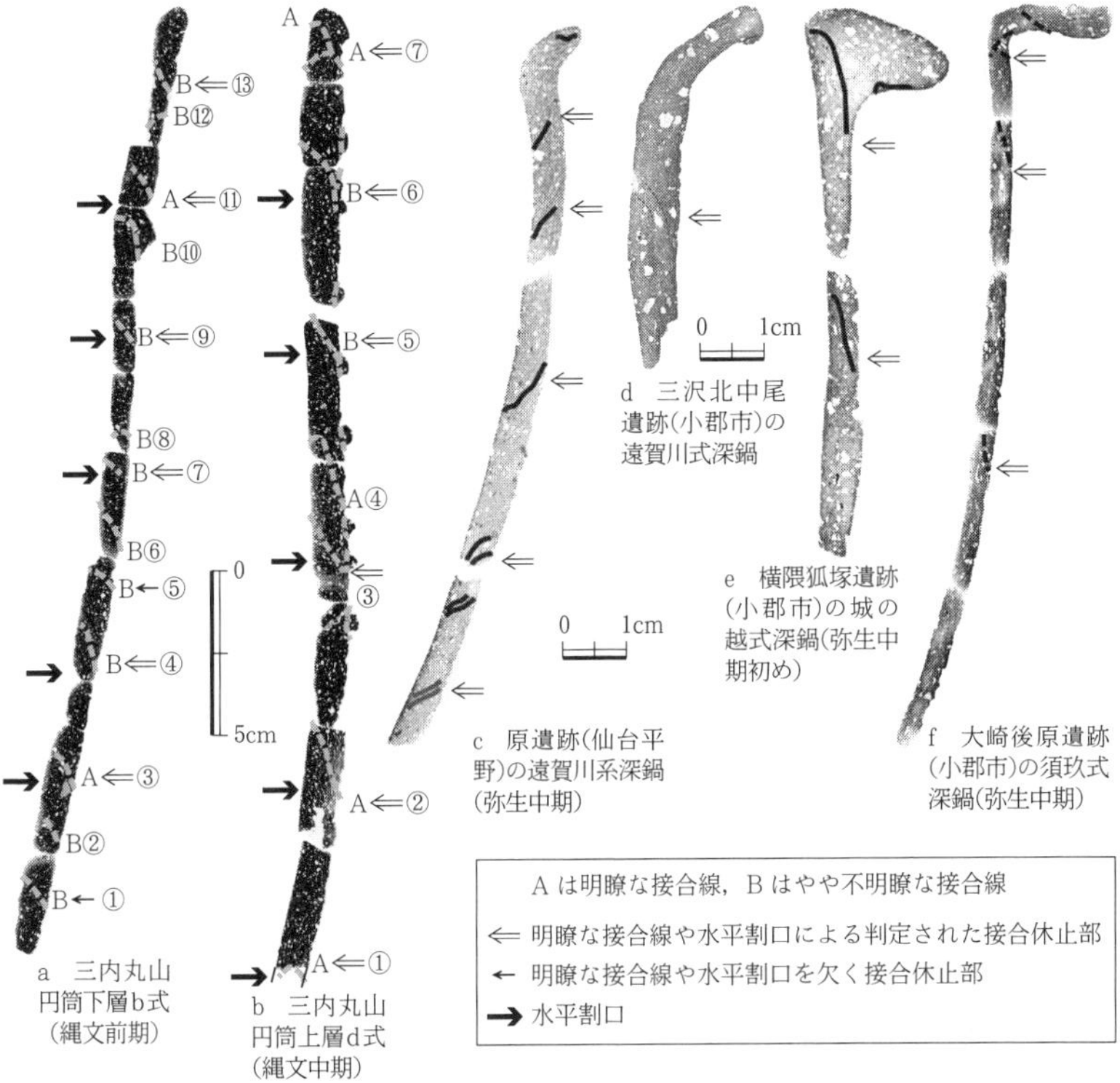

図4　長い断面薄片における粘土粒子配向からみた接合線（縮尺不同）

程」であることを示している。この休止サイクルの役割として、「二〜三本の粘土紐をあまり圧着せずに積んだ後、まとめて伸ばし圧着した」という作業工程が想定される（小林ほか二〇一二、小林・鐘ヶ江二〇一五）。同様の方法は、ラオス南西部や海南島（図3a）の民族誌でも観察されている。

この伸ばし圧着工程は以下の点から傍証される。まず、表層の縄文が剥離したため外面の継目が未調整に近い状態で外表面に残る真脇遺跡の例を観察すると、幅一・五㌢程度の粘土紐を一本ずつ圧着したわけではないことがわかる（図3b）。また、縄文土器の紐積み休止部の継目断面形態には蒲鉾タイプと傾斜タイプとがあるのに対し、連続積み上げ部の継目断面形態は常に傾斜タイプ（時期により外傾と内傾とがある）であることから、三本単位の粘土紐が一気に圧着されたことがわかる（図4a～c、口絵3の上段）。

縄文土器の紐積み成形の基本特徴　縄文土器の紐積み方法には、①紐積みのみで完成形まで作り上げる、②細めの粘土紐を用いる、③「二～三本積んだ後、休止」というサイクル、という三つの基本特徴がある。これらは、以下のように相互に関連している。

まず、基本特徴②と③は、①の「紐積みのみで完成形まで作り上げる」という基本原則に沿ったものである。縄文土器では、弥生土器・土師器のような折り曲げ・叩き、押し出し、ロクロ挽き上げなどの「紐積み原型からの変形」を行わない。火焔土器の大型把手のような複雑な形の大型把手もすべて粘土紐の組み合わせで作り上げ、紐積み後の変形（例えば、切り取りにより口縁を波状にする、把手中央に穴をあける、など）はない（小島ほか一九八九、宮尾二〇〇九）。削り薄手化を行うことはあるが、全体形を変えるわけではない。このように、縄文人は粘土紐を最大限に使いこなしたといえる。紐積みのみで最終形態まで作ることから、頸部の括れや胴部の膨らみなどのプロファイルの凹凸は、細い粘土紐の角度を変えることにより作り出している。この成形方法では、細めの粘土紐を小まめに積む方が形を整えやすい。また、粘土紐幅が狭いことから、一本ごとでは圧着しにくいし、一本ずつ圧着していては時間がかかるので、「数段積んだ後、まとめて伸ばし圧着」を繰り返す方法が最も適している。

東北地方北部では、縄文前期の円筒下層式（図4a）、中期の円筒上層式（図4b）、後期前葉の順に粘土紐幅が徐々に狭くなり、かつ、休止サイクルが「五～六チセン間に三本」から「三～四チセン間に二本」に変化した。そして、この順に深鍋の頸部の括れと胴部の膨らみが徐々に強まったことから、器形の細かな屈曲を作り出すために粘土紐幅を細くし、一段の幅と粘土紐本数も減らした（休止・伸ばし圧着サイクルがより小まめになった）ことが明らかとなった（小林・鐘ヶ江二〇一五）。このように、縄文深鍋では、頸部の括れと胴部の膨らみが強まるにつれて、細めの粘土紐を小まめに積むようになった。

縄文後期における外傾接合から内傾接合への転換　東日本では、縄文早期から後期前半は外傾接合（図4a・b）だが、後期中葉（加曾利B式）を境に内傾接合（図4c）に転換した（小林・鐘ヶ江二〇一五）。外傾接合は、内傾接合に比べて外側にへたりやすいにも関わらず、後期前半まで長期にわたって用いられた。この理由として、①接合休止時に「内面を掻き上げる伸ばし圧着」を行いやすい、②連続積み上げ時に土器の手前側で作業できる、の二つがあげられる（小林ほか二〇一二）。

前者については、三本積んだ後にまとめて伸ばし圧着するさい、開きが弱い円筒形の土器では「内面を押し下げる」手の動きが制約されるので、内面を掻き上げる操作の方が適している。この内面を掻き上げる操作では、内傾接合では粘土紐がめくれてしまうため、外傾接合が選択されたのである。なお、外面は手の動きに制約がないので、掻き上げ、押し下げの両者が可能である（図3a）。

後者の連続積み上げ時の指使いについては、縦（上下運動）型の紐積み方法では、短い親指で手前側の粘土を押し下げ、長い人差し指・中指で反対側の粘土を引き上げる操作になる。このため、外傾接合では土器の手前側で作業できるのに対し、内傾接合では体から遠い側で作業することになり、大型土器を成形するには不自由である。

外傾接合から内傾接合へ転換した縄文後期中葉（加曾利B式期）では、①有文精製器種と素文器種の分化が明瞭になり、開きが強い浅鉢と胴部の膨らみが強い壺が増える、②有文精製深鍋は上部の開きが大きくなる、③全体的に薄手化する、などの点で、成形時に形崩れするリスクが高まった。内傾接合に転換した理由として、開く形や膨らみを持つ形では、上段の粘土紐が内側に載っている内傾接合の方が形崩れリスクが低いことがあげられる。さらに、開きが大きい器形ほど「内面を押し下げる伸ばし圧着」を行いやすいことも、内傾接合に転換したもう一つの理由であろう。以上より、「内傾接合か外傾接合か」は、土器の形・作りに応じて、形崩れ防止を重視するか（内傾）、掻き上げる伸ばし圧着や土器の手前側で紐積みできる点を重視するか（外傾）により決められたと考えられる。

弥生土器の成形方法　上述のように、弥生土器では、粘土紐か粘土帯を積み上げて円筒形の一次原型を作った後、頸部折り曲げ技法や叩きにより変形を加えている。一次原型の成形方法は、「細い粘土紐か、粘土帯（幅四～五㌢）か」と「段階成形（胴下部、胴中部、胴上部といった成形段階ごとに最終調整を施す）か、連続積み上げ（口頸部まで積んだ後に最終調整が施される）か」の組み合わせにより、「細い粘土紐を連続積み上げ」（口絵3の①、図4c）、「細い粘土紐を段階成形」（近畿の五様式形深鍋）、「粘土帯を連続積み上げ」（遠賀川式土器）、「粘土帯を段階成形」（北部九州の弥生中・後期の大型土器）の四類型がある（田崎一九九三によるA～C手法）。「細い粘土紐か粘土帯板か」は判別しにくいことが多いが、後述のように弥生土器の外傾接合は粘土帯積み上げと結びつくことからある程度は推定できる。弥生土器・土師器では、粘土帯成形は弥生前期の遠賀川式土器（図4d）と弥生中・後期の北部九州の大型品（図4e・f）に限られ、それ以外の時期・地域では細めの粘土紐を積んで一次原型を作った。弥生土器における細い粘土紐による積み上げは、縄文土器に比べて、①休止間隔が徐々に幅広くなる、②粘土紐を数本分まとめて伸ばし圧着する作業を板ナデにより行う、③叩きによる接合部の圧着が顕著になるにつれて伸ばし圧着が簡略になる、という変化がみられる。

次に、折り曲げ技法と口縁部横ナデによる頸部の括れの作出は、弥生前期から始まる。口縁部横ナデを施す際には、東南アジア民族誌にみられる人間ロクロ（土器の周りを製作者が回る）のような方法で回転を利用したと推定される。この折り曲げ技法の証拠として、①断面薄片では、頸部に継目がなく、滑らかな粘土粒子の配向がみられる（図4c・d、口絵3の①・②）、②折り曲げた状態では付かないはずの頸部に叩き目が残る（寸胴の状態で叩きを施し、その後に折り曲げたことを示す）などがある（都出一九七四、深澤一九九八）。また、頸部に水平割口が巡る頻度が低い事実も、頸部の屈折部に継目がなかったことを示している。さらに、縄文土器では口縁部が波打つ波状口縁や突起付き口縁が目立ったのに対し、弥生土器では水平で平坦な口縁に統一された事実は、回転を利用した口縁部横ナデが普遍的に行われたこと（および縄文土器では折り曲げ技法や口縁部横ナデによる頸部作出がなされなかったこと）を示唆している。

また、口縁部横ナデには、乾燥・焼成時や使用時の縦ヒビを抑える役割もある（六章）。熱ストレスによる縦ヒビは口縁部から起こるので、これを抑えるためには回転を用いて口縁を入念にナデ付ける操作が有効だった。

叩きには、①土器の形を膨らませる（変形する）、②薄手化する、③粘土紐の継目を圧着し、器壁内の器孔を減らす、という役割がある。胴部が膨らんだ分、薄手になる点で、①と②は連動している。この薄手化と胴部膨らませ効果を十分に得るためには、叩き板と連動して当て具（突き具）により内側から突き出す操作が必要だが、須恵器以前の土製当て具の出土例は、弥生後期の福岡県糸島地域（宮の前・本岡・三雲遺跡など）の数例に限られている。

弥生前期の遠賀川式土器の粘土帯成形　弥生早期の突帯文系深鍋は縄文晩期深鍋の形・作りを継承したのに対し、弥生前期の遠賀川式（系）深鍋は、「頸部折り曲げ技法と口縁部横ナデの組み合わせ」による堅牢な頸部（いわゆる如意状口縁）を作り出す点で、炊飯に適した作りへの転換を果たした。頸部折り曲げ技法は東北の遠賀川系深鍋（中期前半に盛行、図4c）でも用いられることから、遠賀川式／系土器の基本特徴といえる。

西日本の遠賀川式土器の成形方法の特徴として、①幅五㌢程度の幅広い粘土帯を積んでいる、②外傾接合である、③粘土帯の両端が長く引き伸ばされる（田畑二〇一二、図4e・f）、の三点があげられる。これら三特徴は相互に関連している。すなわち、幅広い粘土帯を外傾接合で積む方法は、細い粘土紐を内傾接合で積む方法に比べて形崩れしやすいので、継目を長く引き伸ばすことにより圧着を強める必要があった。また外傾接合を選択した理由として、幅広い粘土帯を接合するためには「上方へ掻き上げる入念な延ばし圧着」が必要だったことがあげられる（小林ほか二〇一二）。

北部九州の弥生前期土器では、外面の叩き単位の観察から叩き技法の使用が指摘されているが（武末二〇一三）、溝のない叩き板を使っていることや内面の当て具痕については賛否が分かれていることから、叩き工程の復元が難しい。大阪府讃良郡条里遺跡の最古階段の遠賀川式土器では、壺では接合剥離痕が高い頻度で見出されたのに対し、深鍋では接合剥離痕が皆無だったことから（中尾二〇〇八）、深鍋のみ入念な圧着（おそらく叩き）が施された可能性がある。一方、東北地方の遠賀川系深鍋（弥生中期が主体）では頸部折り曲げ技法が用いられたが、叩き成形は東日本の弥生時代では採用されなかった（図４c、口絵3の①）。

弥生中期における「粘土帯の外傾接合」から「粘土紐の内傾接合」への転換　弥生中期以降では、器面調整が入念になるため、接合痕の観察が難しくなる。そこで、断面薄片の粒子配向により「外傾か内傾か」を判定した結果、北部九州では中期中葉の須玖1式まで外傾接合が残るが（図４f）、後期では内傾接合が主体だった（小林ほか二〇一三）。ただし、よって、北部九州では中期中葉〜後葉（須玖2式期）において外傾接合から内傾接合へ転換したといえる。ただし、北部九州とその隣接地域では弥生後期になっても大型品には粘土帯の外傾接合が用いられた（田崎一九九三）。

一方、本州西日本においても中期半ばまでには内傾接合に転換したと推定される。そして、この変化は、幅広い粘土帯から細めの粘土紐への転換と連動している。

弥生前期から中期への紐積み方法の変化を生み出した理由は以下のように説明できる。遠賀川式土器は、深鍋、壺、鉢が同じ「鉢形の底部」を共有し、休止サイクルも斉一的であることから、短時間で成形できる体系的な成形方法だったと評価されている（深澤一九八五）。このような器種を横断した規則的な休止サイクルの成形には、幅広い粘土帯の方が適していた。一方、弥生中期になると「細い粘土紐による内傾接合」に戻った理由として、①地域差が拡大するとともに、各地域において器種が多様になった結果、細い粘土紐で多様な形態を作ることが必要となった、②深鍋の頸部の括れと胴部の膨らみが強まるにつれて、形崩れしにくい内傾接合の方が適するようになった、の二つがある。なお、北部九州では、本州西日本に比べて粘土帯成形がより新しい時期まで残った理由として、甕棺を含めた大型品の比率が高いことがあげられる（田崎一九九三）。この点は、大型品では弥生後期まで粘土帯成形が用いられる事実から傍証される。

弥生中期における叩きの顕在化　刻み目付き叩き板が普及した弥生中期後半の凹線文系深鍋では、以下の成形工程が復元されている（都出一九七四、深澤一九九八）。口縁部まで粘土紐を積み上げて原型を作った後、台上で一次タタキを施す。内面頸部にシワが残ることから、一次叩きによる変形度は小さい。次に、折り曲げ技法により頸部を作り出した後、内外面を板ナデ調整し、成形が完了に近づいた時点で二次（整形）叩きを行った。前段階の板ナデ痕が残ることから、二次叩きは圧力が弱く、視覚的な効果も意図されていた。

弥生後期の本州西日本の成形方法　弥生後期の瀬戸内・山陰・北陸・東海地方に普及した擬凹線文系深鍋は、ケズリ薄手化が顕著な点で中期後半の凹線文系深鍋の特徴を継承している。紐積みや叩きの痕跡は入念な最終調整のため残っていないが、水平割口が少ないことから器壁を締める効果を持つ叩きが施された可能性が高い。

一方、弥生後期の畿内に普及した五様式形深鍋は、ドーナツ形の小平底をベースにして、「幅狭い（一・五〜二㌢）粘土紐を二〜三本積んだ後、休止」というサイクルで紐積みを行った痕跡が観察できる。そのさい、①第一段階の鉢形とその上の部分で叩き板の種類が異なる、②粘土紐の継目を境にして叩き目の方向が胴下部（右上がり）→中部（水平）→上部（右上がり）という段階ごとに変化する、という例があることから、鉢形の胴下部、胴中部、胴上部という段階ごとに外面に手持ち叩きを施している（都出一九七四、長友二〇一五）。弥生中期後半では、肘の高さを起点として円弧状の叩き目がつくことから直立状態で叩きを行ったのに対し（深澤一九九八）、弥生後期では底部径の縮小に伴い、土器を手で持った状態で叩きを行うようになった。上述のように成形段階により叩き目方向が異なるのは、手持ち叩きでは土器の保持方法が成形段階により変わるためである。

なお、「第一段階の鉢部の上に別作りの胴部円筒を接合する」という分割成形を想定する意見もかつてはあった（都出一九七四）。根拠として、鉢部とその上側がイビツに接合された例があげられている。しかし、分割成形では、大きさが完全には一致しない上部パーツと下部パーツを仮接合した後、両者のずれを補正する必要があるので、当て具を用いず叩きの変形度が低い弥生後期土器に採用されたとは考えにくい。

五様式形深鍋にみられる段階成形は、①内面に紐積み痕が残る例があることから、内面の伸ばし圧着が簡略化されている、②左右対称でなく、口縁が斜めに歪む土器が多い、などの点で、工程を簡略化して多くの土器を成形する志向が読み取れる。素地が軟らかい状態で、幅広いサイクルの粘土紐を短時間で積む成形を可能にしたのは、叩きによる継目の圧着だったといえる。一方、内面肩部に紐積み痕が残る例があることから、叩きにより胴部を膨らませる効果や薄手化する効果は低かった。そして、叩き技法と段階成形を組み合わせた量産化志向の背景として、他の深鍋タイプに比べて広域に模倣品と搬入品が分布することから推定される、交易の活発化があげられる（長友二〇一五）。

なお、本州西日本の弥生後期後半では、球胴化するのに伴って底部径が縮小し、安定自立しない小平底となる。この小平底は、小さいリング形の底部をベースとして紐積みを行った結果であり、輪台技法と呼ばれている（都出一九七四）。

北部九州の弥生後期の成形方法　北部九州では、安定平底から自立しない凸レンズ状底を経て、弥生後期後葉に丸底化した。このように、安定平底から漸移的・連続的に丸底に変化したことから、安定平底の一次原型を成形した後、叩き技法により丸底を作り出したことが分かる。北部九州の当該期では例外的に当て具が出土している事実を積極的に評価すれば、「北部九州では当て具を用いた叩きにより、他地域に先駆けて丸底化を行った」可能性もある。ただし、この丸底化は、①薄手化・球胴化を伴っていない、②高さ一〇㌢未満の沓形支脚（三個一組）に載せている、などの点で、後述する古墳時代の浮き置き加熱のような「炎加熱効率の向上」はあまり期待できない。よって、この低い浮き置きは、長胴で大型が多い深鍋の上半部まで炎を当てることを意図したものと思われる。

庄内式期の成形方法　庄内式並行期（弥生・古墳移行期）の瀬戸内・山陰・加賀の薄手深鍋、近畿の庄内形深鍋と布留形深鍋（古墳前期）の三タイプを取り上げて前段階からの成形手法の変化を説明する（図5・6）。

まず、瀬戸内・山陰・加賀の庄内式並行期の薄手深鍋は、前段階の擬凹線文系深鍋の成形方法を継承し、さらにケズリ薄手化が進行している。叩きの痕跡は内面の入念なケズリ薄手化と外面の板ナデ調整により消されてしまっているが、ケズリ薄手化の直前に叩き成形（おそらく当て具なし）が施されたと推定される。底部は輪台技法による自立しない小平底である。

近畿の庄内形深鍋は、内面に入念なケズリ薄手化を施している点は本州西日本の薄手深鍋と共通するが、外面全体にらせん叩き目が残る点（叩き目を残す点は前段階の五様式形深鍋の作法を継承）と、この叩きにより丸底を作り出している点が異なっている（都出一九七四、長友二〇一三）。庄内式深鍋の丸底は先端がわずかに尖り気味であることから、輪台技法による小平底をベースとして一次原型を紐積み成形した後、叩きにより小平底を丸底にしたことが分かる（図5a）。乾燥が進んだ後、入念なケズリ薄手化を施している。庄内式深鍋が他地域に先駆けて球胴・丸底化と薄手化を行ったのは、近畿地方では米品種の粘り気度の増加が他地域に先駆けて進行した結果、湯取り法炊飯の茹で時間

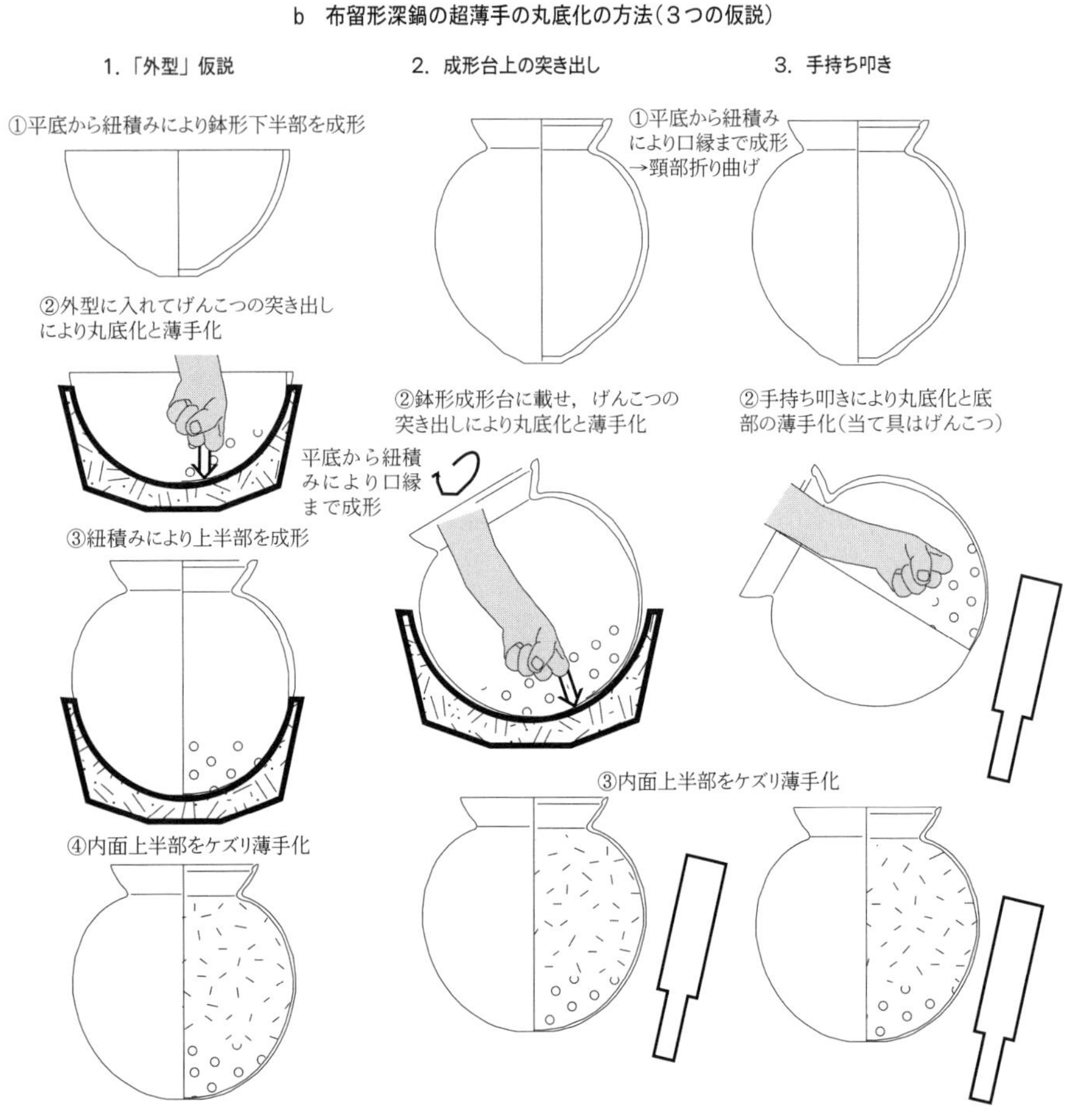
b　布留形深鍋の超薄手の丸底化の方法（３つの仮説）
1.「外型」仮説
2. 成形台上の突き出し
3. 手持ち叩き
①平底から紐積みにより鉢形下半部を成形
②外型に入れてげんこつの突き出しにより丸底化と薄手化
③紐積みにより上半部を成形
④内面上半部をケズリ薄手化
①平底から紐積みにより口縁まで成形→頸部折り曲げ
②鉢形成形台に載せ，げんこつの突き出しにより丸底化と薄手化
平底から紐積みにより口縁まで成形
②手持ち叩きにより丸底化と底部の薄手化（当て具はげんこつ）
③内面上半部をケズリ薄手化

図５　庄内形と布留形の深鍋にみられる薄手化・丸底化の方法

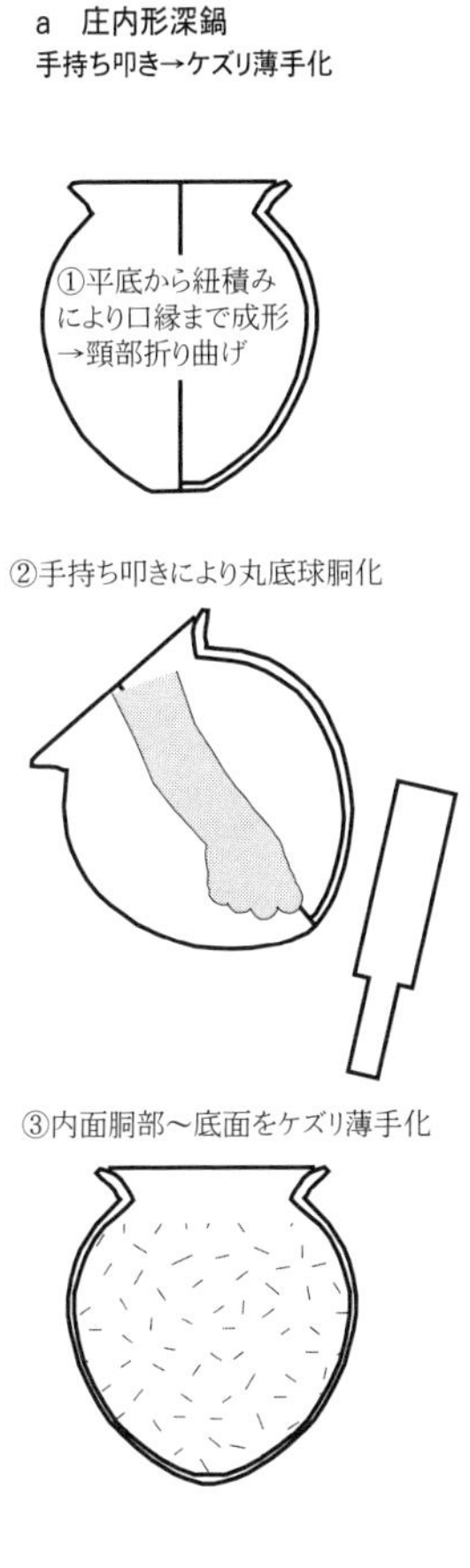
a　庄内形深鍋
手持ち叩き→ケズリ薄手化
①平底から紐積みにより口縁まで成形→頸部折り曲げ
②手持ち叩きにより丸底球胴化
③内面胴部〜底面をケズリ薄手化

短縮化が求められたためと推定される。

古墳前期の布留形深鍋の丸底化・薄手化方法　布留形深鍋は、丸底・球胴化と底部を含めた極端な薄手化（厚さ三ミリ程度）を特徴とする。この超薄手の丸底は、三石上の浮き置き加熱への転換を示すことから、古墳前期における「湯取り法炊飯の茹で時間短縮化（内底面にコゲが付く前に蒸らしに移行するようになる）」に対応した「短時間強火加熱」を達成するための工夫といえる（一章）。西日本の広い地域に分布するが、近畿・加賀・吉備・北部九州などで多くみられる。布留形深鍋は、内底面に拳（げんこつ）で突いた小さい窪みが多数残ることから、粘土が比較的軟らかい状態で「成形台や型に載せてげんこつで突き出す」または「内面に拳を当てて当て具とし、手持ち叩きを行う」ことにより超薄手の丸底化を達成している。上半部は、土器の乾燥が進んだ最終段階において入念な内面ケズリにより薄手化したのに対し、内底面は凹凸の顕著なげんこつ痕が最終調整であることから、ケズリ薄手化を行っていない。土器の乾燥が進んだ状態にならないとケズリによる薄手化はできないからである。北野博司氏・久世建二氏らによる布留形深鍋の成形実験では、げんこつを当て具代わりとして手持ち叩きにより丸底を成形した結果、発掘された布留形深鍋と同様のげんこつ痕（指の節を示す筋が見られる例があることから、指先による押圧とは区別できる）が観察された。ただし、げんこつを当て具とした手持ち叩きのみでは布留形鍋の極端に薄い丸底を作り出すことは難しい。

このように、布留形深鍋は、前段階の庄内形深鍋と異なり、ケズリを用いずに極端に薄い丸底を作り出しているので、その超薄手の丸底化の方法には「型成形」仮説（田中一九六四、井上一九八三）、叩き成形仮説（長友二〇一三）、「成形台に載せてげんこつで突き出し」仮説（小林二〇一七）という複数の復元案が示されている（図5b）。「型成形」仮説は、①下半部の上面観が正円を描き、形の規格性が高い、②外型に嵌めこんで内側から指で突き出す方法は薄手化に最も効果的である、という点を根拠としている。布留形深鍋では「外型」を示す痕跡は見いだされていないが、共伴する小型丸底壺（大阪府船橋遺跡出土）では、①型との密着不足を示す「浅い放射状の亀裂」が外底面にみられる、②型の上端ラインを示す「粘土の溜まり」が胴下部に水平に巡る、③平底部が押し潰されている、などの痕跡から、「平底の鉢形原型を外型にはめ込んで成形した」ことが明らかにされている（次山二〇一六）。このように、布留式土器の「型成形」は、粘土塊や粘土円板を型に嵌めて成形したのではなく、紐積み成形した平底の原型を外型に嵌めこんで形を整えたものである。

加賀や近畿の布留形鍋の水平割口を観察すると、弥生深鍋に比べて「全周に占める比率」が低いものの、「幅二センチ弱の細めの粘土紐を三本程度積んだ後、休止（まとめて伸ばし圧着）」という縄文・弥生土器と同様の紐積みサイクルが観察される（図6）。底部直上にも水平割口が巡ることから、「平底から、細い粘土紐を積んで一次原型を成形した」といえる。従来の「型成形」仮説では、「下半部を型に嵌めこんで薄手の丸底を成形した後、上半部を紐積み成形（その後、ケズリ薄手化）した」と想定されているが（図5bの1）、加賀の布留形深鍋では最も長い水平割口が胴最大径よりも上部にあることから、「下半部を型成形した後、上半部を紐積み成形した」とは考えにくい。

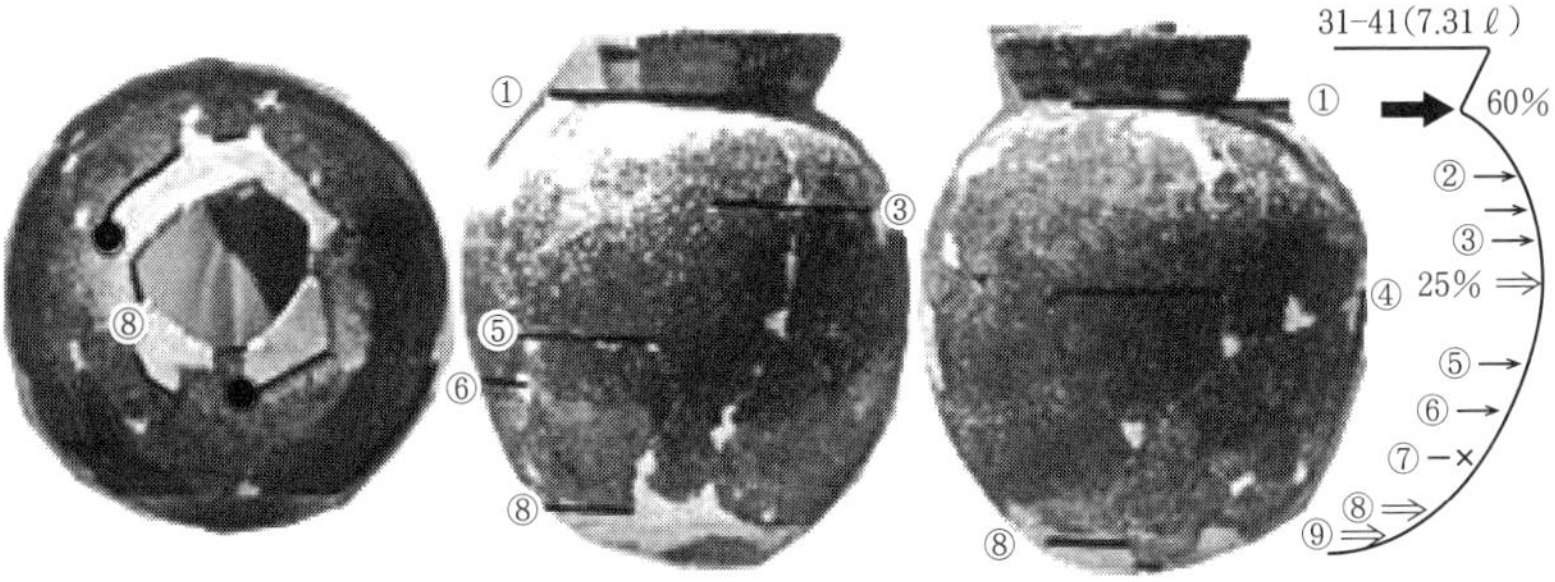

a　沖町遺跡の布留形深鍋 31-41 の水平割口図面

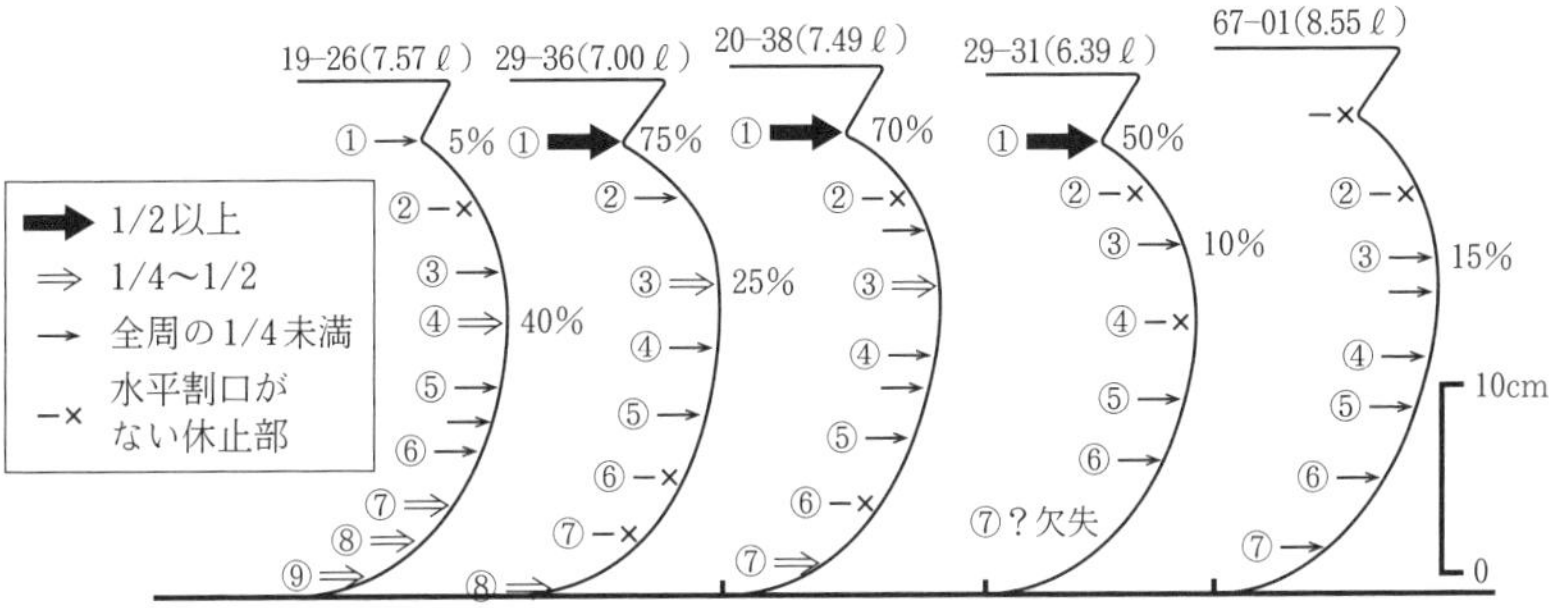

b　沖町遺跡の布留形深鍋の水平割口頻度（○数字は休止部の段数）

図6　布留形深鍋の水平割口

以上より、布留形深鍋では、①縄文・弥生土器と同様に、平底から細めの粘土紐を積んで全体を成形、②鉢形の成形台（または型）に載せて内面からげんこつで突き出すか、または、げんこつを当て具とした手持ち叩きにより、超薄手の丸底を作り出した、③乾燥後、内面上半部をケズリ薄手化、という成形過程が復元される（図5bの2）。内面の突き出しを専用当て具ではなく、げんこつを用いて行ったのは、「型成形」仮説で指摘されたように、成形台（型）に載せた土器を薄手化するには、先が尖り、内面との接触面積が小さいげんこつの方がより効果的だったためだろう。一方、「げんこつを当て具とした手持ち叩き」仮説は、①丸底を超薄手にできるか疑問がある、②専用当て具ではなく、げんこつを当て具とした理由が説明できない、という問題点が残る（図5bの3）。

以上より、布留形深鍋の超薄手の丸底の成形方法は、「平底の一次原型を鉢状成形台に載せ、内面からげんこつで突き出す」方法が、考古資料の特徴と最も整合する。なお、「鉢状成形台に載せた一次原型を内側から突き出す」方法で丸底化・薄手化を行っているバングラデシュ・シャムタ村の民族誌例では、一次原型を鉢形成形台に傾けた状態で置き、手で回しながら胴下部〜底面を突き出している。布留形深鍋のげんこつ突き出しでも同様だったと推定される。

叩きによる変形度　弥生〜古墳前・中期（須恵器以前）の土器では、叩きにより胴部を膨らませる効果は東南アジア民族誌の叩きに比べて限定的であり、接合部の圧着や器壁の締めが重要な目的だった。その根拠として以下の点があげられる。

第一に、叩きにより薄手化と胴部膨らませ効果を十分に得るためには、叩き板と連動して当て具（突き具）により内側から突きだす操作が必要である。一方、須恵器以前の土製当て具の出土例は、弥生後期の福岡県糸島地域（宮の前・本岡・三雲遺跡など）の数例に限られている。糸島地域例のようなキノコ形当て具ではなく、ただの丸石を当て具とした可能性もあるが、古墳前期の布留形鍋では成形台上で内底面を拳で突くことにより平底の原型を丸底化していることからみても、須恵器以前の時期では専用当て具はほとんど用いられなかったと思われる。

第二に、弥生〜古墳前・中期の土器では幅一・五〜二㌢の細めの粘土紐を用いて一次原型を成形している。東南アジア民族誌の比較分析から導き出された「円筒形の一次原型作りが粗放なほど、叩きによる変形度が大きい」という傾向（小林一九九三）を参照すると、叩きによる変形度は低かったと推定される。

叩きによる紐積み一次原型の変形度は、弥生前期〜中期前半（北部九州を除き叩き成形が不明瞭）、弥生中期後半、弥生後期、古墳前期の順に徐々に高まることを上述した。この背景として、炊飯の茹で時間短縮化（短時間強火の強化）に対応して、鍋の丸底・球胴化と薄手化を促進したこと、および、弥生後期以降の土器の流通の増加に伴う生産

表1　器面調整の種類

	機　　能	痕跡	工具の操作	乾　燥　度	コスト	時間的変化
ナデ	①粘土紐の継目を接着。3本積んだ後の伸ばし圧着。②器面を平滑化。器壁を締める効果は少ない。③口縁部横ナデにより円筒形の一次原型から頸部の括れを作り出す＋口割れ防止。	器面が湿った状態では平行した筋が付くが，乾燥が進むほど筋が付きにくい。	指・布・木・皮などの工具で器面に直角か鋭角に当ててこする。口縁部の横ナデは布などを当てて回す(回転を加えることが多い)。	器面がやや湿った状態の多様な段階で行う。口縁部横ナデは濡れた布・木で行うことが多い。蒲鉾形の紐積み休止部は，指か布で継目を湿らせて調整。	短時間。熟練は不要。	粘土紐を2～3本積んだ後の伸ばし圧着は，縄文～古代まで普遍的。頸部折り曲げ技法に伴う口縁部横ナデは弥生時代から。
板ナデ	①粘土紐の継目を圧着。②器面を平滑にする。③器壁を締めて器孔を減らす(やや乾燥した状態)。	木目の凹凸が筋となって残る。	板の木口(幅2cm程度が多い)を器面に鋭角に当ててこする。	器面が湿った状態からやや乾燥した状態まで多様な段階で行う。	短時間。熟練は不要。	縄文土器は板ナデ(器壁を締める役割)を用いない。
ケズリ	器壁の薄手化。	砂粒が動いた痕跡が付く。	薄い板などの工具を器面に鈍角に当てて器壁を削り取る。	原型を変形するタタキとミガキの中間。乾燥しすぎると削れないが，柔かすぎると土器が歪む。	長時間。均一な厚さにするために熟練が必要。	縄文土器では西日本の晩期を除き稀。弥生中期後半に普及し古墳前期がピーク。
ミガキ	①光沢を出す。②水漏れを抑える。③器表面を緻密にして黒色化や赤彩スリップの発色を高める。一方，器壁内部を締める効果は低い。	光沢を持つ。細い筋の工具痕が残り，砂粒は沈む。	丸石や骨角器など平滑面を持つ工具でこする。	最も乾燥した状態(水分量1～2%以下)でないと光沢がでない。乾燥しすぎた場合は表面を湿らせる。	最も長時間。熟練は不要。子どもが手伝う。	縄文深鍋では粗い磨きが施されることがあるが，弥生深鍋では消失。
タタキ	①胴部を膨らませる。②器壁を締める(器壁内の気孔を縮める)。③薄手化する。	タタキ目と当て具痕が付く。叩き面が見えることあり。	原型を膨らませる叩きでは，内面から当て具で突きだす。叩き板が剥がれやすいように刻目を付け，水で濡らす。	胴部を膨らませる叩きは，板ナデとケズリの中間に施される。柔らかすぎると形が歪むのでタイミングが重要。	やや長時間。最も熟練が必要。	弥生土器では専用当て具がないことから，変形度は小さい。

性の向上（長友二〇一五）、の二つがあげられる。
また、弥生土器の成形方法は、大型甕棺も含めて大型品を多く作る北部九州、鍋の薄手化・球胴化が弥生初頭から古墳前期へ連続的に進行する本州西日本、叩き技法を用いない東日本、という地域差が顕著であり、この順に叩き成形の採用度合いが低く、かつ普及時期も遅れる（表1）。

3　器面調整

器面調整の方法には、ケズリ、板ナデ、ミガキ、ナデ、叩き、縄文施文などの種類がある（表1）。以下では縄文土器、弥生土器、土師器（古墳前・中期）の深鍋の器面調整の時間的変化を検討する。

ケズリ薄手化の程度　ケズリは砂粒の移動痕により認定される。器壁をどの程度薄くしたかが課題である。縄文早・前期では砂粒移動痕が報告された例があるが、薄手化の役割は小さかったと推定される。最も厚手となる縄文中期深鍋では、ケズリ薄手化はほとんどなかった。縄文後期から晩期へと、東日本では内面、西日本では外面に削り痕跡が残る例が増える。東北地方の縄文晩期では、一部の小型壺の内面肩部に帯状の単位を持つ削り薄手化がみられるものの、深鍋では内面に粘土紐の継目の凹凸が痕跡的に残る例が目立つことから、薄手化効果は低かった。
一方、西日本の縄文晩期深鍋では大型でも薄手に作られていることから、外面ケズリが薄手化する役割をある程度果たしたと思われる。ただし、これらの外面胴部のケズリは、外面貝殻条痕文仕上げの前段階（後期前葉まで）の深鍋と厚さは大差ないことから、薄手化効果は限定的だった可能性が高い。このように、縄文前期や後・晩期の比較的薄手に作られる深鍋では、ケズリによる薄手化がある程度行われたが、弥生中期以降の内面ケズリに比べると、薄手化効果は低かった。

弥生深鍋において顕著なケズリ薄手化がはじまるのは西日本の中期後半の凹線文深鍋からである。凹線文深鍋の前半段階のケズリ薄手化は、中・小型では内面胴部全体に施されるのに対し、大型では胴下半部に限られる。小型ほど胴上部まで強い炎が当たることから、熱伝導効率の向上を意識してケズリ薄手化を行ったことがわかる（小林一九九四）。また、弥生後期後半〜古墳前期の西日本（九州と畿内五様式形を除く）では、炎を受ける胴上部以下が非常に薄くなっているのに対し堅牢さが必要な頸部は厚いまま残される。

加賀の縄文中期、縄文後・晩期、弥生中期、弥生後期の深鍋の器厚（胴上部で計測）を容量クラス別に示した一章の図6をみると、縄文後・晩期から弥生中期、後期へと全体的に薄手化する傾向がみられる。また、縄文深鍋では大きい土器ほど厚くなる（紐積みの一般的なパターン）のに対し、加賀の弥生中・後期深鍋では小型（二〜四㍑）と中型（四〜六㍑）の器厚が大差ないことから、炊飯の主体となる中型鍋に対してとくに入念な薄手化が施されたといえる。

器面調整の時間的変化　縄文深鍋の器面調整はナデ、ミガキ、ケズリ（西日本の後・晩期）が主体であり、器面を平滑にし、水漏れを防ぐ効果や粘土紐の圧着を強める効果を持った。一方、ミガキは器面が乾燥した状態で施されるため、表面の器孔を潰す効果はあるが、器壁内部の器孔を減らす効果は低い。上述のように、ケズリによる薄手化は、西日本の晩期中葉の突帯文深鍋などを除けば、限定的だった。

一方、弥生土器の器面調整は、器壁を締める（器壁内部の孔を潰す）効果がある板ナデが、弥生初頭に韓半島から導入され、最も重要な器面調整手法として全国的に普及した。板ナデは、小口面の凹凸のため器壁の深くまでのばし圧着するため、粘土紐の継目を圧着し、器壁を締める（気孔を潰す）効果がある。これに加えて、叩き技法は、弥生時代を通して胴部を膨らませる効果は限定的であるが、器壁を締める整形手法としての効果が高いことを上述した。

粘土紐の接合剝離痕や水平割口の出現頻度が縄文晩期から古墳前期へと連続的に低くなる事実は、この順に、叩きや板ナデにより器壁を締める効果が高まったことを示す。弥生土器では器壁を締める工程が重視された理由として、①炊飯に必要な「短時間強火加熱」を達成するために、器壁内の器孔を減らして熱伝導率を高めた、②炊飯の蒸らし段階での水蒸気膨張ストレスによる破損（円形剝離）を抑えるために、器壁内の器孔（水分が残りやすい）を減らした、③薄手化に伴い、器壁の物理的強度を高める必要があった、などの点があげられる。

4　野焼き方法

野焼き民族誌にみる覆い型野焼きの特徴　窯を用いない野焼きは、イネ科草燃料で土器全体を覆い、窯状の構造を作る「覆い型」と、それを欠く「開放型」に大別される。覆い型の基本要素として、①イネ科草燃料の覆い、②覆いに穴が開くのを防ぐための被覆材、③主熱源（薪の種類と量、配置）、の三つがある（久世ほか一九九七、小林編二〇〇六）。また、窯詰め方法（焼成中の移動を含む）も重要である。以下では、東南アジアの覆い型野焼き民族誌を参照して、開放型と比べたさいの覆い型野焼きの諸特徴を説明する。

イネ科草燃料の覆い　イネ科草燃料は、堅牢な細胞構造を持つ珪酸分を多く含むため、燃焼しても粉々の灰にならずに筋状の形を保つ。よって、土器全体をイネ科草燃料で覆うと、燃え尽きた後も窯状の覆いが保持される。燃料の燃焼が進んでも外側からは炎がみえず、覆いの密閉度が高い場合には間近に手をかざすことができる。この窯状覆いのため、空中に逃げる熱量が少なくなり、より少ない薪で効率的に焼成できる。

被覆材の必要性　焼成の初期段階でイネ科草燃料の覆いに穴が開くと、内部の温度が急激に上昇して、土器が割れる原因となる。このような急激な昇温による土器破損を防ぐため、イネ科草燃料の覆いの上部に生草、灰、泥などの「被覆材 topping materials」を掛けて、覆いに穴が開くのを防ぐ。稲作農耕民の野焼き民族誌では、①泥で地面まで全体を塗り込める超高密閉型（雲南省・ミャンマー、およびインドに特徴的、図11）、②灰や泥を頂部〜側面にかける高密閉型（北部タイ・中部タイに特徴的、図10）、③生草を掛けるだけの中間密閉型（フィリピンに特徴的）、④特別の被覆材を用いず、焼成中に覆いに穴が開きそうになると稲藁を補充して埋める低密閉型（インドシナ半島東半〜海南島に特徴的だが、雲南省タイ族自治区の農村部など各地にも存在、図8・9）などの種類があり、この順に昇温速度が急で焼成時間が短くなる（小林編二〇〇六）。覆い型野焼きでは、土器がイネ科草燃料に覆われるため、焼成中に土器を動かしたり、薪燃料を追加したりできないが、最初に設置する主燃料の量と被覆材の密閉度により昇温速度と焼成時間を自由に調整できる。

一方、開放型野焼きでは、焼成中の土器と燃料の様子がみえるため、燃料を追加したり、土器や燃料を動かす操作により昇温速度と焼成時間を調整する。急激に昇温すると壊れやすい土器（すなわち、厚手、素地の砂量が少ない、粘土紐の圧着が弱い、器壁内に隙間が多い、という特徴をもつ土器）を焼く場合、覆い型では覆いの密閉度を高めて緩やかに昇温することで対応するのに対し、開放型では、薪の位置を徐々に土器に近づける、などの方法であぶり焼き（予備焼き）を行うことが多い（久世ほか一九九九）。

覆い型野焼きの主熱源　稲作農耕民の覆い型野焼き民族誌では、主熱源に薪を用いず、竹、椰子の葉・葉梢・殻、小枝などを用いる例もある。また、窯状の覆いのため内部の火回りが良好なので、土器の内面に薪を差し入れることはない。一方、主熱源からの炎（熱）の多くが大気中に逃げてしまう開放型野焼きでは、燃料効率が覆い型よりも劣るので、土器一個当たりの薪量が覆い型よりもはるかに多くなる。また、最初に土器を直立して設置する（途中で横倒しする）場合では、内面に薪を差し入れる必要性が高い。さらに、稲作農耕民の覆い型ではあぶり焼きを行う例は稀なのに対し、開放型ではあぶり焼きの必要性がより高い点でも、より多くの薪燃料を必要とする。

開放型と覆い型の焼成痕跡（黒斑と火色）の違い　覆い型野焼きの定義である「イネ科草燃料の覆い」を示す焼成痕跡として、①火色、②筋状の黒斑・火色、③覆い接触黒斑、の三つがあり、開放型の特徴として「焼成中の土器の転がし」を示す黒斑がある（小林編二〇〇六、小林二〇〇七a・b、久世ほか一九九七）。

火色は、イネ科草燃料に含まれる珪酸分が粘土の鉄分と反応してできるオレンジ色の筋状または不整形の痕跡であり、覆い型野焼きの最も確実な証拠である（口絵4）。火色の形成原理は備前焼の「火だすき」と同じである。火色は、土器表面とイネ科草燃料の間に酸素がある程度多く存在し、かつ、高温の状態でより顕著に形成される。よって、覆い接触黒斑の周囲に最も頻繁かつ顕著にみられる。一方、高温焼成でも、覆いの密閉度が高い場合（弥生中期の須玖式など）は形成されない。

次に、イネ科草燃料は燃焼しても燃え尽きることなく、筋状の構造を維持するので、土器表面にイネ科草燃料の筋状の痕跡（火色や筋状黒斑）がみられる場合は覆い型と判定できる（口絵4の②、図7h）。また、覆い型野焼きの実験では、覆い接触黒斑や地面側のワラ密着黒斑の内部に、筋状に白く抜ける痕跡がしばしばみられる。この黒斑の筋状白抜き部は、表層のみ黒斑が筋状に酸化消失した結果なので、表層が摩耗すると見えなくなってしまう。このため、考古資料では稀にしか残らない。

第三に、焼成中の土器の転がしを示す黒斑が内面に付く場合は、開放型と判定できる。縄文土器では、内面の複数の側面に薪接触黒斑とオキ溜まり黒斑が付くことから、「まず直立状態で内部に薪を入れて焼成した後、最終段階で横倒し」と解釈できる例が多く存在する（図7a）。この場合は、「直立時に内面に差し入れた薪が燃えて崩れ、底面

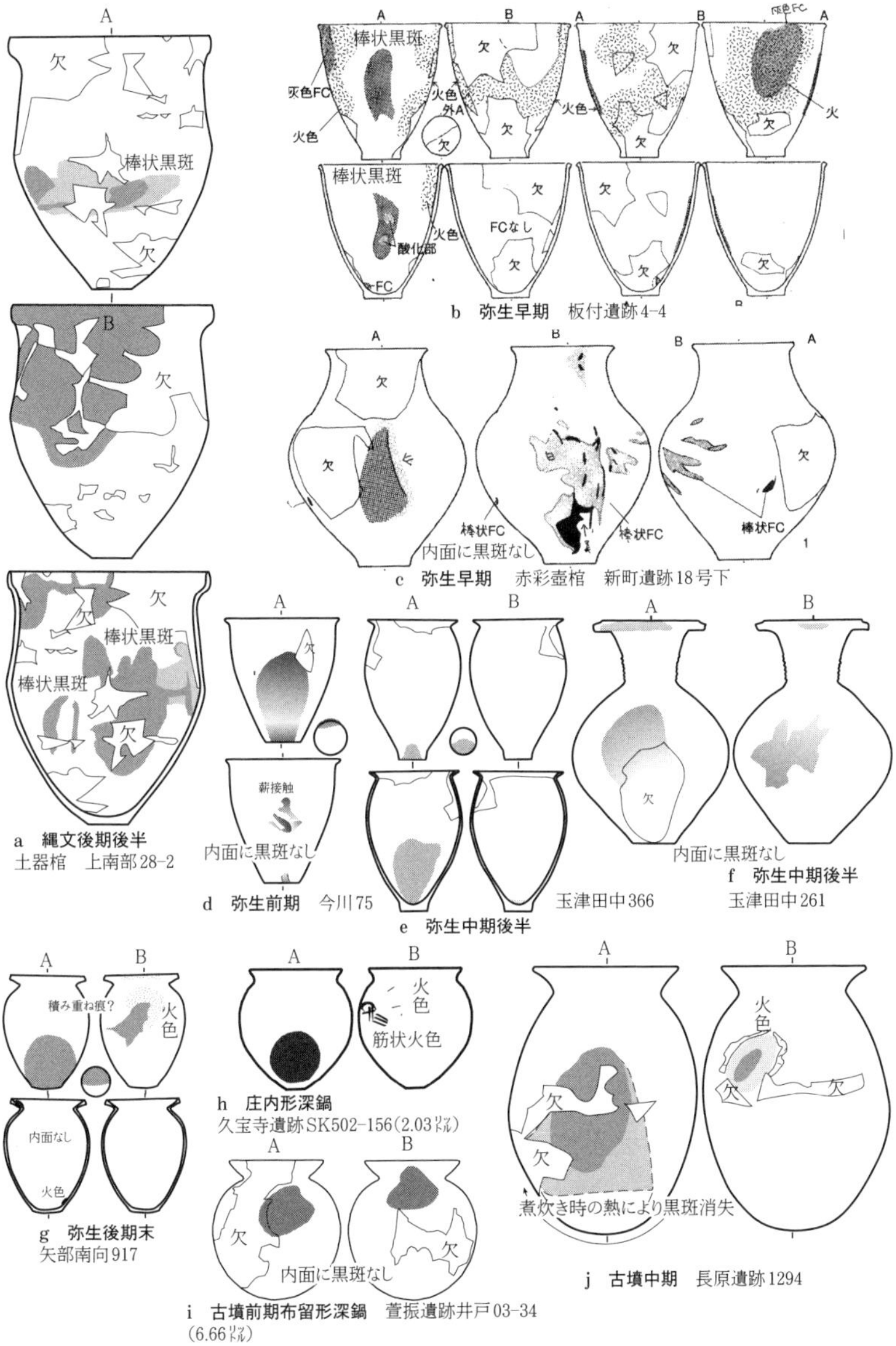

図7 黒斑の時間的変化（縮尺1／10）

に溜まったことを示すオキ溜まり黒斑（最初から横倒しされた場合は、オキ溜まり黒斑は底面に付きにくいことから、直立状態があったことを示す）」と「最終段階に横倒しされたことを示す胴部の接地面黒斑」の組み合わせから焼成過程が復元される。さらに、内面の薪接触黒斑が複数の側面に付く場合は、土器が横倒し、または転がされたことを示すことから、開放型と判定できる（図7a）。開放型では土器を直立させて焼成しはじめるのは、深いバケツ形・円筒形を呈する縄文深鍋では直立状態の方が地面に置いた薪から炎をより効果的に受けることができるためである。一方、直立状態では底面に熱が当たらず、また、側面の火回りにムラが生じるため、最終段階に横倒しして底面を焼成し、また、土器を転がして焼きムラを解消する（小林二〇〇八、久世ほか一九九九）。

最後に、覆い型の証拠となる覆い接触黒斑について説明する。覆い型野焼きでは、以下の理由から土器を直立して配置することは稀である。まず、直立状態では、イネ科草燃料の覆いが口を塞いでしまうため、内面が焼成不良になりやすい。次に、イネ科草燃料の覆いは、上面や側面に穴が空くことを避けるため、凹凸が少ない、なだらかなドーム形に掛ける必要がある。一方、深めの土器を直立して配置すると、全体が高くなり、覆いに穴が空きやすくなる。以上より、覆い型野焼きでは、土器を横倒し、または（前列の土器の間に寄り掛けて）傾けた状態で並べることが多い。このため、積み重ねない場合は、土器の上側には「イネ科草燃料の覆いとの接触を示す覆い接触黒斑（周囲に火色を伴うことも多い）」が付き、地面側では藁を敷くことが多いため、ワラや薪との接触を示す接地面黒斑が付く。このように覆い型野焼きでは上向き側と地面側がセットとなった規則的な黒斑が付くことが多いので（図7c～j）、覆い接触黒斑が覆い型野焼きの判別特徴となる。ただし、二段以上積み重ねた場合は、覆い接触黒斑を欠く例や不規則形を呈する例が一定の割合で生じる。

以上の黒斑の特徴から、縄文土器は開放型、弥生土器の多く（関東・中部の中期前半までと東北を除く）と土師器は覆い型で焼成されたと判定される。なお、東北地方の弥生土器は、火色などの覆い型の特徴を欠くことから開放型だが、「直立後の転がしを示す痕跡」がないことから、「最初から横倒しに配置した開放型」である。

開放型から覆い型へ野焼き方法が変化した理由　縄文土器の開放型から弥生土器の覆い型に転換した理由として、①燃料の得やすさ、②彩色手法の変化、③土器の形・作りの変化、があげられる（久世ほか一九九七）。以下、各々を説明する。

第一に、燃料の得やすさについては、水田稲作の普及により集落の立地が低地化したため、薪燃料が貴重になった反面、イネ科草燃料が豊富に得られるようになった。世界各地の野焼き民族誌をみると、覆い型野焼きは稲作農耕民と強く結びついている。覆い型が大半を占める東南アジアにおいても、主食がイモ類であるミンダナオ島の一部地域や台湾蘭嶼ヤミ族では例外的に開放型が用いられる事実も、覆い型と水田稲作の生態学的結びつきを示す。

日本の各地域における開放型から覆い型への転換時期は、水田稲作を基盤とする大規模農耕集落の定着と強く結びついている（岡安一九九九）。すなわち、覆い型への転換期は、西日本では弥生早期〜前期初頭、北陸では八日市地方遺跡などの大規模農耕集落が成立した弥生中期2期、中部高地・関東では環濠集落が成立した弥生中期3・4期（栗林・宮ノ台式期）、東北では古墳前期（関東地方からの影響で再び農耕集落が活性化した時期）である。一方、近世末まで水田稲作を受け入れなかった北海道では、覆い型野焼きも受け入れなかった。また、韓半島でも稲作が定着する無紋土器の初期に覆い型野焼きに転換している。さらに、長江流域では河姆渡文化期（約八〇〇〇年前）の壺に火色と覆い接触黒斑が付くことから、水田稲作の初期段階から覆い型野焼きが用いられたことが明らかである。このように、東南アジアの民族誌と東アジアの考古資料の両者において、覆い型野焼きは稲作と強い結びつきを示すことから、ワラ燃料の得やすさが覆い型野焼きの導入に関与していたといえる。ただし、弥生中期の仙台平野では水田稲作が普及したにも関わらず覆い型野焼きを受け入れなかったことから、環境要因だけで覆い型野焼きの受容を説明することはできない。

第二に、弥生時代に覆い型野焼きを受容した地域としなかった地域の違いは、「スリップ赤塗か、黒色化後の焼成前赤彩か」という彩色方法の違いときれいに対応する。この理由は以下のように説明できる。まず、縄文晩期土器の伝統である「草類などを被せて炭素を吸着させる黒色化処理」では、適切なタイミングで土器を取り出して炭素を吸着させることが必要である。取り出し時の器面の温度が高すぎると炭素が吸着せずに飛んでしまうし、温度が低すぎると炭素が十分に吸着されずムラができてしまう。このため、黒色化を施す場合は、土器の焼成状況が見え、適切な取り出しタイミングを計れる開放型の方が望ましい。

一方、スリップ全面赤塗では、ベンガラを泥漿に混ぜたスリップを土器全体に塗った後、焼成する。この赤彩方法では、①赤色の発色を高めるために高温焼成が必要、②色ムラを防ぐため、覆い内部の温度を均質にする必要がある、③薪が接触すると赤色が損なわれるので薪との接触を避ける必要がある、などの点で覆い型野焼きの方が適している。「全面スリップ赤塗の土器には密閉度が高い野焼き方法が適する」点は、覆い型野焼きの導入段階での器種間の密閉度の違いにも表れている。すなわち、弥生早期では、全面スリップ赤塗の大型壺は、①野焼き時の接地面（胴中部）にワラ密着黒斑が付く、②薪との接触を示す棒状黒斑が比較的少ない、③野焼き時の上部にワラと薪の組み合わせによる覆い接触黒斑が付く、などの点で、典型的な覆い型の黒斑を示すのに対し、彩色されない深鍋は、①接地面に棒状黒斑が付くことから薪を敷いた上に載っている、②火色が顕著であることから覆いの密閉度が低い（口絵4の③）、③側面や野焼き時の上面にも棒状黒斑が目立つ、④数は少ないが、内面に薪を差し入れた例がある（口絵4の④）、などの点で壺よりも覆い密閉度が低く、薪を多用した覆い型である（小林二〇〇七b）。同様の違いは南関東の宮ノ台式の壺（スリップ赤塗が施される）と深鍋の間にも認められる。

第三に、土器の形・作りについては、弥生土器では頸部の括れが強い壺が増加するが、壺は開放型では内面まで燃焼ガスが入りにくいことから、窯状構造の覆い型の方が適する。

開放型野焼きのバリエーション　開放型野焼きの中でのバリエーションとして、①土器の置き方（動かし方）、②薪燃料の量、③降温段階の意図的な炭素吸着、の三点を検討する（小林編二〇〇六、小林二〇〇八、久世ほか一九九九）。

第一に、土器の置き方が「途中で横倒しか、最初から横置きか」については、安定平底を特徴とする縄文深鍋の多くは、底面付近にオキ溜まり黒斑があり、かつ、外面胴中部に接地面を示す黒斑や横方向の棒状黒斑が付くことから、「内部に薪を入れて直立配置され、最終段階に外底面に熱を当てるために横倒し、転がされた」ことがわかる（図7のa）。

一方、深めの円筒下層式深鍋（縄文前期）や後期前葉の深鍋は、安定平底にも関わらず、尖底の縄文早期土器や自立しない小平底土器と同様に、焼成の当初から横倒しに置かれた。この理由として、①深い（円筒下層式の大型は高さ五〇㌢以上）円筒形のため、直立状態では上部に炎が当たらない（一方、全体が開く器形では、深めでも口縁部まで炎が当たる）、②細長い円筒形の土器を直立状態で焼成すると、下半部と上半部の熱膨張率格差により口縁部に縦ヒビが生じやすい（2節）、の二つが考えられる。

また、東北地方の弥生土器は、内面に薪を差し入れた痕跡が少ないことから、最初から横倒しで配置された。

第二に、「薪多用型か薪節約型か」は、棒状黒斑の頻度や土器断面の黒色層の顕著さ（厚みと黒味）からある程度、推定できる。縄文時代の東北地方北部では、以下の変遷がみられる。

縄文前期（円筒下層式）土器は、棒状黒斑が少ないことから薪燃料節約型である。この特徴は、素地に大量の繊維を練り込んでいる、接合剝離痕や水平割口の出現頻度が高いことから紐積み時の圧着が弱い、などの特徴とともに、「鍋としての機能性・耐久性を多少犠牲にしてまで短時間大量生産（形崩れを抑え、短時間で成形・焼成）を志向したこと」を示している。

一方、縄文中期の円筒上層式土器は、側面・上側に多くの薪を置き、内面に薪を差し入れる、断面の黒色層が前後の時期よりも弱い、という点で薪多用型である。縄文中期土器における薪多用化は、土器の置き方の変化とともに、①器壁の厚手化、②一〇㍑以上の大型深鍋の増加、③上半部の開き具合の増加（直立状態の土器の上部まで大きな炎が当たりやすくなる）、④重厚な大型装飾把手の増加、という形・作りの変化に対応したものである。このような「厚手化と装飾性増加に対応した薪燃料多用化」は東日本の縄文中期土器の多くに共通する現象である。

縄文後期前葉（十腰内1式）では、中期深鍋に比べて①太薪の上に接地する例が減る（接地面の棒状黒斑の減少）、②土器の側面・上面への薪の立てかけ（側面・上面の棒状黒斑の頻度）が減る、③全体色調において赤みが弱まる、④断面の黒色層が顕著になる、などの点で薪燃料節約志向が観察される。この時期は、全体形の歪みが顕著で、粘土紐の圧着が弱い点でも、製作の手間を省く傾向がみられる。

以上のように、成形と施文が全体的に入念な土器型式ほど、野焼き時に薪燃料を多用する傾向がみられる。

第三に、降温段階の炭素吸着については、縄文後期中葉になると、有文精製器種と素文の中・大型深鍋との分化が進行し、前者では最終段階に炭素を吸着させる黒色化が普及する。素文の深鍋も、縄文中期深鍋に比べると表層の色調は橙色が減り、褐色を帯びたものが増える。ただし、表層が摩耗した部分では明るい色調が露出することから、いったん明色に焼き上げた後、最終段階で薄く炭素を吸着させて褐色化している。

かつての歴史の教科書では「暗い色調の縄文土器から明るい色調の弥生土器への変化は、焼成温度が上昇したことを示す」と記されていたが、これは不正確である。縄文土器が暗い色調にみえるのは、後・晩期では意図的に褐色化・黒色化されたことと、煮炊き用が大半を占めるためススで本来の色調が隠されていることが主な理由である。

野焼き民族誌にみられる「覆い密閉度と薪配置の結びつき」　東南アジアの覆い型野焼き民族誌の比較分析から、覆いの密閉度と薪燃料の配置と量が以下のように結びつくことが示された（小林二〇〇七ａ）。まず、主燃料の薪・竹の置き方には、「土器の周縁部（四周）に燃料を横積みする」（土器の下に置く燃料は少ない、図10・11）、「地面に薪・竹を敷き、土器を載せる」（図8・9）、「数段積んだ土器の周囲に薪・竹を立て掛ける」などの種類がある。覆い密閉度との関連をみると、高密閉型はすべて「四周配置」なのに対し、低密閉型は「地面に敷くタイプ」である。すなわち、「覆いの密閉度が高いほど土器群の周囲に配置する燃料が多くなるのに対し、密閉度が低いほど土器の下に敷く燃料が多くなる」という傾向がみられる。この理由として、覆いの密閉度が高いほど、薪・竹が着火しにくくなるため、縁辺部に配置して着火を促進することがあげられる。一方、密閉度の低い覆い型野焼きでは、土器の下に薪を敷いた方が、薪の熱が効率的に土器に当たる。

次に、密閉度が低い覆い型ほど、覆いの穴をふさぐために着火後にワラ燃料を追加することが多くなる（図8・9）。一方、全体が灰や泥の被覆材に覆われる高密閉型では、途中で稲ワラを追加することはない。

最後に、土器作りが乾季に限られる地域では、薪を敷いた上に土器を並べるのに対し、年間を通して土器焼成を行う地域では、地面からの水分上昇を抑えるために、地面に灰かワラを敷いた上に土器と薪を並べる。後者の例として、北タイでは地面に灰を敷く（ただし、雨季のみ灰の上にワラを敷く場合がある）のに対し（図10）、雲南省タイ族の農村部（低密閉型）ではワラを敷いた上に薪と土器を配置する（図9）。

弥生土器・土師器では、弥生早期を除いて外面接地面に明瞭なワラ密着黒斑が付くことから、ワラを敷いた上に薪

8a　四隅とその間に高さ15 cm程度の台を置き，その上に多数の薪を格子状に配置。間に枯草層を挟む。

8b　地面から浮いた燃料プラットフォームの上に土器を配置。下方から熱を受けやすいように最下段は口縁を下向きに配置。土器は1〜2段積む。

8c　土器に稲ワラを部分的に掛けた後，着火。泥・灰などの被覆材がないため，稲ワラをかけ続けることにより覆いの穴を埋める昇温速度が速い（10分程度で800〜900℃に達する）にも関わらず土器が割れないのは，チュアと呼ばれる焼き粉が素地に混和されているため。薪台の燃焼に伴い土器が沈降するので，最終段階で土器を横向き（口縁を外側）に動かす。

図8　超低密閉型：東北タイ・モー村

9a　深さ30 cmほどの窪みにワラを敷き，薪燃料を敷き詰める。地面に薪を敷くのは東南アジアでは例外的。

9b　横倒しにした土器を列状に配置。前の土器の底部を後ろの土器の口縁部に差し入れる。土器群の周囲に樹皮や薪小片を積む。土器は1段のみ。

9c　土器群を稲ワラで覆い，着火。泥・灰などの被覆材がないため，覆いに穴ができるが，稲ワラを追加して埋める。20分程度で最高温度約700度に達し，約1.5時間後に取り出し。超密閉型と同様に薪多用で，かつ，覆い内部に酸素が多く入るため，上向き側に顕著な火色が付く。

図9　低密閉型：雲南タイ族・曼乍村

10a　灰層の上に少量の竹燃料を列状に置き，その間に土器を列状に配置。土器は2段積みが多い。

10b　覆いの密閉度が高いため，着火しやすいように土器の周縁に配置。すなわち，列状に並べた土器群の四周に竹燃料を横向きに積む。

10c　稲ワラで覆った後，ワラ灰(以前の野焼きで生じたもの)を覆いのほぼ全体(地面から高さ20 cmまで)に掛ける。燃料の量が少ないため最高温度が800℃以下の場合が多い。1〜2時間で最高温度に達し，取り出しは翌朝の場合が多い。火力が比較的弱く，覆いの密閉度が高いため，火色は少ない。

図10　高密閉型：北タイ・ハンケオ地区

11a　一辺約1.2 mの枠状に太薪を並べ，内部に樹皮などを敷く。近年は硬質の仏具の比重が増したため，燃料が増えた。

11b　土器を列状に配置。その上に小型土器を中心に2〜3段積む。土器群の四周に薪を横向きに積む。

11c　土器群を稲ワラで覆った後，覆い全体を薄い泥層で覆う。泥塊を手で入念に伸ばし，均一な厚さ(3 cm程度)で地面まで塗り込める。泥の覆いの側面に小穴を複数開けた後，隅部から着火。最高温度(約800℃)に達するのに24時間以上を要する。2日後に取り出し。火色はほとんどなし。3段以上積み重ねているため，黒斑は少ない。

図11　超高密閉型：雲南タイ族・曼斗村

と土器を載せていた。年間を通して雨が降る日本では、地面からの水分上昇を抑える対策が必要だったといえる。

以下では、火色の顕著さ、薪接触黒斑の頻度、表面色調、断面の黒色層の発達度の観察に基づいて、①覆いの密閉度（火色が顕著なほど、密閉度が低い）、②薪燃料の量（薪接触黒斑が多いほど薪多用型）、③土器と燃料の配置、の三点から弥生土器・土師器の野焼き方法の時間的変化を説明する（表2）。

弥生早期土器の野焼き方法　弥生早期では、全面スリップ赤塗など韓半島から受け入れた技術を用いた壺と、縄文晩期以来の成形・装飾を用いる深鍋・浅鉢では黒斑の特徴が大きく異なることから、別々に焼成された可能性が高い（小林二〇〇七b）。上述のように、夜臼式の壺の黒斑は典型的な覆い型の特徴を示す点で、全面スリップ赤塗に適した焼き方をしていた。そして、①覆い接触黒斑の周囲に薪との接触を示す棒状黒斑が付く、②接地面黒斑が整った楕円形ではなく、両側が抉れた形であることから、土器の両側の地面に薪を置いている、などの特徴から、弥生前期以降の壺に比べて薪を多く用いた（図7c）。

一方、突帯文系深鍋は、①火色が顕著である（図12、口絵4の③）、②内面に棒状黒斑が付くことから薪を差し入れた例がある（口絵4の④、図7b）、などの点で、低密閉タイプの覆い型である。また、土器の側面・上面や接地面に棒状黒斑が多く付くことから、薪燃料多用型である。薪を敷いた上に横倒しに並べ、側面にも多くの薪を立て掛けている。民族誌を参照すると、焼成中にワラを追加した可能性が高い。

最後に、浅鉢は熱いうちに取り出して黒色化されたことから、深鍋と同様に低密閉タイプだった可能性が高い。上述のように、黒色化処理では、覆いの密閉度が低くないと、土器を適切に取り出すタイミングを計りにくいからである。

弥生前期の遠賀川式土器　黒斑や火色の特徴が器種間で大差ないことから、全器種を同時に焼成するようになった。

上述のように、遠賀川式土器では、①外傾接合による粘土帯を成形単位とした、器種を超えて共通する成形システムを用いる、②大粒砂を多く混和する特徴的な素地を用いる、③板ナデ調整が普及する、などの点でも器種間の共通性が強い。素地に粗い小礫を多く含む（口絵3の②）のは、粘土帯成形時のへたり防止とともに、焼成時の破損防止を意図した結果と思われる。このように、素地づくり、成形、調整、野焼きまで一貫して、効率よく作る工夫がなされた（深澤一九八五）。

弥生前期土器は、①側面や上面に薪接触痕が多く付く（図7d）、②接地面黒斑の両側がやや抉れていることから、地面に薪を並べている、③断面薄片における黒色層の発達が弱い（図4d、口絵3の②）、などの点から、弥生早期ほどではないが、薪多用型の覆い型野焼きだった。

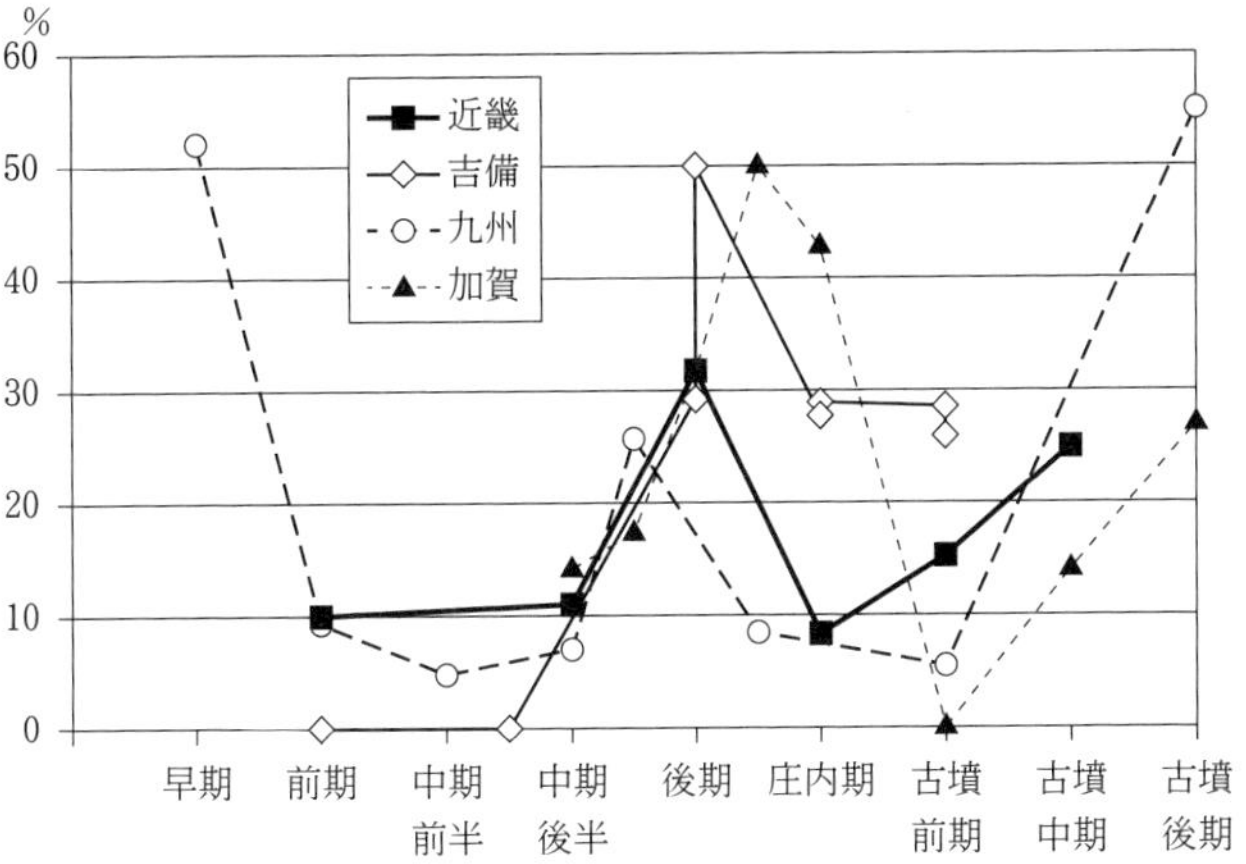

図12　火色の出現頻度（西日本の弥生・古墳時代）

一方、弥生早期土器に比べて火色の出現頻度が低くなることから、覆いの密閉度が早期よりも高まった（図12）。この理由として以下の点があげられる。第一に、素地の緻密さが異なる深鍋と壺・浅鉢を同時に焼成するようになった結果、素地が緻密な壺・浅鉢の破損を減らすために昇温速度を緩やかにした。第二に、遠賀川式壺は、比較的高い頻度でスリップ赤塗が施されることから、赤色の発色を促し、薪との接触を避ける野焼き方法が必要とされた。第三に、薪燃料を節約することも密閉度を高めたもう一つの理由であろう。

弥生中期の西日本　まず覆いの密閉度については、弥生中期後半の凹線文土器群（本州西日本）と須玖式土器（九州）は、火色の頻度が前期よりも低く、かつ、弥生前期土器に比べて灰色を帯びた（すなわち還元的な焼成雰囲気を示す）色調であることから（図12）、覆いの密閉度がさらに高まったことが明らかである。密閉度が高まったことは、泥の被覆材の可能性がある福岡県西島遺跡出土の「下側に草類の圧痕がある厚さ約四㌢の扁平な焼土塊」（宮田一九九六）の存在からも示唆される。上述のように、覆い型野焼き民族誌では、被覆材が「なし（藁を補充して穴をふさぐ）」、生草、灰、泥層の順に覆いの密閉度が高まることから、当該期では最も覆いの密閉度が高まったといえる。

次に、薪との接触を示す棒状黒斑が非常に少なくなることから、土器の下に敷く薪や側面に立て掛ける薪の量が減った。これは、薪節約型であることを示すとともに、薪の着火に配慮が必要な高密閉型に変化したことを示す。

最後に、土器の配置については、接地面黒斑（外面のワラ密着黒斑）とオキ溜り黒斑（内面）の位置が胴中部から胴下部〜底面に移動したことから、土器配置が弥生前期の「横倒しに並べ、地面に多くの薪を置く」方法から、「前の土器に寄りかけて、やや立ち気味に並べる」方法に変化した。後者では、野焼き時の接地部分が地面に敷かれたワラに埋もれる面積が小さくなるため、より少ない燃料で効率的に焼成ができるようになった。

このように、弥生前期から中期へと覆いの密閉度が高まった（＝昇温速度が緩やかになった）理由として、以下の点があげられる。第一に、前後の時期に比べて壺の比率が高まった。壺は、①頸部がすぼまるため内面に燃焼ガスが入りにくい、②煮炊きに用いず、装飾性が高いため、素地が深鍋よりも緻密である、などの点で、野焼き時に緩やかな昇温が求められる。第二に、弥生中期の深鍋と壺は、前後の時期に比べて大型の比率が高い。大型の土器ほど、焼成の初期段階で部位間の熱膨張格差による土器破損（1節参照）が起こりやすいことから、緩やかな昇温が必要となる。第三に、弥生中期は前後の時期に比べて土器の装飾やミガキ調整が入念である。とくに、北部九州の須玖式土器は非煮炊き用器種がスリップ全面赤塗される頻度が高い。ミガキの光沢を出すために緻密な素地が選択されたことから、焼成時の昇温を緩やかにする必要がある。また、全面スリップ赤塗の発色を高めるためには、薪との接触を避け、高密閉タイプの焼成が必要とされた。

なお、弥生中期では北部九州（とくに須玖式）の方が本州西日本よりも覆いの密閉度が高い。この理由として、北部九州の方が、①大型土器の比率が高い（須玖式深鍋は一〇㍑以上が五割近くに上る）、②大型甕棺が盛行する、③全面スリップ赤塗（入念なミガキを伴う）が盛行する、などの点でより緩やかな昇温が求められたことがあげられる。

弥生後期〜庄内式並行期の西日本　西日本の各地において火色が顕著になり（図12、口絵4の⑤）、橙色の色調が主体となることから、覆いの密閉度が弥生中期よりも低くなった（表2）。土器の側面や上側・地面側に薪の接触を示す棒状黒斑がほとんどみられないことから、薪節約型である（図7g・h）。よって、覆いの密閉度の低下は、薪燃料の増加に伴い着火しやすさを考慮した結果ではなく、鍋の薄手化、土器の小型化、深鍋の組成比率の増加と素地が緻密な壺の相対的減少、などに伴い、急激な昇温でも土器が破損しにくくなった結果といえる。

土器配置については、胴下部〜底面に高い頻度で接地面黒斑が付き、胴上部〜口縁部に覆い接触黒斑が付くことから、立ち気味に並べたことがわかる（図7g・h）。また、内底面に高い頻度でオキ溜まり黒斑が付くが、これは、口縁に立て掛けた薪が燃焼・崩壊して落ち込んだことを示す。立ち気味に置いた深鍋は列状に配置され、後列では前列の深鍋の間に立て掛けるように並べたと推定される。土器を立ち気味に並べた方が、稲わらの覆い内部により多くの隙間ができ、薪の燃焼ガスが効率的に土器に当たる。よって、このような窯詰め方法は、低密閉にも関わらず、少ない薪燃料で効率的に土器を焼成する工夫を示している。

低密閉・薪節約型の焼成は、成形方法の簡略化（五様式形深鍋に顕著）や深鍋の形・大きさの規格化とともに、土

表2　覆い型野焼きの時間的変化

	火色の頻度	色調	棒状黒斑	覆いの密閉度と薪量	土器配置	背　　景
弥生早期	最も高い	橙色	最も多い	低密閉(火色顕著，表面橙色)，薪多用(棒状黒斑多い。火色顕著)。	薪＋ワラの上に横倒し。	深鍋と壺は密閉度が異なることから，別個に焼成。縄文土器の開放型と連続的。
弥生前期	低い	橙色	多い	中間密閉(火色少ない)。早期より減るが薪多用(薪接触黒斑多い。表面橙色。断面薄片の黒色層弱い)。	薪＋ワラの上に横倒し。	全器種を同時に焼成するようになった結果，昇温速度を緩やかにする。
弥生中期	低い	灰色帯びる	少ない	高密閉(火色少ない，表面灰色帯びる)。薪減少(断面の黒色層が前期よりも発達)。	前列の土器に寄りかける。立ち気味に置く。	前期から中期へと密閉度が高まる背景として，①土器の大型化(甕棺を含む)，②素地が緻密な壺の増加。
弥生後期～庄内式期	高い(九州を除く)	橙色(生駒系素地を除く)	少ない	中間密閉。薪やや減少？	前列の土器に寄りかける。庄内式では積み重ねが始まる。	鍋の薄手化，土器の小型化，鍋の組成比の増加(壺の相対的減少)，に伴い，昇温速度を速める(より短時間の焼成)。量産化に伴う省コスト製作(とくに近畿の後半以降)。
古墳前期	非布留系（吉備・山陰）では高いが，布留系土器は低い。	非布留系では橙色だが，布留系は灰褐色気味。	最も少ない	吉備と加賀は密閉度が低い(火色多く，橙色)のに対し，布留系はやや密閉度高め(火色少なく，色調は灰褐色気味)。	丸底・球胴化に伴い「横倒しに列状配置し，積み重ね」が西日本全体に普及。	積み重ねが普及した背景として，①交易の増加により積み重ねによる大量生産，②丸底・球胴化と軽量化により積み重ねやすくなる。
古墳後期～古代	高い	橙色	やや増加	焼成ピット。密閉度中間(火色多い)，薪多用(表面橙色)。	焼成ピットで横倒しに配置。	竈掛けの長胴釜は強度が求められるため，焼成ピットで薪多用型。底面に薪に着火させるため覆いの密閉度は低め。

器の量産化とそれに伴う省コスト志向の表れと解釈できる。

古墳前期の西日本　近畿と加賀の布留形・布留系深鍋では、火色の出現頻度が減り、灰褐色を帯びた色調が増すことから、覆いの密閉度が高まったことがわかる（図12）。一方、吉備や近畿の非布留系の深鍋では前段階同様に火色が多く、橙色の色調であることから、覆いの密閉度が高くはなかった。薪との接触を示す棒状黒斑は弥生中・後期と同様に非常に少ないことから、薪節約型の野焼きである。

窯詰め方法については、非布留式深鍋（布留形深鍋と共伴する庄内式深鍋や五様式形深鍋を含む）は前段階と同様に胴下部〜底面にオキ溜まり黒斑と接地面黒斑が付くのに対し、布留形深鍋ではそれらが胴中部に付く例が増えるとともに、接地面黒斑か覆い接触黒斑のどちらかを欠くものが一定の割合で出現するようになる。このような布留形深鍋の黒斑の特徴は、土器を横倒しに並べ、その上に二段目の土器群を積み重ねたことを示す（長友二〇一五）。この背景として、球胴化・丸底化とサイズの規格化が進行した結果、積み重ねやすい形・大きさになったことがあげられる。

古墳後期〜古代　定型化した焼成土坑による覆い型野焼きが普及した。焼成土坑を用いる利点として、イネ科草燃料の覆いが上面のみで済むため、ワラの覆いの側面に穴が空くリスクがないことがあげられる。古墳後期〜古代の長胴釜と甑は、前段階よりも大型・厚手が増えるにも関わらず、表面色調が明色で、断面に黒色層が少ないことから、棒状黒斑は多くはないものの、薪多用型だったと推定される。そして土坑の底に薪を多数配置し、その着火を促すために覆いの密閉度を低くしたと推定される。

東北以外の地域で土坑を用いた薪多用型の焼成を行った理由として、煙道付き竈に据える湯沸し用長胴釜は、①煙道付き竈に固定されて、焚口から煙突への炎を引きを利用した強い加熱を受ける、②ウルチ米の蒸し調理では湯沸し時間が長い、③重い甑を上に載せる、などの点で、より高い強度と耐熱性が求められたことがあげられる。

野焼き方法の変化の意味　土器を焼くさいには、ある程度まとまった個数を揃える必要があるため、野焼き民族誌では器種ごとに焼き分ける例は非常に少ない。日本の縄文～古代においても、覆い型への転換期（西日本では弥生早期、関東では弥生中期後半の宮ノ台式の一部）を除いて、複数器種を一緒に焼成した。例えば、吉備の弥生後期末の大型特殊器台とそれに載せた大型壺は、黒斑のパターンから「二個の大型特殊器台の間に大型壺を横倒しに置いた」ことが分かっている（コラム「埴輪のルーツ」参照）。このように、成形や素地づくり工程では器種ごとの特性に応じた工夫がみられたのに対し、焼成方法は、①複数器種からなる土器群全体が必要な強度や色調を得ること、②素地粘土の構成や形・大きさが異なる複数の器種を破損せずに焼くこと、③燃料入手コスト、などを総合的に考慮して選択されていた。

「開放型野焼きから覆い型野焼きへの転換」と「弥生早期から中期への覆いの密閉度の増加」の背景として、①素地が緻密な非煮炊き用土器（壺など）の増加、②弥生早期から中期への大型土器（焼成中の破損リスクが高い大型深鍋や甕棺）の増加、③黒色化の減少とスリップ赤塗の普及、④薪燃料入手コストの増大、などの諸要因が複合していたことを指摘した。前二者は、覆いの密閉度を高めることにより焼成時の破損を減らすことが目的なのに対し、要因③は必要な作りを得ることを目的としていた（表2）。

一方、弥生中期から弥生後期・古墳初頭へと密閉度が低くなり、地域差が顕著な古墳前期を経て、古墳中期になると密閉度が再び高まった。この時期は、一部の地域で土器作りの専業度が高まり、交易を意識した「一回の生産個数の増加」や製作コストの軽減という要素も関与している。

最後に、「煙道付き竈による蒸し調理」と「銘々器による食事」が普及した古墳後期・古代では、より硬い煮炊き用土器と食器を得るために、薪多用型のピット焼成（密閉度やや低め）に転換した。

5　工程間の補い合い

縄文・弥生土器における形・作りの変化と製作技術の関連湯取り法　炊飯の普及とその中での茹で時間短縮化に伴い、弥生深鍋では、①短時間強火加熱を達成するための熱伝導率の向上（薄手化）と炎加熱効率の向上（対流効率を高め、受熱表面積を大きくするための球胴化）、②頸部の堅牢さ（頸をつかんで蒸らしに移動）、③炊飯用鍋の熱ストレス破損（とくに蒸らし段階の水蒸気膨張ストレス）対策、などの機能性・耐久性が求められるようになった。また、ナッツ類の灰汁抜き加工の減少などのため、一〇㍑以上の大型深鍋の比率が激減した。一方、貯蔵（水カメ・種籾保存）用の壺が定着し、食器における木器から土器への転換が進んだ結果、壺・鉢・高坏などの非煮炊き用土器の組成比率が高まった。これらの変化に対応して、弥生土器の製作技術は、縄文土器と比較して以下の変化が生じた。

第一に、素地の大粒砂が減り、徐々に緻密になった。大型土器や厚手が多い縄文深鍋では、乾燥・焼成中の破損（収縮時のヒビ）を抑えるために大粒砂を多く含む素地が必要だった。また、紐積みのみで完成形を作るため、へたりにくさを重視して砂の多い素地を用いた。一方、弥生土器では、調理時の耐熱性を高めるために砂を多く入れる必要がある深鍋が減り、非煮炊き用器種の比率が高まったため、焼き締まりが良い緻密な素地が徐々に増えた。また、①深鍋の薄手化に伴い大粒砂を除外する必要性が高まった、②折り曲げ技法など原型を変形する成形が増えたため、より高い可塑性が求められた、などの点で大粒砂が少なくなった。

第二に、頸部折り曲げと口縁部横ナデ（回転を伴う器面調整）による頸部の作り出しや、叩き技法などの紐積み原型の変形が始まった。さらに、古墳前期になると、強火加熱を強化するために浮き置き加熱に転換した結果、丸底を作り出すための、より変形度の大きい叩き成形や「成形台上での突き成形」が用いられるようになった。ただし、縄文土器から古墳中期まで、幅二㌢程度の細めの粘土紐を積んで一次原型を成形していることから、丸底化を除けば紐積みの一次原型に対する変形度はそれほど大きくなかったと推定される。

第三に、深鍋では、器壁を締める（器孔を減らす）ための板ナデと叩きが普及し、ミガキや入念なナデ調整が減った。この背景として、①炊飯用深鍋では強火加熱の重要性が増すにつれて薄手化・球胴化が進行した結果、器壁により高い強度が求められるようになった、②炊飯の蒸らし段階の水蒸気膨張ストレスによる破損を抑えるため、板ナデと叩きにより器壁内部の器孔を減らす（器壁内に水分が留まりにくくする）とともに、表面の調整を粗放にして水蒸気膨張圧力が逃げやすくする必要性が高まった、③鍋物・汁物が主体の縄文深鍋では水漏れを抑えるためミガキや入念なナデ仕上げが施されたのに対し、炊飯が主体の弥生深鍋（とくに中・大型）では粘り気を含んだ炊飯の煮汁が器壁に浸透するため水漏れの心配が減った、などがあげられる。

第四に、野焼き方法が縄文土器の開放型から弥生土器の覆い型に転換した。また、弥生早期から中期へと密閉度が高まった。その背景については4節を参照されたい。

工程間の補い合い　上述の素地づくり、成形・調整、焼成の変化は、以下のように相互に関連している。まず、素地の緻密さと成形の関連については、頸部折り曲げや叩きによる丸底化など、原型の変形度が大きくなるにつれて、素地に高い可塑性が求められるため、砂が少ない緻密な素地が選択されるようになった。また、大型土器や厚手の土器が減り、かつ器壁の締めと粘土紐の圧着が強まったことにより、乾燥・焼成中の破損リスクが減ったため、大粒砂を多く入れる必要性が減った。さらに、鍋では薄手化・球胴化に伴い、より壊れにくい作りが求められるようになった結果、砂を減らして焼結しやすい素地に徐々に変化した。以上のように、成形時の原型の変形度が大きくなるほど、緻密な素地を用いる必要性が高まった。

次に、野焼き方法と素地づくり・成形の関連については、砂が少ない緻密な素地ほど、熱伝導率が低いことから、焼成中に部位間の熱伝導率格差によるヒビ割れが起こりやすい。このため、覆いの密閉度を高め、昇温速度を緩やかにすることにより破損を抑える必要が高まった。言い換えれば、昇温速度が急激な野焼きほど、破損を防ぐために砂を多く入れる必要がある。縄文土器の開放型野焼きから弥生土器の覆い型野焼きへの転換や、弥生早期から中期への覆いの密閉度の増加は、素地が緻密な非煮炊き用器種（壺など）の増加や深鍋の中での砂量の減少（焼き締まり強化のため）が背景にある。

最後に、器壁内に隙間（器孔）が多い土器ほど、そこに残った水分が野焼きの初期段階に気化して膨張圧力を生じ、土器が破損しやすい。縄文土器は、板ナデや叩きで器壁を締める弥生土器・土師器に比べて、器壁内の器孔が多いため、焼成時の破損を減らすために入念な乾燥や事前の予備焼きにより水分を除去する必要性がより高かった。

参考文献

合田恵美子「施文のタイミング」『縄文土器総覧』アムプロモーション、二〇〇八年、九四六〜九四九頁
井上和人「布留式土器の再検討」『文化財論叢』一九八三年、六三〜八二頁
岡安雅彦「野焼きから覆い焼きへ　その技術と東日本への波及」『弥生の技術革新　野焼きから覆い焼きへ』安城市歴史博物館、一九九九年、四八〜六三頁
可児通宏『縄文土器の技法』同成社、二〇〇五年
河西　学「土器薄片から得られる情報—特に胎土組織について—」『遺跡・遺物から何を読みとるか』岩田書院、一九八八年、九一〜一〇四頁
久世建二・北野博司・小林正史「黒斑からみた弥生土器の野焼き技術」『日本考古学』四、一九九七年、四一〜九〇頁
久世建二・小島俊彰・北野博司・小林正史「黒斑からみた縄文土器の野焼き方法」『日本考古学』八、一九九九年、一九〜四九頁

小島俊彰・久世建二・原田実「縄文土器制作技法の一、二—真脇遺跡出土土器の中から—」『金沢美術工芸大学紀要』三三、一九八九年、一～一〇頁
小林達雄（編）『縄文土器総覧』アムプロモーション、二〇〇八年
小林正史「稲作文化圏の伝統的土器作り技術」『古代文化』四五—一一、一九九三年、二七～五〇頁
小林正史「弥生時代の甕の器形と制作技術による作り分け—戸水B遺跡を中心として—」『金沢市戸水B遺跡』石川県立埋蔵文化財センター、一九九四年、一一四～一五一頁
小林正史「ポイントカウンティング法による土器胎土の粒度組成の分析」『北陸の考古学Ⅲ』一九九九年、七三～九六頁
小林正史編『黒斑からみた縄文・弥生土器　土師器の野焼き方法』北陸学院大学、二〇〇六年
小林正史「稲作農耕民の覆い型野焼きの基本特徴とバリエーション」『土器の民族考古学』同成社、二〇〇七年a、六三～七九頁
小林正史「弥生早期（夜臼式）土器の野焼き方法」『土器研究の新視点』六一書房、二〇〇七年b、二〇三～二二八頁
小林正史「黒斑からみた縄文土器の野焼き方法」『縄文土器総覧』アムプロモーション、二〇〇八年、九五〇～九五五頁
小林正史「復元土器の水平割口の出現頻度による粘土紐接着強度の定量化：西日本古墳前期の薄手丸底深鍋の成形方法の復元」『日本文化財科学会第34回大会研究発表要旨』二〇一七年
小林正史・高木晃・岡本洋・永嶋豊「縄文土器の紐積み成形における「外傾接合か内傾接合か」の選択理由」『三内丸山遺跡年報』一五、二〇一二年、二六～五一頁
小林正史・鐘ヶ江賢二「縄文土器の紐積み方法」『三内丸山遺跡年報』一八、二〇一五年、五七～九五頁
小林正史・河西学・鐘ヶ江賢二・田畑直彦・庄田慎矢・山崎頼人・高木晃「断面薄片の粒子配向からみた弥生深鍋の紐積み方法：北部九州と東北地方の比較」『日本文化財科学会第30回大会研究発表要旨』二〇一三年、六四～六五頁
清水芳裕「土器の器種と胎土」『京都大学埋蔵文化財研究センター紀要』九、一九九二年、五九～七七頁
清水芳裕『古代窯業技術の研究』柳原出版、二〇一〇年
鈴木信・西脇対名夫「対雁2遺跡の縄文晩期後葉の土器製作技術について」『立命館大学考古学論集Ⅲ』二〇〇三年、一二三～一四二頁
武末純一「叩き技法はいつまでさかのぼるか」『弥生研究の群像』大和弥生文化の会、二〇一三年、四九八～五〇八頁

田崎博之「衣黒山の壺」『斎灘・燧灘の考古学』愛媛県大西町教育委員会、一九九三年、四四～五一頁
田畑直彦「外傾接合と弥生土器」『山口大学考古学論集』二〇一二年、七七～一〇二頁
次山　淳「小型丸底土器の製作における型の使用」『魂の考古学　豆谷和之さん追悼論文集』二〇一六年、七九～八八頁
都出比呂志「古墳出現前夜の集団関係」『考古学研究』二〇―四、一九七四年、二〇～四七頁
中尾智行「初現期の弥生土器における接合剝離痕資料―粘土紐積み上げによる土器成形方法の復元―」『大阪文化財研究』八八、二〇〇八年、一～一五頁
長友朋子『弥生時代土器生産の展開』六一書房、二〇一三年
長友朋子「弥生土器の生産」『考古調査ハンドブック弥生土器』ニューサイエンス社、二〇一五年、一七～五二頁
西田泰民「精製土器と粗製土器」『東京大学文学部考古学研究室紀要』三、一九八四年、一～二五頁
平賀章三「素地製作の技法解明」『奈良教育大学紀要』二七―二、一九七八年、九九～一一三頁
深澤芳樹「土器のかたち―畿内第Ⅰ様式古・中段階について―」『東大阪市文化財協会紀要』一、一九八五年、四一～六二頁
深澤芳樹「東海洋上の初期タタキ技法」『一色青海遺跡』愛知県教育委員会、一九九八年、一一五～一三〇頁
宮尾　亨「火焰土器の作り方」『火焰土器の国　新潟』新潟県立博物館、二〇〇九年、七一～七六頁
宮田浩之「弥生土器の焼成について」『三国地区遺跡群6：西島遺跡1・2区の調査』小郡市文化財調査報告書一〇九、一九九六年、一七五～一八二頁
矢作健二・小林正史・篠宮正「煮炊き用土器の素地の砂粒度組成の時間的変化：ポイント・カウンティング法による分析」『日本文化財科学会第32回大会発表要旨』二〇一五年、二～三頁
Matson　Some aspects of ceramic technology. In *Science in archaeology*. New York Basic Books, 1963
Schiffer, M.B. and J.Skibo 1987 Theory and experiment in the study of technological change. *Current Anthropology* 28: 595–622

コラム

器台の機能

小林正史

器台は、高坏と形が似ているが、坏部中央から台部中央に穴が開いている土器である。西日本では土製器台は弥生中期後半に出現し、古墳前期まで使われる。これまでの器台研究では、儀礼のさいに壺を載せることが主な役割だと考えられてきた。一方、少なくとも一部の器台は、壺を載せるだけでなく、「壺を傾けて液体を注ぎ出す際に、高さを確保する」という実用的機能を持っていたことが、鳥取県米子市博労町遺跡の鼓形器台のススコゲ観察から明らかになった（浜野二〇一六）。

博労町遺跡出土の鼓形器台は中型と小型に明瞭に分化しており、小型はミガキが入念で赤塗りの頻度が高いのに対し、中型は入念なミガキと赤色塗彩を欠くものが多いことから、「小型器台は儀礼用、中型器台は日常用」という使い分けが想定された。そして、装飾性の低い中型器台には、高い頻度で調理時のスス・コゲが観察された。さらに、スス・コゲが付く複数の中型器台において坏部の内外面に「斜め白色吹きこぼれ痕」が確認されたことから、「鍋を傾ける湯取り」時の器台として使われたことが判明した（次頁図）。博労町遺跡では復元深鍋の約半数（二一点中一〇点）に斜め白色吹きこぼれ痕（口絵1の①）が確認されたことから、これらの深鍋は器台に載せられた状態で、器台と一緒に傾けることにより湯取りを行ったといえる。複製深鍋を用いた湯取り法炊飯の実験では、鍋を傾ける湯取り時に、鍋底部を台の上に載せるなどしてある程度（二〇㌢程度）の高さを確保しないと、鍋の湯を落としきれないことが体験できた。湯取り時には、米がこぼれるのを防ぐため片方の手で蓋を抑える必要があるので、他方の手で器台を摑んで鍋とともに傾けたと考えられる。このように、中型器台は、スス・コゲの特徴からみて「深鍋を傾ける湯取りにおいて、高さを確保する役割」を持っていたことから、似たような操作で水甕を傾けて水を注ぎ出すさいに、高さを確保する役割も持っていたと想定される。

稲作農耕民の水甕（壺）使用民族誌の比較分析では、東南アジアは「カップで汲み出す方式」が中心なのに対し、南アジアでは頸部が細長い壺を傾けて水を注ぎ出す方式が主体を占める。バングラデシュでは水甕（約七㍑）は台所の壁際の一段高い壇上に置かれ、細長い頸部を摑んで傾けることにより水を注ぎ出していた（小林二〇一五）。

図　鼓形器台に載せて「鍋を傾ける湯取り」
（鳥取県博労町遺跡，米子市教育委員会提供）

弥生・古墳前期の壺（四㍑以上）の役割は、水貯蔵と（and/or）種籾貯蔵だったと推定される（三章）。弥生〜古墳前期の壺では「カップで液体の汲み出しができる広頸壺」は稀である。西日本の弥生前半期では柄の長い縦杓子で細頸の壺から液体を汲み出すこともあったが（黒須二〇〇九）、縦杓子が消失した弥生中期後半以降の西日本と縦杓子の報告例がない東日本では「頸を摑んで傾けることにより水を注ぎ出す」方式だった（小林二〇一五）。この液体注ぎ出し方式では、深鍋・壺ともに、球胴に近づくほど重心が低くなるため、液体を注ぎ出すために傾けるさいの高さを補う必要性が高まる。弥生後期後半から古墳前期へと中型器台が増えたのは、壺の球胴化によると思われる。

以上より、壺の球胴化が強まる弥生後期後半~古墳前期では、器台は、儀礼用に壺を載せるだけではなく、傾けることにより中の液体を注ぎ出すさいに「高さを確保するための台」として機能していた可能性が高い。

参考文献
黒須亜希子「弥生時代の木製調理具」『木・ひと・文化』出土木器研究会、二〇〇九年
小林正史「弥生土器の壺の使い方」『新潟考古』二六、二〇一五年、三七~五六頁
浜野浩美「古墳時代前期における丸底・浮き置きへの転換」『考古学ジャーナル』六八二、二〇一六年、二一~二六頁

五　須恵器の製作技術

北野博司

列島では約一六〇〇年前、縄文時代に始まる土器作りの伝統に新たな技術水準の焼き物――須恵器が加わった。これに先行して波及した原三国期の瓦質土器（兵庫県出合窯跡）は定着せず、韓半島南部の伽耶や栄山江流域等の陶質土器の技術を導入して須恵器生産が始まった（酒井二〇〇四）。

須恵器はロクロ水挽き、叩打《こうだ》成形、窖窯《あながま》による高火度焼成を特徴とする焼き締め陶器（炻器 stoneware）で、小型食膳具――杯《つき》類のほか、多様な形態の中型貯蔵具――壺瓶《つぼへい》類、耐久性のある大型貯蔵具――甕《かめ》類などを生産した。焼成の終盤で窯内を還元雰囲気とすることで得られる青灰色の色調は、赤と黒を基調とした在来土器の世界に新たな色の焼き物複合をもたらすこととなった。

須恵器の登場により、中大型の貯蔵具は土師器から須恵器に移行、小型の食膳具は両者を併用する食器様式が成立し、その技術は土師器の成形と焼成にも影響を与えた。以下では製作段階に沿ってその技術を概説する。

図1　大阪府陶邑・大庭寺遺跡粘土採掘坑群（大阪府教委ほか 1991）

図2　現代ラオスの粘土採掘坑群（左：ブッドン村，右：ノンラムチャン村）

1　粘土の採掘と陶土

採掘の方法　須恵器の陶土は窯場に隣接する丘陵斜面や平野部で、径・深さとも一〜二㍍ほどの竪穴を掘って採取した。穴は一〜二人が入る程度の大きさで粘土層に達すると横掘りした。重なりを避けながら採掘し、徐々に隙間を埋めるように密集していった（図1）。一般には大阪層群や東海層群のような鮮新世後期〜更新世前期の粘土層が好まれ、政治拠点に近い良好な分布域では大阪府陶邑窯や愛知県猿投窯のような大規模窯業地が形成された。焼結温度の低い海成粘土（清水一九九八）は高温で発泡しやすく焼締《やきしめ》陶には向かないとされるが、熱量をコントロールすれば一定の焼き締まりが得られ、各地で須恵器にも利用されている。針状の海綿骨片《かいめんこっぺん》を含む海成層由来の粘土を用いる窯場は関東・東北・北陸等各地に存在し、産地識別の指標の一つにもなっている。

採掘遺構は堺市陶邑・大庭寺遺跡、鳩山町鳩山窯跡群をはじめ全国の窯場で見つかっている。町田市多摩ニュータウンNo.九四九遺跡の六世紀の土器用粘土採掘坑からは木製鋤や掘り棒、草鞋、藁敷物などが出土しており、往時の採掘風景を彷彿とさせる（東京都教育文化財団一九九八）。地下式窖窯で焼締陶を生産する現代ラオスの産地でも密集する採掘坑群の景観をみることができる。サワンナケート県ノンラムチャン村では乾季に集落から二キロ離れた窯場に住

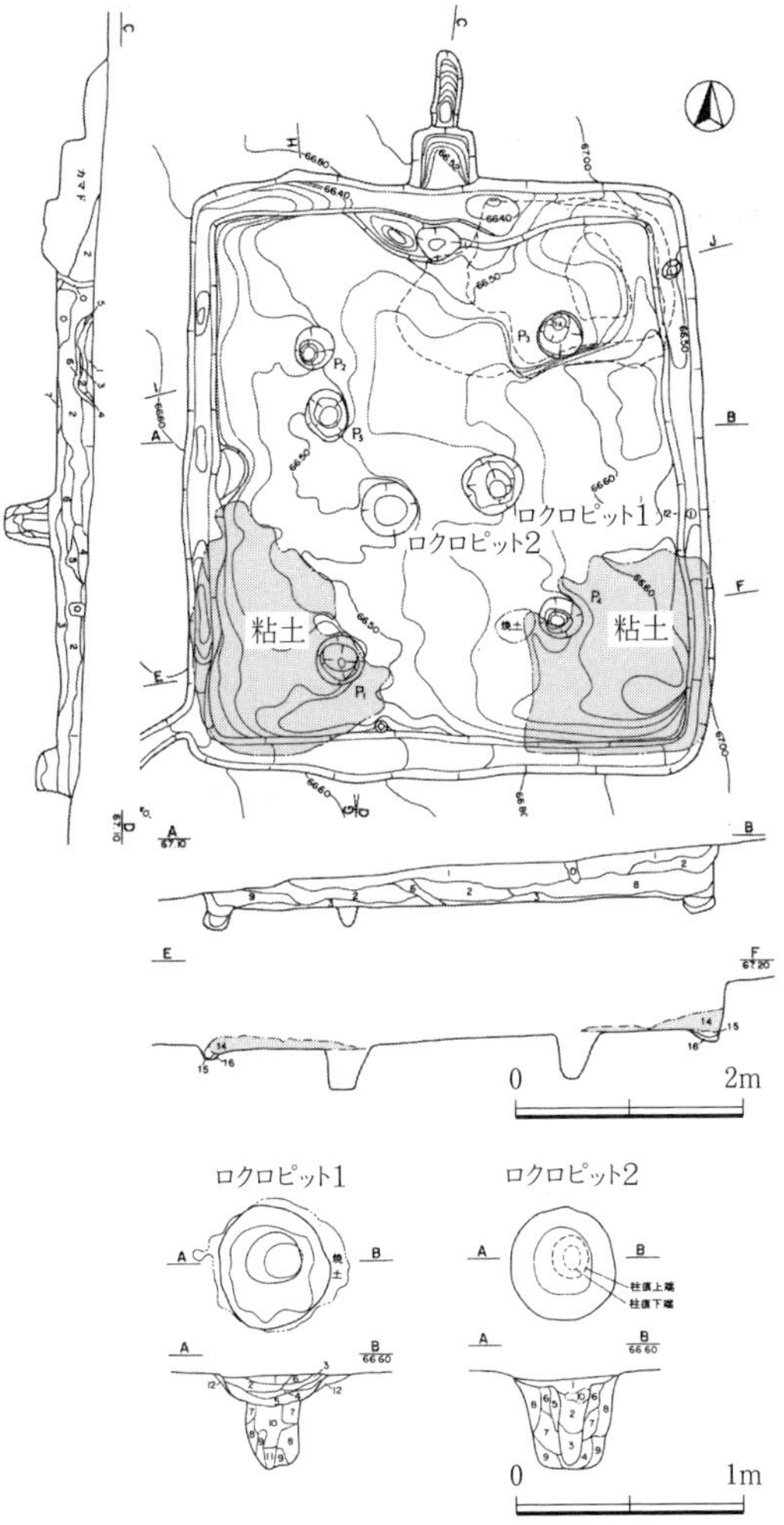

図3　埼玉県鳩山窯跡群柳原 A24 号建物（鳩山窯跡群遺跡調査会・鳩山町教委 1991）

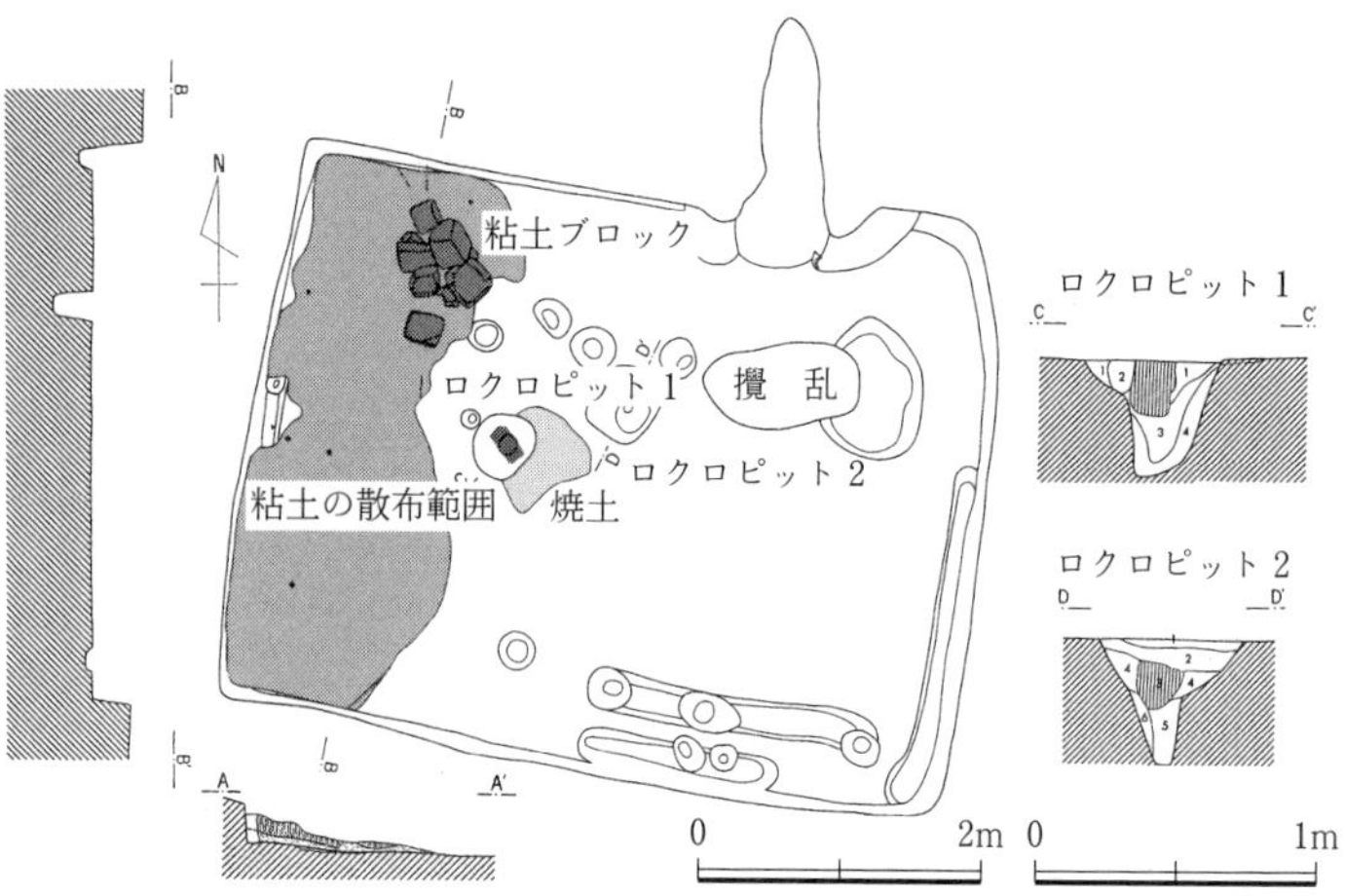

図4　埼玉県南比企窯跡群（篩新田遺跡）の竪穴建物跡とロクロピット（嵐山町教委 1991，一部改変）

居兼工房を作り、周辺から連続的に粘土を採掘した（図2）。

須恵器の陶土は生粘土をそのまま練ったか、乾燥後、粉砕→篩がけ、あるいは粗割り→水浸けして練ったかは明確でない。粉砕・篩がけには大きな砂礫を取り除き、粒度を整える役割と混和材を混ぜやすくする利点がある。須恵器は単味の粘土を用い、鉄化合物を除去するような「水簸《すいひ》」はしていないとされる（楢崎一九六一、清水二〇〇二）。ただし、器種の大小、部位等によって砂《さ》礫《れき》の量や粒径が異なる例は少なくない。さらに大甕胴部に色調の異なる粘土を交互に積み上げたり（望月二〇〇二）、流紋の発達した杯類（久世ほか一九九四）にみられるように、性質の異なる二種の粘土を使い分けたり、混ぜ合わせる場合があった。採掘した陶土は成形時の乾燥時間や焼成時の焼き締まり、製品の質感等を考慮しながら器種ごとに一定の調整が行われたものとみられる。

南比企窯跡群の鳩山・柳原A二四号建物跡では南面する出入口を下りると両側に粘土溜まりがあり、中央にロクロ座がある（図3）。ロクロピット一は埋め戻され地床炉となっており、二基が同時に使用されていたわけでない。右回転で成形する作り手はロクロの東寄りに座り、採光が効く左側で水挽きしたのではないか。北半は製品の乾燥仮置きスペースとみられる。同窯跡群内の篩新田遺跡一号建物跡では西壁よりに粘土溜まりがあり、ロクロピットの傍から一定の大きさに整えられたブロック状粘土が出土した（図4）。ロクロピット二は埋め戻されており、最終段階では一基のみが使用されていた。ここでは東側に広いスペースを設けている。この二つの工房ではロクロピットに近接して炉が検出されており、成形と火との関係が興味深い。作り手に素地調整やロクロの補助者を加え、二人程度が作業する世帯単位の生産がイメージできる。

一窯を焚くための粘土量　ところで一窯《かま》を焚くのに消費した粘土量はどれほどだっただろうか。椀皿が七割を占める中世の山茶碗窯（窯体長七・五㍍、最大幅三・〇㍍）で、製品の重量から二三〇〜三六五㌔とする試算がある（小澤二〇〇八）。須恵器窯では壺甕等の中大型品が多いことから、山茶碗窯の重ね焼きを考慮しても粘土量ははるかに多かったに違いない。ちなみにラオス・チャン村の四号窯（北野ほか二〇一三、全長七・〇㍍、焼成部長四・五㍍）では高さ三〇㌢の壺が一〇〇個、高さ二〇㌢の搗《つ》き鉢等四〇〇個を焼き、製品重量は約一・二㌧となる。やや大きめの七号窯、八号窯では高さ六〇㌢の甕が七〇個焼けるという。粘土としての湿潤重量はその約一・二倍となる。焼成器種とその数量からすると須恵器窯一窯の粘土量は山茶碗窯とこの中間程度だったと推定される。

2　成　形

主要器種　須恵器の主要器種は食膳具（杯盤類）と貯蔵具（鉢類、壺瓶類、甕類）に大別される。成形ではまず底部円盤の上に粘土紐を積み上げて「原形」を作る。紐の密着は内側を下げる内傾接合が基本である。須恵器はこの原形を「水挽き」や「叩き」によって成形する。両者は器種や容量によって使い分けられた（図5）。小中型の杯盤類、鉢類、壺瓶類は原形を水挽きし、中大型の甕類は叩き成形を主とする。いずれも原形に一定の変形圧力を加えて目的

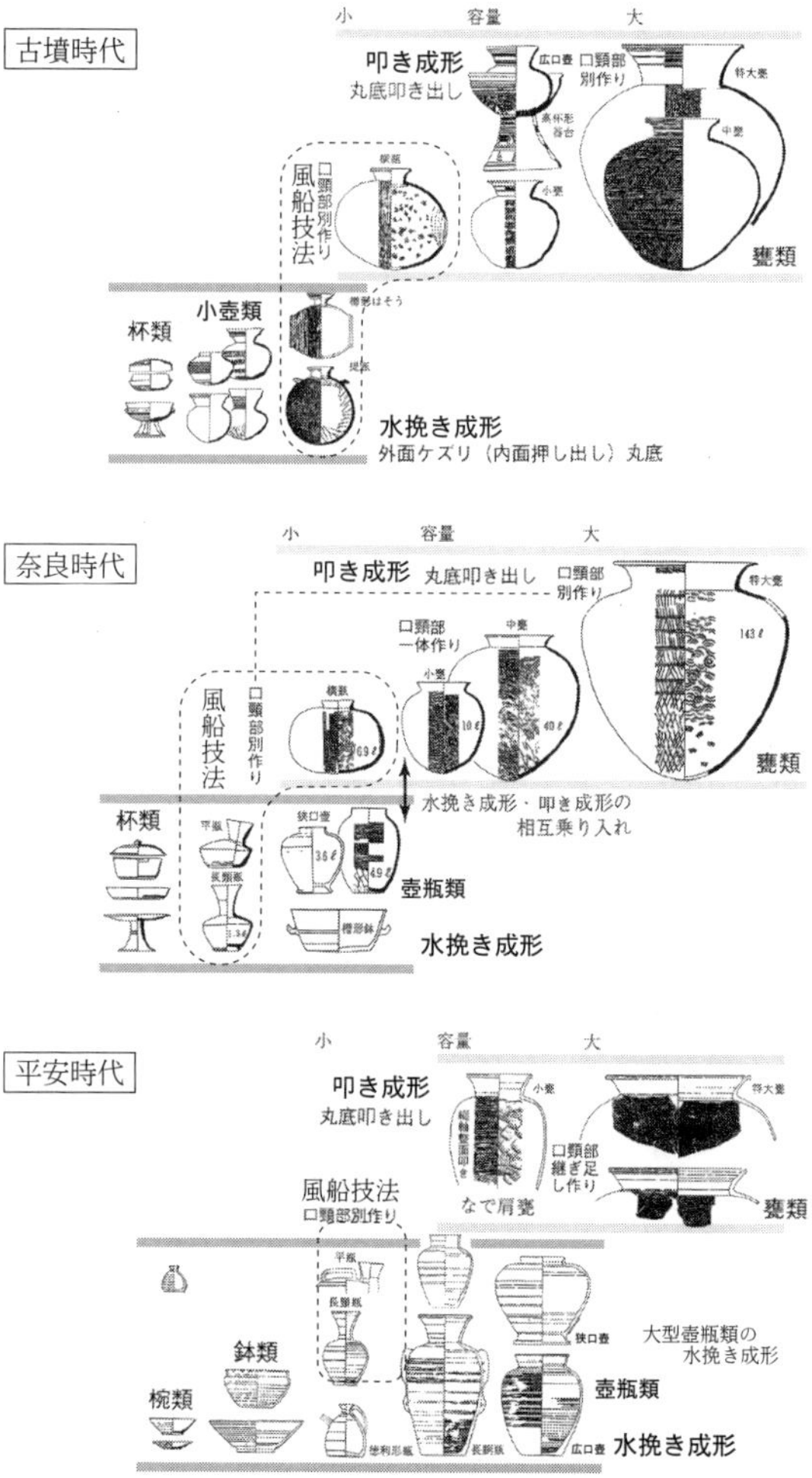

図5　須恵器成形技法の変化（5〜9世紀）

とする器形を作り出していく。

丸底と叩き技法が卓越していた古墳時代に対して、水挽き技法は七世紀後半の平底食膳具・壺瓶類の普及、九世紀後半の大型貯蔵具の減少と連動し、成形に占める比重をしだいに増していった。耐久性が要求され、水挽きが難しい大型品は一貫して紐積み・叩きで作られた。以下に主要器種の成形方法を解説する。

杯類　小型の杯盤・椀皿は最も生産量の多い器種である。古代には『正倉院文書』にみるように器形や蓋の有無、サイズによって「椀」「片杯」「塩杯」「盤」などに作り分けられた（西一九七九）。ここでは成形技法の概略を述べ、詳細は六章を参照されたい。

筆者らは胎土が練り込み状になった流紋構造（図6、口絵3の下段）に注目し、杯に多くみられるパターンに対して、ロクロの「盤上で圧展した底部円盤の外縁に粘土紐を一段のみ貼り付けて水挽きする方法」を提示した（久世ほか一九九四）。ロクロで粘土塊から連続的に水挽きできる技術水準にありながら、一点ずつ粘土紐を巻いて作る手法をとったのは、底部の強制乾燥実験から、大きめの平底が「底切れ」しやすいことへの対処だと解釈した。六世紀前半の蓋杯の天井部・底部に叩きを加えたり、七、八世紀の盤類の見込みに不定方向のナデを施すのも同様の目的とみられる。成形では水挽きに先立ち、粘土紐の圧着と土の配向性を整える「土殺し」を行い（木立二〇〇〇）、最後には口縁端部を軽く締めて形を整える「口作り」の仕上げが行われた（森二〇一二）。これらは現代陶芸の基本動作にも継承されている。このように杯類は底部円盤の上に粘土紐を巻いて一点ずつ作られた（西一九八六）。

盤上からの切り離しにはヘラ切りと糸切りがある。前者はロクロを回転させながらヘラ先を中央に向けて差し込み、中央まで到達すると器体をヘラに乗せたまま、もう一方の手の指先で体部下端を支え、乾燥板に移動してヘラを引き抜く。底部中央に先端が斜めに切り落とされた幅八ミリ前後、あるいは棒状のヘラ先痕が観察される場合がある。後者は糸を抜いた後、両手の二本指で器体を移動する。ともに体部下端に移動のさいの指頭圧痕が残る。乾燥中の工房には思わぬ小動物が訪れることもあった（図7）。

切り離し後の杯底部や蓋天井部の成形には手持ち、またはロクロによるヘラケズリが行われた。後者は器体を生乾きの状態でロクロ盤上に倒置し、回転させながらヘラをこれにあてた。器体の固定方法は定かでないが、痕跡からはリング状、塊状の湿台《しった》の存在が想定される（瀬戸市文化振興財団編二〇〇七）。

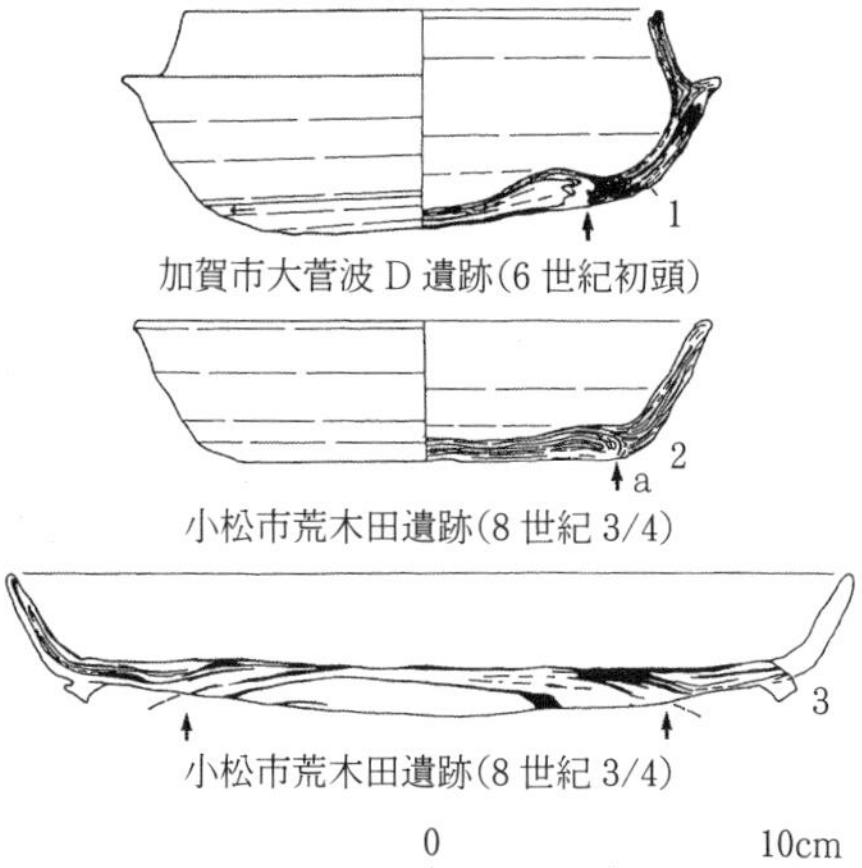

図6　杯・盤の流紋構造（久世ほか1994）

図7　小動物の足跡（7世紀初頭，兵庫県見野6号墳東石室，姫路市教育委員会蔵）

回転糸切りは七世紀後半～八世紀初頭に底径の小さな杯から導入が始まり、八世紀代に関東や東海、山陰に広まり、九世紀に全国に普及した。回転糸切りは中央が深く切れ、乾燥すると上げ底風になる性質があるが、切り離し面が小さければ底切れのリスクは少ない。厚く切り残した底部はケズリによって調整する。いち早く回転糸切りを導入した猿投窯の八世紀後半の杯類が「二段底」（図8）を呈するのはこの技法と関係が深い（尾野二〇〇一）。見込みを広く、かつ切り離し面をより小さくした結果である。一方で南加賀窯跡群のように十世紀まで、底径の大きな杯盤はヘラ切り、小さな椀皿は回転糸切りと両技法を器形によって使い分けていく例もある。

なお、層状に剥離した底部の両面に糸切り痕がみられる例があり「底部円柱作り」（服部・福田一九七九）との関連

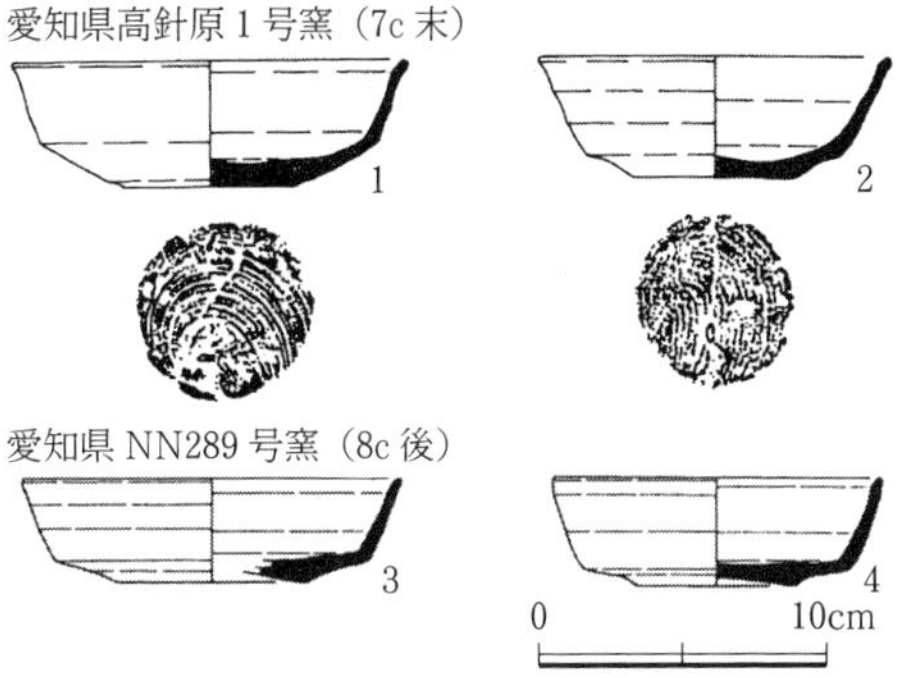

図8　猿投窯の回転糸切りと二段底（尾野2001）

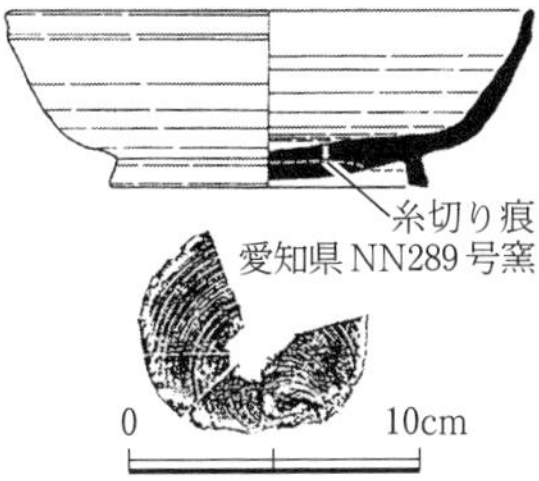

図9　二重糸切り痕（尾野2001，一部加筆）

で論じられたことがある（尾野二〇〇一）。これは糸の一端が二重に巻き付いた状態で切られ、焼成時まで密着していたものが、その後剥離してあたかも両面に糸切りを行ったようにみえる例である（図9）。

高台は粘土紐を張り付けて水挽きする。粘土紐は乾燥が進んだ底部から剥がれやすいので、両側面を指で強く密着させてから水挽きした。底部の爪状圧痕はその際の痕跡である（林一九八三、仲辻二〇一二）。接着を良くするためヘラで接合沈線を巡らせる例も多い。

成形時のロクロの回転方向は、陶邑窯では五世紀代は左（反時計）回りが主体を占め、六世紀以降右回りが多くなり、七世紀以降は右に統一されていく（田辺一九六八）。回転方向の変化は窯場によって差があり、水挽きとケズリで回転方向を変える場合もあって複雑である（北野ほか二〇〇二）。左回転の伝統を継承した例として八〜九世紀前葉の尾張猿投窯、九〜十世紀初頭の佐渡小泊窯等の例がある（春日二〇〇三）。回転を利用したヘラ切りの導入やロクロ回転方向の変化を半島から導入した製陶技術の日本化と捉える見方（西一九八六、田辺一九六八）があるものの、その技術的評価は定まっていない。

壺瓶類　中小型の貯蔵容器で古代には「壺」「瓶」と表記された。相対的頸部長（頸部長／器高）と頸部の括れ度（頸部径／胴部最大径）で細別する

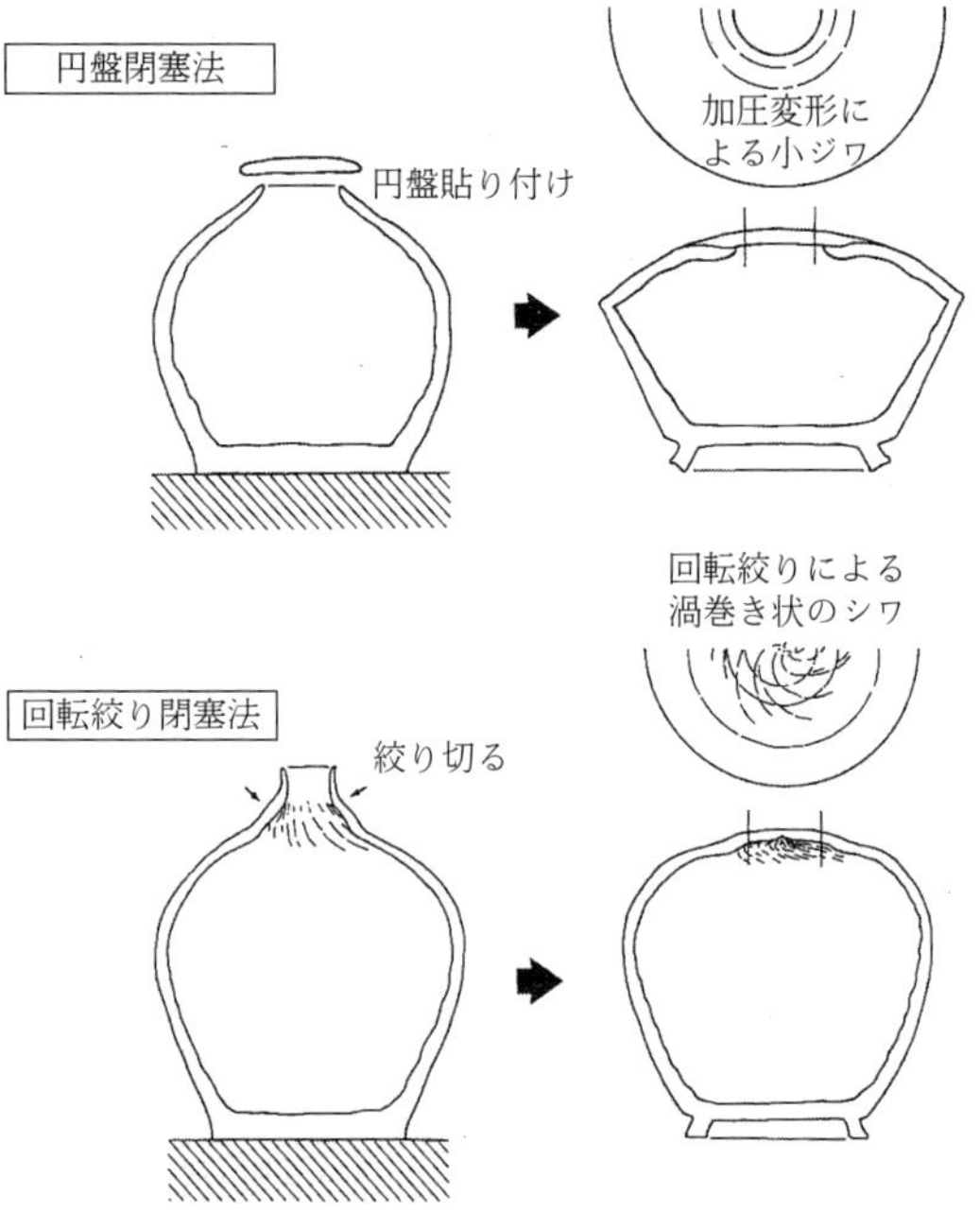

図10　風船技法の2種（北野2001a）

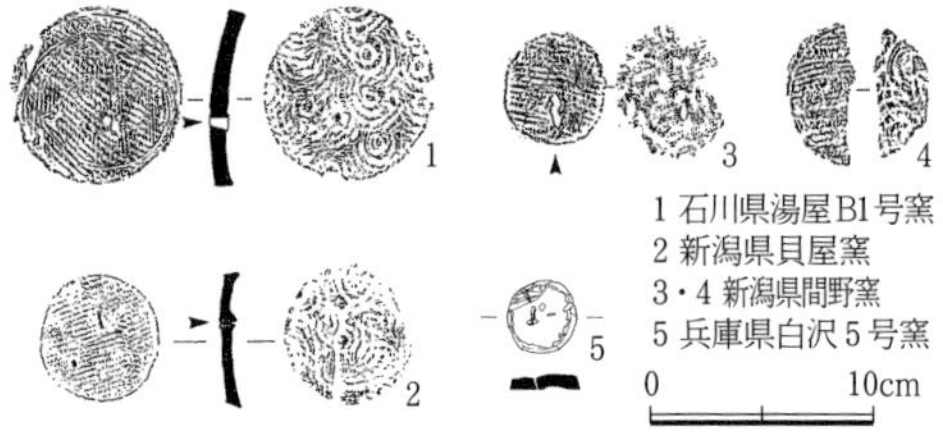

図11　横瓶・長頸瓶の切抜円盤と小穴

（北野一九九九）。サイズは容量一リットル〜一〇リットル前後と幅があるものの、いずれも粘土紐を複数段積み上げた後に原形を水挽きする。中型の鉢類も壺瓶類に準ずる。平安時代には一リットル未満の小瓶（徳利形瓶）に粘土塊から水挽きするものが登場する。壺瓶類は七世紀代まで胴部に叩きを多用したが、八世紀以降水挽きで仕上げる傾向が強くなり、胴部上半は丸みを帯びた形態が主体を占めるようになる。同時に柾目《まさめ》板《いた》をあてて器形を整えるカキ目が多用された。

瓶類に特徴的な技法として「風船技法」がある（北野二〇〇一a）。これは原形製作の最終段階で上部を閉塞し、中に空気を閉じ込めた状態で胴部に圧力変形を加える技法である。通常は乾燥を挟まないと難しい器形を連続的に成形できる利点がある。密閉方法には円盤閉塞と回転絞り閉塞の二種があり（図10）、九世紀前半を境に前者から後者に主体が変わる。回転絞り閉塞の古い例は六世紀前半代から確認でき、七、八世紀にも散見されることから、成形に占める水挽きの比重が高まるとともに後者が主体になったといえる。長頸瓶《ちょうけいへい》・平瓶《へいへい（ひらか）》等の切り抜き円盤やその胴部にあけられた小穴（図11）は、器体の粘土がまだ軟らかい段階で刺突されており、加圧変形の際の胴部の空気抜き、乾燥時の収縮破損防止用だったとみられる。

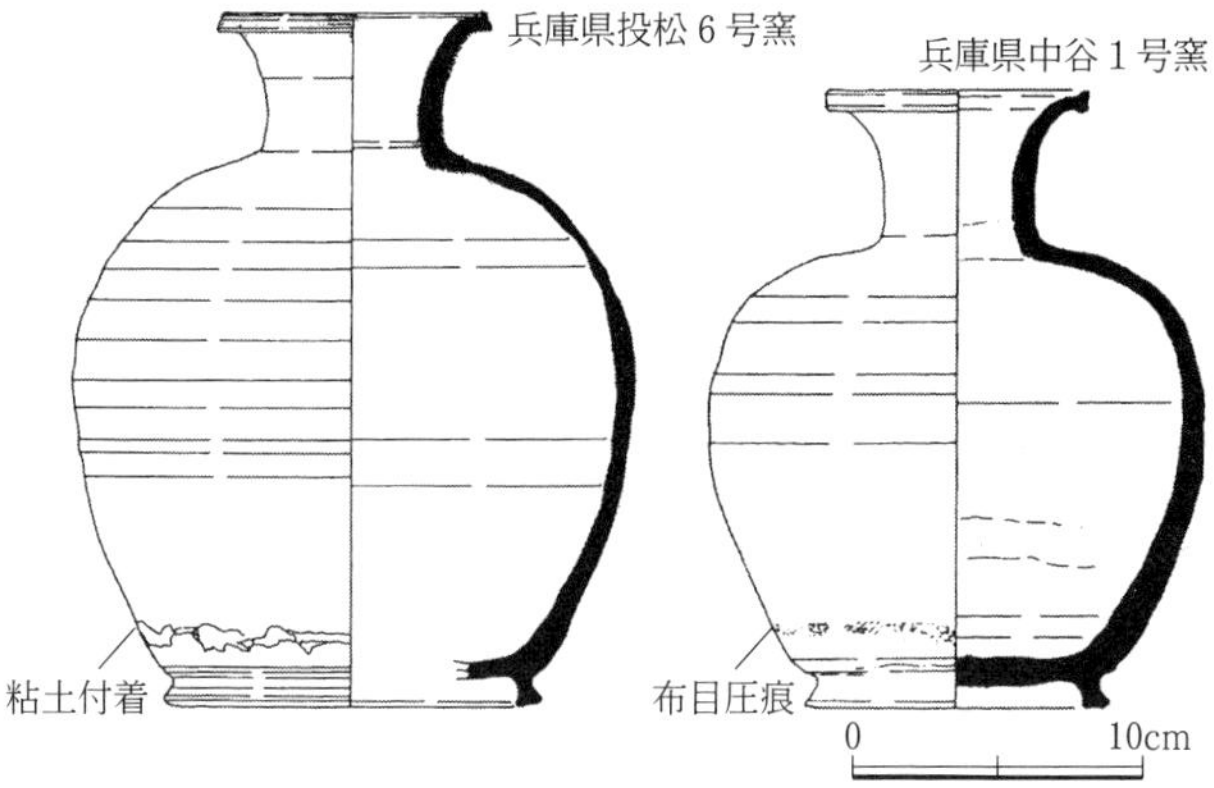

図12　瓶類のシッタ痕（森内2001）

別作りの口縁部をあらかじめ穿孔した胴部に接合する技法は樽形𤭯《はそう》や提《てい》瓶《へい》のような扁壺《へんこ》に古くから用いられ、水挽きの発達とともに変形度の大きな狭義の風船技法に採用されていった。長頸瓶は細長い頸部を持ち手として使用するので接合部が破損しやすい。九世紀に薄造り・丸肩で相対的に重心が上昇するのは器形モデルや成形技術の変化だけでなく、液体を注ぐ使い勝手や接合部の耐久性向上を図るという側面もあったであろう。半島にルーツをもつ須恵器の風船技法は、扁壺、長頸瓶を用いた古墳への供献祭祀や官衙における饗宴等の儀礼的飲食が発達した列島古代に花開いた技法といえる。

なお、長頸瓶の胴下部に帯状に粘土の付着や布目痕がめぐる例がある（図12）。胴部上端を切り抜いた後、口頸部の紐積み、水挽きを行うために設置した湿台痕とみられる（森内二〇〇一）。これによって器体の芯出し・

安定と高台の保護を図った。提瓶等でも成形時の底部側を回転ヘラケズリするさいに随時湿台が用いられた。

甕類　甕には受量一石以上で古代には、「瓺《みか》」「由加《ゆか》」などと呼ばれた大型品と、三〜五斗前後の中小型品「𤭯《さらけ》」「缶《ほとぎ》」があった（関根一九六九）。大甕は主に醸造発酵食品製造や水・酒・油等の貯蔵に用いられ、そのサイズから高価であるばかりでなく、古墳祭祀や官衙での四時祭、村落共同体の飲食儀礼などに用いられ、政治社会的にも重要な役割を担った。

甕類は成形技法で二分すると、胴部から口縁部までを一体的に成形する中小甕と口頸部を別作りとする大甕がある。前者は底部円盤の上に粘土紐を積み上げ、順次叩きを行う。次いで口頸部を水挽し、いったん乾燥させる。それから胴部の形を整える叩き、カキ目調整をし、最後に丸底化の叩きを行う（横山一九八〇、白井一九九六、望月二〇〇一）。なお、中甕についてロクロ上での成形を想定する横山に対して、望月は叩きの進行方向（当て具の重なり）等を根拠に静止台（無軸回転台）を想定しており、ロクロ上での成形には否定的なニュアンスをもつ（望月二〇〇一）。

大甕は胴部成形の初期に叩きにより丸底化して、その上部に順次紐積みしていくという見方（横山一九八〇）と、胴部中位あたりで丸底化するという見方（望月二〇〇一）がある。両者は主に底部叩きと胴部下半の叩きの前後関係の認識の違いによる。望月は北陸の資料から底部叩きが後出するとし、胴部中位付近での丸底化を想定している。

その後、乾燥をはさみながら胴部上半の成形が終わると最上部をヘラで切り揃え、補助粘土を添えながら別作りの口頸部を接合する。両者ともそのサイズから口縁部まで成形した後では丸底叩きは技術的に困難とし、また丸底化が先行することから静止台での作業を想定している。

渡来系の人々が製陶に携わったとみられる陶邑・大庭寺TG二三二号窯跡では胴部内面に無文陶製当て具痕と底部に絞り痕をもつ韓半島（伽耶地域）由来の技法で作られた大甕が出土する。この底部成形技法は列島では定着しなかったが、丸底は叩き技法として継承されていった。これは平底に比べ底切れしにくい利点があり、どんな地面でも小穴を掘れば設置可能となる。中甕は一般に口縁部や頸部内面、底部外面に摩耗痕があるのに対して、大甕では各部の摩耗が目立たないことから、前者は頻繁に動かすのに対し、後者は据え付けたらさほど動かすものではなかったことがわかる（柿田一九九九）。中小甕の口頸部を胴部と一体作りしているのは焼成や使用時の耐久性も考慮されていよう。逆に別作りで接合する大甕の口縁部では移動が少なければ破損のリスクは少ないといえる。

窯場で廃棄された大甕の口縁部には乾燥中に生じたひび割れに対して、二個一対の紐穴を穿つものや布と泥土、あるいは粗い粘土を貼り付けて補修する例がある。五世紀の陶邑・大庭寺TG二三二号窯跡（大阪府教委ほか一九九五）から、九世紀の上越市滝寺窯跡（新潟県教委ほか二〇〇六）まで類例は少なくない。大甕口縁部は象徴性の強い部位であるが、このような傷があっても胴部が機能を果たせば実用に供することができたことを示している。

愛知県猿投窯跡群の大甕には平底器形、胴部や口頸部内外面への黄土のハケ塗り、胴部内面のナデ調整の継承といった個性的な技法が存在した。黄土（焼成後は黒色）は水漏れ防止と視覚的効果を狙ったものとみられる。

3　成形道具

主要な成形道具であるロクロと叩き具について概説する。ロクロの概念と変遷については六章を参照されたい。

ロクロ　成形台となるロクロの天板の出土例はまだない。一方でロクロ（有軸回転台を含む）の設置遺構であるロクロピットの検出例は多い。埼玉県鳩山窯跡群のロクロピットは径約五〇センの円形で、上部が浅い皿形を呈し、下部に径一〇～一五センの軸穴とその掘り方がある（図3）。

ロクロは一般にI型の軸とT型のロクロ盤との組み合わせからなる。軸は棒状と筒状の二種類がある。前者ではロクロ盤をひっくり返すと裏面が凹形（筒状の軸受けを取り付ける場合も含む）、後者では凸形となる。東南アジア大陸部の民族例では、土器用の有軸回転台は打ち込み式の筒状軸が多く、ピットはもたない。これはT型をなす天板との接点に摩擦が生じやすく回転惰力は弱い。天板は板状ないしは中央に厚みのある皿形で、径二五～四〇チセン、厚さが二～八チセンと薄いのが特徴である。女性一人が片手で回しながら操作する。中国雲南省傣族（傣族制陶工芸総合考察小組一九七七）やラオス北部に南下したタイ・ルー族は厚さ一〇チセンと厚みのある断面逆台形（ないしは逆凸形・逆△形）の天板と棒状軸の回転台をもつが、径は二五チセン程度で遠心力、惰力は弱い。

焼締陶のロクロは棒状軸で、円盤は径三〇～五五チセンと相対的に大きい。土器用と違うのは、高さ一三～三六チセンと中央に厚みがあって重いことである。したがって遠心力が大きく水挽きに適する。ベトナム北部ムオンチャイン、ラオス北部チャン、バンルー、同南部ナタイ、ノンラムチャン、ターヒン、タイ東北部ダーンクウィアン、ミャンマー中部チャウミャウンなど、古くからの産地では男女（夫婦）が向かい合い共作する。これらはすべてロクロが右回転である。ロクロを利用した大物作りでは安定した連続回転が必要となるので、右を利き手とすると天板を手前に引く操作がしやすいからであろう。

ロクロの構造に関しては土器底部に残る「ゲタ痕」が注目されてきた（西一九八六）。韓半島系の軟質平底鉢や陶邑TK七三号窯跡の平底鉢（図13）のように初期須恵器段階の小型土器に目立つ。これは棒状軸のロクロの天板軸受け部（六章参照）の痕跡とみられ、天板の厚みとも関わる。先の民族例では天板の厚みが増すと、軸受け部はその内部に納まってしまう。

ラオス北部チャン村のような厚みのあるロクロは掘り込みを伴う二段構造となる（北野ほか二〇一三）。これは成形姿勢とも関わり、大物作りの際に天板の高さを低く抑えるという意味合いもある。皿形の落ち込みのあるロクロピットではある程度厚みのある天板が使われた可能性がある。ロクロピットの掘り込みにはいくつかの形態がみられるので、須恵器やロクロ土師器のロクロが画一的な形態だったとは思えない。少なくとも量産化や水挽き変形が発達する古代のロクロは、直径三〇〜四〇センチ台で中央に厚みのある安定感のある構造だったと考えられる。ラオスでは焼締陶で五〜一〇キロ、大甕を作るチャン村やミャンマー中部では二〇〜四〇キロの例もある。大甕をロクロで成形しない須恵器ではこれほど大きなものは必要なかろう。七世紀以降の平底の壺瓶類に下駄痕がみられないのは天板中央にある程度厚みのあるロクロが用いられたからではないか。逆に五世紀の小型平底鉢は相対的に天板が薄く、軽めのロクロで成形されたと考えられる。

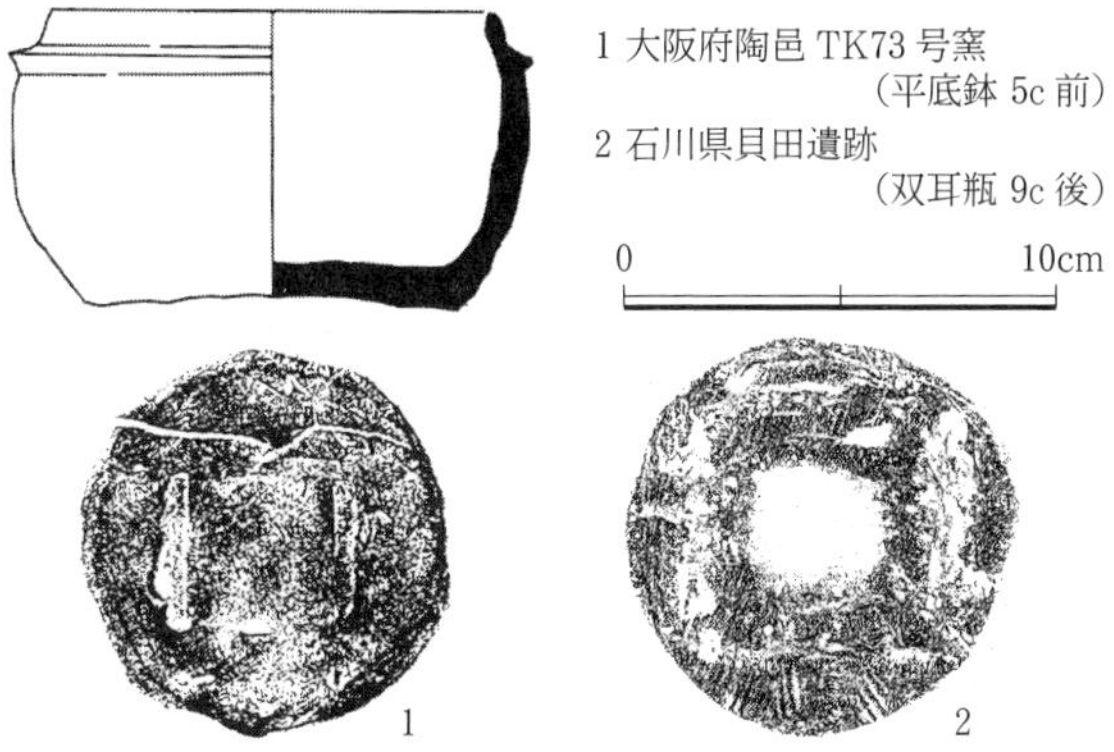

図13　底部に残るゲタ痕

叩き板と当て具　東南アジアでは熱帯の気候を生かし、短いスパンで数次の叩きと乾燥を繰り返す土器作りが盛んである（楢崎ほか二〇〇〇）。そこでは目的に応じて複数の叩き板を成形段階ごとに重量や表面の粗さで使い分けている（庄田二〇〇七）。大きな変形が要求される場面では溝付きや重めの板が、形や器面を整える叩きの場合は軽めで表面の滑らかな板が選択される。溝はラオス南部やタイ東北部では平行線文が主体をなすが、回転台が発達するミャンマー中部では格子目文や装飾性のある文様が多用される。当て具は土製が多く、石製、木製と続く。原形からの変形度の小さい倒立技法の土器作りでは当て具が欠落し、叩き板も発達しない（徳澤ほか二〇〇九）。

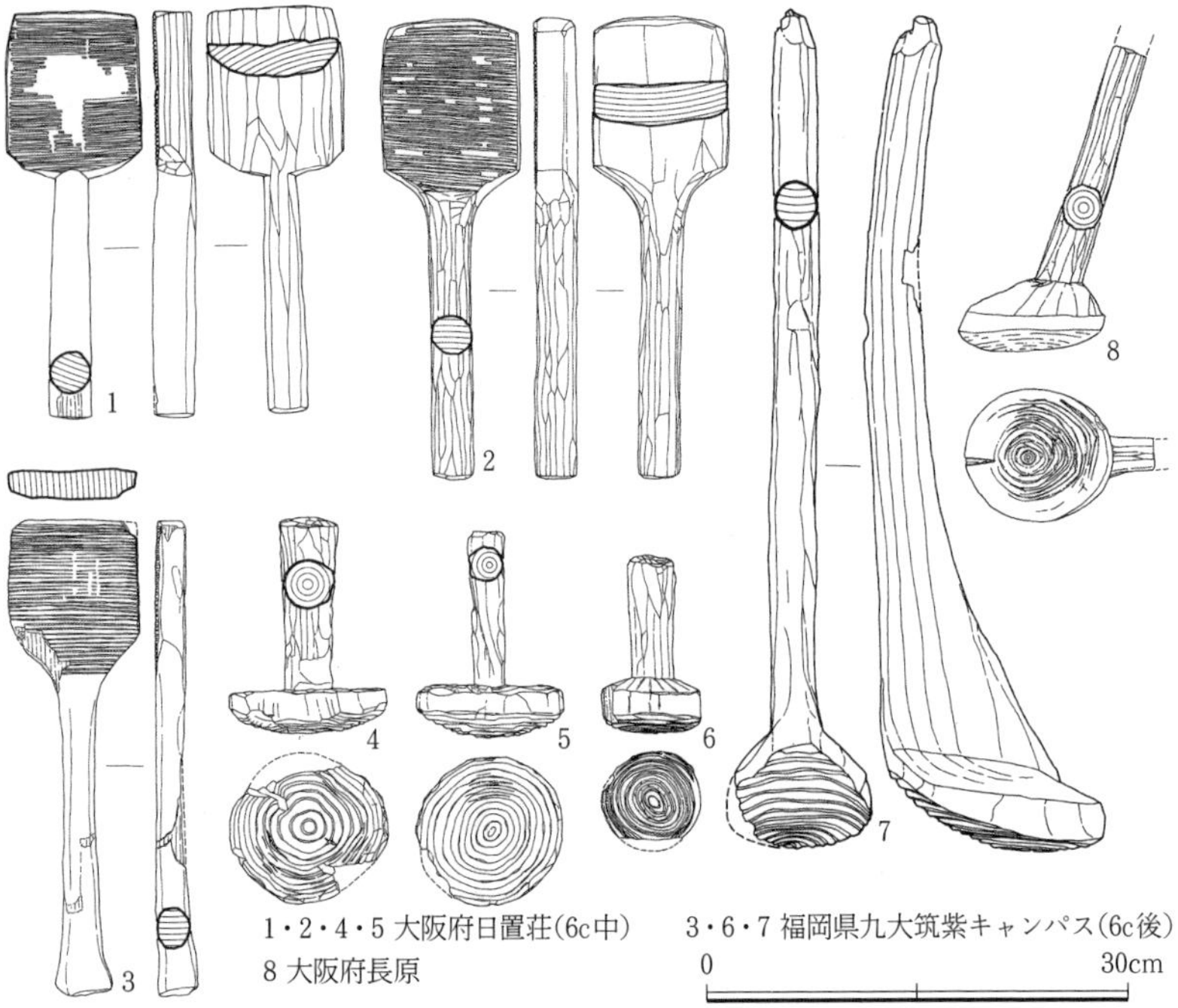

図14　叩き板と当て具（奈文研 1993 により作成）

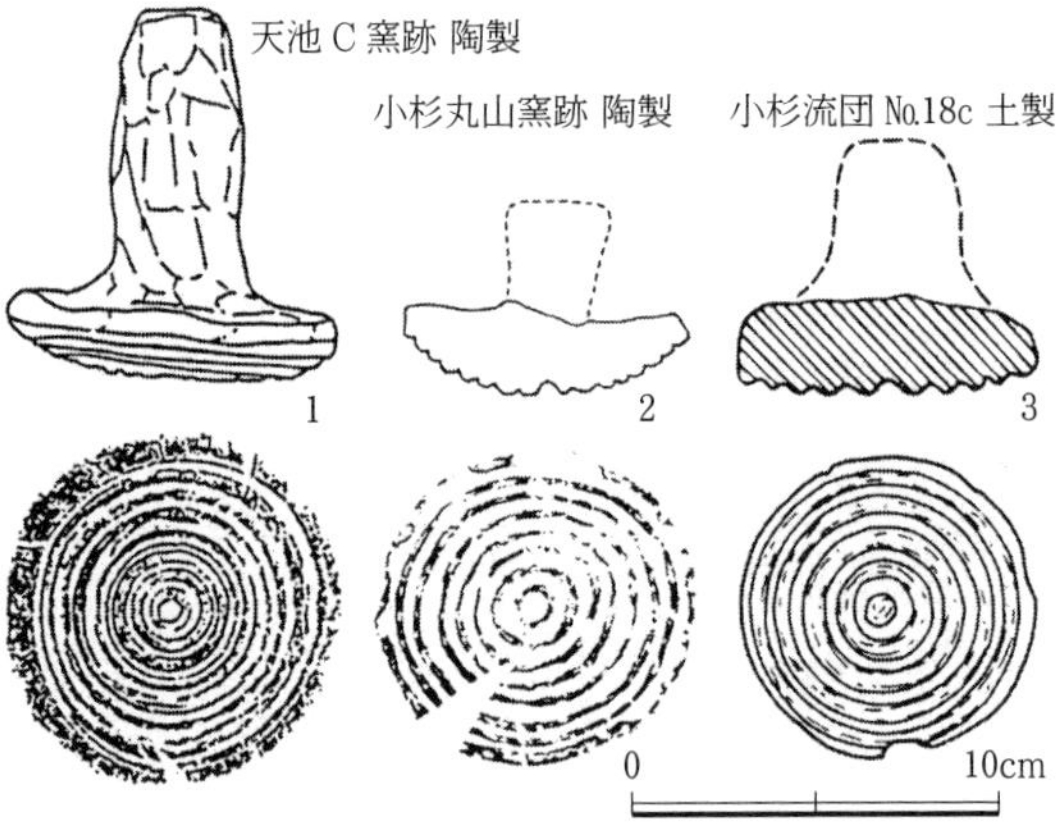

図15　土製・陶製当て具（富山県埋文 1997）

一方、伝統的な焼締陶はロクロ上で紐積みし、内外をコテで成形するので叩き板は使わない。韓半島の「甕器《おんぎ》」はロクロ上で紐積みし、叩き板と当て具で叩き締めた後にコテで成形し、これを複数回繰り返す。叩き板や当て具には有文の木製品が用いられてきた（鄭ほか一九八二）。

列島の弥生～古墳時代土器の叩き板は厚さ約一・〇㌢と薄く軽量で、原形からの変形度は小さい。無文ないしは軸に平行な溝をもつ。当て具は土製無文の出土例（福岡市宮ノ前遺跡）はあるものの数は少ない。

これに対して須恵器の叩き板（図14）はマツやスギなどの針葉樹が用いられた。出土例は全長約三〇㌢、幅約一〇㌢、厚さ二～三㌢、溝は木目に直交し、使用が進むと格子状を呈する。弥生土器や土師器用に比べ、厚め、重め、重心が先端よりで叩き締めの効果が高い。

当て具は土製、木製を問わず茸形を呈する。五世紀代は芯持ち材の木製無文当て具（内堀一九八八、亀田一九八九）が、六世紀以降は面に同心円文を刻むものが普及した。当初は韓半島以来の陶製無文当て具も用いられ、兵庫県出合窯跡、大阪府陶邑・小阪遺跡、同大庭寺窯跡などから出土している。七世紀に下るものとして滋賀県山ノ神遺跡出土例がある。七～八世紀の岐阜県美濃須衛窯や富山県射水窯では同心円文の陶製当て具が出土する（図15）。しかし、消費遺跡の製品に利用された形跡は希薄である。

当て具には甕の胴下部専用具（白井一九九六）とみられる長柄のものがある。木製当て具は六世紀以降も芯持ち材が用いられたが、七世紀後半～八世紀前半頃から、地域差をもちながら柾目材が普及していく（内堀一九八八）。

その他　削りの原体であるヘラの実態はよくわからない。杯の底部中央にみられるヘラ切り痕や切り抜き円盤の刺突痕が参考になるが材質は明らかにされていない。また、須恵器において普遍的にみられる水挽き痕が、素手で行われたのか、布や皮等の保水具が用いられたのか、両者の痕跡の区別に言及した研究はない。

貯蔵具等の胴部表面を均すカキメ板は、弥生時代以来のハケメ原体（福岡県比恵遺跡）と同様の柾目板が想定される（横山一九七八）。猿投窯では九世紀前後の内面の曲線が滑らかな鋺形の成形に内ゴテが用いたとみられている（尾野一九九八）。須恵器の技法復元は痕跡の特徴を現代陶芸の経験によって解釈したものが多く、いまだ課題が多い。

4　焼　成

窯の立地と分布　須恵器は丘陵斜面に築かれた単室の窖窯（穴窯）で焼かれた。大阪府陶邑窯や愛知県猿投窯のある大阪層群、東海層群の丘陵は土壌の風化深度が厚く、粘土が豊富にあって窯の立地には好条件を備えている。古代窯業の多くは窯だけでなく燃料も現地に依存する。薪は運搬コストのかかる資源であり、窯の場所を決めるうえで重要である。伐採適期の木材量や地形による植生帯の違いも考慮しながら窯場は設定されたと考えられる。窯は微視的にみると水の集まらない小尾根斜面や谷頭などに築かれており、一方で近くの沢水や湧水を築窯や窯焚き作業に積極的に利用した。

窯跡の分布域に関しては、在地豪族層（郡領層）を窯業経営の主体にあて、その政治・経済活動、権益の及ぶ範囲とみるのが一般的である。また、八世紀半ばから窯場を移動し、施釉陶器生産に移行する猿投窯のように、時期によっては国レベルの関与が想定される窯場もある。

築窯　窯を築くにあたって設計者がどんな機能属性を重視したかは問うべき課題であるが、近現代の窯の民俗知と窯業理論から、窯の比高差（閉塞部床面と煙道上端の差）や煙道径、焼成室の容積（断面積、最大幅）が性能上重要であるとの指摘がある（余語二〇一〇）。そこでは窯構造の特徴を「窯体実効長／（窯体内最大幅×三＋窯体実効長×一／四）」として指数化し、燃焼効率を比較する試みがなされている。

現代ラオスの焼締陶の村では、窯作り職人の間で設計が伝承され、各部の寸法は身体尺で割り付けられてきた（北野ほか二〇一三）。そこでは一定の規格性をもちながらも、大型品の減少や、生産量に応じて小型化した窯もみられる。平地に地下式窖窯を築くため前庭部を二～三㍍斜めに掘り込み、そこから鍬とスコップで窯体・煙道を掘り抜く。窯掘りに要する日数は、ルアンパバン県チャン村の全長七㍍、最大幅三㍍の窯が五～六人で一五～二〇日、サワンナケート県ノンラムチャン村やタケーク県ノンボック村の窯体長四・五㍍、最大幅約三・五㍍の小型三角窯が三～四人で七～一〇日とされ、一応の目安になる。

掘削には鍬が用いられ、その痕跡は側壁面に明瞭に残る。築窯時のみならず、操業時の土木作業全般に用いられたとみられ、ときおり窯体内や灰原から鍬先が出土する（石川県春木三号窯、青森県犬走二号窯など）。現状では工具痕から局所的な掘削姿勢や方向を推定するに留まり、掘削工程全体を復元するまでには至っていない。半地下式窯の天井架構材や剝落した側壁の補修にはスサ等を混ぜた粗い粘土が用いられた。手で粘土を塗り付けた指跡が側壁によく残る。炭窯の民俗例では使わなくなった窯の壁材や焼土を粉砕して粘土に混和することが知られており、床面が削り取られたり、壁・天井材が欠落する窯跡ではそのような可能性が指摘されている（木立二〇一二）。スサや焼土の混和は、粘土のつなぎ、収縮抑制、耐火性の向上を狙ったものとみられる。

半地下式窯や地上式窯の天井架構方法は壁面や崩落天井に残る構築材痕を手掛かりにいくつかの復元案が提示されている（森内二〇一〇）。また、窯作りから窯焚き、メンテナンスといった一連の焼成技術に関して継続的な実験研究が行われている（木立二〇一〇）。須恵器研究は製品に比べ遺構の観察や解釈が未熟である。このような経験知を積み重ねながら窯を見る目を鍛え、発掘現場の調査方法や記録化に還元していく必要があろう。

窯構造とその変化　窯は手前から、薪を焚く燃焼部、製品を置く焼成部、火煙を排出する排煙部からなる。築窯方式により、焼成部をトンネル式に掘り抜く地下式、溝状の掘り込みの上部に天井を架構する半地下式、側壁から天井までを架構する地上式の三タイプに分けられる。順に窯体が地上部に露出する格好となり、窯の燃焼特性や管理・修理の方法と関わる。

須恵器窯は全長二～一五㍍と多様なサイズがある。小型は四㍍前後、中型は六～八㍍、大型は一〇～一二㍍が目安となる。窯構造を規模（全長／最大幅）と形態（最大幅の位置、燃焼部の絞り）を指標に区分すると、大型幅広で弓なりの床面傾斜をもつA形式、細長い寸胴形で傾斜が急なB形式、中小型で傾斜が緩く直立煙道をもつC形式、最大幅を火前側にもつD形式などに分けられる（図16）。陶邑窯跡群では地下式が卓越し、六世紀中葉以前がA形式、六世紀後葉からB形式、七世紀後半からC形式、八世紀後半から半地下式のD形式とそれぞれ主体となる形式が推移している。猿投窯のように七～八世紀にC形式を採用しない地域もあるとはいえ、おおむね八世紀前半までは各地で共通した変遷がみられた。地域色ある窯構造として、溝付多孔式煙道（福岡県牛頸窯跡群）、焼成部奥の階段施設（静岡県湖西窯跡群）、下降傾斜燃焼部（岐阜県美濃須衛窯跡群、群馬県舞台・光仙房窯跡群、石川県南加賀窯跡群）などがある。光仙房窯跡群は平地に小型窯を樹枝状に築いた珍しい例である。

窯の構造や規模は斜面、土壌等の自然条件に規制されつつも、焼成器種、量、品質、コストといった製品戦略によって選択されたと考えられる。窯体の周囲が厚い土で覆われた地下式直立煙道窯（C形式）は温まりにくく、冷めにくい。燃焼コストはかかるが、蓄熱性に優れており、全体として均質な焼き締まりが期待できる。十分な熱カロリーを必要とする大型品や良品の焼成に向いている。半地下式・地上式のD形式は前者に比べて昇温コスト・蓄熱性は低い（温まりやすく、冷めやすい）。大型品の焼成には向かないが、幅広の火前に壺瓶類の中型品を置き、奥に小型の杯類を置くことで効率的な焼成が可能となる。

C形式窯の普及は七世紀後半から整備が進む各地の寺院や地方官衙で、宮都に準じた仏事や官人給食に供する土器

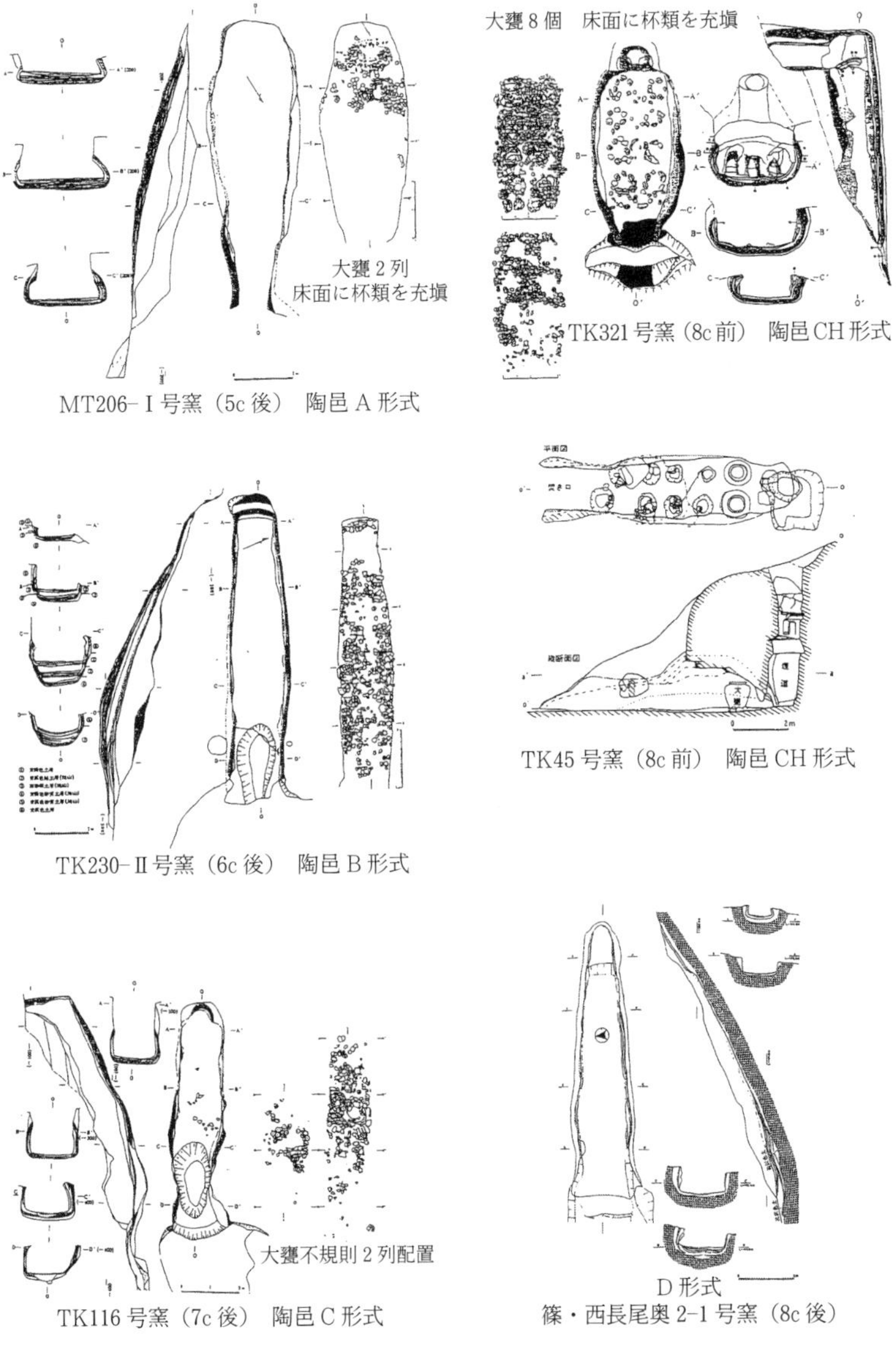

図16 A〜D形式の窯構造とその変遷（北野2007より作成）

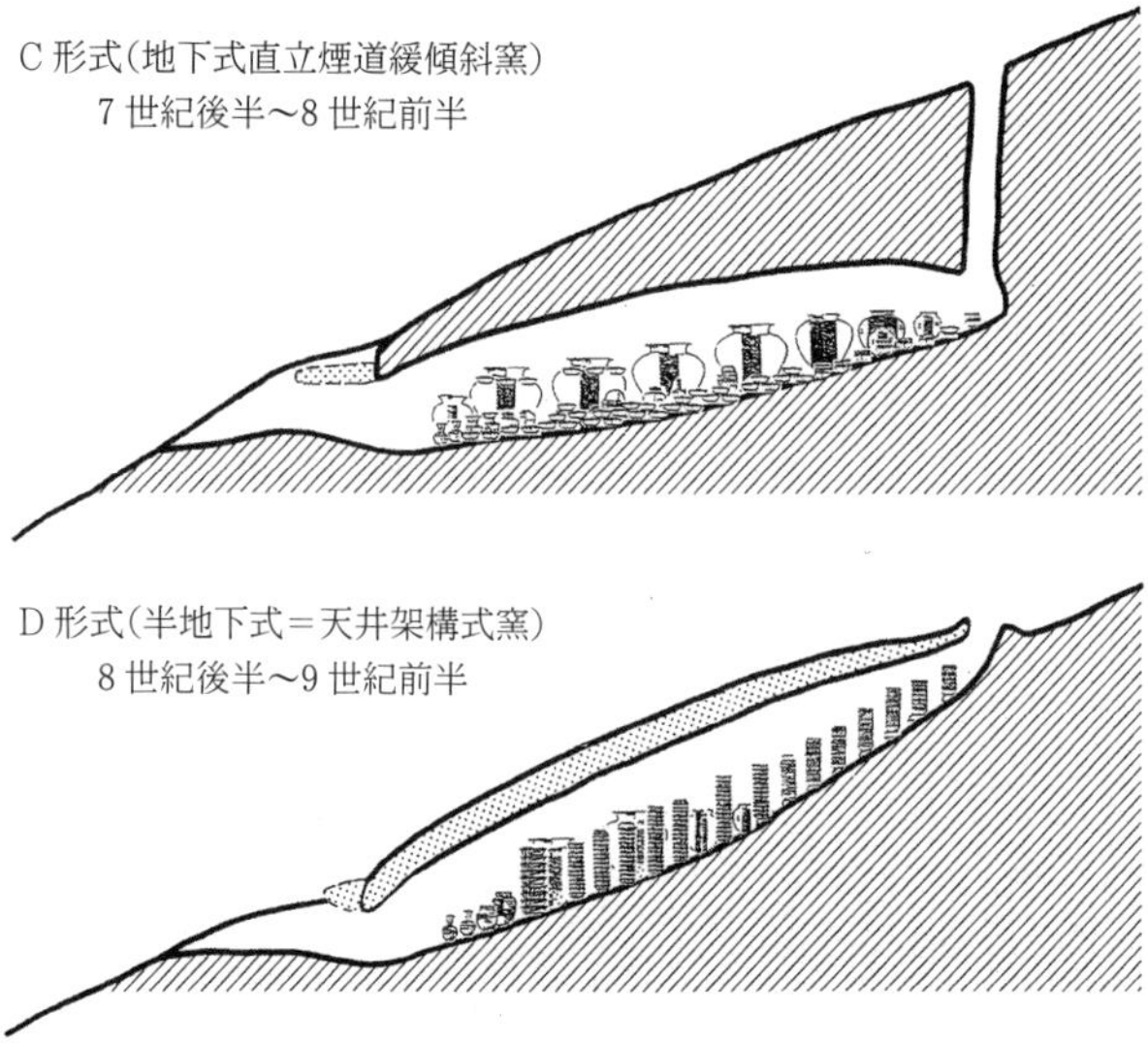

図17　窯構造と窯詰めの変化（北野2007）

需要の高まりがあり、品質の良い製品が求められたことと関連しよう。八世紀後半から始まるコスト重視のD形式窯の普及や、地域ごとの窯構造の多様性は、同時期に起こった律令体制の弛緩や物価高騰、調庸布等の粗悪化が問題となるような政治・経済問題が背景にあったと考えられる（北野二〇〇七）。

須恵器窯業において大甕の生産は当初から特別な意味があった。大甕は王権祭祀（神祇式四時祭等）のみならず在地の村落首長層の祭祀（儀制令春時祭田）においても不可欠な製品とみなされ、須恵器窯の窯詰めは大甕優先だったと言っても過言ではない。八世紀前半には陶邑で大甕専用のCH形式窯が運用され、同じころ、福岡県牛頸窯跡（福岡県教委一九八八、大野城市教委一九九一）でも甕窯と小型食膳具中心の窯を使い分ける例があった。

窯詰め　八世紀代までは縦に二ないしは一列で大甕を設置し、周囲を中小型製品で埋めた（図17）。丸底の大甕の安定を図るため、陶邑・大庭寺窯では韓半島に由来する楔《くさび》状の専用道具を用いたが、列島には定着せず、床面に窯据え付け穴を設けたり、甕片や窯壁片をあてて対処した。

壺瓶類は甕類に比べ内容物へのアクセスや移動が頻繁で耐久性が求められ、袋状の器形を呈することから焼成部の前よりに配置された。C形式窯が普及する七〜八世紀には飲食儀礼に欠かせない長頸瓶に自然釉が美しく溶けた優品をみることがある。球胴短頸壺（薬壺《やつこ》）や浄瓶などの金属器模倣器種には焼き締まりだけでなく美観を狙った窯詰めの意図が垣間見える。

猿投窯では八世紀後半に原始灰釉《かいゆう》と呼ばれる自然釉を利用した壺瓶類が登場し、九世紀前半に出現する灰釉陶器に引き継がれた。窯詰めと窯焚きの工夫によって自然釉をある程度コントロールできる水準にあったことがわかる。

蓋杯は蓋と身を正位で組み合わせるⅠ類（図18）が五世紀以来の基本形で、倒置した蓋と正位の身をセットにするⅡa類は七世紀後半から陶邑窯等で始まった。ただし、この段階までのⅠ類、Ⅱa類は数段程度の積み重ねで大量生産を志向したものとはいえない。蓋杯が柱状に積み重ねられるのは八世紀中葉からで、陶邑窯では新たにⅡb方式が採用された。東海地方の猿投窯や美濃須衛窯ではⅡa方式を継承している。後者の岐阜県天狗谷七号窯跡（各務原市埋文一九九八）では大甕の周りに蓋杯が一〇セット（高さ三〇センチ）単位で柱状に積まれ、五一列確認された。八世紀後半から身と蓋の重ねが安定するように杯蓋の周縁は屈曲して平らになる。窯詰め方法の変化が器形変化を促したといえる。無台の杯や盤の重ね焼きには溶着を防ぐため藁が差し込まれた。「火襷《ひだすき》」とよばれるように十字に置く例が多い。焼締めが弱くなる九世紀以

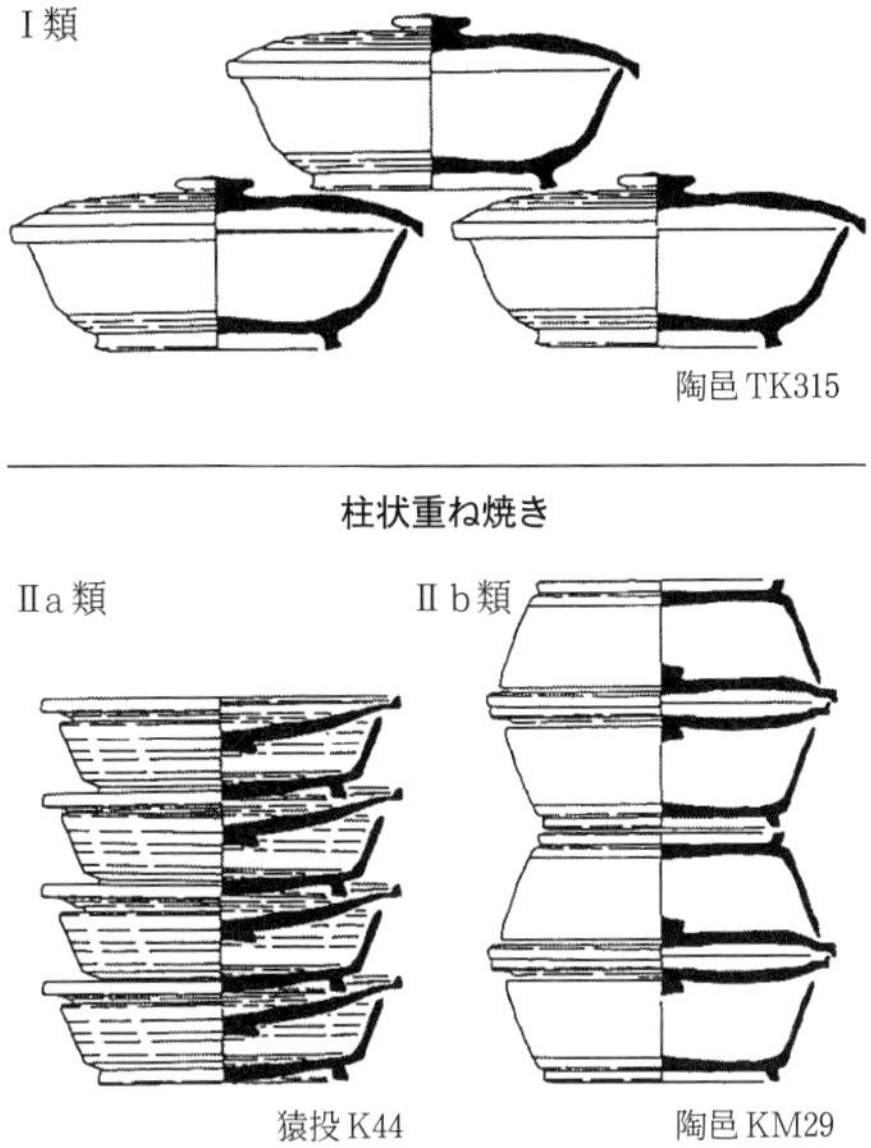

図18　蓋杯の重ね焼きの分類

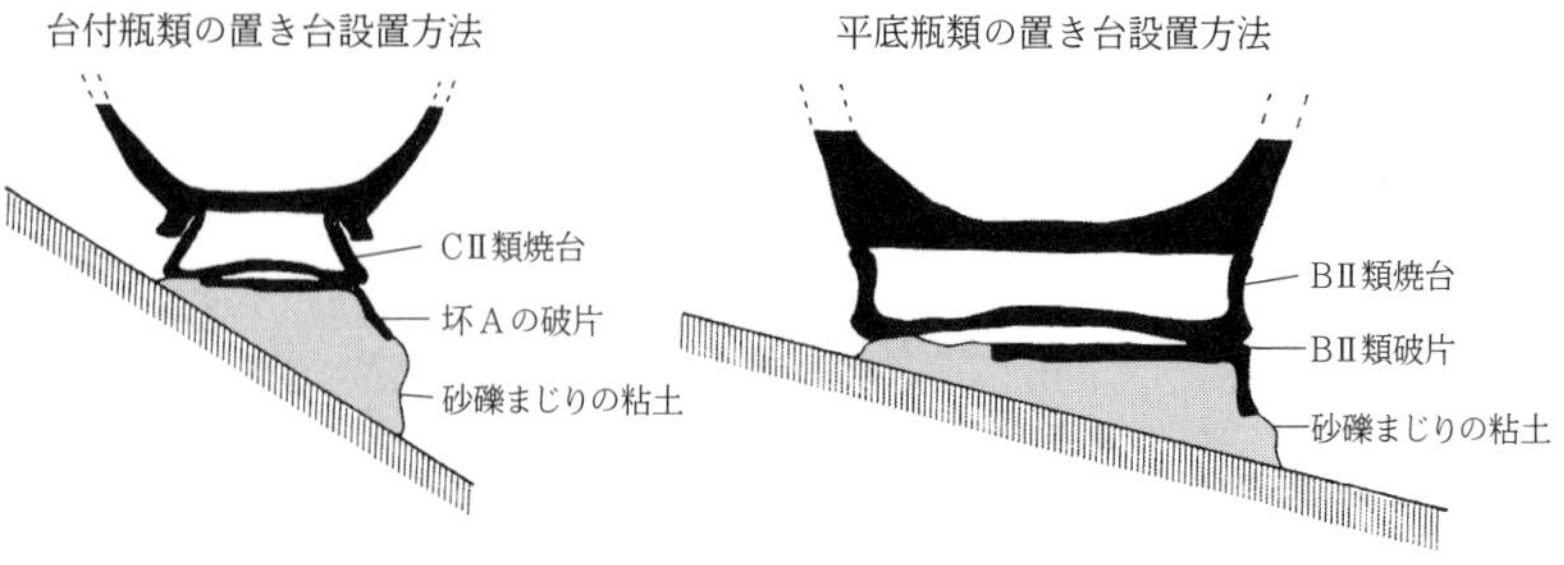

図19　瓶類専用置き台の使用方法（小松市教委1992，一部改変）

降は減っていく。

特徴的な設置法として、口縁部を火前に向けて立てて置く横瓶、倒置する有蓋の長脚高杯（六～七世紀）、大甕の肩部に杯を並べる例などがあげられる。それぞれ窯詰めの工夫が表れている。

列島では専用の窯詰め道具は普及せず、主に礫《れき》や焼成破損品を用いて製品の安定と床への溶着防止を図った。韓半島では陶製の窯道具が盛行したのに対し、列島では須恵器導入期の大庭寺窯跡群で大甕用の楔形、角形の置き台、輪トチ等が出土しているものの、その後定着はしなかった。

杯形の置き台には体部に円孔を穿つもの（陶邑ＭＴ一五窯跡）や底部中央を切り割りしたもの（陶邑ＭＴ二一窯跡）があるほか、未焼成の製品を使用する例（小松市林ォオカミダニ窯跡）もある。北陸や会津の一部では九世紀に瓶類専用置き台（図19）が普及した。愛知県猿投窯跡群では八世紀後半の原始灰釉の時期からツク（棒・筒形）や輪トチの使用が認められ、施釉陶器の窯で発達していった。

窯焚き　伝統的な窖窯の焼成は「アブリ→セメ→コミ・フカシ→ネラシ→トメ」と進む（藤原一九九九）。あるいは「あぶり→昇温→ねらし→還元冷却」とも表現される（古谷一九九四）。五～八世紀前半のＡ～Ｃ形式の窯では、灰原の炭化物量が九世紀以降に比べて多い。燃焼部から炭化した丸太材が良好に出土した山形県高安Ｂ一・二号窯跡（東北芸工大二〇〇五）では、最終段階に径一〇～一五㌢程度の太い薪を多数投入し、窯内を強還元状態にして閉塞したことがわかる。薪の長さはB二号窯で一㍍以上を確認している。焼成実験では青灰色の表面色を得るために冷却段階の窯の密閉の重要性が指摘されている（佐々木一九九四、佐々木・余語二〇〇四）。

余語によれば、「初期須恵器のような光沢をもつ灰黒色系の焼き上がりを得たい場合は、昇温時から強い還元雰囲気を維持し、一二〇〇〜一二五〇℃に至る最高温度を得るように焼成」し、「マットな青灰色系の焼き上がりを得たい場合は、昇温時を酸化雰囲気で推移したうえで最高温度に達する前後から還元雰囲気に切り替えるか、素地表面がガラス化・鉄化合物の還元結晶化が一定以上進行しない程度の最高温度と時間にとどめて焼成を終了する」（余語二〇一〇）。大局的にみると須恵器の窯焚きは窯構造と対応しながら前者から後者へ、燃料コストを抑える方向に進んでいった。

ラオス・チャン村の焼締陶は昇温時は酸化雰囲気で焚き、最高温度に達する終盤に五回ほど長大な薪でフカシを行って還元雰囲気とし、最後は焚口をトタンで遮蔽して冷却する。排煙口は開口したままで灰色の色調を得る（北野ほか二〇一三）。ここでは後半の窯焚きを変えることによって灰色硬質と赤褐色軟質の二種に焼き分けている。八世紀後半以降、北陸（能美市和気後山谷窯跡群）や会津（会津坂下町萩ノ窪窯跡）では須恵器窯からカマドに懸ける煮炊き用の長胴鍋が出土する。列島でも火力や焼成雰囲気、窯詰め位置の工夫で焼き分けを行っていたことが知られる。

燃料　九世紀半ばに河内・和泉の国境で起こった「陶山之争」（『三代実録』巻二）や、燃料をアカマツ林に依存し禿山化を招いた近代窯業のイメージは、須恵器窯業の森林利用の理解にも影を落としている。それは燃料を周辺の森林に依存し、操業以前の自然植生を破壊し急速な二次林化を促すといった見方である。早くに炭化材の樹種同定が行われた陶邑窯では、七〜八世紀に先行する窯場がない地区では常緑広葉樹を燃料とし、すでに開発されてきた地区で

表　高安窯跡群出土炭化材の樹種（小林ほか 2013）

樹種	C1号窯跡		A1号窯跡	B3号窯跡	B1号窯跡	B2号窯跡	A2号窯跡	合計
	燃料材	構築材	燃料材	燃料材	燃料材	燃料材	燃料材か製品	
マツ属複維管束亜属	1		2	4	66	65		138
カバノキ属	12		4		12			28
クマシデ属イヌシデ節	17		17	2	12	3		51
アサダ	7	13	6	2	6			34
ク　リ		5	1	10	10	9		35
ブナ属				4		7		11
コナラ属コナラ節	5	1	33	19	24	19	33	134
ケヤキ			1			1		2
ツバキ属			2			5		7
サクラ属		3						3
カエデ属	11	5	24	1	1	2		44
合　計	53	27	90	42	131	111	33	487

は二次林のアカマツが主体となる結果が得られた（西田一九七八）。これは先の見方を裏付けるようにも受け取れたが、その後の全国的な資料の検討では、陶邑窯のような大規模窯業地以外では、古代・中世には近世窯業のようなマツ材の選択的利用がみられないこと、総じて須恵器生産が森林に与える影響は限定的だったと考えられるようになってきた（山口・千野一九九〇）。

五基の窯跡の炭化材を全点採取して分析した山形県高安窯跡群（七世紀後葉〜八世紀前葉）では、直径四〜一五㌢の丸薪が用いられていた（小林・北野二〇一三）。割り材が確認できないことからおおよそ一五㌢未満の木を伐採し、幹材、枝材を無駄なく利用したと考えられる。より谷奥にある七世紀代のC一号窯、A一号窯ではコナラ節やイヌシデ節といった広葉樹（径五〜一〇㌢）が用いられ、八世紀代のB一、二号窯ではマツ属複維管束亜属（径八〜一三㌢）が主体を占めた（表、図20）。後者はマツ属複維管束亜属が卓越しているが、窯がマツ属の生育に適した尾根筋近くにあり、なんらかの理由ですでに二次林化していた周辺植生が反映されたものと考えた。緻密な年輪と樹齢三〇年以上のマツ属複維管束亜属が一定量あり、操業の年代に遡っても窯業の森林伐採による二次林化とは考えづらいというのが理由である。猿投窯ではクヌギ節、コナラ節の一〇㌢未満の小径材を選択的に利用する事例（瀬戸市文化振興財団編二〇〇七）があり、萌芽更新を利用した植生管理を示唆している（東北芸工大二〇〇八）。

須恵器窯業の森林利用は、近年の樹齢や太さに留意した炭化材分析をみるかぎり、伐採コストや燃料としての有用性を考慮した選択的、計画的なもので、皆伐のような無秩序なものではない。窯場の廃絶、移動の一因に森林資源の

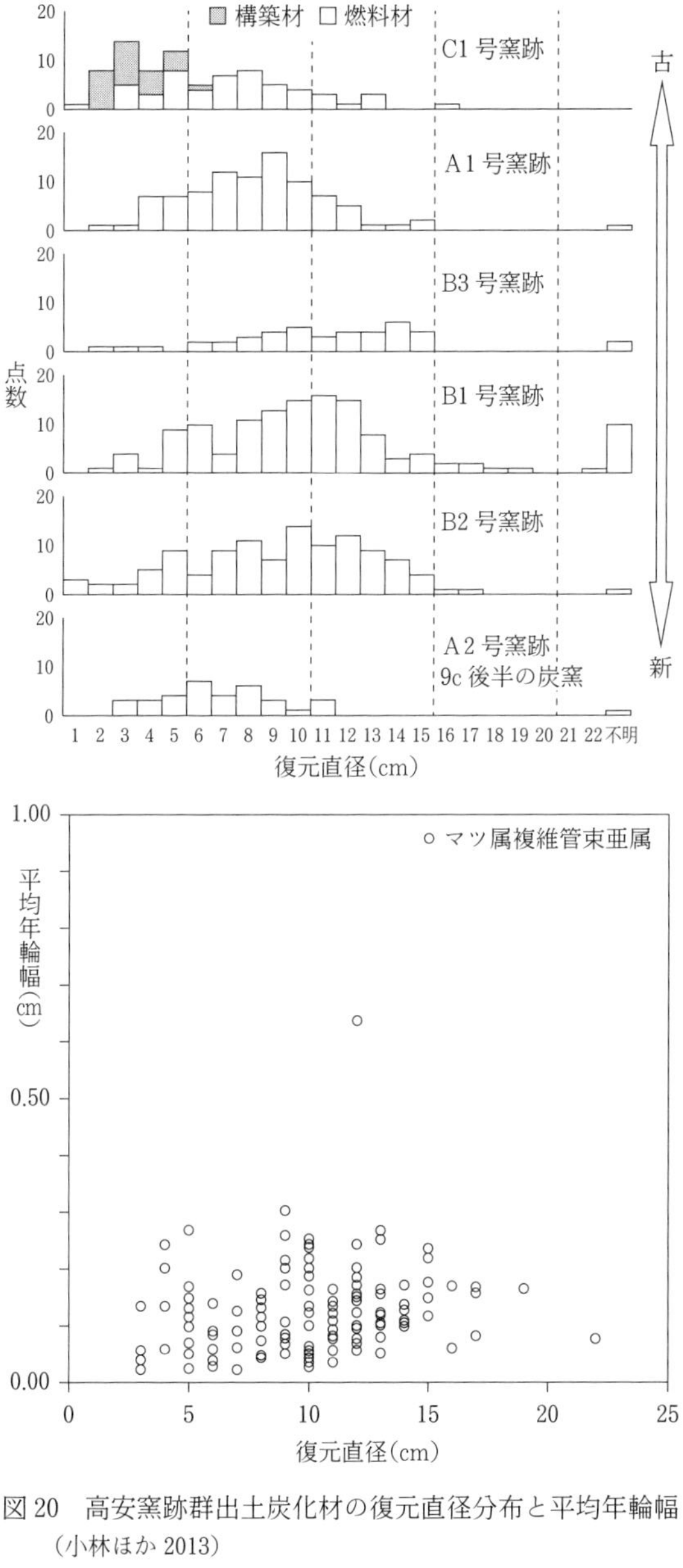

図 20　高安窯跡群出土炭化材の復元直径分布と平均年輪幅
（小林ほか 2013）

枯渇を想定するのは間違いではないが、それは伐採適期の樹木の減少であって禿山化とイコールではない。窯業＝森林破壊というイメージは近世・近代が作り出した産物かもしれない。

須恵器窯で一回の焼成に必要な薪燃料の量は、焼成実験から三～五トン程度と見積もられ、この量はさほど植生に影響を与えるものではないとされている（田嶋一九八九、愛知埋文二〇〇五、藤原二〇〇七）。

窯出し　須恵器窯は冷却（数日～一週間）が終わると燃焼部の閉塞を壊して、製品を運び出す。灰原出土の甕類や溶着製品には打撃痕のみられるものがあり、窯出しの現場あるいは近隣の集積地で一次処理、選別が行われていたことが窺える。窯出しに関連した遺物として、破断面に磨滅、小剥離のある甕片がある（陶邑ＴＫ一三号窯跡、南多摩窯跡群など）。窯出し直後の溶着個体や焼き台、窯くそ、降灰等の除去作業に使われたとみられる。石川県若緑ヤキノ二号窯跡では杯や盤が柱状に溶着した塊を打撃により剥がそうとした痕跡のある資料がまとまって出土している（高松町教委一九八五）。火のコントロールの難しさと職人たちの労働の様子がしのばれる。

石川県敷地鉄橋遺跡では土坑から出土した蓋杯四個体がすべてⅡｂ類の窯詰め状態で接合した（石川埋文一九八七）。これは柱状の重ね焼きの製品がまとまって集落に搬入されたことを示す。消費地までの荷造りや搬出の仕方は不明ながら、民族誌にみるように藁等の植物をクッションにしたり、縄で縛って運搬したと推定される。

おわりに――土器作りの性別分業

奈良時代の『正倉院文書』「浄清所解」には「借馬秋庭女」が土器を作り、「讃岐石前」が粘土や燃料（薪・藁）調達の補助労働にあたった記録がある。平城京長屋王邸出土木簡「土師女」「土器作女」「瓮造女」も畿内では女性が土器作り労働の担い手だったことを示唆する。さらに、「皇大神宮儀式帳」（八〇四年成立）には「土師器作物忌麻績部春子女」「陶器作内人礒部主麻呂」とあり、神宮に調進する什器類を土師器は女性が、須恵器は男性が作っていたことが知られる。文化人類学者マードックによる世界の伝統社会一〇六の民族誌データでも、土器作りの女性優位率は八一・六％と高い（都出一九八二）。

一方、レファーツらの東南アジアの民族誌データ（楢崎ほか二〇〇〇）では、①専業度高い―ロクロ成形―窯焼き（昇炎窯・窖窯）―男性、②専業度低い―回転台・静止台成形―野焼き―女性、の組み合わせに親和性がみられる。列島でも史料や民族誌の類推から、畿内では土師器は女性、須恵器は男性と分業について二分論が定着している。

これに対して、渡辺一は南比企窯など、糸切り技法が卓越する東国の須恵器は女性が作った可能性を指摘する（渡辺一九九五）。地域の社会的適応に目を向け通説を再検討した点は評価できるが、技法や工房付属の竈を特定の「性」に寄せて解釈するのはやや無理がある。北陸では遅くとも七世紀末には窯場で須恵器とロクロ土師器を一体的に生産する。ここでは須恵器でも器種によって糸切り、ヘラ切りを使い分け、時には同じ器種を窯焼き（須恵器）にも野焼き（土師器）にも焼き分ける。

また、先の民族誌の世界では性と技法・道具の関係は流動的であり、各地で様々な適応形態がみられる。伝統的な焼締陶生産では、先述のとおり男性が成形し、女性が回転の補助をする男女協業という方式が多い。熱帯地域の男女協業は稲作農耕民が乾季の副業（非専業）として窯業を営んだことに由来する。

王権や国衙との結びつきをもち宮都に製品を供給した陶邑窯や猿投窯、在地社会への供給を主とし、須恵器と土師器を窯場で一体生産した北陸の諸窯、窯場にまとまった工人集落を編成した関東の南比企窯、それぞれ経営形態や農業生産との関わり、気候条件等に違いがある。性別分業論は男か女かという二分論を超えて、生業との関わりや専業度、補助労働のあり方にも言及する議論が待たれる。

参考文献

愛知県埋蔵文化財センター『NA三一一号窯』二〇〇五年
会津坂下町教育委員会『会津坂下町内遺跡発掘調査報告書』（会津坂下町文化財調査報告書第五一集）、二〇〇〇年
石川県立埋蔵文化財センター『敷地鉄橋遺跡』一九八七年
内堀信雄「須恵器甕類に見られる叩き目丈について」『シンポジウム北陸の古代土器研究の現状と課題』報告編、一九八八年
大阪府教育委員会ほか『大庭寺遺跡』I、一九九一年
大阪府教育委員会ほか『陶邑・大庭寺遺跡』IV、一九九五年
大野城市教育委員会『牛頸後田窯跡群』一九九一年
小澤一弘「鷲窯で使用された粘土量についての覚書」『生産の考古学』II、同成社、二〇〇八年
尾野善裕「灰釉陶器生産技術の系譜」『楢崎彰一先生古希記念論文集』楢崎彰一先生古希記念論文集刊行会、一九九八年
尾野善裕「東海地方における須恵器製作技法の転換とその背景—猿投窯を中心に—」『古代の土器　律令的土器様式の西・東　六　須恵器製作技法とその転換』古代の土器研究会、二〇〇一年
各務原市埋蔵文化財調査センター『須衛天狗谷古墳群・天狗谷窯址群発掘調査報告書』一九九八年
柿田祐司「使用痕から見た須恵器貯蔵具の使用実態について」『北陸古代土器研究』八、北陸古代土器研究会、一九九九年
春日真実「消費遺跡出土佐渡小泊産須恵器のロクロ回転方向」『研究紀要』四、㈶新潟県埋蔵文化財調査事業団、二〇〇三年
亀田修一「陶製無文当て具小考—播磨出合遺跡出土例の紹介をかねて—」『生産と流通の考古学』横山浩一先生退官記念事業会、一九八九年
木立雅朗「須恵器坏類の製作実験ノート」『立命館文学』五六五、二〇〇〇年
木立雅朗「須恵器坏類の製作実験ノート二」『吾々の考古学』和田晴吾先生還暦記念論集刊行会、二〇〇八年
木立雅朗「実験考古学から見た須恵器窯の築造と焼成二—実験考古学と民俗考古学—」『古代窯業の基礎研究—須恵器窯の技術と系譜—』窯跡研究会編、真陽社、二〇一〇年

木立雅朗「須恵器窯の歩き方―篠窯跡群分布調査のために―」『立命館文学』六二四、二〇一二年
北野博司「重ね焼きの観察」『辰口西部遺跡群』Ⅰ、石川県埋蔵文化財センター、一九八八年
北野博司「貯蔵具の器種分類案」『北陸古代土器研究』八、北陸古代土器研究会、一九九九年
北野博司「須恵器の風船技法」『北陸古代土器研究』九、北陸古代土器研究会、二〇〇一年a
北野博司「須恵器製作技法研究の現状と課題」『古代の土器　律令的土器様式の西・東　六　須恵器の製作技法とその転換』古代の土器研究会、二〇〇一年b
北野博司ほか「須恵器の成形におけるロクロ回転」『日本考古学協会第六八回総会研究発表要旨』二〇〇二年
北野博司「律令国家転換期の須恵器窯業」『国立歴史民俗博物館研究報告』一三四、二〇〇七年
北野博司ほか「ラオス・ルアンパバンの地下式窖窯による焼き締め陶器生産―その技術と変容―」『歴史遺産研究』八、東北芸術工科大学、二〇一三年
久世建二ほか「須恵器杯類の製作技法」『日本考古学協会第六十回総会発表要旨』一九九四年
小林克也・北野博司「山形県高畠町高安窯跡群にみる古代窯業における燃料選択と森林利用」『植生史研究』二二―一、二〇一三年
小松市教育委員会『戸津古窯跡群』Ⅱ、一九九二年
酒井清治「須恵器生産のはじまり」『国立歴史博物館研究報告』一一〇、二〇〇四年
佐々木幹雄「還元焔小考」『古代』九八、早稲田大学考古学会、一九九四年
佐々木幹雄・余語琢磨「須恵器の色」『古代』一一二、早稲田大学考古学会、二〇〇四年
清水芳裕「須恵器の焼結と海成粘土」『国立歴史民俗博物館研究報告』七六、一九九八年
清水芳裕「日本の製陶技術における水簸の採用」『田辺昭三先生古稀記念論文集』田辺昭三先生古稀記念の会、二〇〇二年
庄田慎矢「土器成形と打捺板に関する民族誌考古学的研究―タイ国モー村の事例から―（原文ハングル）」『科技考古研究』一三、二〇〇七年
白井克也「須恵器甕の叩き出し丸底技法と在来土器伝統―福岡市・比恵遺跡群第五一次調査成果からみた工房の風景―」『古文化談叢』三六、九州古文化研究会、一九九六年
関根真隆『奈良朝食生活の研究』吉川弘文館、一九六九年

瀬戸市文化振興財団編『丁子田窯跡・市ヶ洞一号窯跡』長久手町教育委員会、二〇〇七年
傣族制陶工芸総合考察小組「記雲南景洪傣族慢輪制陶工芸」『考古』一九七七―四、一九七七年
高松町教育委員会『高松町若緑ヤキノ窯跡』一九八五年
田嶋正和「古代窯業の焼成技術―還元焼成・冷却についての実験的試案―」『北陸の考古学』Ⅱ、石川考古学研究会、一九八九年
辰口町教育委員会『和気後山谷窯跡群』二〇〇五年
田辺昭三『陶邑古窯址群Ⅰ』平安学園考古学クラブ、一九六六年
都出比呂志「原始土器と女性―弥生時代の性別分業と婚姻居住規定―」『日本女性史』一、東京大学出版会、一九八二年
鄭明鎬ほか（藤口健二訳）「韓国・甕器店の作業過程について」『九州文化史研究所紀要』二七、一九八二年
東京都教育文化財団ほか『多摩ニュータウンNo.九四九遺跡』一九九八年
東北芸術工科大学考古学研究室『高安窯跡群―B地区第三次発掘調査報告書―』二〇〇五年
東北芸術工科大学文化財保存修復研究センター『古代窯業の森林利用技術―陶人と森との関わり―』二〇〇八年
徳澤啓一ほか「ベトナム中部におけるチャム族の伝統的土器製作―東南アジア大陸部の伸ばし成形の比較を通じて―」『東南アジア考古学』二九、東南アジア考古学会、二〇〇九年
徳澤啓一ほか「ラオス南部における焼き締め陶器製作及び土器製作の展開」『社会情報研究』一〇、地域分析研究会、二〇一二年
富山県埋蔵文化財センター『埋文とやま』六〇、一九九七年
仲辻慧大「須恵器底部の爪圧痕の再検討」『篠窯跡群大谷三号窯の研究』大阪大学考古学研究室篠窯調査団編、二〇一二年
奈良国立文化財研究所『木器集成図録』近畿原始編、奈良国立文化財研究所、一九九三年
楢崎彰一「土器の発達　須恵器と土師器」『世界考古学大系』四、平凡社、一九六一年
楢崎彰一ほか「東南アジア本土における現代の土器および焼締陶の生産に関する地域調査」『研究紀要』八、㈶瀬戸市埋蔵文化財センター、二〇〇〇年
新潟県教育委員会ほか『滝寺古窯跡群・大貫古窯跡群』二〇〇六年
西　弘海「奈良時代の食器類の器名とその用途」『研究論集』Ⅴ、奈良国立文化財研究所、一九七九年
西　弘海「土器様式の成立とその背景」『考古学論考』小林行雄博士古稀記念論文集、平凡社、一九八二年

西　弘海「平底の土器・丸底の土器」『土器様式の成立とその背景』真陽社、一九八六年
西田正規「須恵器生産の燃料について」『陶邑』Ⅲ、大阪府教育委員会、一九七八年
服部敬史・福田健司「南多摩窯址群出土の須恵器のその編年」『神奈川考古』六、神奈川考古同人会、一九七九年
鳩山窯跡群遺跡調査会・鳩山町教育委員会『鳩山窯跡群』Ⅲ、一九九一年
鳩山窯跡群遺跡調査会・鳩山町教育委員会『鳩山窯跡群』Ⅳ、一九九二年
林日佐子「いわゆる「爪形状圧痕」について」『マムシ谷窯址発掘調査報告書』同志社大学校地学術調査委員会、一九八三年
福岡県教育委員会『牛頸窯跡群』Ⅰ、一九八八年
藤原　学「須恵器窯の構造と系譜―その技術と源流―」『須恵器窯の技術と系譜―豊科、信濃、そして日本列島―発表要旨集』窯跡研究会・豊科町郷土博物館、一九九九年
藤原　学「須恵器窯跡の復元研究―窯の構築・焼成実験の成果から―」『古代文化』五八―四、古代学協会、二〇〇七年
古谷道生『穴窯―築窯と焼成―』理工学社、一九九四年
望月精司「須恵器甕の製作痕跡と成形方法」『北陸古代土器研究』九、北陸古代土器研究会、二〇〇一年
森　暢郎「製作技術」『篠窯跡群大谷三号窯の研究』大阪大学考古学研究室篠窯調査団編、二〇〇二年
森内秀造「須恵器貯蔵用具に残る製作痕跡」『北陸古代土器研究』九、北陸古代土器研究会、二〇〇一年
森内秀造「半地下天井架構式窯と地上窯体構築式窯の構築法復元」『古代窯業の基礎研究―須恵器窯の技術と系譜―』窯跡研究会、真陽社、二〇一〇年
山口慶一・千野裕道「マツ林の形成および窯業へのマツ材の導入について」『研究論集』Ⅷ、東京都埋蔵文化財センター、一九九〇年
余語琢磨「古代窯業技術の基礎ノート―窯焚き・築窯の経験値を読み解くために―」『古代窯業の基礎研究―須恵器窯の技術と系譜―』窯跡研究会編、真陽社、二〇一〇年
横山浩一「刷毛目調整工具に関する基礎的実験」『九州文化史研究所紀要』二三、一九七八年
横山浩一「須恵器の叩き目」『史淵』一一七、九州大学文学部、一九八〇年
嵐山町教育委員会『町内遺跡群Ⅰ―行司免遺跡（二次）・篩新田遺跡の発掘調査―』一九九一年
渡辺　一「工房・工人集落・村落と女性」『歴史評論』五三八、歴史科学協議会、一九九五年

コラム

埴輪のルーツ――儀礼用器台から埴輪への変化

小林正史

埴輪は、古墳の祭祀場所を区画するために立て並べられた中空円筒形の土製品である。後に人物・動物・家・器材などの形象埴輪も作られるようになる。祭祀場の区画として中空の土器を立て並べる風習は外国では例がない。ここでは、埴輪区画という日本の古墳時代に独自の風習が生まれた背景を説明する。

埴輪のルーツは弥生時代末に吉備で作られはじめた儀礼用特殊器台である。土製の器台は弥生中期後半に出現し、古墳前期まで使われた。弥生時代の器台は、儀礼用に壺を載せておくだけの土器ではなく、「水甕としての壺から液体を注ぎ出す際に、高さを確保する」という実用的機能を持っていたことが、山陰の鍋用器台から明らかにされている（コラム「器台の機能」）。

吉備とその周囲の地域では、弥生後期後葉になると、この器台が大型化（とくに高さ）して儀礼用特殊器台が成立する。これらは、墳丘墓の祭祀場や水辺の祭祀場から出土することや、その大きさから、儀礼専用であることが明らかである。儀礼用器台は、①高さが一㍍以上と高いことに加えて、②土器（壺）を載せる坏部と地面に接する台部の張り出しが強まる、③「全面スリップ赤塗にも関わらず、沈線文様（弧帯文などの特殊なモチーフが多い）も描かれる」という他の弥生土器にはない装飾手法が用いられる、④沈線モチーフのポイントに大き目の透かし孔が多用される、という独自の特徴を持つ。

これらの諸特徴を達成するために、葬儀用器台は以下の作り方をしている。まず、素地は、成形中のへたりや野焼き時の破損を抑えるために大粒のシャモットを入れることがある。次に、紐積み成形では、上端（坏部）と下端（台部）が強く張り出しているため、一気に積み上げることは難しい。このため、幅広い粘土紐を用いて台部直上から上端（坏部）まで積み上げた後、坏部の乾燥を挟んでひっくり返し、張り出した台部を紐積みで作り出している。このような積み方は、台部のみが外傾接合（接合面が外側に下がる）で、他は内傾接合（接合面は内面側が下がる。弥生後期土器の一般的な紐積み方法）であることから明らかである。台部は、ひっくり返した状態で内傾に紐積みしたため、見かけ上は外傾になるのである。なお、短い円筒形のパーツをつなぎ合わせて長い円筒形に仕上げる「分割成形」の可能性も指摘され

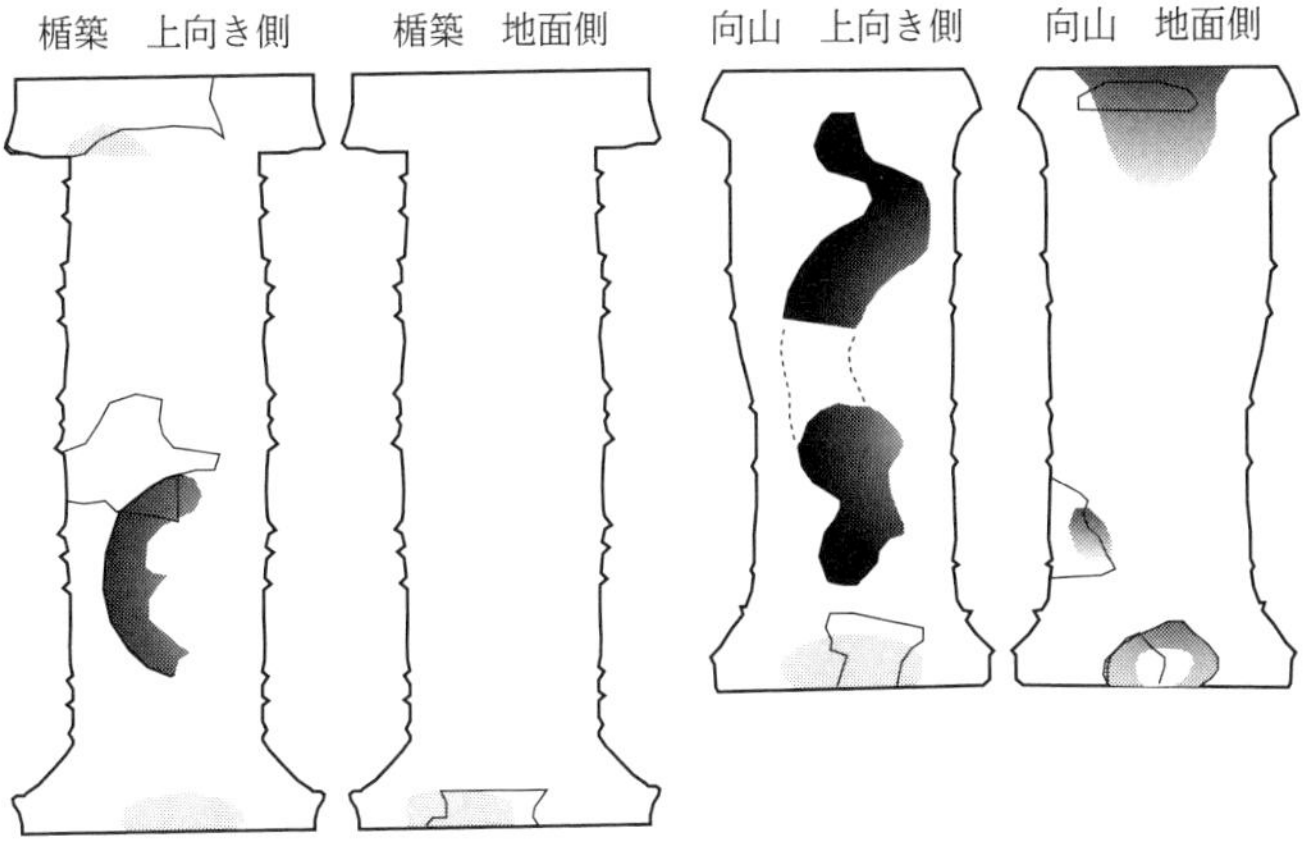

図１　楯築遺跡と宮山遺跡の特殊器台の黒斑

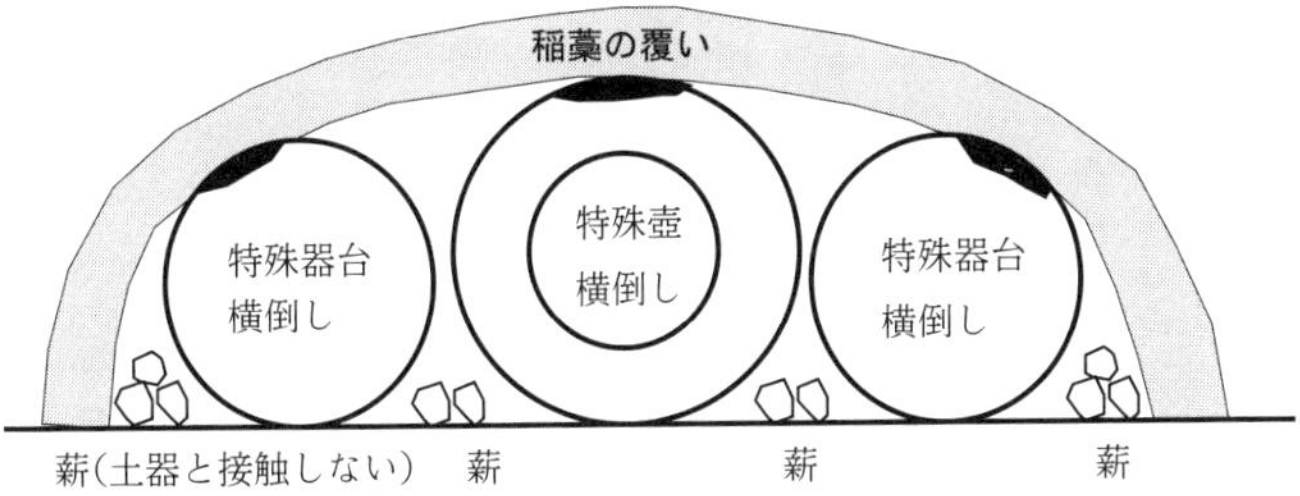

図２　特殊器台と大型特殊壺の野焼き時の配置

ているが、内面の調整痕の観察では明瞭な証拠は得られていない。

最後に、覆い型野焼きでは、他の弥生土器は藁を敷いた上に置かれるのに対し、長い円筒形の葬儀用器台はそのような置き方をすると地面側が広範囲に黒斑で覆われ、スリップ赤塗が損なわれてしまう。よって、葬儀用器台の野焼きでは、地面に藁を敷いていない。これは、地面側の胴部に藁接触黒斑がないことからわかる。さらに、葬儀用器台の覆い接触黒斑（上向き側）は片側が弧状に抉られている（つまり、すぐ横に置かれた土器の陰になった部分が覆いと接触していない）のに対し、大型壺は上向き側に整った円形の覆い接触黒斑が付くことから、横倒しした大型壺の両側に葬儀用器台を二本並べている（図1）。この土器配置も、器台の上向き側の黒斑を少なくし、赤塗を損なわないための工夫といえる。これらの独特な製作技術の一部は円筒埴輪にも受け継がれた。

楯築墳丘墓（岡山市）では、葬儀用器台（最初期タイプ）の出土状態から、「墳頂で行われた儀礼の後、直会が行われ、最後に儀礼に使われた壺・食器などの土器と、大型壺（直会に用いた酒などが入っていた）を載せて立て並べられていた葬儀用器台が、意図的に壊された（大型壺の底に穴をあける）後に一括廃棄された」という儀礼の様子が復元されている（福本二〇〇七）。次の段階になると、大型壺は最初から底部に穴が開けられ、（酒や水が入っていない）形だけの存在となる。それに伴って、大型特殊器台の坏部と台部の張り出しも弱まり、「壺（直会用の液体を入れた？）を載せる器台」から「台部を地面に埋めて、儀礼場を区画する」という役割に徐々に変化した。このようにして、古墳の儀礼場の区画用としての円筒埴輪が成立した。

参考文献
福本　明『吉備の弥生大首長墓・楯築弥生墳丘墓』新泉社、二〇〇七年

六　回転運動を利用した成形
――ロクロと回転運動――

木立雅朗

1　土器成形と土殺し・回転運動――古墳時代前期までの土器作り

現代陶芸における「土殺し」　現代陶芸では粘土塊を荒もみして柔らかさを均質に揃え、菊練りで空気を抜いた上でロクロ盤上に固定し、回転力によって挽き上げては潰す作業を繰り返す。このロクロ盤上の作業を「土殺《つちごろ》し」と呼んでいるが、これによって粘土分子の方向がロクロの回転方向に揃えられる。叩きによっても粘土分子の方向は揃い、これも「土を殺す」と表現されている（津坂一九九六）。粘土分子の方向が揃っていない場合、ロクロ挽き上げ作業を均質に行うことができない上に、分子構造上の弱さから乾燥・焼成・使用の各工程で歪みやひび割れなどの「傷」を生じやすい。粘土分子の方向が揃っている場合はロクロ挽きがスムーズに行えるだけではなく、乾燥・焼成・使用に際しても強固な製品となる。

「調整」と成形　そのような「土殺し」に近い作業は実際にはロクロ盤上だけでなく、土器作りの様々な工程で実施されている。たとえば、手づくね技法は縄文時代から現在まで行われているが、指で粘土を挟み圧力を加えながら粘土紐や器形を変形させる行為でも、同様に粘土が締めつけられ粘土分子の方向が揃えられる。ロクロと異なるのは、道具を使用せず、均質に締めつけるには時間と熟練が必要であるという点である。また、刷毛目調整技法や叩き技法も同様に粘土を締めつけ器形を変形させる効果があり、収縮率を抑えることができる。しかも、それは半乾燥段階で施しても効果がなく、粘土が柔らかい生の段階で施す必要がある（木立二〇〇三：一〇九〇〜九八）。

叩き技法は成形技法として認知されてきたが、「ナデ」や「刷毛目《はけめ》調整技法」は器面の最終仕上げとして、化粧的な役割を想定されることが多かった。粘土が柔らかい状態で施さなければ効果が少ないという実験結果からすれば、実際には成形技法として重要な役割を果たした可能性が高い。「ナデ」は両面から挟み込んで施された場合——たとえば口縁部の横ナデなど——は粘土を締めつける効果が大きい。口縁部はひび割れが生じやすいために、とくに入念に横なでが施されることが多い。「刷毛目調整」も凹凸をならす程度の仕上げだけではなく、越前焼や常滑焼などで確認される板のばし技法と類似した技法を想定したほうがよい。越前焼では固定された成形台に粘土円板を叩き締めて固定し、その外縁に粘土紐を帯状に変形させながら積み上げた後、成形台の周囲を回りながら左手で内面を抑え右手の板で粘土をのばしながら変形させている。口縁部分も人間が製品の周囲を回りながらナデ調整で成形している（木立二〇〇一：一二〇）。考古資料から成形と整形、最終仕上げの痕跡を識別することはきわめて難しいが、それは中世以前において、成形のまま仕上げることが一般的であったためだと想定される。

単なる表面の仕上げも否定することはできないし、実際には存在したであろう。しかし、「調整」という便利な考古学用語は、「器の変形を伴う作業なのか、器表面の仕上げのみの作業なのか」という作業の本質を不問にする効果があったように思われる。

なお、手づくね↓刷毛目調整↓叩き↓ロクロの順に粘土を締めつける効果が高まった可能性を想定して学生による製作実験を行ったが、意外なことに手づくね技法がもっとも収縮率を抑える結果となった（木立二〇〇一：一三五）。道具を使用する刷毛目や叩きの作業では作業時間を短縮することができたが、不慣れであれば均質な作業を行うことが難しいのだと思われる。

底部の厚みと形状　弥生土器は口径に対して底部径が小さい。そして器壁のなかで底部がもっとも分厚く、平底に作られる。それは広い平底の器形が、乾燥と焼成段階の収縮によってもっとも「底割れ（底切れ）」しやすいためであろう。胴部に比べて、底部粘土を締めつけることは難しい。できるだけ小さな底で分厚く作る理由は底切れに対応したためだと推測される。古墳時代前期になると布留《ふる》式土器は薄い丸底に変化するが、それは底部を叩き出すことによって丸く強くすることができたためだと想定される。叩き締めて丸底化することによって底部が物理的にも熱にも強くなるが、それは火処や加熱方法の変化にも対応した変化だと想定される。平底か丸底かは単なる製作技術上の問題だけでなく、当時の火処とも関連していたと想定される。

「回転台」と「人間ロクロ」　佐原真は弥生土器における「回転台」導入の意義について詳細な検討を行った（佐原一九五九）。しかし、実際にはそれが「回転台」によるものなのか、人間が製品の周囲を回る、いわゆる「人間ロクロ」なのかを識別することは困難である。世界の民族事例を検討すればそのことは明瞭である。佐原らが弥生土器の櫛描文《くしがきもん》などで想定した「回転台」も「人間ロクロ」の可能性を否定することができない（平川二〇一五）。そのため、現在では佐原が評価した「回転台の出現」をそのままの形で認めることは困難である。たとえば、森淳が紹介したアフリカの土器作りの事例などは貴重な参考事例になるだろう。

土器は、バナナの葉を丸めて作った大きな円座キエクウの上に、直径三〇センチほどの素焼の鉢ルブンビロを据え、この鉢の中でひも状にのばした粘土の「より」を巻き上げて成形される。つまり、円座に据えた素焼きの鉢が回転台の役目を果たしているのである。

（ウガンダの土器作り村カビンビリ、陶工ヌスブガ氏の工房での土器作り。森一九九二：二三）

森が紹介したアフリカ各地のいくつかの土器作りではいわゆる「ロクロ」は使用されていない。もっとも「ロクロ」に近いと思われるのはマリの例である。

粘土質の土を固めた床の一部に、直径二〇センチ、深さ二センチの凹みを作り、その凹みに合わせて粘土を入れ、それを十分に湿らせて滑性をもたせ、その上に重量をもたせるために砂をいれた直径三十センチの円底の深い鉢をのせ、さらにその鉢の中の砂の上に、鉢の口径よりわずかに小さな皿を置き、そこに成形に必要な量の粘土を据えると、一番下の湿った粘土に接している鉢を手でまわして回転を与え、上に置いた皿の上で成形をおこなうのである。

右手で回転を与えると、勢いよく回り始める。まるでロクロである。中心が安定していないので、左右に少しずつ揺れるようだが、それも愛嬌だ。（中略）できあがると、粘土を据えて成形をおこなった上の皿のまま取りはずして乾燥する。

（マリ、モブチのフルベ族の土器作り。森一九九二：一七一〜一七二）

世界の各地ではこれ以外にも多様な「回転台」が存在し参考になる。その多くは回転によって粘土分子の方向を揃えるという効果を重視するならばロクロと呼んでも問題がない。

また、前述したように、越前焼や常滑焼のように固定された成形台の周囲を人間が回りながら製作する「人間ロクロ」の存在も無視できない。人間ロクロは世界各地でも確認されている。重要な点は、製品の観察のみでは「人間ロクロ」「回転台」「ロクロ」の三者を厳密に識別することが困難だという点である。そのことを私たちは十分に認識しておく必要がある。「人間ロクロ」の技術を重視した場合、いわゆる「横ナデ」と「ロクロナデ（回転ナデ）」の識別が困難である。さらに「横ナデ」についても「人間ロクロ」と「手捻《びね》り」との識別が困難な場合がある。私たちは感覚的な識別を行っているが、それがどれほど厳密なものであるのか、改めて向き直って観察する必要がある。しかし、いずれにせよ、これらの作業では粘土分子の方向が揃えられ、円形に変形されているだけでなく、分子構造的にも類似した効果が達成されていたと想定される。

ステレオタイプの発展段階論としての「回転台」　民族事例ではロクロの一般的イメージとは遠い簡易な装置が確認されるが、以上のように考えると考古学で想定されている「回転台」はあいまいな部分が大きい。「回転台」の出土事例がなく、その構造が不明なまま、弥生時代中期以降のある段階のみに出現して放棄されたという不自然な消長をたどったと想定された。その後も手びねりとロクロの間をつなぐものとして漠然と認識されてきたと思われる。その認識がブラックボックスとなり、ステレオタイプの発展段階論を支えてきたように思われる。

しかし、民族事例をみる限り、「回転台」や人間ロクロがロクロの影響によって展開した可能性も想定できる。いずれにせよ、現在の研究状況では製品の観察から人間ロクロとロクロを厳密に識別することが困難である。ましてや、ロクロと「回転台」の識別は不可能であろう。従来、人間ロクロの想定を怠ったまま、「未発達な回転台」と「高度に発達したロクロ」とが識別できると認識されてきたように思われる。しかし、実際の民族例で「未発達な回転台」がロクロと同じ機能を果たしていることを無視することはできない。ロクロや「回転台」本体の検討ができない現状では製品の観察が主体になるが、そうであればこそ、考古学で想定する「ロクロ」を、回転運動を利用した成形道具としてより広く捉えざるを得ない。そのようにロクロを広く捉えたとしても、口縁部の横ナデや櫛描文を施す程度であれば人間ロクロの技法で十分に製作が可能である。そのような認識にたてば、古墳時代前期以前の社会や土器はロクロを必要としていなかったと考えられる。

2　古代に蹴ロクロはなかった——須恵器のロクロとその構造

窯業史と民俗例から想定できる須恵器のロクロ　須恵器のロクロを復原する場合、蹴ロクロが描かれることが多い（図1。潮見一九八八：四一など）。蹴ロクロが「伝統的なロクロ」であるという一般的な認識に基づいた想定であろう。しかし、ロクロの民俗例やその歴史的脈絡を検討すればその復原に問題があることに気付かされる。

窯業史を俯瞰するならば、蹴ロクロは豊臣秀吉による文禄・慶長の役（壬辰・丁酉倭乱）以後、韓半島から導入された、比較的新しいロクロとして認識されている（雲林院一九三一など参照）。そのため、蹴ロクロはそれ以後に勃興した萩や九州の窯場を中心に使用されている。

それに対して、それ以前から操業を継続していた瀬戸や備前などの窯場では伝統的ロクロは手回しロクロであった。

図1　蹴ロクロをモデルにした須恵器ロクロ復元図（潮見1988：41）

近世後半以降、九州の磁器製作技術が伝播する過程で蹴ロクロが各地に伝播したため、現在では単純な地理的分布を示さない。しかし、瀬戸や備前では電動ロクロに代わった現在でも、手回しロクロの時代と同様、胡座《あぐら》をかいてロクロを操作し、ロクロ回転方向は右回転である。それに対して、蹴ロクロを使用する窯場では椅子に座ってロクロを操作し、ロクロ回転方向は右足で蹴りやすい左回転であることが多い。

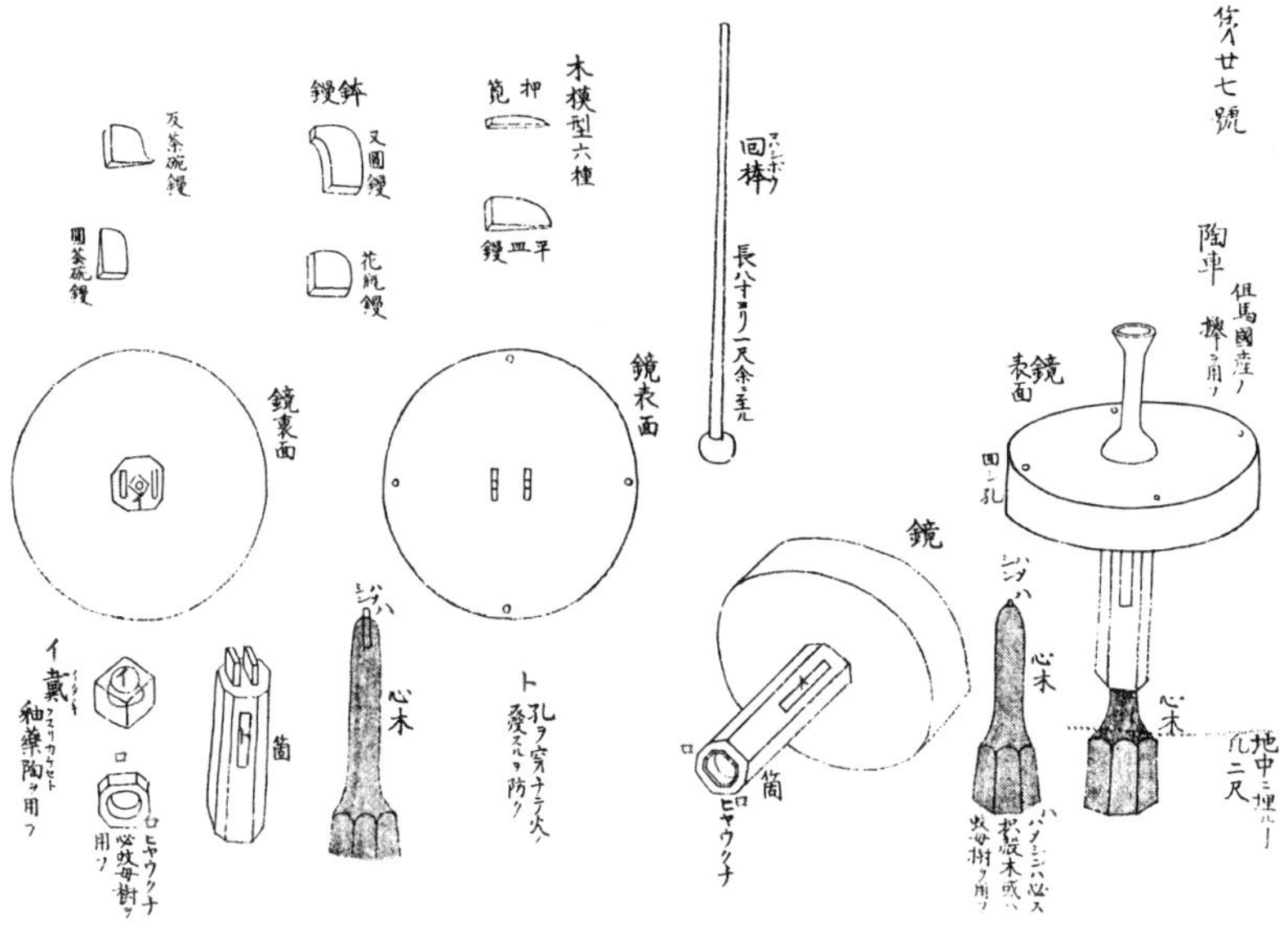

図2　明治初めごろの京焼ロクロの構造と道具（『京都陶磁器説図』〈明治6年〉の「陶車《ロクロ》」）

近世においては蹴ロクロと手回しロクロという二つのロクロが窯業産地ごとに棲み分けを果たしていた。蹴ロクロが分厚い二枚の板を使用して重く惰力が大きいのに対して、手回しロクロは直径が大きいとはいえ単盤であるため惰力が小さかった（図2）。蹴りながら成形を続けることがで

図3　明治初めごろの京焼ロクロの使用方法（『京都陶磁器説図』より）

きる蹴ロクロに比べて、手回しロクロはその惰力が弱くなれば作業の手をとめて再度まわさなければならない。助手がいない限り、大物を粘土の塊から挽き出す技法は惰力の面から困難である（図3）。手回し棒を使用したとしても大きな作品が邪魔をするため手で回しにくい。そのため、近現代において、手回しロクロ地域では電動化が進み、民俗例としては急速に目立たなくなった。

それに対して、蹴ロクロは手回しロクロより惰力が高いため、電動化の流れのなかでも比較的数多く残った。その結果、「伝統的なロクロ」の代表として認識されやすくなった。近現代におけるそのような変化が誤った形でイメージを定着させたと想定される。

なお、ロクロ構造の違いは成形道具の形や呼称の違いも伴っている。『京都陶磁器説図』では蹴ロクロの道具は長い形状で「ヘラ」、手回しロクロの道具（図2）は短い形状で「コテ」と呼ばれており、形状や厚みが異なっている。この違いは系譜の違いを示すだけでなく、ロクロの性能、とくに惰力の違いに起因するのであろう。また、『陶工指南』では蹴ロクロは「石焼轆轤」と表記され、磁器用であった。朝鮮系窯場では手回しロクロが存在せず、そのような役割分担がなかったと想定されるが、近世京都では蹴ロクロが磁器専用として広まり、陶器用手回しロクロと共存していた。しかし、丹波立杭焼では近世のある段階で朝鮮式登り窯とともに朝鮮式ロクロを導入し、陶器用ロクロとして蹴ロクロを活用したと想定される。

「下駄印」がもつ意味　須恵器や中世炻器の壺類の底部外面に確認される「下駄印」については、ロクロのほぞ穴圧痕だと想定されている。すでに初期須恵器の段階から確認されて注目されている（西一九八六）。民俗例の手回しロクロには確かにそのようなほぞ穴が確認される（図4は奈良市赤膚山元窯）が、管見による限り、蹴ロクロの民俗例や絵図類では確認できない。民俗例の手回しロクロには盤下に長くのびる「筒」が付けられ、この筒を固定するために

図4　奈良市赤膚山元窯の手回しロクロとその下駄印（現在はテーブルに転用されている）

深く頑丈なほぞ穴が必要となる。『京都陶磁器説図』では、筒の下端「ヒヤウクチ」が「心木」に接してロクロ盤の水平を維持する。「ヒヤウクチ」に必ず「蚊母樹」（イスノキ）を用いるように指示されている。この「筒」と「ヒヤウクチ」が、回転するロクロ盤の水平を保つ重要な役割を果たす。

このような民俗例から想定するならば、「下駄印」が残るロクロは手回しロクロに近い構造をもっていた可能性が高い。ただし、製品に残る「下駄印」は亀板の桟を止めるほぞ穴や、亀板をロクロに固定するホゾであった可能性も想定しておく必要があり（西一九八六：一七二）、確定するためにはロクロ盤本体の出土を待たなければならない。

須恵器・ロクロ土師器のロクロ復原の課題　以上のように、列島の民俗例でもっとも古くまで遡ることができるロクロは手回しロクロである。ただし、手回しロクロも中世末まで遡る蓋然性が高いとはいえ、それ以前のどこまで遡上させることができるか、問題が残る。「下駄印」によって類似性が確認されるとはいえ、手回しロクロがそのままの形で須恵器につながると考えるのも早計であろう。ましてや、蹴ロクロを「伝統的なロクロ」と考え、須恵器ロクロのモデルとすることは問題が大きい。

なお、現代の韓国においても、陶質土器の復元に蹴ロクロが使用されている。韓国でも蹴ロクロが「伝統的なロクロ」として認識されているためであろう。製品を俯瞰する限り、韓国では高麗時代の焼き締め陶器でロクロ性能が飛躍的に高まり、大物の甕などにも回転力に頼った製品が確認されている。そのため、蹴ロクロの遡源は高麗時代ではないかと推測している（木立二〇〇一）。

いわゆる「ロクロピット」以外、ロクロ本体の出土事例が確認できないため、製品の観察以外にロクロ構造を復原する手だてはきわめて少ない。しかし、民俗事例の誤った解釈が一般的であるため、誤った復原がまま見受けられる。青森県野木遺跡から出土した特殊な木製品は平安時代の「蹴ロクロ」の一部であると想定され（中嶋ほか二〇〇〇）、とくに異論なく受け入れられている（大田区立郷土博物館編二〇〇一、宮原二〇〇九など）。特殊な木製品の機能・用途を真摯に検討した好例ではあるが、さらなる検証が必要であろう。

野木遺跡出土木製品は薄く小さいため、民俗例の蹴ロクロとは大きく異なっている。蹴る部分もほとんどない。強いて民俗例に当てはめるならば、蹴る機能がない、卓上の絵付け用手回しロクロに近いものになるだろう。しかし、芯が通る中央の穴に盤のぐらつきを抑える工夫が確認できない点がロクロ盤としてもっとも重要な問題となる。陶車というよりも、本来の轆轤、すなわち牽引装置の部材である可能性も想定できるかもしれない。もちろん、未発達なロクロの部材としてその可能性を完全に否定することはできないが、それと同じように断定することもできない。前述した蹴ロクロの歴史的展開の脈絡から遊離した想定であるため、「似ている」という以外に、東アジアの民族・民俗事例の徹底的な検証と歴史的脈絡を明らかにする必要がある。

このように考えると、須恵器のロクロを復原することはとても難しい。小林行雄が想定したように、いつのことかは判然とはしないが「回転軸にかけた手綱を手でひいて操作する」構造で、「木工ロクロと同じように、補助作業者を必要としていた」時期があったと思われる（小林一九六二：三九〜四〇）。そうした類例としては『京都陶磁器説図』（一八七三年）で描かれた手回しロクロの図がもっとも近い可能性がある。

前述のように手回しロクロも蹴ロクロの導入などの刺激を受けて近世に大きく発展した可能性が高いため、近世末から明治初めの文献資料で確認される形態が中世末そのままの形を保持している保証はない。手綱を使用するかどうかは別として、このように補助者が回転を担当する場合、須恵器のロクロ回転方向が時期によって変化すること（北野ほか二〇〇二）は理解しやすい。

粘土塊連続挽き出し技法の実態——大分県小鹿田焼の蹴ロクロ　大分県日田市の小鹿田焼は江戸時代後期に始まっ

紐作り（練り付け）の底打ち　　玉作り　　引き作り

図5　小鹿田焼のロクロ技法3種（長田ほか 1998）

た窯場である。九州の窯場らしく蹴ロクロで成形するが、その成形技術は製品の大きさによって大きく三つに分けられる（図5）。小物（茶碗・湯飲み類）は一〇キロ程度の大きな粘土塊から連続して成形する。この方法は「引き作り」と呼ばれており、私たちが一般的に認識している技法である。小物のうちでやや大きめのもの（丼・鉢類）を成形する場合には、「玉作り」と呼ばれる技法を用いる。一個分の粘土塊をロクロ上におき、一個ずつ成形する「一個挽き」である。この技法は昭和三十年以降に小石原から伝わったという。「小鹿田皿山の土は、きめが細かく、収縮率も高いため割れ易く、この方法（引き作り）では特に土を締めにくい底部がよく割れる。以前は大変苦労していたようで乾燥までに約三割のものが底割れしたこともあったという。そこで導入されたのが、玉作り技法であった」という（長田ほか一九九八：九〇）。さらにそれよりも大きな大物（壺甕類）を製作する際には、底部となる粘土円盤の上に粘土紐を巻き上げて（紐作り）、ロクロで挽き上げて製作する。なお、引き作り（粘土塊連続挽き上げ技法）では菊練りで気泡を抜く必要があった。

大物を板起こし技法で作るのは、広い平底が「底割れ」する危険性が大きく、かつ、連続成形できるほどの巨大な粘土塊をロクロ上で操作できなかったためであろう。陶土の性質にも問題があるとはいえ、ロクロの性能を考慮した上でも合理的な対応であると考えられる。なお、大物成形ではロクロ盤上に粘土で亀板を固定し、その上で成形を行い、成形後には亀板ごと外して乾燥させる。大きな底径の製品をロクロ上から移動させる場合、亀板を用いなければ底部が歪んでしまうためである。

小鹿田焼は民藝運動によって見いだされた「伝統的技術」を保持した窯場であり、それは朝鮮系技術を受け継いだものである。現在の電動ロクロからすれば様々な意味で未熟な部分があるとはいえ、近世においては最新の技術であったことを忘れてはならない。そのような窯場ですら、ロクロによる成形技法を製品の大きさなどに合わせて三つに分けている点は重要である。

なお、近年まで耐酸容器の大甕を製作していた京都・高山耕山でも板起こし技法をとっていた。巨大な手回しロクロを助手が手でゆっくりと回しながら粘土紐巻き上げ技法によって炻器製耐酸容器を成形していたことが知られている（NHK総合テレビ一九七五年放送『スポットライト　もしもし瓶よ』）。中には容量二五〇〇㍑の輸出用耐酸容器（高さ一・七三㍍）も含まれている（石川二〇〇六）。この技法は現在でも大物作りに残っており、小物である茶入にもごく薄く製作するためにこの技法をとっている例がある。板起こし技法は須恵器出現以来、各時代の必要に応じて継続し、現在も生きた技法であることに注意を払っておく必要がある。

3　古代に粘土塊連続挽き出し成形はなかった——須恵器ロクロの性能と技術

回転速度とロクロ　陶車、すなわち製陶用のロクロも回転台の一種にほかならないが、一般的にはロクロは高速回転、「回転台」は低速回転もしくは「手回し程度」として認識されていると思う。実際にロクロを使用した経験から考えると、ロクロ機能の重要な要素は高速回転ではなく、芯がしっかりしてぶれないこと、成形中も止まらずに回り続けること（惰力があること）の二つだと思う。なお、ジョージ・フォスターは回転速度ではなく遠心力が重要であるとも指摘し、回転速度は一分間に一〇〇回転を下回ることがよくあると指摘している（ジョージ・フォスター一九五九、佐原訳一九七二：八二）。

ちなみに現在の市販されている電動ロクロの場合、回転速度は一分間〇～二五〇回転で調整できる（二〇一六年日本電産シンポ株式会社製）。近年のロクロの進歩は著しく、かつての電動ロクロよりも惰力が強く、かつ、高速回転が可能になっている。一般的な陶芸教室では成形にあたって一分間に一二〇回程度の回転速度を目安にしている場合があるが、これは製作者の技能や製作する作品の大きさ・形・数などによって大きく変化する。特殊な事例だが、口縁の仕上げに際して一分間一二回転の「超低速回転」で成形している陶芸家も存在する（池永編二〇〇五：四〇～四一）。これほど遅い事例は少ないが、作業工程や製品の形状、ロクロ挽きする部位などによって回転速度を加減することが一般的である。

回転速度が速ければ量産に適しているし、非力であっても土殺しがやりやすいなど、確かに利点はある。しかし、速すぎれば僅かな動作のブレが失敗につながる。とくに大きな製品を作る場合、高速回転では失敗する危険性が高まる。製作者の力量にもよるが、製品の大きさによって適度な回転速度が異なり、それに応じる必要がある。現代の民俗例をみると、ベテランの陶工はむしろ回転速度が遅い場合がある。とくに作家の場合、ゆっくり回転させるほうが味わいのある作風を得られることもあり、低速回転を好んでいる。現代的な好みが反映しているが、惰力があれば回転速度が遅くても挽き出すことが可能であることを示している。回転運動にとって成形はブレーキの役割を果たす。それにも関わらず、回転を停めないことが大切である。

五世紀代の須恵器杯類のなかに、見込み部分に施された仕上げの「回転ナデ」が断続的で「横ナデ」と呼びたくなる例が確認される。それは、回転速度が不安定であったか、もしくは回転軸が今ほどは固定されていなかった可能性がある。しかし、口縁端部の作りや立ち上がり・受け部の形状などはロクロ成形を疑わせるものではない。このような不安定なロクロを想定させる痕跡はその後の須恵器では確認できない。須恵器生産が定着する段階にロクロ構造、もしくはロクロ成形技術になんらかの変化があった可能性がある。

杯の製作技術にみる製作技術の展開　小型の杯類の成形技法について、西弘海が板起こし技法であることを指摘し(西一九八六：一六八〜一七四)、久世健二・北野博司らはそれを受け継ぎ詳細な遺物の検討と製作実験を行った。その結果、広い平底が底切れ(底割れ)しやすいため一点ずつ粘土円盤を圧展し、その円盤の外縁に粘土紐を一段のみ貼り付けて水挽きする方法を復原している。その根拠として須恵器断面の流紋構造の連続・非連続をあげており説得力がある(久世・北野ほか一九九四)。平底、もしくは広い底部をもつ杯類が必要とされたが、底部は挽き上げができず、粘土粒子の方向を揃えることが困難である。粘土塊から連続的に挽き上げる技法では底部の粘土を締めにくいため、現在の陶芸でも乾燥・焼成に際して底切れ(底割れ)が生じることがある。そのため、須恵器が板起こし技法をとるのは底部粘土円盤をロクロ盤で強く叩き締めて粘土を締めつける必要があったためだと考えられる。

木立も久世・北野らの検討を受けて製作実験を行った。その結果、円盤外縁に積み上げた粘土紐の土殺しを行った上でロクロ挽きし、その最終段階に見込み部分を広げて底部を大きく見せかけたと考えた(木立二〇〇〇)。平底の底部よりも、挽き上げた体部のほうが粘土粒子の方向が揃いやすく、底切れの危険性が小さい。その結果、見込み部分には粘土紐を土殺ししたときに抑え切れなかった中央の凸部(a)、土殺しの勢いで押されて凹んだ凹部(b)、円盤外縁の粘土紐を積み上げた凸部(c)、見込みを広げたときの凹部(d)が規則的に残ったと考えた(図6・7)。最

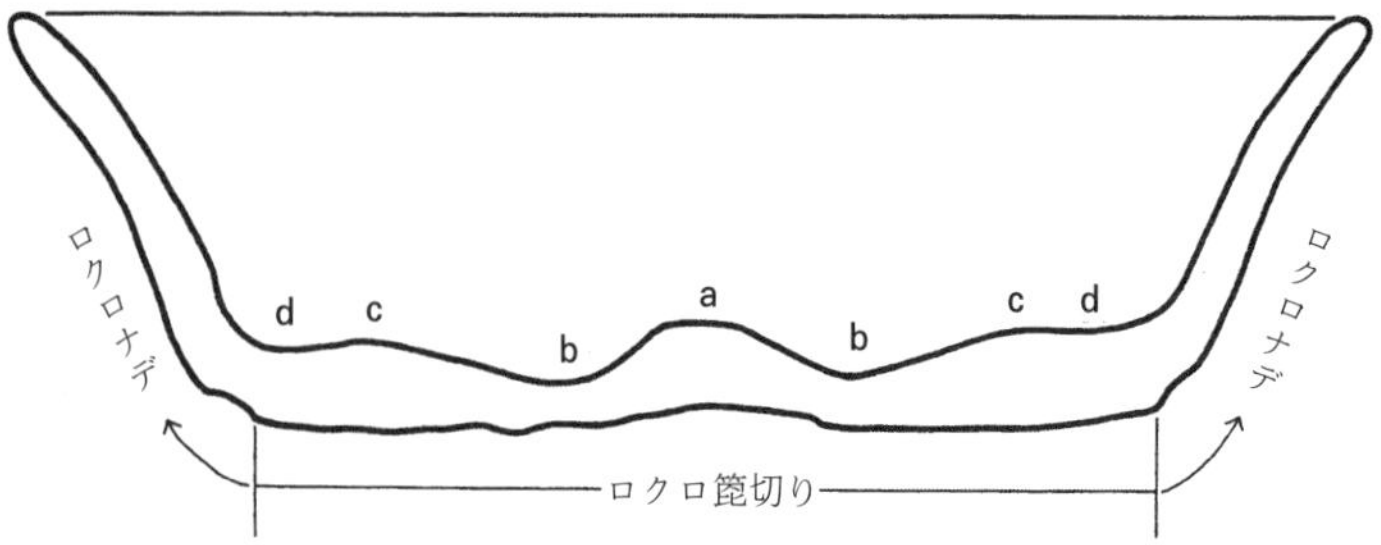

須恵器杯Ａ見込み凹凸の模式図

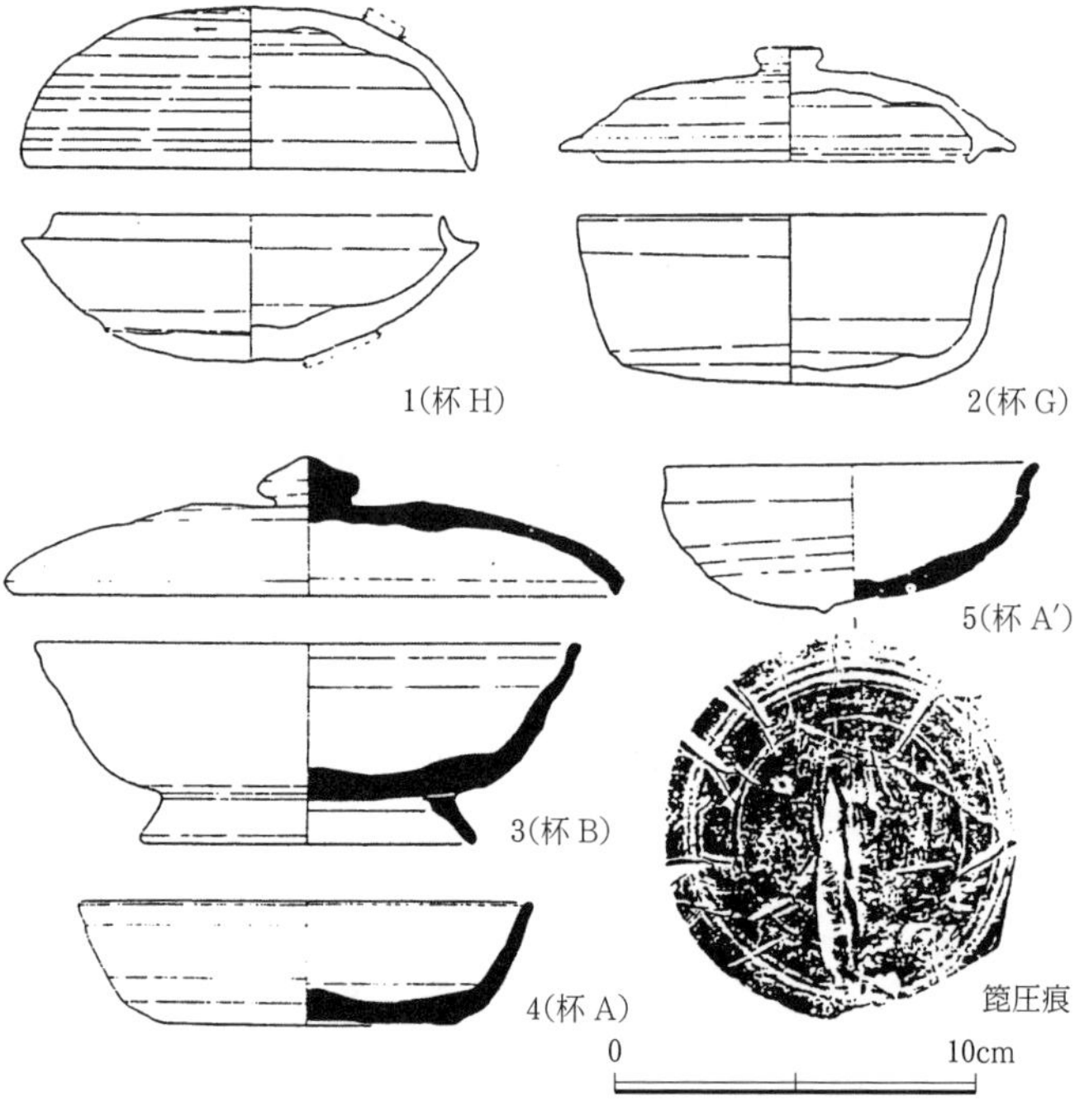

図６　須恵器見込みの規則的凹凸（木立 2000 による）

1・2：石川県林タカヤマ３号窯出土。
3・5：石川県湯屋 B-1 号窯出土。
4：杉野屋専光寺遺跡出土。

初から大きな平底を作れば底切れの危険性が高まるため、底部円盤を最小限にとどめ、挽き上げ技法によって見込みを大きく挽き広げたと想定したのである。古墳時代の丸底ぎみ杯Ｈの見込みにもこのような痕跡が確認され、少なくとも六世紀にはこの技法が展開していたと思われる。見込み部分の規則的な凹凸の度合いは土殺しの入念さを示している可能性が想定される。見込み部分を挽き広げる動作によって、外面では「底部」と「体部」の境目が不明瞭になる。なお、久世らによると板起こし＋粘土紐巻き上げ技法は中世山茶碗の段階まで連続するという。

また、久世らは箆《へら》起こし後、製品を箆の上に載せたままロクロから移動させる方法で製作実験を行っている。箆上でも歪まないように底部円盤粘土は硬めのものを使用し、体部の粘土紐は挽き上げしやすいように柔らかめの粘土を使用している。箆起こしの実験ではロクロの回転速度はとくにゆっくりとしなければ歪みやすい。

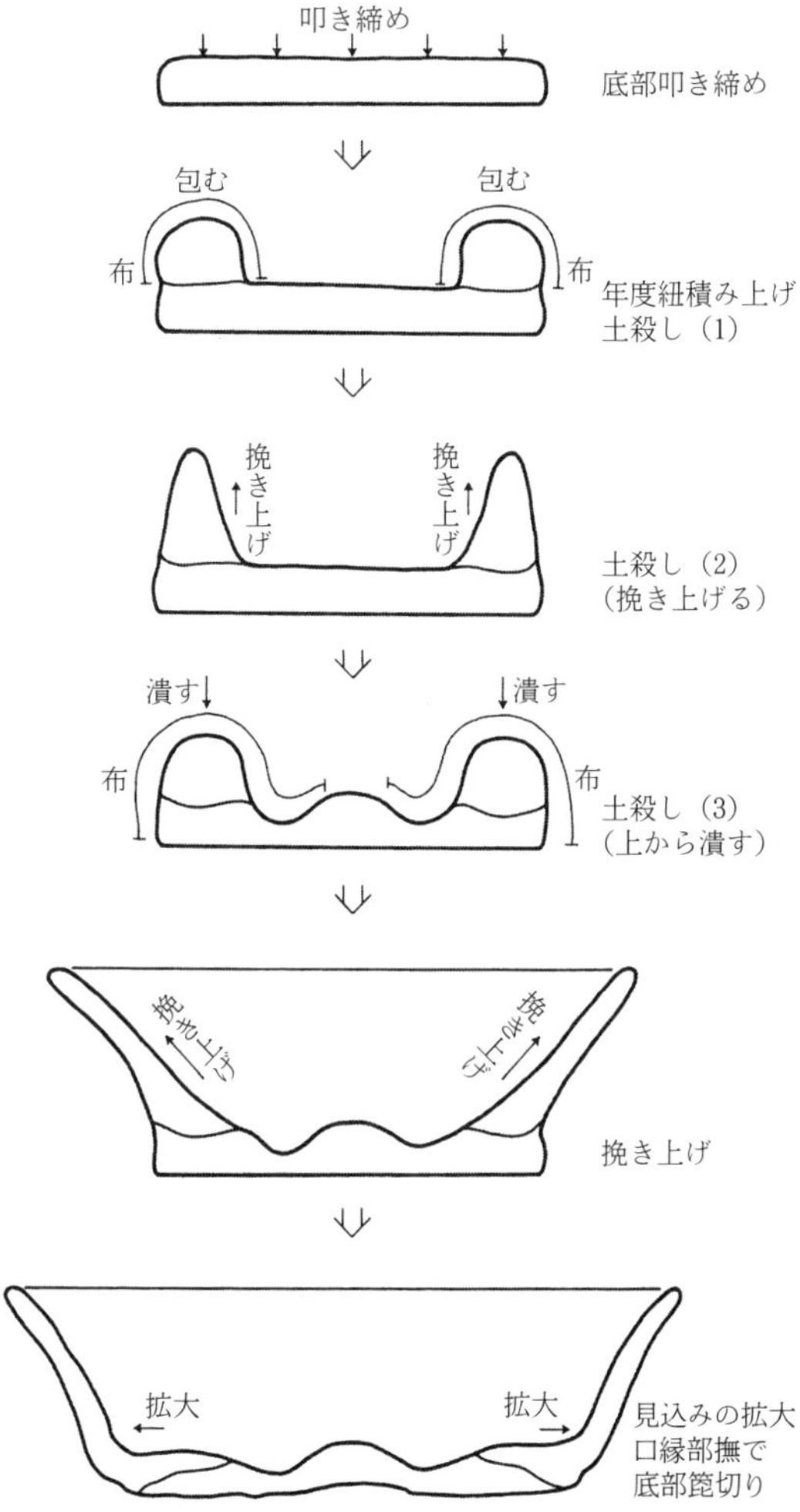

図7　須恵器杯Ａの製作工程模式図（木立2000による）

古墳時代の杯Hや七世紀以降の杯類で丸底ぎみのものが確認されるが、それについて八賀晋は丸底の「置き台説」を提唱した（八賀一九八八）。しかし、久世らの実験同様、硬めの底部円盤を使用し、箆起こしに際して箆を斜めにしたまま箆起こしを行ったところ、平底の底部を丸底に切り離すことができた（木立二〇〇八）。杯Hは箆削りによって丸底に削りだされたと想定していたが、箆起こしの箆角度によって丸底に仕上げることも平底に仕上げることも可能である。おそらく、古墳時代には丸底が志向され、七世紀後半〜八世紀には平底が志向されたのであろう。この技法はロクロ盤に箆先を押しつけて行う必要があるため、粘土塊から連続的に挽き上げる技法では不可能である。箆起こし技法独特の工夫だと想定される。

なお、粘土塊から多くの作品を連続的に挽き上げる技法は近世以降、惰力が強い蹴ロクロが出現してから一般化したのではないかと想定している。

4　板起こしから一個挽きへ——杯から椀へ

平安時代から普及してゆく糸切り底の椀器形のものの中に板起こし技法によらないものが確認される。緑釉陶器には高台を削りだすものがあり、同様であった可能性がある。それらの断面で流紋構造を確認すると底部から体部にかけて同一の粘土が連続している例がある。そのため、板起こしではなく、一個挽き、もしくは連続成形で製作されたと想定される（久世・北野ほか一九九四、木立二〇〇〇）。それ以前の板起こし技法の杯類は箆起こしを行い、切り離しと同時に箆上に載せて移動させたと想定されていることから（久世・北野ほか一九九四）、大きな変革であったと想定される。

しかし、板起こし技法と箆起こし技法は残存し、地域によって差があるとはいえ、おおむね杯形の古いタイプは板起こし＋箆起こし、椀形の新しいタイプは玉作り＋回転糸切りという差別化が計られた。

回転糸切りと箆起こしの違い　回転糸切り技法のものは底部径が小さいものが多く、箆起こしはそれよりも大きい。回転糸切り技法の場合、大きな切り離しが技術的に難しかったからだと想定される。板起こし技法の場合は底部粘土板をよく締めつけることができるため、糸切りよりも大きめの平底を作ることができる。しかし、現在のように粘土塊から連続成形する場合には底部粘土を締めつける力がどうしても弱くなる。一個挽き（玉作り）は粘土塊連続成形よりも底部粘土を締めつける力が強くなるが、それでも板起こしほどではない。一個挽きは底部を強く締めつけなければ乾燥や焼成に際して底割れの危険性が高くなる。

これらの技術で製作された食器類を使用する場合、底部の広い器形は置き食器、狭い器形は手持ち食器にふさわしいが、そのような需要と使用実態があったとすれば一個挽きへの変化は受け入れられやすかっただろう。

「底部円柱作り」と糸切り　七世紀末から回転糸切り技法が導入され、九世紀以降に普及してゆく。その過程で粘土円盤の両面が糸切りされた資料が確認され、「底部円柱作り」、すなわち、粘土塊連続成形の根拠として注目された。しかし、本書で北野博司が指摘しているように、糸の一端が二重に巻き付いた状態で切られ、焼成時まで密着していたものがその後剝離したものであろう。回転糸切りでは事前準備として底部全体を絞り、切り離す部分に溝（糸道）を入れる。底部の直径が揃っているのは「円柱」から連続して挽き出すためではなく、その際に寸法を揃えた結果だと想定される。そのように考えれば、両面が糸切りされた土器類によって、底部円柱作り説、すなわち、粘土塊連続成形の存在を証明できるわけではない。

なお、現在の電動ロクロであればトルクが強く、硬めの粘土で粘土円柱を作り連続成形を行うことができる。しかし、軟らかめの粘土であれば粘土円錐形にならざるを得ない。そのため、現在の電動ロクロでも一般的には粘土塊から粘土円錐形を作りだして成形している。底部円柱作りは不可能ではないが、ロクロのトルクが強い現代ですら、一般的な技法ではない。

「底部二段糸切り」と指跡　また、両面糸切りの円盤については別の想定もできる。民俗例では小物で極薄い作品や蓋などを成形する場合、底部を二段に糸切りし、上下を糸切りされた最下部の粘土円盤をもってロクロから製品を移動する。乾燥後、二段に切り離した粘土円盤（円柱）を取り除く。きわめて薄い器を歪めずに移動するための工夫であるが、これによって移動の際にも製品には指跡がつかない。現在では茶入れや急須の蓋などでそうした民俗例が確認される。

管見による限り、回転糸切り技法で切り離された須恵器椀類・土師器椀類に切り離し後の指跡を確認したことがない。それは二段糸切り技法によるのではないかと想定している。図8はその想定に基づいた製作実験である。もし、その想定が確かであるならば、二段に糸切りする際、念を入れて糸切りを繰り返し、さらに先の北野が指摘するミスが重なれば、同様の両面糸切り粘土円盤が確認されることになる。

現在の茶入れでは硬い粘土を使用する民俗例が確認されるが、それは極薄く挽き伸ばせばヘタリやすいためである。硬い粘土を使用する場合、粘土塊連続成形は困難になり、「一個挽き」になる。現在の急須の蓋などは粘土塊から連続成形されるため、必ずしも一個挽きに限定されるわけではない。しかし、それと同時に二段糸切り技法が粘土塊連続成形の証拠になるわけではない。

なお、篦起こし技法でも同様に指跡が確認できない。久世らが復原したように篦起こし直後に篦上に載せたまま、ロクロから移動したと想定される。底部が大きい盤などの器形では不可能だと思えるが、小物であれば見込みに指を添える程度で安定して移動することができる。

甕の底部変化――丸底から平底へ　平瓶や長頸壺などの瓶類には早くから平底の底部が確認されるが、須恵器大甕は基本的に丸底であった。杯類も当初は丸底ぎみであったが、七世紀後半以降、明らかに平底を志向するようになる。また尾張を中心に平底の甕も出現しはじめ、それ以後に展開する。平底の甕は現状では統一新羅よりも尾張のほうが早い可能性が高い。統一新羅でも八世紀後半以降から高麗炻器にかけて平底化が進行している。

一個挽き（玉作り）の粘土設置状態

一個挽きで挽き上げ後，底部を締める

二段糸切り後，最下部粘土円盤を持ちロクロから移動

図8　玉作り・二段糸切りによる製作実験

また、中世以降の壺・甕類はほとんどが平底だが、本来、大きな平底の底部は底割れの可能性が高く、とくに大物の甕類はきわめて難しい。越前焼の民俗例では底部円盤の叩き締めは執拗に行われている。尾張の須恵器甕に平底のものが確認されるとはいえ、大甕の平底化が達成されるのは中世以降のことだと想定される。それほど、大甕の平底化は難しい。それは、丸底に叩き出す作業をしない限り、ロクロで挽き上げて粘土を締めつけることができない部位だからである。その意味で底部の形状は技術体系やそのレベルを示すきわめて重要な指標だと評価できる。

望月精司は須恵器大甕の口縁部が「別作り」であることを明らかにした（望月二〇〇二）。胴部が半乾燥した上に粘土紐を積み上げて口縁部を作り出したと想定される。大甕の成形・整形にあたってはロクロを使用せず、人間ロクロの技法で成形された可能性が想定できる（木立二〇〇一）。

中世のロクロと近世のロクロ　板起こしから一個挽きができるようになった古代のロクロはそのまま中世に引き継がれたと想定される。ただし、須恵器はほとんどが消滅し、古瀬戸やロクロ土師器に引き継がれた。手づくね土師器の地帯ではロクロそのものがいったん消滅した可能性がある。それ以外の中世陶器はロクロを積極的に利用しないものであった。陶器・炻器の中では古瀬戸が唯一、ロクロを多用しているが、おそらくは手回しロクロの祖形につながるものであったと想定される。韓国では高麗炻器の甕類が回転力を利用しはじめる。おそくとも十一世紀後半には高麗青磁の製作が始まり、惰力の強いロクロに移行していた可能性が高い。磁器土は硬く、ロクロ成形では強い惰力を必要とする。韓国で惰力の強いロクロが開発されたのは、そうした磁器生産をはじめとするなんらかの理由があったのだと想定される。詳細は不明だが、そうしたロクロ発展の中で蹴ロクロが導入された可能性を想定しておきたい。

中世の列島社会は惰力の強いロクロ、もしくは蹴ロクロを必要としなかった。板起こし技法と一個挽きで十分に事足りたのだろう。その理由は、磁器生産を行っていなかったこと、列島の陶土が異なっていたことなど、いくつかの可能性を想定できるが、現状では不明確である。将来、東アジア全体の中で明らかにする必要がある。

しかし、文禄・慶長の役以降、朝鮮系の技術として蹴ロクロと連房式登り窯が導入された。古瀬戸以上に陶器を大量生産する必要性が高まったためであろう。粘土塊連続挽き上げ技法はそのような中で導入された可能性がある。ただし、小鹿田焼のように製品の大きさや形状によって粘土塊連続成形・一個挽き・板起こしの技法を使い分けただろう。中世以来の瀬戸をはじめとする窯業産地は手回しロクロでその時代変化に対応したが、磁器生産の展開などとともに近世から近代にかけて惰力が強い蹴ロクロが徐々に全国展開していった。それでも手回しロクロは消滅しなかった。手回しロクロの著しい衰退は近代以降の電動ロクロの普及が原因であったと考えられる。

古代から中世への連続と中世から近世にかけての大きな変革については今後に残された課題が大きいが、ここでは以上のような仮説に基づいて推論を加えた。民俗・民族事例を都合よく古代に遡らせるのではなく、変化の過程や考古資料との詳細な比較検討を含めて総合的に解釈すべきだと考えたためである。

おわりに

以上、考古資料の観察に基づきながら民俗・民族事例と製作実験を重視した想定を行った。従来の研究は三者の総合化が不十分であったと考えているためである。それらをまとめれば次のようになる。

①「回転台」という曖昧な用語は回転運動による土器製作の歴史認識を損なう可能性がある。民族事例の検討から、人間ロクロによるものと識別が困難であり、誤認してきた可能性が高い。

②古代には蹴ロクロはなかった。蹴ロクロが列島に導入されるのは、文禄・慶長の役以後と想定される。列島の民

俗事例で最も古くまで遡ることができるロクロは手回しロクロであり、須恵器底部に残された「下駄印」から、手回しロクロの基本的な構造が初期須恵器のロクロまで遡る可能性がある。

③須恵器杯類はロクロを使用し、板起こし＋粘土紐巻き上げ技法で製作された。板起こし技法は、できるだけ広い平底を作りながら底切れを防ぐための工夫であった。粘土塊から連続成形する技法は近世以降の新しい技法だと想定される。

④須恵器椀類は一個挽き（玉作り）で製作された可能性が高く、ロクロの性能が向上した可能性がある。ただし、地域によっては板起こし＋粘土紐巻き上げ技法が残存し、両者は併存した。

最後になったが、小林行雄が指摘したように、「轆轤」という中国語は、本来、牽引装置を示す言葉であった。手綱をひいて轆轤を使用する状況が類似していたため、陶車にも「轆轤」という呼称を使うようになったと想定できるが、古代の文献には陶車を「轆轤」と呼称した例は確認されない（小林一九六二）。陶車を「轆轤」と記述した例は、管見による限り、近世の『類船集』（一六七六年）からであり、幕末には「石焼轆轤」として紹介されている（『陶工指南』一八三〇年）。明治初めの『京都陶磁器説図』（一八七三年）では、「陶車」に「ロクロ」とフリガナをつけている。そうした状況からすれば、近世の陶車の形状が牽引装置としての「轆轤」の形状に類似していた可能性がある。ロクロの形状は歴史的に変化し、その呼称も変化したと思われる。本来は陶車と呼ぶべきだが、ここでは「ロクロ」と表記して「轆轤」という本来の中国語の意味とは区別した。

参考文献

池永昌靖編『季刊　つくる陶磁郎』三一、双葉社、二〇〇五年
石川　晃「もう一つの京焼—高山耕山化学陶器（株）にみる京焼・化学陶磁器の黎明—」『京焼と登り窯—伝統工芸を支えてきたもの

―』立命館大学二一世紀COE京都アート・エンタテインメント創成研究近世京都手工業生産プロジェクト、二〇〇六年
雲林院泰之輔「所管二題」『陶試会会誌』創刊号、陶試会、一九三一年（加藤悦三編『陶磁器試験場全集』第四巻〈安達学園中京短期大学、二〇〇〇年〉に再録）
NHK総合テレビ『スポットライト　もしもし瓶よ』（高山耕山による大甕作りを紹介している。石川晃氏収集VHSビデオによる）、一九七五年十二月十四日放送
大分県教育庁管理部文化課編『大分県文化財調査報告第三二輯　小鹿田の伝統と陶技』一九七五年
大田区立郷土博物館編『ものづくりの考古学―原始・古代の人々の知恵と工夫―』東京美術、二〇〇一年
大西政太郎『陶芸の伝統技法』理工学社、一九七八年
木立雅朗「須恵器杯類の製作実験ノート」『立命館文学』五六五、立命館大学人文学会、二〇〇〇年
木立雅朗「大甕作りの民俗事例と須恵器大甕」『須恵器貯蔵具を考えるⅡ　つぼとかめのつくり方』北陸古代土器研究第九号、北陸古代土器研究会、二〇〇一年
木立雅朗「「刷毛目」調整と工具の基礎研究一」『立命館大学考古学論集』Ⅲ、立命館大学考古学論集刊行会、二〇〇三年
木立雅朗「須恵器坏類の製作実験ノート二―ヘラ起こし技法による丸底化と『正円の沈線』をめぐって」『吾々の考古学』和田晴吾先生還暦記念論集刊行会、二〇〇八年
北野博司ほか「須恵器の成形におけるロクロ回転」『日本考古学協会第六八回総会研究発表要旨』二〇〇二年
京都府『陶磁器説図』一八七三年（藤岡幸二編『京焼百年の歩み』〈㈶京都陶磁器協会・京都府・京都市、一九六二年〉に再録）
久世建二・北野博司ほか「須恵器杯類の製作技法」『日本考古学協会第六十回総会発表要旨』日本考古学協会、一九九四年
小林行雄「轆轤」『古代の技術』塙書房、一九六二年
佐原　真「弥生式土器製作技術に関する二三の考察」『私たちの考古学』五―四、一九五九年
潮見　浩『図解　技術の考古学』有斐閣選書、一九八八年
津坂和秀「焼物科学事始［連載第二回］やきものの土とはなにか」『季刊　陶磁郎』六、双葉社、一九九六年
白田義彦ほか『北塚遺跡　第一三次発掘調査報告書　金沢西警察署古府派出所建設工事に係る緊急発掘調査報告書』石川県立埋蔵文化財センター、一九九四年

中嶋友文ほか『野木遺跡Ⅲ』青森県教育委員会、二〇〇〇年
長田明彦・中川千年・貞包博幸・大崎聡明・大崎輝彦『小鹿田焼　すこやかな民陶の美』芸艸堂、一九九八年
西　弘海「平底の土器・丸底の土器」『土器様式の成立とその背景』真陽社、一九八六年
八賀　晋「須恵器製作の一視点―ロクロ成形と置き台―」『楢崎彰一先生古希記念論文集』楢崎彰一先生古希記念論文集刊行会、一九九八年
平川ひろみ「民族考古学的観点から考古資料としての土器をみる」『日本考古学協会第八一回総会　研究発表要旨』日本考古学協会、二〇一五年
宮原俊一『第一七回　足もとに眠る歴史展　回せ！―回転運動から考古資料を考える―』東海大学校地内遺跡調査団、二〇〇九年
森　淳『アフリカの陶工たち』中公新書、一九九二年
望月精司「須恵器甕の製作痕跡と成形方法」『須恵器貯蔵具を考えるⅡ　つぼとかめのつくり方』北陸古代土器研究第九号、北陸古代土器研究会、二〇〇一年
ジョージ・M・フォスター「ロクロ：発明における創案と仕上がったもの」『西南部人類学雑誌』一五―二、一九五九年（翻訳＝佐原真「土器の話（九）」『考古学研究』七三、一九七二年）

七　鍋釜・食器・貯蔵具の使い方の関連

小林正史

序章で述べたように煮炊き具、食器、貯蔵具は食文化に関連する使い方が主体を占めることから、各器種の変化過程は相互に関連する部分が多い。以下では、各章で述べてきた器種間の結びつきを時代ごとに整理する。

縄文時代　縄文土器では深鍋が大多数を占め、貯蔵具（壺・甕）や食器（鉢・坏・皿）の比率は弥生時代以降に比べてはるかに低かった。この理由として、①縄文深鍋による汁気の多い調理は主として木製の小型鉢に盛りつけられた、②多機能の中・大型深鍋の一部が水甕としても用いられた、などがあげられる。以下、各々を説明する。

一章で述べたように、縄文深鍋は八〜一〇㍑付近の断絶を境に中・小型と大型に明瞭に作り分けられており、中・小型は主として日常調理用だったのに対し、大型は食材加工（ナッツ類のアク抜きや山菜類の湯掻きなど）、多人数調理（宴会・儀礼など）、日常用だが数日分の大量調理、などに使われたと推定される。そして、縄文深鍋による調理は、主食（ナッツ類などのデンプン粉）と副食の分化が不明瞭であり、汁気の多い鍋物が中心だったが、頑固なこびり付きを生じる調理もしばしば行われた。

縄文深鍋で調理された汁気を多く含む料理は、どのように食されたのだろうか。飲食用の木製匙の出土例は縄文・弥生時代を通して非常に少ない。厚みの薄い匙部を木製品で作り出すには多くの手間を必要とするし、壊れやすいこ

表　器種間の結びつき

	縄文時代	弥生〜古墳中期	5C〜奈良(律令期)	平　　安
鍋釜	・主食とオカズの調理の分化が未発達：ナッツ類のデンプン粉を汁団子や粉粥状にしてオカズの中に入れる ・加熱を続けながら食する鍋物も多かった ・大豆・芋を長時間茹でる調理も多かった	・側面加熱蒸らしを伴う湯取り法炊飯(東南アジア民族誌と共通) ・オカズは汁気を多く含む：粘り気の弱い米飯と馴染ませて食する	・煙道付き竈に差し入れた長胴釜による米蒸し調理→粘り気の弱い米飯 ・他方の湯釜で茹で・蒸し調理されるオカズは「汁気が無く，味付けしていない」→醬に付けて食した ・大豆の調理方法が煮豆から醬に変化→長時間茹で，汁気の多いオカズが減少 ・小鍋を竈焚口前の炉で調理＝汁物の成立	・煙道なし竈に載せた羽釜で炊飯(炊き干し法)＋囲炉裏に掛けた浅鍋でオカズ・汁の調理
食器	・汁気の多い料理は木製鉢から手食(薄い匙を作りにくいことから，木製匙は少なかった)	・飯用食器は高坏：古墳前期に共有器から銘々器(お櫃から盛り付け)に転換 ・汁気の多いオカズは土製鉢か木製鉢から手食	・須恵器の小型食器の普及：杯Hは蓋付きで，飯(身)と汁(蓋)のセット＝「1汁〇菜」形式の成立 ・米飯は，お櫃(曲物)から杯(H⇒Gに転換)に盛り，手食か匙食(上層のみ)。お替りする ・蒸したウルチ米は粘り気が弱いため箸食できない→箸はオカズ用	・手持ち(上下持ち)ワンから箸で米を食する←粘り気の強い米飯に転換 ・和食の原型が成立
貯蔵具	・専用の液体貯蔵容器なし：深鍋が水甕を兼ねる	・専用貯蔵具(中・大型壺)の出現：水甕と籾貯蔵が主体	・須恵器大甕の普及：背景は，①宮都・役所での大量貯蔵，②儀礼の増加，③農民も世帯を超えた単位で物資を貯蔵	・大型甕の減少：世帯単位で物資を貯蔵するようになった
製作技術	・深鍋は円筒形に近い下半部で，開きが強く，括れが弱い→粘土紐積み上げのみで成形	・頸を摑んで移動する頻度が高まる→堅牢な頸部が必要なため，頸部折り曲げ＋口縁部横ナデ ・薄手で丸底の鍋を作るため「変形度がやや高い叩き」が普及(ただし当て具なし)	・須恵器の普及：小型食器，大型甕，儀礼的な瓶類 ・須恵器の窯構造は煙道付き竈と類似(焚口から煙道への炎の引きにより強い火力を作り出す) ・大型品の成形に「当て具を用いたタタキ」	・杯から碗への転換に伴い，板起こし技法から1個作り(玉作り)技法に転換

とから、木製匙の出土例が少ないのは、実際にあまり使われなかった結果と解釈したい。木製匙を使わなかったとすれば、汁気を多く含む料理は手持ち鉢に盛られたはずである。しかし、縄文土器の浅鉢・鉢では、東北地方の晩期を除いて、手持ち食器となりうる小型品は非常に少ない。また、東北地方の縄文晩期では小型の鉢／鍋が多く使われたが、口縁が波打っていたり突起が付くものも多いことから、直接口を付けて汁を飲むのに適さない。よって、汁気の多い鍋料理は手持ちの木製鉢から手食された可能性が高い。木製の手持ち食器は、①軽量である、②熱くても手持ちできる、③口縁の口当たりが良い、という点で縄文深鍋で調理された「汁気を多く含む料理」に適していたであろう。

次に、縄文土器では貯蔵専用といえる四㍑以上の中・大型壺は、南九州の早期と東北の晩期後半を除いてほとんどなかった。東北の縄文晩期後半に四㍑以上の中型壺が使われ始めるのは、西日本の弥生早・前期壺の影響と考えられる。調理用や飲用の水を貯蔵する水甕は縄文時代にも必要だったはずだが、貯蔵専用器種がほとんどなかった理由として、①湧水などの水場が集落の中かすぐ近くにあった、②集落外での採集・狩猟・漁労活動が多かった縄文時代では集落外での活動中に飲用水を調達した、などが指摘された（三章）。上述のように一〇㍑以上の大型深鍋は多機能だったと推定されるが、食材加工や大量調理は特定の季節に偏り、その期間も短いため、それ以外の季節では一部の大型深鍋は水甕としても使われたと推定される。

弥生時代　「主食の飯（カテ飯を含む）とオカズ」という調理の分化に伴い、食器も飯用とオカズ（汁を含む）用に分化した。弥生〜古墳中期の炊飯方法は、東南アジア民族誌と同様の「側面加熱蒸らしを伴う湯取り法」であり、米品種も現代日本の米品種に比べて粘り気が弱かった。当該期の深鍋は三〜四㍑付近の断絶を境に中型と小型に明瞭に分化しており、胴下部コゲ頻度の違いも「炊飯とオカズの分化」とおおむね対応している。すなわちオカズは、主として三㍑未満の小型鍋で調理されたが、胴下部にコゲがない比率が中型よりも高いことから、最後まで汁気が残る調理も多かった。このようなオカズには、多めの水で長時間茹でる必要がある豆・芋・瓜類も多用されたであろう。

食器の分化については、共有器の中型高坏が飯用の主体だったのに対し、鍋で調理されたオカズは木製・土製の鉢に盛りつけられた。オカズ用食器は土製よりも木製が多かったが、これは、縄文時代と同様に汁気の多いオカズが多く、食器を持ち上げる食べ方が多かったためである。一方、湯取り法で炊いた粘り気の弱い米飯は、東南アジア民族誌と同様に、共有器（中型高坏）から指で団子状に丸めて（オカズと馴染ませてから）口に運ぶ方法で食された。

なお、弥生後期後半〜庄内式期では、高坏の小型化（中型の減少・消失）と深鍋の小型化（中型の容量の上限値が小さくなる）という連動した変化がみられた。これは、①一日の炊飯回数の増加＝一回の炊飯量の減少が中型鍋の容量範囲の減少をもたらした、②竪穴住居面積の縮小から推定される世帯人数の減少が、鍋と高坏の容量の減少をもたらした、③共有器から銘々器への変化が飯用食器である高坏の容量の減少を生み出した、という複数の要因が複合した結果と考えられる。

また、水田稲作の普及に伴って貯蔵専用土器としての中・大型壺（四㍑以上）が普及した。これらの中・大型壺は主として水甕と種籾容器として使われたと推定される（三章）。上述のように、水甕が普及した背景として、水田稲作に伴う集落立地の変化と集落外での生業活動の減少があげられる。

古墳前期　古墳前期では、炊飯の茹で時間短縮化（コゲつく前に蒸らしに移行）が起こり、これに対応して浮き置き加熱（丸底化・球胴化した鍋を三石上に据える）に転換するとともに、深鍋の薄手化がピークに達した。この炊飯方法の変化は、米品種の粘り気度が徐々に増したことを示す。韓半島ではほぼ同時期に「直置き加熱による湯取り法炊飯から煙道付き竈による米蒸し調理への転換」が起こったことから、日本の米品種の粘り気度の増加は韓半島からの影響によることは疑いない。

なお、西日本では丸底・球胴の薄鍋が普及したのに対し、東日本では弥生時代以来の平底・台付き鍋が使われた。この事実は、湯取り法炊飯における茹で時間短縮化（米品種の粘り気度の増加）が西日本の方が東日本よりも一段階早く進行したことを示している。

食器においては、古墳前期になると、①飯用食器が共有器（中・大型高坏）から銘々器（小型高坏）に転換した、②木製の鉢・皿が激減し、曲物が急増した、という変化が生じた。飯用食器の銘々器化に伴い、お櫃（曲物）からお替りする食べ方に転換したのである。そして、この食器の銘々器化は、お膳の出現からも裏付けられるように、中国・韓半島からの影響により、「飯用共有器を中心として車座に坐る座席配置（東南アジア民族誌と共通）」から「席次が身分差を表わす座席配置」への移行を示している。

米品種の粘り気度の増加と飯用食器の銘々器化は、ともに大陸の影響による変化だが、相互に機能的に関連するわけではない。これら二つの変化は、韓半島における「米品種の粘り気度の増加に伴う、炊飯から蒸し米への変化（直置き加熱から竈加熱への転換）」と「食器と貯蔵具における窯焼きの陶質土器の導入」という大変革を、各々部分的にのみ受け入れた結果なのである。次に述べるように、日本では韓半島から約二〇〇年遅れて同様の大変革が起こった。

壺については、弥生時代は地域差が顕著だったのに対し、古墳前期になると球胴で外反口縁という形への規格化が全国規模で進行した。この全国的規格化は、壺の主用途である液体貯蔵や籾貯蔵には顕著な地域差がなかったことに加えて、古墳祭祀に象徴される共通の儀礼的使い方が普及したことも理由の一つであっただろう。

古墳中期における蒸し米への転換　五世紀半ばでは、①囲炉裏から煙道付き竈への火処の転換、②湯取り法炊飯からウルチ米を蒸す調理への調理への転換、③窯焼きの須恵器（とくに小型底持ち食器である杯と貯蔵専用の甕）の普及、という大きな変化が全国規模で生じた。韓半島から受容されたこれらの要素は、以下の点で相互に関連する。

第一に、湯取り法炊飯から米蒸し調理に転換した理由として、①弥生時代以来の粘り気の弱い米品種と新来の粘り気の強い米品種（中世以降、現代までの主体的品種）が拮抗する比率で用いられるようになったため、炊飯では水加減の設定が難しくなった、②米品種ごとの適正な水加減を知り得ない米消費者（役所や都市生活者）が増えた、③米生産者である農民も世帯を超えた単位で食用米を共同貯蔵するようになったため、粘り気度が大きく異なる米品種を混合調理するようになった、④一回の米調理量が増えた結果、大量に調理しても水加減で失敗するリスクがなく、かつ、数日分まとめて調理しても蒸し直しできる、という特性をもつ米蒸し調理が求められた、などがあげられる。

このように、炊飯では適正な水加減を設定できなくなった結果、水加減で失敗することがない蒸し調理に転換したのであるが、その背景として、食品の貯蔵や醤・酒の醸造等の様々な作業が「世帯を超えた集団」により行われるようになったことがあげられる。食用米などを共同管理した集団として、群馬県中筋・黒井峯遺跡において検出された「複数世帯が柵で囲まれた居住ブロック群」が想定される。

以上より、初めての本格的な大容量貯蔵具といえる須恵器大甕が急激に普及した背景として、①中央・地方王権下での大容量の食材貯蔵や醸造等の様々な生産の必要性に加えて、②世帯を超えた共同食物貯蔵や醸造等の様々な共同体での製造があげられる。

第二に、炊飯から米蒸し調理への転換に伴い、オカズ調理が「蒸し・茹でによる、汁気が少なく、味付けしない調理」に転換した。この点は、湯釜を二個固定した竈において、一方で主食の米蒸し、他方で茹でる・蒸すオカズ調理がなされたことから明らかである。このオカズ調理の変化は、重要なタンパク源である大豆の食べ方に変化をもたらした。すなわち弥生～古墳中期では大豆は多めの水で長時間茹でる調理だったので、汁気を多く含むオカズ調理が多かった。これに対し、二個掛けの湯釜の一方でオカズを蒸し・茹で調理するようになると、「汁気がなく味付けしないオカズ」が増えたため、大豆類は煮豆よりは加工食品（味付けしないオカズの付け味噌としての醬《ひしお》）として食されることが多くなった。上述のように、須恵器甕は醬の醸造と貯蔵にも用いられたであろう。

第三に、飯用食器が置き食器（小型高坏）から底持ち食器（杯H蓋部）に転換した。この理由として、蒸したウルチ米は湯取り法炊飯の米よりも粘り気が弱いため、手食する場合は食器を持ち上げる必要性が高まったことがあげられる。指で米飯を丸めるさいには食器に上方向から圧力が掛かるので、それを支えるために底持ちしたのである。

また、古墳時代では、弥生時代以来進行していた木製食器の減少と土製食器の増加がさらに顕著になった。この変化の要因の一つとして、汁気を含むオカズ料理の減少（オカズと汁の分化）があげられる。古墳中期後半〜後期の食器は、飯用底持ち食器（やや深めで蓋を掛ける杯H身部やその流れをくむ坏G）、汁用底持ち食器（内湾気味でやや深めの杯）、汁気のないオカズを盛る浅めの食器（杯H蓋部を含む）から構成される点で、「1汁〇菜」様式と対応している。一方、飛鳥時代後半から奈良時代に普及した律令的食器様式では、同一タイプが複数のサイズと深さに分化し、より多様で柔軟な使い分けを行うようになった。

古代から中世への変化　平安時代の中頃に粘り気の弱い米品種から粘り気の強い米品種への交代が完了した結果、主食の調理方法が「煙道なし竈に掛けた金属製羽釜」による炊干し法炊飯に転換した。土鍋から金属鍋に転換した理由として、①粘り気の強い米品種は短時間強火加熱が必要なので、熱伝導効率が高い鉄鍋の方が適する、②土鍋では粘り気の強い米粒を盛り付けるときに搔き取りにくく、器壁が剝がれてしまう、の二つがあげられる。一方、オカズ調理は長時間の加熱も多いため、保温効率が高い土製の浅鍋が存続した。

食べ方については、主食が蒸し米から粘り気の強い炊いた米に転換した結果、米飯の食べ方が「底持ち食器から手食」または「置き食器からの匙食（上層階級のみ）」から「手持ちワンから箸で摘む」方法に転換した。

執筆者紹介（生年　現職）

小林正史（こばやし　まさし）　一九五七年　別掲

宇野隆夫（うの　たかお）　一九五〇年　帝塚山大学文学部教授

北野博司（きたの　ひろし）　一九五九年　東北芸術工科大学芸術学部歴史遺産学科教授

望月精司（もちづき　せいじ）　一九六〇年　小松市経済観光文化部長

木立雅朗（きだち　まさあき）　一九六〇年　立命館大学文学部教授

編者略歴
一九五七年　新潟県に生まれる
一九九六年　アリゾナ大学大学院人類学科博士課程修了
現在　北陸学院大学人間総合学部教授
主要編著書
『黒斑からみた縄文・弥生土器・土師器の野焼き方法』（北陸学院大学、二〇〇六年）、『土器使用痕研究』（北陸学院大学、二〇一一年）

モノと技術の古代史　陶芸編

二〇一七年（平成二十九）十月一日　第一刷発行

編　者　小《こ》林《ばやし》正《まさ》史《し》

発行者　吉川道郎

発行所　株式会社 吉川弘文館
郵便番号一一三—〇〇三三
東京都文京区本郷七丁目二番八号
電話〇三—三八一三—九一五一（代）
振替口座〇〇一〇〇—五—二四四番
http://www.yoshikawa-k.co.jp/

印刷＝株式会社 理想社
製本＝株式会社ブックアート
装幀＝渡邉雄哉

ISBN978-4-642-01738-1

モノと技術の古代史 全4冊

人間は自然界で得られるあらゆる材質に手を加え、生活や文化を豊かにしてきた。木・漆・土・金属という四つの素材に焦点を当て、様々なモノの作り方、使い方を追究。日本人のモノと技術に関する足跡を辿る注目のシリーズ。

金属編　村上恭通編　六〇〇〇円
陶芸編　小林正史編　六〇〇〇円
木器編　宇野隆夫編　（続刊）
漆工編　永嶋正春編　（続刊）